AF864355

CBSE परीक्षा 2024

i Succeed

15 प्रतिदर्श प्रश्न-पत्र

हिंदी केंद्रिक

कक्षा 12

CBSE परीक्षा 2024

i Succeed

15 प्रतिदर्श प्रश्न-पत्र

हिंदी केंद्रिक

कक्षा 12

लेखक
मीना, सुनीता

arihant
अरिहन्त प्रकाशन
(स्कूल डिवीज़न सीरीज़)

arihant

अरिहन्त प्रकाशन
(स्कूल डिवीज़न सीरीज़)

卐 **रजि. कार्यालय**
'रामछाया' 4577/15, अग्रवाल रोड, दरिया गंज, नई दिल्ली- 110002
फोन: 011-47630600, 43518550

卐 **मुख्य कार्यालय**
कालिन्दी, टी०पी० नगर, मेरठ (यूपी)– 250002
फोन: 0121-7156203, 7156204

卐 **शाखा कार्यालय**
आगरा, अहमदाबाद, बरेली, बंगलुरु, चेन्नई, दिल्ली, गुवाहाटी, हैदराबाद, जयपुर, झाँसी, कोलकाता, लखनऊ, नागपुर तथा पुणे

卐 **मूल्य** ₹ 225.00

PO No : TXT-XX-XXXXXXX-X-XX

PUBLISHED BY ARIHANT PUBLICATIONS (INDIA) LTD.

'अरिहन्त' की पुस्तकों के बारे में अधिक जानकारी के लिए हमारी वेबसाइट **www.arihantbooks.com** पर लॉग इन करें या **info@arihantbooks.com** पर सम्पर्क करें।

9 789358 894615

क्या आप जानते हैं?

i Succeed सैंपल पेपर्स

भारत में सर्वश्रेष्ठ हैं, परन्तु क्यों?

i Succeed सैंपल पेपर्स मात्र सैंपल पेपर्स का संग्रह नही है, बल्कि यह छात्रों की तैयारी को सम्पूर्ण करने के लिए तैयार किए गए Sample Papers का एकमात्र ऐसा Collection है, जिसके माध्यम से छात्र Step-by-Step तरीके से बोर्ड परीक्षा की तैयारी कर सकते हैं। ***i Succeed*** सैंपल पेपर्स की यह पुस्तक 3 Sections में विभाजित है। जो आपस में Connected हैं। इन सभी Sections का Short Description नीचे दिया गया है।

आइए! Top पर पहुँचने के लिए Journey Start करते हैं

खंड-1

प्रिपरेशन असेसमेंट ज़ोन

इस Section में नवीनतम CBSE सैंपल पेपर व CBSE 2023 Examination Paper को शामिल किया गया है। जिसका मुख्य उद्देश्य यह है कि प्रत्येक छात्र Board Exams से पहले ही Board Paper को निश्चित समय में हल करने का अभ्यास कर सकें।

खंड-2

प्रोफिशियंसी बिल्डिंग ज़ोन

इस Section में 3 Stages के अंतर्गत 15 Sample Papers को शामिल किया गया है।

स्टेज I : फाउण्डेशन लेवल (तीन प्रतिदर्श प्रश्न-पत्र पूर्णतः दिशा निर्देशित हल सहित)

स्टेज II : प्रोफिशियंसी लेवल (सात प्रतिदर्श प्रश्न-पत्र, सभी प्रश्नों के हल प्रश्न के बाद दिए गए हैं)

स्टेज III : एकसीलेंस लेवल (पाँच प्रतिदर्श प्रश्न-पत्र हल QR Code के द्वारा)

Sample Papers को 3 Stages में बाँटने का उद्देश्य छात्र की तैयारी को Step-by-Step उन्नत करना है।

खंड-3

EXAM Eve स्पेशल ज़ोन

इस Section में हमने CBSE के Latest Pattern पर आधारित एक विशेष Sample Paper दिया है। इस Sample Paper को देने का उद्देश्य परीक्षा से एक दिन पहले छात्रों की परीक्षा को और सुदृढ़ करना है।

बोर्ड परीक्षा हेतु निर्मित इस योजना प्रारूप के माध्यम से छात्र अपनी तैयारी को एक नया रूप प्रदान कर सकते हैं।

विषय-सूची

पाठ्यक्रम

(2023-24)

- प्रश्न-पत्र दो खंडों, खंड 'अ' और खंड 'ब' में विभक्त होगा।
- खंड 'अ' में 45 वस्तुपरक प्रश्न पूछे जाएँगे, जिनमें से केवल 40 प्रश्नों के ही उत्तर देने होंगे।
- खंड 'ब' में वर्णनात्मक प्रश्न पूछे जाएँगे। प्रश्नों में उचित आंतरिक विकल्प दिए जाएँगे।
- भारांक - [80 (वार्षिक परीक्षा) +20 (अतिरिक्त परीक्षा)]

निर्धारित समय-3 घंटे **भारांक-100**

खंड-अ (वस्तुपरक प्रश्न)

		विषयवस्तु	भार
1.		**अपठित बोध** (बहुवैकल्पिक प्रश्न होंगे)	**15**
	अ	01 अपठित गद्यांश पर आधारित 10 बहुविकल्पात्मक प्रश्न (अधिकतम 300 शब्दों का) (1×10)	10
	ब	01 अपठित पद्यांश पर आधारित 05 बहुविकल्पात्मक प्रश्न (अधिकतम 150 शब्दों का) (1×10)	05
2.		**पाठ्यपुस्तक अभिव्यक्ति और माध्यम की इकाई एक से पाठ संख्या 3, 4 तथा 5 पर आधारित**	**05**
		अभिव्यक्ति और माध्यम की इकाई 01 से पाठ संख्या 3, 4 तथा 5 पर आधारित 05 बहुविकल्पात्मक प्रश्न (01 अंक x 05 प्रश्न)	05
3.		**पाठ्यपुस्तक आरोह भाग-2 से बहुविकल्पात्मक प्रश्न**	**10**
	अ	पठित काव्यांश पर आधारित 05 बहुविकल्पीय प्रश्न (01 अंक x 05 प्रश्न)	05
	ब	पठित गद्यांश पर आधारित 05 बहुविकल्पीय प्रश्न (01 अंक x 05 प्रश्न)	05
4.		**पूरक पाठ्यपुस्तक वितान भाग-2 से बहुविकल्पीय प्रश्न**	**10**
	अ	पठित पाठों पर आधारित 10 बहुविकल्पीय प्रश्न (01 अंक x 10 प्रश्न)	10

खंड-ब (वर्णनात्मक प्रश्न)

		विषयवस्तु	भार
5.		**पाठ्यपुस्तक अभिव्यक्ति और माध्यम से जनसंचार और सृजनात्मक लेखन पाठ संख्या** 3, 4, 5, 11, 12 **तथा** 13 **पर आधारित**	**16**
	1	दिए गए 03 अप्रत्याशित विषयों में से किसी 01 विषय पर लगभग 120 शब्दों में रचनात्मक लेखन (06 अंक x 01 प्रश्न)	06
	2	कहानी का नाट्यरूपांतरण/रेडियो नाटक/अप्रत्याशित विषयों के लेखन पर आधारित 02 प्रश्न (विकल्प सहित) (लगभग 40 शब्दों में) (02 अंक x 02 प्रश्न)	04
	3	पत्रकारिता और जनसंचार माध्यमों के लिए लेखन पर आधारित 03 में से 02 प्रश्न (विकल्प सहित) (लगभग 60 शब्दों में) (03 अंक x 02 प्रश्न)	06

6.	**पाठ्यपुस्तक आरोह भाग-2 एवं वितान पर आधारित**		**24**
	1	काव्य खंड पर आधारित 03 प्रश्नों में से किन्हीं 02 प्रश्नों के उत्तर (लगभग 60 शब्दों में) (03 अंक x 02 प्रश्न)	06
	2	काव्य खंड पर आधारित 03 प्रश्नों में से किन्हीं 02 प्रश्नों के उत्तर (लगभग 40 शब्दों में) (02 अंक x 02 प्रश्न)	04
	3	गद्य खंड पर आधारित 03 प्रश्नों में से किन्हीं 02 प्रश्नों के उत्तर (लगभग 60 शब्दों में) (03 अंक x 02 प्रश्न)	06
	4	गद्य खंड पर आधारित 03 प्रश्नों में से किन्हीं 02 प्रश्नों के उत्तर (लगभग 40 शब्दों में) (02 अंक x 02 प्रश्न)	04
	5	वितान के पाठों पर आधारित 03 प्रश्नों में से 02 प्रश्न का उत्तर (लगभग 40 शब्दों में) (02 अंक x 02 प्रश्न)	04
7.	**अ**	**श्रवण तथा वाचन**	10
	ब	**परियोजना कार्य**	10
कुल अंक			**100**

प्रस्तावित पुस्तकें

1. **आरोह, भाग-**2, एन.सी.ई.आर.टी., नई दिल्ली द्वारा प्रकाशित
2. **वितान भाग-**2, एन.सी.ई.आर.टी., नई दिल्ली द्वारा प्रकाशित
3. **अभिव्यक्ति और माध्यम,** एन.सी.ई.आर.टी., नई दिल्ली द्वारा प्रकाशित

नोट : पाठ्यक्रम के निम्नलिखित पाठ हटा दिए गए हैं।

आरोह भाग-2

काव्य खंड
- गजानन माधव मुक्तिबोध-सहर्ष स्वीकारा है (पूरा पाठ)
- फिराक गोरखपुरी-गजल

गद्य खंड
- विष्णु खरे - चार्ली चैप्लिन यानी हम सब (पूरा पाठ)
- रजिया सज्जाद जहीर - नमक (पूरा पाठ)

वितान भाग-2
- एन फ्रैंक - डायरी के पन्ने

i Succeed

हिंदी केंद्रिक

CBSE कक्षा 12

प्रिपरेशन असेसमेंट जोन

इस खंड में CBSE बोर्ड द्वारा जारी **नवीनतम् CBSE सैम्पल पेपर व CBSE बोर्ड प्रश्न-पत्र 2023** को शामिल किया गया है, जिसका मुख्य उद्देश्य यह है कि प्रत्येक छात्र Board Exams से पहले ही Board Paper को निश्चित समय में हल करने का अभ्यास कर सके।

नवीनतम CBSE सैंपल पेपर हिंदी केंद्रिक कक्षा 12

समय : **3 घंटे** पूर्णांक : **80**

निर्देश

1. इस प्रश्न-पत्र में खंड 'अ' में वस्तुपरक तथा खंड 'ब' में वर्णनात्मक प्रश्न पूछे गए हैं।
2. खंड 'अ' में 40 वस्तुपरक प्रश्न पूछे गए हैं। सभी 40 प्रश्नों के उत्तर देने हैं।
3. खंड 'ब' में वर्णनात्मक प्रश्न पूछे गए हैं। प्रश्नों के उचित आंतरिक विकल्प दिए गए हैं।
4. दोनों खंडों के प्रश्नों के उत्तर देना अनिवार्य है।
5. यथासंभव दोनों खंडों के प्रश्नों के उत्तर क्रमशः लिखिए।

■ खंड 'अ' (वस्तुपरक प्रश्न)

खंड 'अ' में अपठित बोध, अभिव्यक्ति और माध्यम, पाठ्य-पुस्तक आरोह भाग-2 व पूरक पाठ्य पुस्तक वितान भाग-2 से संबंधित बहुविकल्पीय प्रश्न पूछे गए हैं। जिनमें प्रत्येक प्रश्न के लिए 1 अंक निर्धारित है।

अपठित बोध

1. *निम्नलिखित गद्यांश को ध्यानपूर्वक पढ़कर दिए गए प्रश्नों के सर्वाधिक उपयुक्त उत्तर वाले विकल्प को चुनकर लिखिए।* $(1 \times 10 = 10)$

पश्चिमी सभ्यता मुख मोड़ रही है। वह एक नया आदर्श देख रही है। अब उसकी चाल बदलने लगी है। वह कलों की पूजा को छोड़कर मनुष्यों की पूजा को अपना आदर्श बना रही है। इस आदर्श को दर्शाने वाले देवता रस्किन और टालस्टॉय आदि हैं। पाश्चात्य देशों में नया प्रभात होने वाला है। वहाँ के गंभीर विचार वाले लोग इस प्रभात का स्वागत करने के लिए उठ खड़े हुए हैं। प्रभात होने के पूर्व ही उसका अनुभव कर लेने वाले पक्षियों की तरह इन महात्माओं को इस नए प्रभात का पूर्व ज्ञान हुआ है और हो भी क्यों न? इंजनों के पहिए के नीचे दबकर वहाँ वालों के भाई-बहन ही नहीं उनकी सारी जाति पिस गई, उनके जीवन के धुरे टूट गए, उनका समस्त धन घरों से निकलकर एक या दो स्थानों पर एकत्रित हो गया।

साधारण लोग मर रहे हैं, मजदूरों के हाथ-पाँव फट रहे हैं, लहू बह रहा है! सर्दी से ठिठुर रहे हैं। एक तरफ दरिद्रता का अखंड भी राज्य है, दूसरी तरफ अमीरी का चरम दृश्य। परंतु अमीरी भी मानसिक दु:खों से विमर्दित है। मशीनें बनाई तो गई थीं मनुष्यों का पेट भरने के लिए, मजदूरों को सुख देने के लिए, परंतु वे काली-काली मशीनें ही काली बनकर उन्हीं मनुष्यों का भक्षण कर जाने के लिए मुख खोल रही हैं। प्रभात होने पर ये काली-काली बलाएँ दूर होंगी। मनुष्य के सौभाग्य का सूर्योदय होगा।

शोक का विषय यह है कि हमारे और अन्य पूर्वी देशों में लोगों को मजदूरी से तो लेशमात्र भी प्रेम नहीं है, पर वे तैयारी कर रहे हैं पूर्वोक्त काली मशीनों का आलिंगन करने की। पश्चिम वालों के तो ये गले पड़ी हुई बहती नदी की काली कमली हो रही हैं। वे छोड़ना चाहते हैं, परंतु काली कमली उन्हें नहीं छोड़ती। देखेंगे पूर्व वाले इस कमली को छाती से लगाकर कितना आनंद अनुभव

करते हैं। यदि हममें से हर आदमी अपनी दस उँगलियों की सहायता से साहसपूर्वक अच्छी तरह काम करे, तो हम मशीनों की कृपा से बढ़े हुए परिश्रम वालों को वाणिज्य के जातीय संग्राम में सहज ही पछाड़ सकते हैं।

सूर्य तो सदा पूर्व से ही पश्चिम की ओर जाता है। पर आओ पश्चिम से आने वाली सभ्यता के नए प्रभात को हम पूर्व से भेजें। इंजनों की वह मजदूरी किस काम की, जो बच्चों, स्त्रियों और कारीगरों को ही भूखा नंगा रखती है और केवल सोने, चाँदी, लोहे आदि धातुओं का ही पालन करती है। पश्चिम को विदित हो चुका है कि इनसे मनुष्य का दु:ख दिन-पर-दिन बढ़ता है।

(क) ''पाश्चात्य देशों में नया प्रभात होने वाला है।'' पंक्ति में रेखांकित पद का आशय हो सकता है (1)
(i) नया प्रकाश *(ii)* नया विचार
(iii) नया सवेरा *(iv)* नया प्रभास

(ख) संदर्भ के अनुसार गद्यांश में 'विमर्दित' शब्द का सटीक अर्थ क्या हो सकता है? (1)
(i) ठगी हुई *(ii)* ग्लानिपूर्ण
(iii) ईर्ष्यापूर्ण *(iv)* पीड़ापूर्ण

(ग) निम्नलिखित कथनों पर विचार कीजिए (1)
कथन (I) मानवीय दक्षता को महत्त्व देना चाहिए।
कथन (II) मनुष्य तथा मानवीयता से प्रेम करना चाहिए।
कथन (III) अपनी चाल को बदल लेना चाहिए।
कथन (IV) मानव जीवन को आदर्श मानना चाहिए।
गद्यांश के अनुसार कौन-सा/से कथन सही है/हैं?
(i) केवल कथन I सही है *(ii)* केवल कथन II सही है
(iii) कथन II और III सही हैं *(iv)* कथन I और IV सही हैं

(घ) गद्यांश के अनुसार पूर्वी देशों की समस्या क्या है? (1)
(i) मजदूरों के लिए अधिकारों की कमी *(ii)* मजदूरों का पूँजीपतियों द्वारा शोषण
(iii) मजदूरी को कम महत्त्व का आँकना *(iv)* मजदूरी पर अमीरी का प्रभाव

(ङ) गद्यांश के अनुसार साधारण लोग क्यों मर रहे हैं? (1)
(i) मानव श्रम से ज्यादा मशीनों को महत्त्व मिलने के कारण *(ii)* हाथ-पाँव फटने, खून रिसने और सर्दी के कारण
(iii) कम मजदूरी मिलने के कारण हुई बीमारियों से *(iv)* कार्य क्षेत्रों के विषैले पर्यावरण व खाने की कमी से

(च) गद्यांश में मशीनों को 'काली मशीनें' कहना किस बात की ओर संकेत करता है? (1)
(i) काला रंग शोक का प्रतीक होता है।
(ii) मशीनों द्वारा जनसाधारण में बेरोजगारी बढ़ाने के कारण
(iii) माँ दुर्गा के अवतार काली के जैसे भक्षण करने के कारण
(iv) मशीनों से अमीरों द्वारा काला धन अर्जन करने के कारण

(छ) ''इंजनों के पहिए के नीचे दबकर वहाँ वालों के ....'' इस प्रक्रिया के क्या परिणाम हुए? (1)
(i) आर्थिक संपदा का अनुचित वितरण *(ii)* भाई-बहनों व अन्य रिश्तेदारों में दुराव
(iii) समस्त जाति द्वारा कठिन परिश्रम *(iv)* मशीनों द्वारा मनुष्यों का संरक्षण

(ज) रस्किन और टालस्टॉय का महत्त्व है, क्योंकि इन्होंने (1)
(i) पूर्वी देशों में साम्राज्यवाद के विरुद्ध आवाज उठाई थी *(ii)* मानवीय संवेदनाओं एवं गुणों को महत्त्व दिया था
(iii) धार्मिक कट्टरता के प्रति चेतना जगाई थी *(iv)* गाँधीजी इन दोनों के विचारों से अत्यधिक प्रभावित थे

(झ) मनुष्य के सौभाग्य का सूर्योदय कब होगा? (1)
(i) मजदूरों द्वारा क्रांति करने से *(ii)* मशीनों के हट जाने से
(iii) सभी लोगों को काम मिलने से *(iv)* मानवीय दक्षताओं को महत्त्व मिलने से

(ञ) मनुष्य के दुःख में निरंतर वृद्धि का क्या कारण बताया गया है? (1)
(i) मशीनों पर अत्यधिक आश्रित हो जाना *(ii)* मानवीय दक्षता की आलोचना
(iii) पूँजीपतियों द्वारा गरीबों का शोषण *(iv)* काली मशीनों द्वारा मनुष्यों का भक्षण

2. *दिए गए पद्यांश पर आधारित प्रश्नों को ध्यानपूर्वक पढ़कर दिए गए प्रश्नों के सर्वाधिक उपयुक्त उत्तर वाले विकल्प को चुनकर लिखिए।* (5×1= 5)

कुश्ती कोई भी लड़े
ढोल बजाता है सिमरू ही
जिसके सधे हाथ
भर देते हैं जोश पूरे दंगल में
उछलने लगती है मिट्टी पूरे अखाड़े की
ताक धिना-धिन ... ताक धिना-धिन
झाँकने लगते हैं लोग
एक-दूसरे के कन्धों के ऊपर से
उचक-उचक कर
बहुत गहरा है रिश्ता
सिमरू और ढोल का
जैसे साँस और धड़कन का
ढोल खामोश है
तो खामोश है
अखाड़े की माटी
खामोश ढोल को
जगाएँगे हाथ सिमरू के
ढोल बजेगा
जागेगा अखाड़ा
जागेगी माटी अखाड़े की
माटी ही तो है
जो स्वीकारती है सभी को
अच्छे हों या बुरे
हर रूप में।

(क) 'ढोल बजाता है सिमरू ही' पंक्ति में 'ही' क्या इंगित करता है? (1)

(i) आदत
(ii) महत्त्व
(iii) आडंबर
(iv) प्रेम

(ख) कुश्ती में जोश कब भर आता है? (1)

(i) जब हारता हुआ पहलवान जीतने लगता है
(ii) जब दोनों पहलवान बराबर की टक्कर वाले होते हैं
(iii) जब फाइनल कुश्ती द्वारा राष्ट्रीय विजेता तय होता है
(iv) जब सिमरू द्वारा ढोल बजाया जाता है

(ग) माटी द्वारा अच्छे-बुरे को स्वीकारने का क्या तात्पर्य है? (1)

(i) माटी सबको जीतने का समान अवसर देती है
(ii) माटी का न्याय सबको स्वीकार्य होता है
(iii) अंत में अच्छे-बुरे सभी माटी में मिल जाते हैं
(iv) माटी की गोद में अच्छे-बुरे सभी पलते हैं

(घ) ढोल तथा अखाड़े की माटी में क्या समानता बताई गई है? निम्नलिखित कथनों पर विचार कीजिए (1)

कथन (I) दोनों को उपयोग करने से पहले तैयार करना होता है।
कथन (II) दोनों में श्रम की आवश्यकता होती है।
कथन (III) दोनों का प्रयोग कर लोग अपनी कला सिद्ध करते हैं।
कथन (IV) दोनों की परिवर्तन में भूमिका होती है।
उपरोक्त कथनों में से कौन-सा/से कथन सही है/हैं?

(i) केवल कथन III सही है
(ii) केवल कथन IV सही है
(iii) कथन II और III सही हैं
(iv) कथन I और IV सही हैं

(ङ) कॉलम I को कॉलम II से सुमेलित कीजिए (1)

कॉलम I	कॉलम II
A. सिमरू	1. श्रमजीवी वर्ग
B. ढोल	2. सामाजिक भूमि
C. अखाड़ा	3. परिश्रम

कूट

	A	B	C
(i)	3	1	2
(ii)	1	3	2
(iii)	1	2	3
(iv)	2	1	3

अभिव्यक्ति और माध्यम

3. *निम्नलिखित प्रश्नों को ध्यानपूर्वक पढ़कर सर्वाधिक उपयुक्त उत्तर वाले विकल्प को चुनकर लिखिए।* (1×5 = 5)

(क) आलेख कुछ-कुछ फीचर जैसा होता है। फिर भी दोनों में पर्याप्त अंतर है। अतः आलेख का निम्नलिखित में से विषय नहीं हो सकता है (1)

(i) ब्रेकिंग न्यूज *(ii)* राजनीति
(iii) खेलकूद *(iv)* समसामयिकी

(ख) ऐसा सुव्यवस्थित, सृजनात्मक और आत्मनिष्ठ लेखन, जिसके माध्यम से सूचनाओं के साथ-साथ मनोरंजन पर भी ध्यान दिया जाता है, उसे ······· कहते हैं। (1)

(i) समीक्षा करना *(ii)* फीचर लेखन
(iii) आलेख लेखन *(iv)* रिपोर्ट बनाना

(ग) बीट कवर करने वाले रिपोर्टर को कहा जाता है (1)

(i) लेखक *(ii)* एंकर
(iii) संपादक *(iv)* संवाददाता

(घ) रजत एक पत्रकार हैं। वे सामान्य समाचारों से आगे बढ़कर खेल से जुड़ी या इस विषय से जुड़ी घटनाओं, मुद्दों और समस्याओं का बारीकी से विश्लेषण करते हैं। उनकी रिपोर्टिंग को क्या कहा जा सकता है? (1)

(i) बीट रिपोर्टिंग *(ii)* फ्रीलांसिंग
(iii) विशेषीकृत रिपोर्टिंग *(iv)* एंकरिंग

(ङ) भास्कर पत्रकार हैं। वे आर्थिक जगत की खबरें बड़ी दिलचस्पी और सक्रियता से कवर करते हैं। उनकी रुचि और रुझान के अनुसार वे क्या बन सकते हैं? (1)

(i) लेखक *(ii)* पाठक
(iii) स्तंभ लेखक *(iv)* विषय विशेषज्ञ

पाठ्य-पुस्तक आरोह भाग 2

4. *निम्नलिखित पद्यांश के प्रश्नों को ध्यानपूर्वक पढ़कर सर्वाधिक उपयुक्त उत्तर वाले विकल्प को चुनकर लिखिए।* (1×5 = 5)

मैं निज उर के उद्गार लिए फिरता हूँ
मैं निज उर के उपहार लिए फिरता हूँ
है यह अपूर्ण संसार न मुझको भाता
मैं स्वप्नों का संसार लिए फिरता हूँ।
मैं जला हृदय में अग्नि, दहा करता हूँ
सुख-दु:ख दोनों में मग्न रहा करता हूँ
जग भव-सागर तरने की नाव बनाए,
मैं भव-मौजों पर मस्त बहा करता हूँ।

(क) कवि के स्वप्नों का संसार है (1)

(i) यथार्थ *(ii)* आदर्श
(iii) स्वप्निल *(iv)* सुखी

(ख) निम्नलिखित कथनों पर विचार करते हुए पद्यांश के अनुसार सही कथन को चयनित कर लिखिए (1)

(i) स्मृतियों की नाव में कवि एक यात्री है
(ii) कविता में अग्नि परिवर्तन की इच्छा का प्रतीक है
(iii) यथार्थ संसार से कवि को कोई सरोकार नहीं है
(iv) सुख-दु:ख का असर कवि पर होता है

(ग) काव्यांश में 'उर' से तात्पर्य है (1)

(i) हृदय *(ii)* इच्छा
(iii) स्मृति *(iv)* आवेश

(घ) निम्नलिखित कथन और कारण को ध्यानपूर्वक पढ़िए और सही विकल्प चुनकर लिखिए (1)

कथन (A) यथार्थ को स्वीकार नहीं करने से कवि के स्पप्न अधूरे रह गए हैं।

कारण (R) कल्पना और वास्तविकता में सामंजस्य की कमी होने से कवि को संसार अधूरा महसूस होता है।

कूट

(i) कथन (A) सही है, परंतु कारण (R) गलत है
(ii) कथन (A) सही नहीं है, परंतु कारण (R) सही है
(iii) कथन (A) तथा कारण (R) दोनों सही हैं, किंतु कारण (R) कथन (A) की सही व्याख्या नहीं करता है
(iv) कथन (A) तथा कारण (R) दोनों सही हैं, किंतु कारण (R) कथन (A) की सही व्याख्या करता है

(ङ) 'भव-मौजों पर मस्त बहने' से तात्पर्य क्या है? (1)

(i) सांसारिक सुख रूपी लहरें *(ii)* मौज-मस्ती करना
(iii) स्वप्न में उपजी सुख-दु:ख की लहरें *(iv)* नाव जैसी बहने वाली भावुकता

5. *निम्नलिखित गद्यांश के प्रश्नों को ध्यानपूर्वक पढ़कर उपयुक्त उत्तर वाले विकल्प को चुनकर लिखिए।* (1×5 = 5)

मैंने मन में कहा, ठीक। बाजार आमंत्रित करता है कि आओ मुझे लूटो और लूटो। सब भूल जाओ, मुझे देखो। मेरा रूप और किसके लिए है? मैं तुम्हारे लिए हूँ। नहीं कुछ चाहते हो, तो भी देखने में क्या हरज है। अजी आओ भी।

इस आमंत्रण में यह खूबी है कि आग्रह नहीं है, आग्रह तिरस्कार जगाता है, लेकिन ऊँचे बाजार का आमंत्रण मूक होता है और उससे चाह जगती है, चाह मतलब अभाव। चौक बाजार में खड़े होकर आदमी को लगने लगता है कि उसके अपने पास काफी नहीं है और चाहिए और चाहिए। मेरे यहाँ कितना परिमित है और यहाँ कितना अतुलित है, ओह! कोई अपने को न जाने तो बाजार का यह चौक उसे कामना से विकल बना छोड़े विकल क्यों, पागल। असंतोष, तृष्णा और ईर्ष्या से घायल करके मनुष्य को सदा के लिए यह बेकार बना डाल सकता है।

(क) गद्यांश में प्रयुक्त 'अतुलित' शब्द का समानार्थी शब्द हो सकता है (1)

(i) अरिहंत *(ii)* अथाह *(iii)* अभाव *(iv)* अक्षय

(ख) गद्यांश का केंद्रीय भाव है (1)

(i) बाजार के प्रकार बताना *(ii)* बाजार न जाने की सलाह
(iii) मनुष्य की तृष्णा को इंगित करना *(iv)* मनुष्य पर बाजार के जादू का असर

(ग) निम्नलिखित कथनों पर विचार करते हुए गद्यांश के अनुसार सही कथन को चयनित कर लिखिए (1)

(i) जब मनुष्य बेचैन हो जाता है, तब वह बाजार की ओर उन्मुख हो जाता है।
(ii) जब मनुष्य तुलना करने लगता है, तब असंतोष, तृष्णा और ईर्ष्या के भाव मनुष्य में उभरते हैं।
(iii) जब मनुष्य को बाजार आमंत्रित करता है, तब मनुष्य की व्याकुलता इसका कारण होती है।
(iv) जब मनुष्य बाजार का तिरस्कार करता है, तब वह इसका सही लाभ ले पाता है।

(घ) कॉलम I को कॉलम II से सुमेलित कीजिए (1)

	कॉलम I		कॉलम II
A.	आग्रह का तिरस्कार जागता	1.	मौन रहकर कार्य करना
B.	बड़े बाजार का जादू	2.	अपनी तृष्णा को रोकना
C.	बाजार के जादू से बचने का उपाय	3.	इच्छा पूर्ण न होना

कूट

	A	B	C		A	B	C
(i)	3	1	2	*(ii)*	1	3	2
(iii)	1	2	3	*(iv)*	2	1	3

(ङ) बाजार का आमंत्रण कि, 'आओ मुझे लूटो' से क्या आशय है? (1)

(i) बाजार लुट जाना चाहता है *(ii)* बाजार के पास वस्तुएँ बहुत अधिक हैं
(iii) बाजार केवल खुद का रूप दिखाना चाहता है *(iv)* बाजार आकर्षित करना चाह रहा है

पूरक पाठ्य-पुस्तक वितान भाग 2

6. *निम्नलिखित प्रश्नों को ध्यानपूर्वक पढ़कर सर्वाधिक उपयुक्त उत्तर वाले विकल्प को चुनकर लिखिए* (1×10 = 10)

(क) यशोधर बाबू दफ्तर से घर जल्दी क्यों नहीं जाते थे? (1)

(i) पत्नी और बच्चों से हर छोटी-बड़ी बात पर मतभेद होने के कारण
(ii) पीढ़ियों के अंतराल के कारण
(iii) ईश्वर में मन लग जाने के कारण
(iv) आधुनिकता के प्रति नकारात्मक भावना के कारण

(ख) संसार के प्राचीनतम दो नियोजित शहर किन्हें माना गया है? (1)

(i) मेसोपोटामिया तथा सिंधु घाटी *(ii)* मेसोपोटामिया तथा हड़प्पा
(iii) हड़प्पा तथा मुअनजो-दड़ो *(iv)* मुअनजो-दड़ो तथा मेसोपोटामिया

(ग) मुअनजो-दड़ो की अनूठी मिसाल क्या है? (1)

(i) नगर नियोजन *(ii)* प्राचीन शहर
(iii) अन्न भंडार *(iv)* मृतकों का टीला

(घ) निम्नलिखित कथन और कारण को ध्यानपूर्वक पढ़िए और सही विकल्प चुनकर लिखिए (1)

कथन (A) यशोधर बाबू के बच्चे धर्म, रिश्तेदार तथा समाज को पिछड़ा मानते हैं।

कारण (R) वे महत्त्वाकांक्षी और प्रगतिशील हैं। उनमें समय के साथ बदलाव आ गया है।

कूट

(i) कथन (A) सही है, कारण (R) गलत है
(ii) कथन (A) सही नहीं है, कारण (R) सही है
(iii) कथन (A) तथा कारण (R) दोनों सही हैं, किंतु कारण (R) कथन (A) की सही व्याख्या नहीं करता है
(iv) कथन (A) तथा कारण (R) दोनों सही हैं, लेकिन कारण (R) कथन (A) की सही व्याख्या करता है

(ङ) निम्नलिखित कथनों पर विचार कीजिए (1)

कथन (I) सिंधु सभ्यता में नगर-नियोजन उन्नत नहीं था।

कथन (II) सिंधु घाटी सभ्यता की खूबी सौंदर्यबोध है।

कथन (III) मुअनजो-दड़ो छोटे-मोटे टीलों पर बसा था।

कथन (IV) सिंधु घाटी सभ्यता टीलों पर आबाद थी।

उपरोक्त कथनों में से कौन-सा/से कथन सही है/हैं?

(i) (I) तथा (II) सही हैं *(ii)* (I), (II) तथा (III) सही हैं
(iii) (II), (III) तथा (IV) सही हैं *(iv)* (II) तथा (III) सही हैं

(च) कहानी 'सिल्वर वैडिंग' में यह वाक्य 'वह खुशहाली भी कैसी, जो अपनों में परायापन पैदा करे' किसने कहा होगा? (1)

(i) किशन दा *(ii)* यशोधर बाबू *(iii)* भूषण *(iv)* चड्ढा

(छ) 'जूझ' कहानी का लेखक पढ़ना क्यों चाहता था? (1)

(i) ज्ञान के लिए *(ii)* रोजगार के लिए
(iii) कवि बनने के लिए *(iv)* आत्मविश्वास के लिए

(ज) 'जूझ' कहानी में लेखक का मन पाठशाला जाने के लिए तड़पता था। लेखक के पाठशाला न जा पाने का कारण था (1)

(i) दादा का कामचोर स्वभाव *(ii)* कवि बनने का स्वप्न
(iii) खेती की मेहनत से बचना *(iv)* घर का कर्ज

(झ) कहानी 'सिल्वर वैडिंग' में यशोधर बाबू के बच्चों के लिए कहा गया है कि, 'बच्चे आधुनिक युवा हो चले हैं।' इस पंक्ति से लेखक का क्या आशय हो सकता है? (1)

(i) जीवन के सभी सुख प्रिय हैं *(ii)* पिता की दिनचर्या से नाराजगी
(iii) अच्छी पगार मिलना *(iv)* आधुनिक जीवन-शैली की ओर रुझान

(ञ) 'जूझ' कहानी के शीर्षक का अर्थ क्या है? (1)

(i) मेहनत *(ii)* कठिनाई *(iii)* संघर्ष *(iv)* चालाकी

■ खंड 'ब' (वर्णनात्मक प्रश्न)

खंड 'ब' में जनसंचार और सृजनात्मक लेखन, पाठ्य-पुस्तक आरोह भाग-2 व पूरक पाठ्य-पुस्तक वितान भाग-2 से संबंधित वर्णनात्मक प्रश्न पूछे गए हैं, जिनके निर्धारित अंक प्रश्न के सामने अंकित हैं।

जनसंचार और सृजनात्मक लेखन

7. *निम्नलिखित दिए गए 3 विषयों में से किसी 1 विषय पर लगभग 120 शब्दों में रचनात्मक लेख लिखिए।* (6×1 = 6)

(क) डिजिटल युग और मैं
(ख) परीक्षा तनाव के कारण व इसे रोकने के उपाय
(ग) उच्च शिक्षा हेतु छात्रों का विदेशों को पलायन

8. *निम्नलिखित प्रश्नों को ध्यानपूर्वक पढ़कर लगभग 40 शब्दों में निर्देशानुसार उत्तर दीजिए।* (2×2 = 4)

(क) कहानी के नाट्य रूपांतरण में संवादों के महत्त्व पर टिप्पणी कीजिए। (2)

अथवा

नए और अप्रत्याशित विषयों पर लेखन के संदर्भ में 'मैं' शैली के प्रयोग के बारे में क्या मान्यता है?

(ख) नए और अप्रत्याशित विषयों के लेखन के संदर्भ में इस पंक्ति का आशय स्पष्ट करें "इस तरह का लेखन खुले मैदान की तरह होता है, जिसमें बेलाग दौड़ने, कूदने और कुलाँचे भरने की छूट होती है।" (2)

अथवा

टीवी की तुलना में रेडियो माध्यम की कोई दो सीमाएँ बताइए।

9. *निम्नलिखित प्रश्नों को ध्यानपूर्वक पढ़कर दिए गए 3 प्रश्नों में से किन्हीं 2 प्रश्नों के लगभग 60 शब्दों में उत्तर दीजिए।* (3×2 = 6)

(क) आपको श्रोताओं, दर्शकों या पाठकों को बाँधकर रखने की दृष्टि से प्रिंट माध्यम, टीवी और रेडियो में से सबसे सशक्त माध्यम कौन-सा लगता है? अपने उत्तर के पक्ष में तर्क दें। (3)
(ख) डिजिटल मीडिया के उदय ने समाचार लेखन की उल्टी पिरामिड शैली के उपयोग को कैसे प्रभावित किया है? (3)
(ग) समाचार-पत्रों में विशेष लेखन से आप क्या समझते हैं? उदाहरण सहित उत्तर दें। (3)

पाठ्य-पुस्तक आरोह भाग 2

10. *निम्नलिखित प्रश्नों को ध्यानपूर्वक पढ़कर दिए गए 3 प्रश्नों में से किन्हीं 2 प्रश्नों के लगभग 60 शब्दों में उत्तर दीजिए।* (3×2 = 6)

(क) बारिश के बाद, भादो के पश्चात् प्रकृति में परिवर्तन का कवि ने किस प्रकार वर्णन किया है? 'पतंग' कविता के आधार पर अपने शब्दों में वर्णन करें। (3)
(ख) 'छोटा मेरा खेत' कविता में अंधड़ और बीज से कवि का क्या तात्पर्य है? (3)
(ग) व्यक्ति पर प्रशंसा का क्या प्रभाव पड़ता है? 'बात सीधी थी पर' कविता के आधार पर बताइए। (3)

11. *निम्नलिखित प्रश्नों को ध्यानपूर्वक पढ़कर दिए गए 3 प्रश्नों में से किन्हीं 2 प्रश्नों के लगभग 40 शब्दों में उत्तर दीजिए।* (2×2 = 4)

(क) 'कैमरे में बंद अपाहिज' कविता के आधार पर स्पष्ट करें कि दूरदर्शन वाले कैमरे के सामने कमजोर को ही क्यों लाते हैं? (2)
(ख) 'बादल राग' कविता के आधार पर भाव स्पष्ट कीजिए "विप्लव-रव से छोटे ही हैं शोभा पाते।" (2)
(ग) 'उषा' कविता में 'भोर के नभ' की तुलना किससे और क्यों की गई है? (2)

12. *निम्नलिखित प्रश्नों को ध्यानपूर्वक पढ़कर दिए गए 3 प्रश्नों में से किन्हीं 2 प्रश्नों के लगभग 60 शब्दों में उत्तर दीजिए।* (3×2 = 6)

(क) "भक्तिन अच्छी है, यह कहना कठिन होगा, क्योंकि उसमें दुर्गुणों का अभाव नहीं" लेखिका ने ऐसा क्यों कहा होगा? (3)
(ख) 'काले मेघा पानी दे' पाठ के आधार पर पानी और बारिश के अभाव में गाँव की दशा का अपने शब्दों में वर्णन कीजिए। (3)
(ग) 'शिरीष के फूल' निबंध में अवधूत रूप में लेखक ने किस महात्मा को याद किया है और क्यों? (3)

13. *निम्नलिखित प्रश्नों को ध्यानपूर्वक पढ़कर दिए गए 3 प्रश्नों में से किन्हीं 2 प्रश्नों के लगभग 40 शब्दों में उत्तर दीजिए।* (2×2 = 4)

(क) डॉ. आंबेडकर 'समता' को कल्पना की वस्तु क्यों मानते हैं? (2)

(ख) कहानी 'पहलवान की ढोलक' व्यवस्था के बदलने के साथ लोक कला और इसके कलाकार के अप्रासंगिक हो जाने की कहानी है। पंक्ति को विस्तार दीजिए। (2)

(ग) जिन्हें अपनी जरूरत का पता नहीं होता, वे लोग बाजार का बाजारूपन कैसे बढ़ाते हैं? (2)

पूरक पाठ्य-पुस्तक वितान भाग 2

14. *निम्नलिखित प्रश्नों को ध्यानपूर्वक पढ़कर दिए गए 2 प्रश्नों में से किसी 1 प्रश्न का लगभग 60 शब्दों में उत्तर दीजिए।* (4×1= 4)

'सिल्वर वैडिंग' कहानी में यशोधर बाबू को अपने बच्चों की आकर्षक आय 'समहाउ इंप्रॉपर' क्यों लगती है? आप यशोधर बाबू के स्थान पर होते तो 'समहाउ इंप्रॉपर' से कैसे सामंजस्य स्थापित करते? (4)

अथवा

उस घटना का वर्णन अपने शब्दों में कीजिए, जिससे पता चलता है कि लेखक की माँ उसके मन की पीड़ा समझ रही थी? 'जूझ' कहानी के आधार पर बताइए।

व्याख्या सहित **उत्तर**

1. (क) *(ii)* नया विचार
(ख) *(iv)* पीड़ापूर्ण
(ग) *(i)* केवल कथन I सही है।
(घ) *(iii)* मजदूरी को कम महत्त्व का आँकना
(ङ) *(i)* मानव श्रम से ज्यादा मशीनों को महत्त्व मिलने के कारण
(च) *(ii)* मशीनों द्वारा जनसाधारण में बेरोजगारी बढ़ाने के कारण
(छ) *(i)* आर्थिक संपदा का अनुचित वितरण
(ज) *(ii)* मानवीय संवेदनाओं एवं गुणों को महत्त्व दिया था
(झ) *(iv)* मानवीय दक्षताओं को महत्त्व मिलने से
(ञ) *(i)* मशीनों पर अत्यधिक आश्रित हो जाना

2. (क) *(ii)* महत्त्व
(ख) *(iv)* जब सिमरू द्वारा ढोल बजाया जाता है
(ग) *(iv)* माटी की गोद में अच्छे-बुरे सभी पलते हैं
(घ) *(ii)* केवल कथन IV सही है।
(ङ) *(ii)* 1 3 2

3. (क) *(i)* ब्रेकिंग न्यूज
(ख) *(ii)* फीचर लेखन
(ग) *(iv)* संवाददाता
(घ) *(iii)* विशेषीकृत रिपोर्टिंग
(ङ) *(iv)* विषय विशेषज्ञ

4. (क) *(ii)* आदर्श
(ख) *(ii)* कविता में अग्नि परिवर्तन की इच्छा का प्रतीक है।
(ग) *(i)* हृदय
(घ) *(ii)* कथन (A) सही नहीं है, परन्तु कारण (R) सही है।
(ङ) *(i)* सांसारिक सुख रूपी लहरें

5. (क) *(ii)* अथाह
(ख) *(iv)* मनुष्य पर बाजार के जादू का असर
(ग) *(ii)* जब मनुष्य तुलना करने लगता है, तब असंतोष, तृष्णा और ईर्ष्या के भाव मनुष्य में उभरते हैं।
(घ) *(i)* 3 1 2
(ङ) *(iv)* बाजार आकर्षित करना चाह रहा है

6. (क) *(i)* पत्नी और बच्चों से हर छोटी-बड़ी बात पर मतभेद होने के कारण
(ख) *(iii)* हड़प्पा तथा मुअनजो-दड़ो
(ग) *(i)* नगर नियोजन
(घ) *(iv)* कथन (A) तथा कारण (R) दोनों सही हैं, लेकिन कारण (R) कथन (A) की सही व्याख्या करता है।
(ङ) *(iv)* कथन (II) तथा (III) सही हैं।
(च) *(ii)* यशोधर बाबू
(छ) *(ii)* रोजगार के लिए

(ज) *(i)* दादा का कामचोर स्वभाव
(झ) *(iv)* आधुनिक जीवन-शैली की ओर रुझान
(ञ) *(iii)* संघर्ष

7. (क) **डिजिटल युग और मैं**

डिजिटल युग 20वीं शताब्दी के उत्तरार्द्ध में डिजिटल कंप्यूटरों के अपनाने और प्रसार और सूचना के डिजिटल भंडारण के साथ शुरू हुआ, जिसके परिणामस्वरूप अधिक उन्नत कंप्यूटर सिस्टम का विकास हुआ, जो डिजिटल रूप से दोहराने और पहले मैनुअल रूप से की गई गणितीय गणनाओं को स्वचालित करने में सक्षम था।

डिजिटल युग की विशेषता प्रौद्योगिकी है, जो अर्थव्यवस्था और समाज के भीतर ज्ञान के कारोबार की गति और चौड़ाई को बढ़ाती है। हम जिस प्रणाली में रहते हैं, उसकी व्याख्या के रूप में विकासवादी सिद्धांत कहता है कि स्थिरता ज्ञान के कारोबार पर निर्भर करती है।

प्रेरक साधनों के माध्यम से सीखी गई हर चीज दीर्घकालिक शिक्षा का उत्पादन करती है। इसलिए, डिजिटल युग न केवल छात्रों को अन्य माध्यमों का उपयोग करके सीखने की अनुमति देता है, बल्कि यह सहज तरीके से अधिक स्थायी, व्यावहारिक ज्ञान प्राप्त करने की संभावना भी प्रदान करता है।

शुरुआत में डिजिटल नाम से मुझे बहुत डर लगता था, क्योंकि मैं तकनीकी से काफी दूर था। लेकिन स्मार्ट, मोबाइल आने तथा UPI तकनीकी द्वारा प्रतिदिन पेमेंट करने से डिजिटल के प्रति मेरी रुचि बढ़ती गई। डिजिटल की उपयोगिता को ध्यान में रखते हुए मैंने इस ओर अब अधिक ध्यान देना शुरू कर दिया है। डिजिटल की उपयोगिता का ज्ञान सबसे अधिक मुझे कोरोना महामारी के दौरान पता चला। जब शिक्षा व्यवस्था पूर्ण रूप से ठप्प हो गई तो ऑनलाइन कक्षाओं ने शिक्षा को सुचारु रूप से चलाने में बहुत सहायता की, जिससे अभिभावकों का बच्चों के भविष्य की चिंता को लेकर डर दूर हुआ।

आने वाला समय डिजिटल का ही है। अतः हमें सावधानी रखते हुए डिजिटल की उपयोगिता का भरभूर लाभ उठाना चाहिए।

(ख) **परीक्षा तनाव के कारण व इसे रोकने के उपाय**

परीक्षा के समय अधिकतर छात्र चिंता और तनाव के दौर से गुजरने लगते हैं, परीक्षा को लेकर तनाव और घबराहट होना सामान्य बात है। प्रत्येक व्यक्ति की तनाव सहन करने की क्षमता अलग होती है और प्रत्येक व्यक्ति इसके लिए अलग तरह से प्रतिक्रिया करता है। हालाँकि कई बार किशोरों के लिए परीक्षा के इस तनाव को झेलना बहुत कठिन हो जाता है। परीक्षा में तनाव के कारण हैं—सहपाठी से प्रतिस्पर्द्धा, अध्यापकों तथा माता-पिता का व्यवहार आदि। कई बार परीक्षा तनाव के कारण स्टूडेंट्स का पेपर खराब हो जाता है, लेकिन तनाव को दूर किया जा सकता है। आहार में कुछ बदलाव करके भी इस तनाव को कम कर सकते हैं। इसके साथ ही आपको इस बात का भी ध्यान रखना होगा कि ऐसा आहार न लें, जो तनाव को बढ़ाने का काम करे। छात्र अकसर पूरी रात बैठकर पढ़ते रहते हैं, इससे उनकी नींद पूरी नहीं हो पाती और तनाव बढ़ता है। परीक्षा के दौरान मस्तिष्क को आराम देने के लिए 6-8 घंटे की नींद लेना बहुत जरूरी है। एक्टिविटी बढ़ाने से तनाव कम होता है और आप बेहतर महसूस करते हैं। इस दौरान आप सैर करना, दौड़ना, तैरना, डांस करना जैसे व्यायाम कर सकते हैं।

ग्रुप में पढ़ने के अनेक लाभ होते हैं; जैसे—यदि आपके पास कठिन सवाल या समस्याएँ हैं तो आप एक-दूसरे के साथ इन्हें हल कर सकते हैं। अपने कमजोर अध्यायों पर ध्यान दें, नोट्स बनाकर एक-दूसरे के साथ शेयर करें। जब आप पढ़ने के लिए तैयार हों, तो टाइम टेबल बनाकर पढ़ना शुरू करें। ध्यान रखें कि प्रत्येक विषय पर अलग तरह से ध्यान देने की जरूरत होती है।

आप निश्चित समय तक पढ़ सकते हैं, इसके बाद आपको ब्रेक लेने की जरूरत होती है, छोटे ब्रेक लें, इस समय में अपने दोस्तों के साथ बातचीत करें, कॉफी पिएँ। इस समय में आप सीढ़ी चढ़ने-उतरने जैसा व्यायाम भी कर सकते हैं।

(ग) **उच्च शिक्षा हेतु छात्रों का विदेशों को पलायन**

पिछले कुछ वर्षों में भारतीय छात्रों में विदेश जाकर पढ़ने की इच्छा काफी तेजी से बढ़ी है। प्रत्येक वर्ष लाखों विद्यार्थी विदेशी संस्थानों में दाखिला लेते और अरबों रुपये हर साल भारतीय मुद्रा के रूप में खर्च करते हैं। विदेशी संस्थानों में दाखिले की होड़ के पीछे कई कारण हैं, उनमें एक तो यह है कि भारत में अभी तक विश्वस्तरीय संस्थान नहीं बने हैं। दूसरा यह कि भारतीय संस्थानों में पढ़ाई के बाद रोजगार के अवसर बहुत सीमित हैं। विदेशों में रोजगार की संभावनाएँ अधिक हैं।

बीते कुछ दशकों में भारतीय छात्रों ने पढ़ाई के लिए तेजी से गैर-मुल्कों का रुख किया है। भूमंडलीकरण ने भारतीय छात्रों के लिए विदेशी विश्वविद्यालयों के दरवाजे खोल दिए हैं। एसोचैम के मुताबिक देश की लगभग पंद्रह अरब मुद्रा परोक्ष रूप से हर साल विभिन्न माध्यमों से विदेशी खातों में जा रही है। इतने बड़े पैमाने पर पलायन स्वाभाविक रूप से भारतीय कॉलेजों की क्षमता और गुणवत्ता पर सवाल खड़े करता है। एक अनुमान के अनुसार आने वाले दशक में लगभग सौ करोड़ भारतीय छात्रों के पलायन की संभावना है। इस संकटग्रस्त स्थिति में सरकारों और शैक्षिक संस्थानों की गुणवत्ता पर सवाल उठता है।

शैक्षिक संस्थानों की भयावहता का अंदाजा इस बात से लगाया जा सकता है कि यहाँ 70% से ज्यादा कॉलेज गुणवत्ता के मानकों पर खरे नहीं उतरते। इसी के चलते हाल के वर्षों में ऑस्ट्रेलिया, अमेरिका, कनाडा, न्यूजीलैंड, ब्रिटेन भारतीय छात्रों के पसंदीदा केंद्र बन गए हैं। दूसरे क्रम में चीन और जर्मनी जैसे देश अपनी बढ़त बनाए हुए हैं। इस सूची में अमेरिका सबसे ऊपर है, जहाँ के विश्वविद्यालय और शैक्षिक संस्थानों में भारतीय छात्रों की अत्यधिक संख्या होती है।

8. (क) कहानी के पात्रों के द्वारा किए गए उनके विचारों की अभिव्यक्ति को संवाद या कथोपकथन कहते हैं। कहानी में संवाद का विशेष महत्त्व होता है। संवाद ही कहानी तथा पात्र को स्थापित एवं विकसित करके कहानी को गति देकर आगे बढ़ाते हैं। जो घटना या प्रतिक्रिया कहानीकार होती हुई नहीं दिखा सकता, उन्हें वह संवादों के माध्यम से सामने लाता है।

अथवा

नए तथा अप्रत्याशित विषयों के लेखन में आत्मपरक 'मैं' शैली का प्रयोग किया जा सकता है। यद्यपि निबंधों और अन्य आलेखों में 'मैं' शैली का प्रयोग लगभग वर्जित होता है, किंतु नए विषय पर लेखन में 'मैं' शैली के प्रयोग से लेखक के विचारों और उसके व्यक्तित्व की झलक प्राप्त होती है।

(ख) इस पंक्ति से आशय है कि जिस प्रकार खुले मैदान में बेलाग दौड़ने, कूदने और कुलाँचे भरने की छूट होती है, उसी प्रकार नए और अप्रत्याशित लेखन में हम अपने विचारों को स्वतंत्र रूप से सुंदर एवं सुघड़ ढंग से अभिव्यक्त कर सकते हैं।

इसमें विषयों की संख्या असीमित होती है तथा किसी भी विषय पर लिखा जा सकता है; जैसे–बहुत आवश्यक है शिक्षा, दीवार घड़ी, धारावाहिकों में स्त्री, मेरा प्रिय टाइम पास आदि।

अथवा

टीवी की तुलना में रेडियो माध्यम की सीमाएँ निम्नलिखित हैं

(i) रेडियो समाचार को कहीं भी व कभी भी नहीं सुना जा सकता।

(ii) रेडियो एक श्रव्य माध्यम है, जबकि टीवी दृश्य-श्रव्य माध्यम है।

9. (क) श्रोताओं या पाठकों को बाँधकर रखने की दृष्टि से टीवी सबसे सशक्त माध्यम है, क्योंकि टीवी पर समाचार सुनाई देने के अतिरिक्त दिखाई भी देते हैं। इससे साक्षर और निरक्षर दोनों ही तरह के दर्शक लाभान्वित होते हैं। सचित्र प्रसारण से समाचार अधिक तथ्यपरक और प्रामाणिक बन जाते हैं। कम समय में अधिक समाचार दिखाए जा सकते हैं। टेलीविजन जनसंचार का दृश्य-श्रव्य माध्यम है। यह रेडियो की तरह एक रेखीय माध्यम है। इसमें दृश्य शब्दों के अनुरूप उनके सहयोगी के रूप में चलते हैं, इसमें कम-से-कम शब्दों में अधिक-से-अधिक खबर बताने की शैली का प्रयोग किया जाता है। अतः टेलीविजन में समाचार लेखन की प्रमुख शर्त दृश्य के साथ लेखन है।

(ख) डिजिटल मीडिया के उदय ने समाचार लेखन की उल्टी पिरामिड शैली के उपयोग को निम्नलिखित प्रकार से प्रभावित किया है

उल्टी पिरामिड शैली का विशेषतः प्रयोग मुद्रित या प्रिंट माध्यम तथा रेडियो में होता है।

डिजिटल मीडिया अधिक तीव्र एवं विस्तृत होने के कारण केवल उल्टी पिरामिड शैली पर आश्रित नहीं होता।

डिजिटल मीडिया दृश्य और श्रव्य की सुविधाओं से लैस होता है।

दृश्य और श्रव्य माध्यम; जैसे–टीवी, इंटरनेट इत्यादि में समाचार, सूचना का एक बड़ा भाग दृश्य देखकर ही समझ आ जाता है।

अतः उल्टी पिरामिड शैली अब समाचार लेखन के अन्य तरीकों में से एक अन्य तरीका अथवा शैली ही है।

(ग) समाचार-पत्र सामान्य समाचारों के अतिरिक्त साहित्य, विज्ञान खेल आदि की पर्याप्त जानकारी देते हैं। इसी कार्य के अंतर्गत जब किसी विषय पर सामान्य लेखन से हटकर लेख लिखा जाता है, तो वह विशेष लेखन कहलाता है। अखबारों के लिए समाचार के अतिरिक्त खेल, राजनीति, फिल्म, आर्थिक, कृषि, व्यापार, कानून आदि विभिन्न क्षेत्रों और विषयों से संबंधित लेखन विशेष लेखन के अंतर्गत आते हैं। विशेष लेखन की भाषा और शैली सामान्य लेखन या समाचारों से भिन्न होती है। विशेष लेखन के लिए अलग डेस्क होता है। उस विशेष डेस्क पर काम करने वाले पत्रकारों का समूह भी अलग होता है, जिससे यह अपेक्षा की जाती है कि संबंधित विषय या क्षेत्र में उसकी विशेषज्ञता होगी।

10. (क) बारिश के बाद, भादो के पश्चात् प्रकृति में परिवर्तन का कवि ने बहुत मनोरम वर्णन किया है। कवि के अनुसार, प्रकृति के निरंतर परिवर्तन के कारण वर्षा ऋतु अर्थात् भादो का महीना बीत गया है, तन-मन को भिगोने वाली बारिश की बौछारें समाप्त हो गई हैं। खरगोश की लाल आँखों के समान, लाल सवेरा अपनी चमक के साथ उदित हो गया है। सर्दी की ऋतु धूप की तेज चमकती हुई साइकिल को तेजी से चलाते हुए पुलों को पार करते हुए आ गई है। शरद ऋतु अपनी चमकती साइकिल की घंटी बजाकर पतंग उड़ाने वाले बच्चों के समूह को चमकीले सुंदर इशारे कर-करके बुला रही है। अतः शरद ऋतु आते ही बच्चे अपनी पतंग लेकर उड़ाने दौड़ पड़ते हैं। शरद ऋतु ने अपने आगमन से आकाश को इतना कोमल और हल्का बना दिया है कि बच्चों की पतंग आसानी से ऊपर की ओर उड़ सके।

(ख) 'छोटा मेरा खेत' कविता में कवि 'अंधड़' को वेगात्मक संवेदना मानता है। यह भाव का वह झोंका है, जो काव्य-प्रेरणा के रूप में कविता के सृजन के लिए कवि को मजबूर कर देता है। 'बीज' रचना के संदर्भ में 'शब्द' है। मन में जगे किसी निश्चित विषय-वस्तु से संबंधित शब्द, जिनको कागज के पन्नों पर बिखेरकर कवि रचना की प्रक्रिया को आगे बढ़ाता है। वह बिंबों, प्रतीकों के माध्यम से संरचनात्मक दृश्य तैयार करता है, जिससे काव्य-सृजन संभव हो पाता है।

(ग) 'बात सीधी थी पर' कविता में कवि कहता है कि अपनी बात और विचारों को, अपनी भावना को सीधे-सीधे कहना अधिक सरल एवं प्रभावी होता है, परंतु कभी-कभी व्यक्ति प्रशंसा लेने के लोभ में उसकी भाषा अधिक कृत्रिम, पेचीदा, आडंबरपूर्ण हो जाती है, जिससे उसकी मूल भावना विकृत एवं प्रभावहीन हो जाती है। रचना कर्म में इसे एक दोष माना जाता है। अतः व्यक्ति जैसा सोचता व अनुभव करता है, उसे उसी रूप में सहजता से तोड़-मरोड़कर प्रस्तुत करता है, जिसको भाषा से व्यक्त कर देना चाहिए।

11. (क) 'कैमरे में बंद अपाहिज' कविता में दूरदर्शन वालों के द्वारा कैमरे के सामने कमजोर व अपाहिज व्यक्ति का साक्षात्कार लेना वास्तव में मीडियाकर्मी के व्यावसायिक उद्देश्यों को पूरा करने के लिए दिखाया जाता है। दूरदर्शन पर एक अपाहिज कमजोर व्यक्ति को प्रदर्शन की वस्तु मानकर उसके मन की पीड़ा को कुरेदा जाता है। मीडियाकर्मी या साक्षात्कारकर्ता को उसके निजी सुख-दुःख से कुछ लेना-देना नहीं होता। वे पीड़ित व्यक्ति से अर्थहीन एवं मूर्खतापूर्ण प्रश्न पूछते हैं, क्योंकि उनका उद्देश्य ऐसे प्रश्न पूछना है, जिससे पीड़ित व्यक्ति की वेदना, आँसुओं के रास्ते छलक उठे और दर्शक उनके कार्यक्रम में रुचि लें। उनका उद्देश्य किसी भी तरह अपनी टीआरपी बढ़ाना और इसका व्यावसायिक लाभ प्राप्त करना होता है।

(ख) 'विप्लव-रव' का तात्पर्य है–क्रांति। सामाजिक क्रांति परिवर्तन के लिए होती है। ऐसे परिवर्तन समाज के कमजोर, वंचित तथा शोषण के शिकार लोगों को नई दिशा देने में सक्षम होते हैं। इसी कारण अत्यधिक हरियाली से प्रसन्न होकर वे अपने पत्ते रूपी हाथों को बार-बार हिलाकर धरती की ओर आने के लिए आमंत्रित करते हैं। क्रांतिकारी भयंकर ध्वनि करने से दलित वर्ग रूपी छोटे लता वृक्ष तो प्रसन्न होते ही हैं, वे सदा शोभा भी पाते हैं। दूसरे शब्दों में, क्रांति से निम्न व दलित वर्ग को अपने अधिकार प्राप्त होते हैं।

(ग) 'उषा' कविता में 'भोर के नभ' की तुलना 'राख से लीपे हुए चौके', 'नीले शंख', 'लाल केसर से युक्त काली सिल', 'लाल खड़िया चाक से लिप्त स्लेट' जैसे उपमानों से की गई है, क्योंकि कवि ने इन उपमानों के माध्यम से अंधकार के समाप्त होने का तथा प्रकृति में प्रतिपल आ रहे परिवर्तनों का रेखांकन करने का प्रयास किया है।

12. (क) भक्तिन अच्छी है, पर उसके दुर्गुणों को तीन तर्कों के आधार पर बताया गया है; जैसे–वह सत्यवादी हरिश्चंद्र नहीं है, वह रुपयों-पैसों को मटकी में रख देती है और पूछने पर बताती है कि उसने उन्हें सँभालकर रखा हुआ है। वह लेखिका को प्रसन्न रखने के लिए बात को इधर-उधर घुमाकर कहती है। प्रसंग एवं समय के अनुसार वह मूल तथ्यों में जोड़-घटाव कर देती है। इसे आप झूठ कह सकते हैं। भक्तिन सभी बातों और कामों को अपनी सुविधा के अनुसार ढालने में निपुण है, जो कई बार दूसरों को नापसंद होता है।

(ख) गर्मी के दिनों में जब चारों ओर सूखे की स्थिति बन जाती है, तब शहरों की तुलना में गाँवों के हालात और अधिक खराब हो जाते हैं। जहाँ खेती की जुताई होनी चाहिए, वहाँ वर्षा के अभाव में खेती की मिट्टी सूखकर पपड़ी बन जाती है और जमीन फटने लगती है। बारिश न होने के कारण तालाब सूख जाते हैं, घरों के कुओं में भी पानी नहीं रहता। ऐसे में गाँव-गाँव में पानी के बिना कोहराम मच जाता है। बारिश न होने के कारण लोग इसकी प्रार्थना करते हुए पूजा-पाठ भी करते हैं। पशु-पक्षी प्यासे मरने लगते हैं और यदि इतने पर भी वर्षा नहीं होती, तो इंदर सेना बादलों से पानी माँगने के लिए निकल पड़ती है। ऐसे में कवि कहता है कि जहाँ पानी की घर-घर में इतनी कमी हो तो महिलाएँ इंदर सेना पर पानी डालकर अपना अंधविश्वास ही प्रदर्शित करती हैं।

(ग) शिरीष के संदर्भ एवं गाँधीजी की कुछ विशेषताओं में समानता दिखने के कारण लेखक को अवधूत के रूप में गाँधीजी की याद आई। शिरीष के समान ही गाँधीजी में भी कठोरता के साथ-साथ कोमलता का गुण विद्यमान था। शिरीष की भाँति ही गाँधीजी भी वायुमंडल से, अपने परिवेश से रस खींचकर कोमल एवं कठोर बन गए।

जनसामान्य के साथ कोमलता का व्यवहार करने वाले गाँधीजी कभी-कभी देश एवं समाज के हित में अत्यधिक कठोर बन जाते थे। समय के अनुरूप, परिस्थितियों के अनुसार निर्णय लेते हुए गाँधीजी को भी स्वतंत्रता आंदोलन को सही ढंग से आगे बढ़ाने के लिए अपने व्यवहार में कोमलता एवं कठोरता दोनों को अपनाना पड़ता था। गाँधीजी स्वतंत्रता आंदोलन के दौरान होने वाली हिंसा, खून-खराबा, अग्निदाह आदि हिंसात्मक गतिविधियों के बीच अहिंसक होते हुए भी शिरीष के समान अटल या स्थिर बने रहते थे।

13. (क) 'समता' के बारे में डॉ. आंबेडकर का कहना है कि यह काल्पनिक जगत की वस्तु है। प्रत्येक शक्ति शारीरिक क्षमता, वंश-परंपरा या जन्म से, सामाजिक उत्तराधिकार की परंपरा से तथा अपने प्रयत्नों के कारण दूसरों से भिन्न और असमान होती है। इस तरह समता पहले से ही स्वयं नहीं आती है। समता आदर्श समाज के निर्माण हेतु अपनाई जाती है। अतः समाज निर्माण में समता की सत्ता काल्पनिक है।

(ख) 'पहलवान की ढोलक' कहानी में व्यवस्थाओं के परिवर्तन के पश्चात् की समस्याओं को स्पष्ट किया गया है। बदलते समय में लोक कला और कलाकार अप्रासंगिक हो जाते हैं। उनका घटता महत्त्व सांस्कृतिक दृष्टि से चिंताजनक है। कहानी में राजा साहब की जगह नए राजकुमार का आकर जम जाना सिर्फ व्यक्तिगत सत्ता परिवर्तन नहीं, बल्कि जमीनी पुरानी व्यवस्था के पूरी तरह उलट जाने और उस पर सभ्यता के नाम पर एकदम नई व्यवस्था के आरोपित हो जाने का प्रतीक है। यह 'भारत' पर 'इंडिया' के छा जाने की समस्या है। जो लुट्टन पहलवान को लोक कलाकार के आसन से उठाकर पेट भरने के लिए हाय-तौबा करने वाली कठोर भूमि पर पटक देती है।

(ग) बाजार को सार्थकता वही व्यक्ति देता है, जो यह जानता है कि वह क्या चाहता है? उसे क्या खरीदना है। जिन लोगों को अपनी जरूरत का पता नहीं होता, वे केवल अपनी क्रय शक्ति के अभिमान में अपने पैसे से केवल बाजार को एक विनाशकारी शक्ति एवं शैतानी शक्ति तथा व्यंग्य शक्ति ही बाजार को देते हैं। इसका परिणाम यह होता है कि वे लोग बाजार में बाजारूपन अर्थात् व्यवहार का हल्कापन बढ़ाते हैं। यह हल्कापन व्यवहार में कपट का बढ़ना, धोखा देना, कीमत से अधिक मूल्य लेना, घटिया सामान देना आदि हैं।

14. यशोधर बाबू का वेतन बहुत धीरे-धीरे बढ़ता था, उससे अधिक महँगाई बढ़ जाती थी, उनकी आय में हुई वृद्धि का असर उनके जीवन-स्तर को सुधार नहीं पाया। इसलिए उनके बच्चे जब किसी बड़ी विज्ञापन कंपनी में नौकरी पाकर रातों-रात अत्यधिक वेतन कमाने लगे तो उनको इतनी अत्यधिक तनख्वाह का रहस्य समझ में नहीं आया। यशोधर बाबू समझते थे कि इतनी अत्यधिक तनख्वाह के पीछे कोई गलत काम अवश्य किया जा रहा है, क्योंकि उन्होंने अपना सारा जीवन कम वेतन में जैसे-तैसे गुजारा था, इसलिए वे इतनी शान-शौकत को पचा नहीं पा रहे थे। यदि हम यशोधर बाबू के स्थान पर होते तो वास्तविकता जानने का तथा पीढ़ियों के बीच के अंतराल में सामंजस्य बैठाने का प्रयास करते।

अथवा

लेखक को पढ़ना बहुत पसंद था, लेकिन वह अपने पढ़ने की बात अपने दादा से नहीं कर पाता था, क्योंकि उसके दादा अच्छे आचरण वाले नहीं होने के साथ अत्यधिक गुस्से वाले भी थे। वे खेत का सारा काम लेखक से करवाते थे। दूसरी तरफ आनंदा की माँ चाहती थी कि उसका बेटा सातवीं कक्षा तक अवश्य पढ़े, लेकिन दादा के आगे उसकी एक न चलती थी। आनंदा और उसकी माँ ने दत्ता जी राव के पास जाने की सोची, क्योंकि वे ही पाठशाला जाने के लिए दादा को समझाकर राजी कर सकते थे। अतः इस घटना से पता चलता है कि लेखक की माँ उसकी मन की पीड़ा को समझ रही थी तथा हमेशा उसकी सराहना करती थी।

CBSE 2023
बोर्ड प्रश्न-पत्र
हिंदी केंद्रिक

निर्देश समय : **3 घंटे** पूर्णांक : **80**

1. इस प्रश्न-पत्र में दो खंड हैं–खंड 'अ' और खंड 'ब'।
2. खंड 'अ' में 40 वस्तुपरक प्रश्न पूछे जाएँगे। सभी प्रश्नों के उत्तर देने हैं।
3. खंड 'ब' में वर्णनात्मक प्रश्न पूछे जाएँगे। प्रश्नों में उचित आंतरिक विकल्प दिए जाएँगे।

■ खंड 'अ' (वस्तुपरक प्रश्न)

खंड 'अ' में अपठित बोध, अभिव्यक्ति और माध्यम, पाठ्य-पुस्तक आरोह भाग-2 व पूरक पाठ्य पुस्तक वितान भाग-2 से संबंधित बहुविकल्पीय प्रश्न पूछे गए हैं, जिनमें प्रत्येक प्रश्न के लिए 1 अंक निर्धारित है।

अपठित बोध

1. *निम्नलिखित गद्यांश को ध्यानपूर्वक पढ़कर दिए गए प्रश्नों के सर्वाधिक उपयुक्त उत्तर वाले विकल्प को चुनकर लिखिए।* $(10 \times 1 = 10)$

राष्ट्रपिता महात्मा गाँधी सार्वजनिक और निजी स्वच्छता के प्रति चिंतित थे। दक्षिण अफ्रीका में बिताए दिनों के बाद से ही यह उनके सत्याग्रह अभियान का हिस्सा था। गाँधीजी के लिए, समाज में स्वच्छता के लिए अभियान एक जाति विहीन और स्वस्थ समाज बनाने की प्रक्रिया का अभिन्न अंग था। उन्होंने स्वच्छता को व्यक्तिगत जिम्मेदारी बनाने और इसे अस्पृश्यता को दूर करने की कुँजी मानने के अपने विचार को दोहराते हुए कहा था, "हर कोई अपना स्वयं का सफाईकर्ता है।" गाँधीजी जब दक्षिण अफ्रीका में थे, तभी से उन्होंने अपनी साफ-सफाई का काम स्वयं करना शुरू कर दिया था और भारतीयों को भी सलाह दी थी कि वे अपना शौचालय साफ और सूखा रखें। वे जब भारत लौटे, तो उन्होंने दृढ़ता से भारतीयों के लिए स्वच्छता और उन्हें स्वच्छता के प्रति शिक्षित करने की आवश्यकता पर जोर दिया।

गाँधीजी ने कहा था, "स्वच्छता स्वतंत्रता से अधिक महत्त्वपूर्ण है।" हमारे माननीय प्रधानमंत्री ने स्वच्छता पर गाँधीजी के विचारों से प्रेरणा ली और उनकी जयंती पर 'स्वच्छ भारत अभियान' शुरू किया। यह अभियान एक राष्ट्रीय प्राथमिकता बन गया और प्रधानमंत्री ने प्रत्येक भारतीय से इसमें शामिल होने और अपने आस-पास सफाई रखने का आग्रह किया।

इस राष्ट्रीय आंदोलन में योगदान देने और स्वच्छता की बढ़ती चुनौतियों को दूर करने के लिए, स्वास्थ्य और परिवार-कल्याण मंत्रालय ने एक बहु-आयामी कार्यनीति अपनाई और स्वच्छता तथा स्वास्थ्य में सुधार के लिए कई पहल कीं। वर्ष 2015 के बाद से इसने विशेष रूप से स्वच्छता को अपने नागरिकों के स्वास्थ्य और कल्याण में सुधार लाने के अपने प्रयासों का केंद्र बिंदु बनाया है। ये पहल अपने कार्यक्रमों के माध्यम से स्वास्थ्य संस्थानों और लोगों में स्वच्छता और स्वास्थ्य के प्रति जागरूकता पैदा करती है और अन्य मंत्रालयों के साथ मिलकर इसे समग्रता से कार्यान्वित करती है।

स्वास्थ्य और परिवार-कल्याण मंत्रालय की कायाकल्प पहल में सभी राज्यों और केंद्रशासित प्रदेशों में केंद्र सरकार के संस्थानों और सार्वजनिक स्वास्थ्य संस्थानों में बुनियादी ढाँचे में सुधार, स्वच्छता व स्वास्थ्यकारिता और संक्रमण-नियंत्रण कार्यों में सुधार लाने के उद्देश्य से शुरू की गई थी। स्वास्थ्य सुविधाओं का मूल्यांकन कई मानदंडों के आधार पर किया जाता है और हर साल प्रत्येक स्तर पर अधिकतम अंक पाने वाले संस्थानों को कायाकल्प पुरस्कार प्रदान कर मान्यता दी जाती है।

(क) महात्मा गाँधी की प्रमुख चिंता थी (1)

(*i*) स्वच्छता (*ii*) सत्याग्रह
(*iii*) जाति-पाँति (*iv*) छुआछूत

(ख) प्रधानमंत्री द्वारा 'स्वच्छ भारत अभियान' की शुरुआत कब की गई? (1)

(*i*) स्वतंत्रता दिवस से (*ii*) गणतंत्र दिवस से
(*iii*) गाँधी जयंती से (*iv*) सद्भावना दिवस से

(ग) 'अस्पृश्यता' से आप क्या समझते हैं? (1)

(*i*) जातीय भेदभाव (*ii*) वर्गीय भेदभाव
(*iii*) आर्थिक भेदभाव (*iv*) सामाजिक भेदभाव

(घ) भारतीयों को स्वच्छता के प्रति शिक्षित करने की आवश्यकता क्यों पड़ी? (1)

(*i*) स्वच्छता को लेकर सामाजिक भेदभाव के कारण
(*ii*) भारतीयों द्वारा स्वच्छता के कार्य को हेय मानने के कारण
(*iii*) स्वच्छता स्वयं का कार्य नहीं मानने के कारण
(*iv*) स्वच्छता के महत्त्व को नहीं समझने के कारण

(ङ) 'स्वच्छता स्वतंत्रता से अधिक महत्त्वपूर्ण है', कथन का आशय है (1)

(*i*) स्वच्छता स्वतंत्रता का आधार (*ii*) स्वस्थ नागरिक से स्वतंत्रता
(*iii*) स्वच्छता सबसे आवश्यक (*iv*) स्वच्छता से स्वास्थ्य

(च) स्वास्थ्य और परिवार-कल्याण मंत्रालय का संबंध है (1)

(*i*) छोटे बच्चों के स्वास्थ्य से (*ii*) स्वच्छता एवं स्वास्थ्य से
(*iii*) भारत सरकार की योजनाओं से (*iv*) अस्पताल तथा कर्मचारियों से

(छ) किसी भी देश में योजना बनाने का उद्देश्य होता है (1)

(*i*) अधिकाधिक धन कमाना (*ii*) संबंधित व्यक्तियों को लाभ पहुँचाना
(*iii*) देश के नागरिकों तक सुविधा पहुँचाना (*iv*) लोगों को योजना के बारे में बताना

(ज) 'कायाकल्प पहल' योजना के अंतर्गत आने वाले कार्यक्रमों में इनमें से क्या सम्मिलित नहीं है? (1)

(*i*) संक्रमण नियंत्रण कार्यक्रम (*ii*) स्वास्थ्य संबंधी कार्यक्रम
(*iii*) स्वच्छता संबंधी कार्यक्रम (*iv*) शिक्षा संबंधी कार्यक्रम

(झ) स्वास्थ्य और स्वच्छता संबंधी जागरूकता की आवश्यकता क्यों है? (1)

(*i*) बीमारियों से बचने के लिए (*ii*) जनता को जागरूक करने के लिए
(*iii*) स्वस्थ समाज बनाने के लिए (*iv*) देश के विकास के लिए

(ञ) स्वच्छता को आप किस प्रकार की जिम्मेदारी मानते हैं? (1)

(*i*) सामूहिक (*ii*) पारिवारिक
(*iii*) सामाजिक (*iv*) व्यक्तिगत

अपठित पद्यांश

2. *निम्नलिखित पद्यांशों में से किसी एक पद्यांश को ध्यानपूर्वक पढ़कर पूछे गए प्रश्नों के सर्वाधिक उपयुक्त उत्तर वाले सही विकल्प चुनकर लिखिए* (5×1= 5)

अलग नगर के कोलाहल से, अलग पुरी-पुरजन से
कठिन साधना में उद्योगी लगा हुआ तन-मन से।
निज समाधि में निरत, सदा निज कर्मठता में चूर,
वन्यकुसुम-सा खिला कर्ण, जग की आँखों से दूर।
नहीं फूलते कुसुम मात्र राजाओं के उपवन में,
अमित बार खिलते वे पुर से दूर कुञ्ज-कानन में।
समझे कौन रहस्य? प्रकृति का बड़ा अनोखा हाल
गुदड़ी में रखती चुन-चुन कर बड़े कीमती लाल।
जलद-पटल में छिपा, किंतु रवि कब तक रह सकता है?
युग की अवहेलना शूरमा कब तक सह सकता है?
पाकर समय एक दिन आखिर उठी जवानी जाग,
फूट पड़ी सबके समक्ष पौरुष की पहली आग।
रंगभूमि में अर्जुन था सब समाँ अनोखा बाँधे
बढ़ा भीड़-भीतर से सहसा कर्ण शरासन साधे।
कहता हुआ, 'तालियों से क्या रहा गर्व में फूल?
अर्जुन! तेरा सुयश अभी क्षण में होता है धूल।'
तूने जो जो किया, उसे मैं भी दिखला सकता हूँ,
चाहे तो कुछ नयी कलाएँ भी सिखला सकता हूँ।
आँख खोलकर देख, कर्ण के हाथों का व्यापार
फूले सस्ता सुयश प्राप्त कर, उस नर को धिक्कार।

(क) काव्यांश में कठिन साधना में निरत किसे बताया गया है? (1)
(i) कर्ण (ii) अर्जुन (iii) भीम (iv) दुर्योधन

(ख) प्रकृति का रहस्य समझ से परे क्यों होता है? (1)
(i) शक्ति और सामर्थ्य से अलग घटना होने से
(ii) प्रकृति में विद्यमान भिन्नताओं से
(iii) प्रकृति के रहस्यों से अनजान रहने से
(iv) मनुष्य की अपनी सीमित सामर्थ्य होने से

(ग) 'जलद-पटल में छिपा, किंतु रवि कब तक रह सकता है', पंक्ति का भाव है (1)
(i) बादल सूर्य को ढक नहीं सकता
(ii) प्रतिभा को छिपाया नहीं जा सकता
(iii) बादल रूपी चादर सूर्य को ढक लेती है
(iv) सूर्य शक्ति का प्रतीक है

(घ) कर्ण ने अर्जुन को क्यों ललकारा होगा? (1)
(i) अपनी धनुर्विद्या दिखाने के लिए
(ii) अपनी योग्यता बताने के लिए
(iii) अर्जुन से अपने को श्रेष्ठ सिद्ध करने के लिए
(iv) समाज को अपनी कला दिखाने के लिए

(ङ) कर्ण किस प्रकार के मनुष्य को धिक्कारता है? (1)
(i) कायर मनुष्य को
(ii) वीरता दिखलाने वाले को
(iii) सस्ती लोकप्रियता वाले को
(iv) अपनी प्रशंसा में रत रहने वाले को

अथवा

हो गया पूर्ण अज्ञातवास,
पांडव लौटे वन से सहास,
पावक में कनक-सदृश तप कर
वीरत्व लिए कुछ और प्रखर
नस-नस में तेज-प्रवाह लिए,
कुछ और नया उत्साह लिए।
सच है, विपत्ति जब आती है
कायर को ही दहलाती है,
शूरमा नहीं विचलित होते,
क्षण एक नहीं धीरज खोते,
विघ्नों को गले लगाते हैं,
काँटों में राह बनाते हैं।
मुख से न कभी उफ कहते हैं,
संकट का चरण न गहते हैं,
जो आ पड़ता सब सहते हैं
उद्योग निरत नित रहते हैं
भूलों का मूल नसाने को
खुद बढ़ विपत्ति पर छाने को।
है कौन विघ्न ऐसा जग में
टिक सके वीर नर के मग में
खम ठोंक ठेलता है जब नर,
पर्वत के जाते पाँव उखड़।
मानव जब जोर लगाता है,
पत्थर पानी बन जाता है।

(क) 'अज्ञातवास' का अर्थ है (1)

(*i*) वन में बसना (*ii*) गाँव में बसना (*iii*) अनजान स्थान पर रहना (*iv*) गुप्त रूप से रहना

(ख) पांडव वन से किस रूप में लौटे थे? (1)

(*i*) कमजोर होकर (*ii*) दृढ़ होकर (*iii*) निर्विकार भाव से (*iv*) बदले की भावना से

(ग) विपत्ति में किसे घबराहट होती है? (1)

(*i*) कायर को (*ii*) कमजोर को (*iii*) साहसी को (*iv*) वीर को

(घ) 'पर्वत के जाते पाँव उखड़', पंक्ति का भाव है (1)

(*i*) उत्साह का संचार होना (*ii*) कठिनाइयों का समाप्त होना
(*iii*) अवरोध का सामने आना (*iv*) हिम्मत का समाप्त होना

(ङ) 'मानव जब जोर लगाता है', पंक्ति में मनुष्य के किस प्रकार के गुण की ओर संकेत है? (1)

(*i*) साहस (*ii*) शक्ति (*iii*) परिश्रम (*iv*) समर्पण

कार्यालयी हिंदी और रचनात्मक लेखन

3. *निम्नलिखित प्रश्नों के उत्तर देने के लिए सर्वाधिक उपयुक्त विकल्प का चयन कर लिखिए* (5 × 1 = 5)

(क) 'न्यूज़पेग' से आप क्या समझते हैं? (1)

(*i*) कथात्मक शैली में लेखन (*ii*) आलेख की तरह लेखन
(*iii*) केस स्टडी प्रारूप में लेखन (*iv*) अन्य खबर से जोड़कर लेखन

(ख) समाचार-पत्रों को सामान्य समाचारों से अलग हटकर विशेष क्षेत्रों के बारे में जानकारी क्यों देनी पड़ती है? (1)

(*i*) बाजार में टिके रहने के लिए (*ii*) सभी तरह के विषयों पर लेखन के लिए
(*iii*) पाठकों की रुचियों के लिए (*iv*) विज्ञापन प्राप्त करने के लिए

(ग) बीट कवर करने वाले रिपोर्टर को पत्रकारिता जगत में किस नाम से बुलाते हैं? (1)

(*i*) संवाददाता (*ii*) अंशकालिक पत्रकार
(*iii*) पूर्णकालिक पत्रकार (*iv*) फ्रीलांस पत्रकार

(घ) संपादकीय पृष्ठ पर प्रकाशित होने वाले संपादकीय लेखन को माना जाता है (1)

(*i*) संपादक की आवाज (*ii*) पत्रकार की आवाज (*iii*) अखबार की आवाज (*iv*) पाठक की आवाज

(ङ) फीचर को किस प्रकार का लेखन माना जाता है? (1)

(*i*) कथात्मक (*ii*) आत्मनिष्ठ (*iii*) वर्णनात्मक (*iv*) विवरणात्मक

पाठ्य–पुस्तक आरोह भाग 2

4. *निम्नलिखित पद्यांश को ध्यानपूर्वक पढ़कर पूछे गए प्रश्नों के सही उत्तर वाले विकल्प चुनकर लिखिए* (5 × 1 = 5)

छोटा मेरा खेत चौकोना
कागज का एक पन्ना,
कोई अंधड़ कहीं से आया
क्षण का बीज वहाँ बोया गया।

कल्पना के रसायनों को पी।
बीज गल गया निःशेष,
शब्द के अंकुर फूटे,
पल्लव-पुष्पों से नमित हुआ विशेष।

(क) पद्यांश में प्रयुक्त 'खेत' का अर्थ है (1)

(*i*) जमीन (*ii*) कागज (*iii*) भाव (*iv*) शब्द

(ख) 'कोई अंधड़ कहीं से आया', पंक्ति में प्रयुक्त 'अंधड़' का अर्थ है (1)

(*i*) तूफान (*ii*) धूल भरी आँधी (*iii*) भावों की आँधी (*iv*) कठिनाइयाँ

(ग) बीज का अस्तित्व किसके संसर्ग से गल गया? (1)

(*i*) कल्पना (*ii*) धरती (*iii*) भाव (*iv*) कविता

(घ) भावना रूपी बीजों के गलने से क्या परिणाम मिला? (1)

(i) कवि की मेहनत व्यर्थ हो गई
(ii) धरती पर अंकुर फूट पड़े
(iii) कवि पुनः कल्पना करने लगा
(iv) शब्दों के अंकुर फूट पड़े

(ङ) 'कल्पना' को रसायन क्यों कहा गया है? (1)

(i) सृजन को सुंदर बनाने में सहायक
(ii) सृजन को सरल बनाने में महत्त्वपूर्ण
(iii) सृजन के विकास में सहायक तत्त्व
(iv) सृजन का मूलभूत तत्त्व

5. *निम्नलिखित गद्यांश को ध्यानपूर्वक पढ़कर पूछे गए प्रश्नों के सर्वाधिक उपयुक्त उत्तर वाले विकल्प चुनकर लिखिए* (5×1= 5)

बाजार में एक जादू है। वह जादू आँख की राह काम करता है। वह रूप का जादू है पर जैसे चुंबक का जादू लोहे पर ही चलता है, वैसे ही इस जादू की भी मर्यादा है। जेब भरी हो और मन खाली हो, ऐसी हालत में जादू का असर खूब होता है। जेब खाली पर मन भरा न हो, तो भी जादू चल जाएगा। मन खाली है तो बाजार की अनेकानेक चीजों का नियंत्रण उस तक पहुँच जाएगा। कहीं हुई, उस वक्त जेब भरी तब तो फिर वह मन किसकी मानने वाला है। मालूम होता है यह भी लूँ, वह भी लूँ, सभी सामान जरूरी और आराम को बढ़ाने वाला मालूम होता है, पर यह सब जादू का असर है।

(क) बाजार को जादू क्यों कहा गया है? (1)

(i) आपूर्ति करने के कारण
(ii) भ्रम पैदा करने के कारण
(iii) बाजार की महिमा के कारण
(iv) जरूरत पैदा करने के कारण

(ख) 'जादू की मर्यादा' से आप क्या समझते हैं? (1)

(i) प्रभाव की सीमा
(ii) जादू का असर
(iii) रूप के समान
(iv) निश्चित प्रभाव

(ग) बाजार का असर कब अधिक होता है? (1)

(i) जेब और मन खाली होने पर
(ii) जेब और मन भरे होने पर
(iii) जेब भरी और मन खाली होने पर
(iv) जेब खाली और मन भरे होने पर

(घ) मन खाली और जेब भरी होने पर बाजार का प्रभाव कैसा होता है? (1)

(i) सहयोगी
(ii) उपहासक
(iii) मर्यादित
(iv) विनाशक

(ङ) बाजार का सभी सामान उपयोगी लगने का क्या कारण हो सकता है? (1)

(i) जादू का असर
(ii) सामान की कमी
(iii) सब कुछ खरीदने की इच्छा
(iv) संतुलित मन के कारण

6. *निम्नलिखित प्रश्नों के उत्तर हेतु निर्देशानुसार सही विकल्प चुनकर लिखिए* (10×1=10)

(क) पंतजी अपनी घड़ी रोजाना सुबह-शाम रेडियो समाचारों से मिलाते हैं, पंक्ति से यह पता चलता है कि पंतजी (1)

(i) समय के पाबंद हैं
(ii) की घड़ी पुरानी है
(iii) का मन दफ्तर में नहीं लगता
(iv) खाली बैठे रहते हैं

(ख) यशोधर बाबू पहले साइकिल से ऑफिस आते थे अब पैदल आने लगे हैं, क्योंकि (1)

(i) घर से ऑफिस पास है
(ii) उनके बच्चों को साइकिल पसंद नहीं
(iii) पिता को साइकिल पर देखना बच्चों को पसंद नहीं
(iv) अब वे साइकिल नहीं चला पाते

(ग) यशोधर बाबू की पत्नी पारंपरिक होते हुए भी किस कारण से आधुनिक हो गई है? (1)

(i) यशोधर बाबू से अलग सोच रखने से
(ii) समय के साथ खुद को बदलने से
(iii) आधुनिकता में आनंद आने से
(iv) बच्चों के प्रति मातृसुलभ मजबूरी से

(घ) गाँव भर में लेखक का कोल्हू सबसे पहले शुरू क्यों होता था? (1)

(i) ईख तैयार होने से
(ii) भाव अधिक लेने के लिए
(iii) ईख अधिक होने से
(iv) बाजार में जल्दी गुड़ भेजने के लिए

(ङ) देसाई के बाड़े का बुलावा दादा के लिए सम्मान की बात थी, क्यों? (1)

(i) वह ऊँची जाति का था
(ii) गाँव का सम्मानित व्यक्ति था
(iii) उनकी जमीन जोतता था
(iv) उनसे कर्ज लिया था

(च) 'अब मळा के सभी काम बीत गए हैं', पंक्ति में प्रयुक्त 'मळा' का क्या अर्थ है? (1)

(*i*) खेती (*ii*) पानी (*iii*) बाग (*iv*) फसल

(छ) 'मंत्री' नामक शिक्षक क्या पढ़ाते थे? (1)

(*i*) विज्ञान (*ii*) साहित्य (*iii*) इतिहास (*iv*) गणित

(ज) मुअनजो-दड़ो में अब खुदाई क्यों बंद कर दी गई है? (1)

(*i*) दलदल की समस्या के कारण (*ii*) कुछ नहीं मिलने के कारण
(*iii*) अवशेष की उम्मीद नहीं होने से (*iv*) मौजूद खंडहर बचाने के लिए

(झ) अजायबघर में प्रदर्शित चीजों में कौन-सी चीजें नहीं मिली हैं? (1)

(*i*) हथियार (*ii*) बरतन (*iii*) औजार (*iv*) सूई

(ञ) छोटे टीलों पर बनी बस्तियों को कहा गया है (1)

(*i*) गढ़ (*ii*) रईसों की बस्ती (*iii*) नीचा नगर (*iv*) सचिवालय

खंड 'ब' (वर्णनात्मक प्रश्न)

खंड 'ब' में जनसंचार और सृजनात्मक लेखन, पाठ्य-पुस्तक आरोह भाग-2 व पूरक पाठ्य-पुस्तक वितान भाग-2 से संबंधित वर्णनात्मक प्रश्न पूछे गए हैं, जिनके निर्धारित अंक प्रश्न के सामने अंकित हैं।

कार्यालयी हिंदी और रचनात्मक लेखन

7. *दिए गए चार विषयों में से किसी एक विषय पर लगभग 120 शब्दों में रचनात्मक लेख लिखिए* $(6 \times 1 = 6)$

(क) त्योहारों पर बाजार की चहल-पहल
(ख) अंतर्राष्ट्रीय जगत में भारत का बढ़ता कद
(ग) पकी फसल से लहलहाता खेत
(घ) नदी में अचानक पानी का बढ़ना

8. *किन्हीं दो प्रश्नों के उत्तर लगभग 60 शब्दों में दीजिए* $(3 \times 2 = 6)$

(क) कहानी और नाटक में क्या-क्या समानताएँ होती हैं?
(ख) सिनेमा और रेडियो नाटक में क्या भिन्नता होती है?
(ग) क्या नए और अप्रत्याशित विषयों पर लेखन की कोई तकनीक हो सकती है? इन्हें लिखते समय क्या सावधानियाँ बरतनी चाहिए?

9. *निम्नलिखित तीन में से किन्हीं दो प्रश्नों के उत्तर लगभग 80 शब्दों में लिखिए* $(4 \times 2 = 8)$

(क) पत्रकारिता जगत में 'बीट' से आप क्या समझते हैं? बीट रिपोर्टिंग के लिए एक पत्रकार को क्या तैयारी करनी पड़ती है?
(ख) 'संपादक के नाम पत्र' कॉलम से आप क्या समझते हैं? समाचार-पत्रों में इसकी क्या उपयोगिता है?
(ग) मीडिया जगत में दृश्य से क्या अभिप्राय है? टेलीविजन के लिए दृश्य के साथ लेखन करना क्यों आवश्यक है? उदाहरण सहित लिखिए।

10. *काव्य खंड पर आधारित निम्नलिखित तीन प्रश्नों में से किन्हीं दो प्रश्नों के उत्तर लगभग 60 शब्दों में लिखिए* $(3 \times 2 = 6)$

(क) 'दिन जल्दी-जल्दी ढलता है' कविता का प्रतिपाद्य स्पष्ट कीजिए।
(ख) 'बात सीधी थी पर' कविता के आधार पर लिखिए कि कवि को 'भाषा' के संदर्भ में किस बात का डर था और क्यों?
(ग) कैमरे में अपाहिज को बंद करने के कारणों का 'कैमरे में बंद अपाहिज' कविता के आधार पर उल्लेख कीजिए।

11. *काव्य खंड पर आधारित निम्नलिखित तीन प्रश्नों में से किन्हीं दो प्रश्नों के उत्तर लगभग 40 शब्दों में लिखिए* $(2 \times 2 = 4)$

(क) 'बगुलों के पंख' कविता के आधार पर उस सौंदर्य का वर्णन कीजिए, जिसने कवि के मन को मोह लिया।
(ख) 'बादल राग' कविता में कवि बादल को किस रूप में बुलाता है और क्यों?
(ग) तुलसीदास ने दरिद्रता की तुलना किससे की है और क्यों?

12. *गद्य खंड पर आधारित निम्नलिखित तीन प्रश्नों में से किन्हीं दो प्रश्नों के उत्तर लगभग 60 शब्दों में लिखिए* $(3 \times 2 = 6)$

(क) भक्तिन की तुलना हनुमान जी से करने के कारणों को स्पष्ट कीजिए।

(ख) 'काले मेघा पानी दे' पाठ में मेंढक मंडली पर लोगों द्वारा सहेजे गए पानी को फेंकने को पानी की निर्मम बरबादी क्यों कहा गया है?

(ग) ''शिरीष पुष्प केवल भौंरों के पदों का कोमल दबाव सहन कर सकता है, पक्षियों का बिल्कुल नहीं'', कथन का भाव 'शिरीष के फूल' पाठ के आधार पर कीजिए।

13. *गद्य खंड पर आधारित निम्नलिखित तीन प्रश्नों में से किन्हीं दो प्रश्नों के उत्तर लगभग 40 शब्दों में लिखिए* $(2 \times 2 = 4)$

(क) लुट्टन पहलवान ढोल को ही अपना गुरु क्यों मानता था?

(ख) 'काले मेघा पानी दे' पाठ के आधार पर सिद्ध कीजिए कि जीजी पर गाँधी का प्रभाव था।

(ग) 'बाजार दर्शन' पाठ में आए 'पर्चेजिंग पावर' से आप क्या समझते हैं? इसका सकारात्मक उपयोग कैसे किया जा सकता है?

व्याख्या सहित **उत्तर**

1. (क) *(i)* स्वच्छता
(ख) *(iii)* गाँधी जयंती से
(ग) *(i)* जातीय भेदभाव
(घ) *(ii)* भारतीयों द्वारा स्वच्छता के कार्य को हेय मानने के कारण
(ङ) *(iv)* स्वच्छता से स्वास्थ्य
(च) *(ii)* स्वच्छता एवं स्वास्थ्य से
(छ) *(iii)* देश के नागरिकों तक सुविधा पहुँचाना।
(ज) *(iv)* शिक्षा संबंधी कार्यक्रम
(झ) *(iii)* स्वस्थ समाज बनाने के लिए
(ञ) *(iv)* व्यक्तिगत

2. (क) *(i)* कर्ण
(ख) *(i)* शक्ति और सामर्थ्य से अलग घटना होने से
(ग) *(ii)* प्रतिभा को छिपाया नहीं जा सकता
(घ) *(ii)* अपनी योग्यता बताने के लिए
(ङ) *(iii)* सस्ती लोकप्रियता वाले को

अथवा

(क) *(iii)* अनजान स्थान पर रहना
(ख) *(ii)* दृढ़ होकर
(ग) *(i)* कायर को
(घ) *(ii)* कठिनाइयों का समाप्त होना
(ङ) *(i)* साहस

3. (क) *(iii)* केस स्टडी प्रारूप में लेखन
(ख) *(iii)* पाठकों की रुचियों के लिए
(ग) *(i)* संवाददाता
(घ) *(iii)* अखबार की आवाज
(ङ) *(ii)* आत्मनिष्ठ

4. (क) *(ii)* कागज
(ख) *(iii)* भावों की आँधी
(ग) *(i)* कल्पना
(घ) *(iv)* शब्दों के अंकुर फूट पड़े
(ङ) *(iii)* सृजन के विकास में सहायक तत्त्व

5. (क) *(ii)* भ्रम पैदा करने के कारण
(ख) *(i)* प्रभाव की सीमा
(ग) *(iii)* जेब भरी और मन खाली होने पर
(घ) *(iv)* विनाशक
(ङ) *(i)* जादू का असर

6. (क) *(i)* समय के पाबंद हैं।
(ख) *(iii)* पिता को साइकिल पर देखना बच्चों को पसंद नहीं।
(ग) *(ii)* समय के साथ खुद को बदलने से
(घ) *(ii)* भाव अधिक लेने के लिए
(ङ) *(ii)* गाँव का सम्मानित व्यक्ति था
(च) *(i)* खेती
(छ) *(iv)* गणित
(ज) *(i)* दलदल की समस्या के कारण
(झ) *(i)* हथियार
(ञ) *(iii)* नीचा नगर

7. (क) **त्योहारों पर बाजार की चहल-पहल** त्योहार आते ही बाजारों की रोनक में चार चाँद लग जाते हैं, साथ ही भीड़ भी बढ़ती चली जाती है। त्योहारों के लिए आवश्यक सामान की पूर्ति में लोग बाजारों की ओर दौड़ लगा देते हैं। ऐसे समय पर बाजारों में पैदल चलना भी मुश्किल हो जाता है। हमारा देश विभिन्न संस्कृतियों का देश है। यहाँ हिंदू, मुस्लिम, जैन, बौद्ध, सिख, ईसाई सभी मतावलंबियों के लोग रहते हैं। इसलिए यहाँ लगभग प्रत्येक दिन कोई-न-कोई त्योहार रहता है, जिसमें दिवाली, होली, रक्षाबंधन,

ईद, प्रकाश पर्व आदि अनेक त्योहार प्रमुख हैं, जिनके कारण बाजार भीड़ से खचाखच भरा रहता है। दिवाली के शुभ अवसर पर बाजारों में भगवान गणेश, लक्ष्मी, श्रीराम आदि की मूर्तियों की खरीदारी की जाती है। इस समय पर लोग नए-नए कपड़े, बर्तन, मिठाइयाँ आदि की खरीदारी करते हैं। धनतेरस पर लोग कुछ-न-कुछ नया सामान खरीदने की होड़ में लगे रहते हैं। ईद पर बाजार में बहुत-सी खरीदारी के लिए काफी भीड़ लगी रहती है। रक्षाबंधन के समय राखियों, मिठाइयों, नए कपड़ों आदि से बाजार संपूर्ण रूप से भरा रहता है, जिन्हें खरीदने के लिए बाजार लोगों से पटा रहता है। अतः त्योहारों पर बाजार की चहल-पहल बहुत अधिक बढ़ जाती है। वैसे भी बाजारों का आकर्षण हर दिन बढ़ता ही जा रहा है, जिसके कारण लोग बाजार से आकर्षित होते हैं और अनावश्यक वस्तुएँ भी खरीद लेते हैं। इसी कारण त्योहारों पर बहुत अधिक खर्च हो जाता है, जिससे लोग बाद में पछताते भी हैं। अतः यह सही है कि त्योहारों पर बाजार खर्च बहुत अधिक बढ़ जाता है, लेकिन हमें जरूरत की चीजों को ही बाजार से खरीदना चाहिए।

(ख) **अंतर्राष्ट्रीय जगत में भारत का बढ़ता कद** इस बात में कोई संदेह नहीं है कि भारत चहुँमुखी विकास की ओर अग्रसर हो रहा है। बदलते भारत की गूँज भारतीय भूगोल को लाँघ चुकी है, जिसे पूरा विश्व महसूस कर रहा है। पिछले कुछ वर्षों में विश्व भारत की ओर टकटकी लगाकर देख रहा है। भारत की लोकतांत्रिक छवि, आय में उच्च वृद्धि तथा बहुस्तरीय विविधता प्रबंधन की योग्यता की हर तरफ प्रशंसा हो रही है, जिसके कारण आज कई देश भारत को अपना आदर्श मानते हुए उसका अनुसरण करना चाहते हैं। आज भारत की गिनती न केवल विश्व के सबसे बड़े लोकतांत्रिक देशों में होती है, बल्कि विश्व के अधिकतम प्रगतिशील देशों में भी होती है।

विश्व के नेताओं के साथ भारत की बढ़ती सहभागिता और वैश्विक मंचों पर भारत की ओर ध्यानाकर्षण इस बात को सिद्ध करने के सबसे अच्छे प्रमाण हैं। चाहे जी-20 हो अथवा ब्रिक्स सम्मेलन, जलवायु परिवर्तन अथवा अंतर्राष्ट्रीय वित्तीय ढाँचे से संबंधित शिखर बैठक, भारत के शब्दों का अब पहले से कहीं अधिक महत्त्व होता है। भारत की विदेश नीति में सहयोगात्मक विकास अब एक प्रमुख युक्ति है। ढाँचागत निर्माण और आर्थिक उद्यमों को बढ़ावा देने के लिए विश्वभर में ऋण उपलब्ध कराने में भारत तेजी से चीन को पछाड़ने का प्रयास कर रहा है। वर्ष 2003 से 2014 के बीच भारत द्वारा दस बिलियन अमेरिकी डॉलर की ऋण व्यवस्था प्रदान की गई है। अब यह 2412 बिलियन डॉलर तक पहुँच चुकी है। विश्व की प्रगति में भारत एक आर्थिक आधारस्तंभ का काम कर रहा है। हावर्ड विश्वविद्यालय के अंतर्राष्ट्रीय विकास केंद्र द्वारा कराए गए एक शोध के अनुसार भारत के 7% की औसत आर्थिक विकास दर के साथ वर्ष 2025 तक विश्व में अग्रणी बने रहने की संभावना है। भारत दुनिया का सबसे बड़ा लोकतांत्रिक गणराज्य है तथा यह अब तक राजनीतिक रूप से सफल भी रहा है। विशेष रूप से ध्यानाकर्षण की बात यह है कि भारत एक लोकतंत्र है, जिसने अन्य लोकतांत्रिक राष्ट्रों के साथ और विकसित देशों में अधिकांश देशों के साथ अपने संबंधों में काफी सुधार किया है। भारत ने यूरोपीय संघ, जापान, रूस एवं संयुक्त राज्य अमेरिका जैसी विश्व शक्तियों के साथ संबंध विकसित किए हैं।

भारत के वर्तमान आर्थिक विकास (2015 की दुनिया की सबसे तेजी से बढ़ती प्रमुख अर्थव्यवस्था के रूप में) ने दुनिया के राजनीतिक मंच पर भारत की स्थिति को काफी बेहतर रूप से प्रदर्शित किया है। भारत की गिनती अभी विकासशील देशों में हो रही है, परंतु जो मजबूत विकास दिख रहा है उससे कई राष्ट्र भारत के साथ बेहतर संबंध स्थापित कर रहे हैं। संयुक्त राज्य अमेरिका और चीन के बाद भारत अपनी वर्तमान अर्थव्यवस्था में वास्तविक जी. डी. पी. (पीपीपी) के मामले में दुनिया का तीसरा सबसे बड़ा देश है। आई एम एफ के अनुमान से पता चलता है कि 2021 में भारत दुनिया की तीसरी सबसे बड़ी अर्थव्यवस्था बन गया है।

(ग) **पकी फसल से लहलहाता खेत** जब किसान की मेहनत रंग लाती है, तो खेत हरी-भरी फसलों से लहलहा उठता है, लेकिन इस सबके पीछे जो कड़ी मेहनत होती है, उसका हकदार होता है—एक किसान, जो सर्दी-गर्मी एवं बरसात में खेतों में कड़ी मेहनत करता है और परिणामतः उसके खेतो में फसलें लहलहा उठती हैं। वस्तुतः हमारा देश एक कृषि प्रधान देश है। हमारे देश के ग्रामीण क्षेत्रों में ज्यादातर लोग किसान हैं और वे अपना जीवन-यापन खेती करके ही करते हैं। उनका प्रमुख कार्य खेती करना होता है। जब भी वे अपने खेतों में हरी-भरी फसलों का उत्पादन करते हैं, वे खुशी से झूम उठते हैं। हरे-भरे खेत सबके लिए महत्त्वपूर्ण होते हैं, जब भी देश में फसल उत्पादन अच्छा होता है, तो देश में खुशहाली छा जाती है। किसान को खुशहाल देखकर देश का प्रत्येक नागरिक खुशी से झूम जाता है। कहा जाता है कि एक बीमार व्यक्ति भी जब गाँव के हरे-भरे खेतों को देखता है, तो वह भी स्वस्थ हो जाता है और उसके अंदर एक नई ऊर्जा आ जाती है।

जब कोई खेत अपनी लहलहाती फसल से पक जाता है तो उसका सौंदर्य और भी बढ़ जाता है। धान, गेहूँ आदि की पकी हुई फसल से लहलहाते खेत को देखकर ऐसा प्रतीत होता है मानो सोने की वल्लरियाँ खेत में अटखेलियाँ कर रही हों। ऐसे स्वर्णिम आभा वाले खेतों का दृश्य किसान के साथ-साथ प्रत्येक मनुष्य के मन को सुखद अहसास देता है, लेकिन अपने खेतों में इस तरह पकी हुई फसल को देखकर किसान का मन बेचैन हो जाता है, क्योंकि यदि पकी हुई फसल को समय पर न काटा जाए तो वह फिर खराब हो जाती है या उस पर कोई रोग लग जाता है। अतः किसान समयानुसार पकी फसल को काट लेता है। अतः किसान को जहाँ खेत में फसल बोने की चिंता लगी रहती है, वहीं उसे खेतों में लहलहाती फसल की सिंचाई, कटाई आदि की भी चिंता लगी रहती है। इस तरह देश को खाद्यान्न से भरपूर रखने में किसान का योगदान अत्यंत महत्त्वपूर्ण होता है।

(घ) **नदी में अचानक पानी का बढ़ना** बरसात के दिनों में नदियों में लगभग प्रायः हर वर्ष बाढ़ आ जाती है और नदियाँ किनारे तोड़कर बह निकलती हैं। इससे नदी के आसपास बसे गाँवों को बड़ा नुकसान होता है। इन नदियों पर बनी नहर परियोजनाओं और बाँधों ने अकसर आने वाली बाढ़ में कुछ कमी की है। इस वर्ष वर्षा के दौरान गोमती नदी में भीषण बाढ़ आ गई थी। वास्तव

में, इस वर्ष लखनऊ और इसके आस-पास के इलाकों में भारी वर्षा हुई थी। सभी अखबारों, रेडियो और टेलीविजन पर लोगों को बाढ़ की संभावना के संबंध में बार-बार चेतावनी दी जा रही थी, लेकिन लोगों ने इन चेतावनियों पर कोई विशेष ध्यान नहीं दिया। रात को जब हम सो रहे थे, एकाएक गोमती नदी का जल-स्तर तेजी से बढ़ गया। सुबह हमें नदी में बाढ़ दिखाई दी। नदी पानी से लबालब भरी हुई थी और दोनों किनारों की सतह से पानी टकरा रहा था। नदी का जल-स्तर हर क्षण बढ़ता जा रहा था। पानी के बढ़ते स्तर से शहर को गंभीर खतरा पैदा हो गया था। पड़ोस के गाँवों में पानी भर चुका था। कई स्थानों पर किनारों के ऊपर से पानी बहने लगा था। नदी के ऊपरी इलाकों से बराबर संदेश मिल रहे थे कि पानी और बढ़ रहा है, जो जल्दी ही लखनऊ पहुँच जाएगा। शाम तक हमें पता चला कि पानी ने लखनऊ के बाहरी इलाकों को अपनी चपेट में ले लिया है।

संपूर्ण नगर में तहलका मच गया, जिन इलाकों में पानी भरने लगा था, वहीं के लोग अपने-अपने मकानों की छतों पर चढ़ गए, ताकि उनके जीवन की रक्षा हो सके। कच्चे मकान धड़ाधड़ गिर रहे थे। लोग भाग-भागकर ऊँचे स्थानों पर शरण लेने का प्रयत्न कर रहे थे। गोमती नदी पर बने बाँध के टूटते ही स्थिति काबू से बाहर हो गई। नगर की संचार व्यवस्था ठप्प हो गई। अनेक स्थानों पर बिजली भी बंद हो गई। पावर हाउस में पानी घुस गया।

पानी का वेग रोकने के लिए बाँध टूटने के स्थान पर हेलीकॉप्टर की मदद से सैंकड़ों सीमेंट व बालू के बोरे गिराए गए। भरे हुए पानी को निकालने के लिए नालियाँ खोदी गईं। शहर के लोग रातभर जागते रहे। सभी को अपने-अपने मकानों तक पानी पहुँचने का खतरा दिखाई दे रहा था। अगले दिन पानी का बढ़ना रुक गया। बाढ़ से निकाले गए हजारों लोग ऊँचे स्थानों पर टिकाए गए थे। उनके रहने के लिए नगर के स्कूलों और धर्मशालाओं में व्यवस्था की गई। एक सप्ताह के लिए नगर के सारे स्कूल-कॉलेज बंद कर दिए गए।

बाढ़ का दृश्य भयावह था। निचले इलाकों में रहने वाले हजारों लोग बेघर हो गए थे। उनका सब-कुछ बाढ़ में बह गया। गाँवों की खड़ी फसलें पूरी तरह बर्बाद हो गईं। इस तरह इस बाढ़ में जान-माल की भयंकर क्षति हुई।

8. (क) कहानी और नाटक में निम्नलिखित समानताएँ होती हैं

(i) कहानी तथा नाटक दोनों का केंद्र-बिंदु कथानक होता है।
(ii) कहानी तथा नाटक दोनों में पात्र होते हैं।
(iii) कहानी तथा नाटक दोनों में देशकाल और वातावरण का वर्णन होता है।
(iv) कहानी और नाटक दोनों का क्रमिक विकास होता है।
(v) कहानी और नाटक दोनों में संवाद की महत्त्वपूर्ण भूमिका होती है।
(vi) कहानी व नाटक दोनों के पात्रों के मध्य द्वंद्व चलता रहता है।
(vii) कहानी और नाटक दोनों में एक उद्देश्य निहित रहता है।
(viii) कहानी तथा नाटक दोनों में कथानक का चरमोत्कर्ष होता है।

(ख)

	सिनेमा और रंगमंच	रेडियो नाटक
(i)	सिनेमा और रंगमंच दृश्य माध्यम हैं।	यह एक श्रव्य माध्यम है।
(ii)	इनमें दृश्य होते हैं।	इसमें दृश्य नहीं होते।
(iii)	इनमें मंच सज्जा और वस्त्र सज्जा का बहुत महत्त्व होता है।	इसमें इनका कोई महत्त्व नहीं होता।
(iv)	इनमें पात्रों की भाव-भंगिमाएँ विशेष महत्त्व रखती हैं।	इसमें भाव-भंगिमाओं की कोई आवश्यकता नहीं होती।
(v)	इनमें कहानी को पात्रों की भावनाओं के द्वारा प्रस्तुत किया जाता है।	इसमें कहानी को ध्वनि प्रभावों और संवादों के माध्यम से संप्रेषित किया जाता है।

(ग) नए तथा अप्रत्याशित विषयों पर लेखन की कोई विशेष तकनीक तो नहीं होती, लेकिन निम्नलिखित बातों का ध्यान रखते हुए लेखन को सरल बनाया जा सकता है

- विषय को आरंभ करने से पहले उस विषय से संबंधित मस्तिष्क में रूपरेखा तैयार कर लेनी चाहिए।
- जिस विषय पर लिखा जा रहा है, उस विषय से संबद्ध अन्य तथ्यों की जानकारी होना भी आवश्यक है। सुसंबद्धता किसी भी लेखन का सिद्धांत तत्त्व होता है।
- सुसंबद्धता के साथ-साथ विषय से जुड़ी बातों की निरंतरता भी जरूरी है। इसलिए किसी भी विषय पर लिखते हुए उससे जुड़े होना जरूरी है।
- नए तथा अप्रत्याशित विषयों के लेखन में आत्मपरक 'मैं' शैली का प्रयोग किया जा सकता है। यद्यपि निबंधों और अन्य प्रलेखों में 'मैं' शैली का प्रयोग लगभग वर्जित होता है।

9. (क) समाचार कई प्रकार के होते हैं; जैसे– राजनीति, अपराध, खेल, आर्थिक, फिल्म तथा कृषि संबंधी समाचार आदि। संवाददाताओं के बीच काम का बँटवारा उनके ज्ञान एवं रुचि के आधार पर किया जाता है। मीडिया की भाषा में इसे ही 'बीट' कहते हैं।

बीट रिपोर्टर को अपने बीट (क्षेत्र) की प्रत्येक छोटी-बड़ी जानकारी एकत्र करके कई स्रोतों द्वारा उसकी पुष्टि करके विशेषज्ञता प्राप्त करनी चाहिए, तभी उसकी खबर विश्वसनीय मानी जाती है।

(ख) संपादकीय पृष्ठ पर समाचार-पत्रों तथा पत्रिकाओं में संपादक के नाम पाठकों के पत्र प्रकाशित किए जाते हैं। यह सभी समाचार-पत्रों में एक स्थायी स्तंभ होता है। इसे पाठकों का अपना स्तंभ कहा जाता है, क्योंकि इस स्तंभ के माध्यम से पाठक विभिन्न मुद्दों पर अपनी राय व्यक्त करते हैं, साथ ही विभिन्न जनसमस्याओं को भी उठाते हैं। अतः एक प्रकार से यह स्वतंत्र जनमत को प्रतिबिंबित करता है। यहाँ आवश्यक नहीं है कि समाचार-पत्र पाठकों के द्वारा व्यक्त किए गए सभी विचारों से अपना एकमत रखें। वस्तुतः इस स्तंभ का प्रमुख उद्देश्य नए लेखकों को प्रोत्साहन देने तथा उन्हें उनके विचारों को लिखने का अवसर प्रदान करना है।

(ग) मीडिया जगत में दृश्य से अभिप्राय 'विजुअल मीडिया' होता है; जैसे–फोटो, फिल्म और टीवी शो आदि। टीवी के लिए समाचार लिखने की मुख्य शर्त दृश्य के साथ लेखन है। दृश्य के साथ लेखन करने की आवश्यकता उसकी प्रभावशीलता के कारण होती है, जिससे दर्शकों को समझने में आसानी होती है और वे संदेश को अधिक स्पष्ट रूप से समझ सकते हैं।

दृश्य अर्थात् कैमरे से लिए गए शॉट्स, जिनके आधार पर ही कोई खबर लिखी जाती है। जैसे कोई खबर आसमान की है तो हम आसमान के बारे में लिखेंगे, समुद्र के बारे में नहीं। मान लीजिए दिल्ली की किसी इमारत में आग लगी है, तो टीवी में इस खबर की शुरुआत किसी अखबार की अपेक्षा अलग होगी। उसे टीवी में प्रस्तुत करने के लिए पहले एंकर द्वारा एक सूचना देंगे; यथा–दिल्ली के लाजपत नगर की एक दुकान में आज शाम आग लगने से दो लोग घायल हो गए और लाखों रुपए की संपत्ति जलकर राख हो गई। ये आग शॉर्ट सर्किट की वजह से लगी।

लेकिन यदि आग लगने के दृश्य हमारे पास हैं, तो एंकर द्वारा दी गई सूचना के बाद हम इसे ऐसे लिख सकते हैं– ''आग की ये लपटें सबसे पहले शाम चार बजे दिखीं, फिर तेजी से फैल गईं ...।'' अतः कहा जा सकता है कि प्रत्येक खबर या सूचना देने पर उस पर दृश्य के साथ बँधे होने की शर्त लागू होगी।

10. (क) इस कविता में कवि ने प्रेम की व्यग्रता या व्याकुलता को व्यक्त किया है। पथिक को अपने प्रियजनों से जल्दी मिलने की चाह है, इसलिए वह जल्दी-जल्दी चलने का प्रयास करता है। इसी प्रकार, अपने बच्चों के विषय में सोचकर पक्षियों के परों में फड़फड़ाहट भर जाती है। वे जल्दी-से-जल्दी अपने नीड़ की ओर लौटना चाहते हैं। कवि अकेला है, उसकी प्रतीक्षा में कोई नहीं बैठा, इसीलिए कवि के कदमों में शिथिलता तथा मन में व्याकुलता है। यहाँ कवि मानता है कि जीवन की गति में तीव्रता का कारण प्रेम है।

(ख) बात का अर्थ है– भाव। भाषा उसे प्रकट करने का माध्यम है। दोनों के बीच घनिष्ठ संबंध है, किंतु यहाँ 'भाषा' के संदर्भ में कवि को इस बात का डर है कि कभी-कभी भाषा के चक्कर में सीधी बात भी टेढ़ी हो जाती है। इसका कारण यह है कि जो बात सीधी, सरल शब्दावली में कही जा सकती है, उसे अधिक प्रभावपूर्ण बनाने हेतु कठिन शब्दावली का प्रयोग कर व्यक्त करने का प्रयास किया जाता है और परिणामस्वरूप इससे सीधी बात भी टेढ़ी हो जाती है।

(ग) यह कविता मानवीय करुणा को तो प्रस्तुत करती ही है, साथ ही इस कविता में ऐसे लोगों की बनावटी करुणा का वर्णन भी मिलता है, जो दुःख-दर्द बेचकर, प्रसिद्धि एवं आर्थिक लाभ प्राप्त करना चाहते हैं। एक अपाहिज व्यक्ति के साथ झूठी सहानुभूति जताकर उसकी करुणा का व्यवसायीकरण करना चाहते हैं। एक अपाहिज की करुणा को पैसे एवं प्रसिद्धि के लिए टेलीविज़न पर कुरेदना वास्तव में क्रूरता की चरम सीमा है। किसी की हीनता, अभाव, दुःख और कष्ट सदा से करुणा के कारण अथवा उद्दीपन रहे हैं, मगर इन कारणों को सार्वजनिक कार्यक्रम के रूप में प्रसारित करना और अपने चैनल की श्रेष्ठता साबित करने के लिए तमाशा बनाकर उसे फूहड़ ढंग से प्रदर्शित करना क्रूरता है। सांसारिक भौतिकहीनता इतनी नहीं अखरती, जितनी शारीरिक हीनता से वेदना होती है। उसके साथ इस खिलवाड़ को क्रूरता की पराकाष्ठा ही कहा जाएगा।

11. (क) 'बगुलों के पंख' एक सुंदर दृश्य कविता है। कविता से गुजरते हुए एक-एक दृश्य चित्र की भाँति उभर जाता है। कवि काले बादलों के नीचे से पंक्ति बनाकर उड़ते बगुलों को देखता रह जाता है। ये उसे कजरारे बादलों के ऊपर तैरती साँझ की श्वेत काया के समान प्रतीत होते हैं। यह दृश्य इतना मोहक है कि कवि इसमें अटका-सा रह जाता है। कवि इसे माया कहता है। इस दृश्य में कवि प्रकृति सौंदर्य से बँधने तथा बिंधने की चरम स्थिति को व्यक्त करता है। ऐसा प्रकृति के इस दृश्य का कवि के मन पर पड़ने वाले मोहक प्रभाव के कारण संभव हुआ है।

(ख) कवि सूर्यकांत त्रिपाठी 'निराला' ने 'बादल-राग' कविता के अंतर्गत बादल को क्रांति के प्रतिनिधि के रूप में देखा है। बादल नवजीवन के प्रतीक हैं। बादल ग्रीष्म के भीषण ताप जैसी निरंकुशता को समाप्त कर धरती के नीचे सोये अंकुर के मन में आकांक्षाओं को गति प्रदान करता है। बादल का यह रूप परंपरागत काव्य-प्रवृत्ति से पूर्णतः अलग है। 'बादल राग' कविता में निराला ने विविध बिंबों तथा प्रतीकों के माध्यम से बादल के क्रांतिकारी स्वरूप का वर्णन किया है।

कालिदास का 'बादल' प्रेमी-प्रेमिका का महत्त्वपूर्ण संदेशवाहक है। संस्कृत काव्यों तथा परंपरागत साहित्य में 'बादल' प्रायः इसी रूप में आए हैं। निराला ने 'बादल' को किसानों का हितैषी माना है, जो अपनी बूँदें किसानों को देकर खाद्यान्न उपजाने में मदद करता है। इस प्रकार, बादल भी एक श्रमजीवी है।

(ग) तुलसी का युग भी बेकारी से आक्रांत था। अकाल के कारण चारों ओर हाहाकार मचा था। किसान को कृषि की सुविधा नहीं थी, भिखारी को भीख भी नहीं मिलती थी। काम-धंधे सब चौपट हो चुके थे। कर्मचारीगण खाली थे तथा चारों ओर बेरोज़गारी थी। पेट की खातिर लोग अच्छे-बुरे काम करते थे। लाचारी इतनी बढ़ गई थी कि लोग अपनी संतान तक को बेचने के लिए विवश थे। दरिद्रता रूपी रावण ने सबको अपने वश में किया हुआ था। यहाँ तुलसीदास जी ने दरिद्रता की तुलना रावण से की है, क्योंकि इसे जितना दबाने की कोशिश की जाती है, वह उतनी ही बढ़ती जाती है।

12. (क) लेखिका भक्तिन के सेवाभाव से बहुत प्रभावित थी। भक्तिन लेखिका के साथ हर समय उपस्थित रहती थी। लेखिका को जिस किसी भी चीज की आवश्यकता होती, वह तत्काल लेखिका को हाजिर कर देती थी। भक्तिन लेखिका के लिए भोजन का प्रबंध करती, उसके कपड़े धोती, पुस्तकों को सही तरीके से रखती आदि अनेक कार्य करती। वह लेखिका के साथ बद्रीनाथ व केदारनाथ भी गई। भक्तिन की बेटी व दामाद जब उसे बुलाने आए तो वह लेखिका को छोड़ने का मन नहीं बना पाई। उसने लेखिका के सामने धन के महत्त्व को कम कर दिया। वह लेखिका के लिए अपना सब-कुछ लुटाने के लिए तैयार थी। अतः भक्तिन के इस तरह सेवा-भाव को देखकर ही लेखिका ने भक्तिन के सेवा-भाव की तुलना हनुमान जी से की।

(ख) लेखक के अनुसार, समाज में अंधविश्वास इन लड़कों की टोली को लेकर फैला हुआ है। लेखक इस बात से दु:खी होता है कि जहाँ चारों ओर पानी की इतनी कमी है, वहीं लोग बड़ी कठिनाई से इकट्ठा किया हुआ पानी उन लड़कों पर फेंककर बर्बाद कर देते हैं। उन्हें यह पानी अपने उपयोग के लिए रखना चाहिए। वास्तव में, यह सहेजे गए पानी की निर्मम बरबादी है।

(ग) कालिदास कहते हैं कि ''शिरीष पुष्प केवल भौंरों के पदों का कोमल दबाव ही सहन कर सकता है, पक्षियों का बिल्कुल नहीं।'' उनके अनुसार, शिरीष का फूल अत्यंत कोमल होता है, जो जरा-सा भी भार सहन नहीं कर सकता। लेकिन द्विवेदी जी इससे सहमत नहीं हैं। उनके विचार से इसे कोमल मानना भूल है। इसके फल इतने मज़बूत होते हैं कि नए फूलों के आने पर भी वे अपना स्थान नहीं छोड़ते। जब तक नए पत्ते-फल मिलकर इन्हें धक्का नहीं देते, तब तक वे अपना स्थान वहीं बनाए रखते हैं।

13. (क) लुट्टन पहलवान ने बचपन से ही कसरत करनी शुरू कर दी थी। उसने किसी भी गुरु से पहलवानी या कसरत की शिक्षा नहीं ली थी। अतः उसने किसी को भी अपना गुरु नहीं माना था और न ही किसी से कुश्ती के दाँव-पेंच सीखे थे। वह अपनी शक्ति और दाँव-पेंच की परीक्षा ढोलक की आवाज़ के आधार पर करता था। ढोल की आवाज़ उसके शरीर में उमंग व स्फूर्ति भर देती थी। वह अखाड़े में उतरने से पहले ढोल को प्रणाम करता था, क्योंकि उसने गुरु का स्थान ढोल को दे दिया था।

(ख) यह कथन सत्य है कि जीजी पर गाँधीजी का प्रभाव था। जीजी के अनुसार, इंदर सेना पर पानी फेंका जाना इसीलिए सही है, क्योंकि यह पानी की बर्बादी नहीं है, बल्कि इंद्र भगवान को अर्घ्य देना है। वे कहती हैं कि मनुष्य जो चीज़ पाना चाहता है, पहले उसे देना पड़ता है। इसी कारण दान को बड़ा माना जाता है। दूसरों के कल्याण के लिए दिया गया दान ही फल देता है और सच्चा त्याग तभी कहलाता है, जब आप जिस वस्तु का दान कर रहे हों, वह वस्तु आपके पास अधिक मात्रा में न हो। इसे ही सही अर्थों में दान माना जाता है। जीजी ने लेखक को आगे समझाते हुए कहा कि ऋषि-मुनियों ने भी यह कहा है कि पहले खुद दो, तभी देवता चौगुना लौटाएँगे। 'यथा राजा तथा प्रजा' यही सच है 'गाँधीजी महाराज भी यही कहते हैं।' यहाँ जीजी की इन बातों से यह स्पष्ट होता है कि उन पर गाँधीजी के विचारों का भी प्रभाव था।

(ग) 'पर्चेज़िंग पावर' का अर्थ है पैसे की वह पावर, जिससे आप कभी भी महँगी-से-महँगी वस्तुएँ खरीद सकते हैं। मॉल की संस्कृति, सामान्य बाज़ार और हाट की संस्कृति सभी 'पर्चेज़िंग पावर' से चलते हैं। मॉल की संस्कृति में लगभग सभी प्रकार की वस्तुएँ एक ही स्थान पर ऊँची कीमतों में मिल जाती हैं। ग्राहक भी धनाढ्य वर्ग के होते हैं। अतः वे महँगी कीमत पर भी सामान खरीदने को तैयार हो जाते हैं। इसलिए 'पर्चेज़िंग पावर' का असली रूप तो मॉल में ही दिखाई देता है। पर्चेजिंग पावर का सकारात्मक उपयोग करने के लिए अधिकाधिक वस्तुएँ सामाजिक विकास हेतु खरीदी जानी चाहिए।

i Succeed

हिंदी केंदिक

CBSE कक्षा 12

प्रोफिशियंसी बिल्डिंग जोन

इस खंड में **तीन स्टेजों** के अन्तर्गत **15 प्रतिदर्श प्रश्न–पत्रों** को शामिल किया गया है

स्टेज I **फाउण्डेशन लेवल** (तीन प्रतिदर्श प्रश्न–पत्र पूर्णत: दिशा निर्देशित हल सहित)

स्टेज II **प्रोफिशियंसी लेवल** (सात प्रतिदर्श प्रश्न–पत्र, सभी प्रश्नों के हल प्रश्न के बाद दिये गये हैं)

स्टेज III **एक्सीलेंस लेवल** (पाँच प्रतिदर्श प्रश्न–पत्र हल रहित)

प्रतिदर्श प्रश्न–पत्रों को तीन स्टेजों में बाँटने का उद्देश्य छात्र की तैयारी को चरण–दर–चरण उन्नत करना है।

स्टेज I फाउण्डेशन लेवल
(दिशा निर्देशित हल सहित)

प्रतिदर्श प्रश्न-पत्र 1

हिंदी केंद्रिक कक्षा 12

समय : 3 घंटे पूर्णांक : 80

निर्देश

1. इस प्रश्न-पत्र में खंड 'अ' में वस्तुपरक तथा खंड 'ब' में वर्णनात्मक प्रश्न पूछे गए हैं।
2. खंड 'अ' में 40 वस्तुपरक प्रश्न पूछे गए हैं। सभी 40 प्रश्नों के उत्तर देने हैं।
3. खंड 'ब' में वर्णनात्मक प्रश्न पूछे गए हैं। प्रश्नों के उचित आंतरिक विकल्प दिए गए हैं।
4. दोनों खंडों के प्रश्नों के उत्तर देना अनिवार्य है।
5. यथासंभव दोनों खंडों के प्रश्नों के उत्तर क्रमशः लिखिए।

■ खंड 'अ' (वस्तुपरक प्रश्न)

खंड 'अ' में अपठित बोध, अभिव्यक्ति और माध्यम, पाठ्य-पुस्तक आरोह भाग-2 व पूरक पाठ्य पुस्तक वितान भाग-2 से संबंधित बहुविकल्पीय प्रश्न पूछे गए हैं, जिनमें प्रत्येक प्रश्न के लिए 1 अंक निर्धारित है।

अपठित बोध

1. *निम्नलिखित गद्यांश को ध्यानपूर्वक पढ़कर दिए गए प्रश्नों के सर्वाधिक उपयुक्त उत्तर वाले विकल्प को चुनकर लिखिए।* $(1\times10=10)$

महात्मा गाँधी उस महान् व्यक्ति का नाम है, जो हिंसा को अहिंसा से, घृणा को प्रेम से और अविश्वास को विश्वास से जीतने में यकीन रखते थे। आज गाँधीजी तो नहीं हैं, लेकिन उनके विचार एवं क्रियात्मक योगदान 21वीं शताब्दी में भी उतने ही प्रासंगिक हैं, जितने पहले थे। महात्मा गाँधी ने जनभावना को महत्त्व देकर और परंपरागत राष्ट्रवाद को परिष्कृत कर 21वीं सदी के लिए एक आदर्श प्रस्तुत किया। विभिन्न समुदायों के बीच समन्वय स्थापित करने के लिए उन्होंने विविध प्रकार के रचनात्मक कार्यक्रम प्रस्तुत किए। गाँधीजी की विचारधारा परंपरागत राष्ट्रीयता से ऊपर थी। उनका राष्ट्रधर्म वैश्विक था। वे भारतीय संस्कृति से प्रभावित होते हुए भी वेदों में अभिव्यक्त संपूर्ण पृथ्वी के वंदन में विश्वास करते थे—'माता भूमिः पुत्रोऽहं पृथिव्याः।' गाँधीजी ने राष्ट्रवाद को भारतीय चिंतन के अनुरूप वैश्विक बनाकर संकटग्रस्त विश्व को एक नई दिशा प्रदान की।

गाँधीवाद के अंतर्गत सर्वधर्म समभाव की नीति की प्रासंगिकता आज स्पष्ट है। सर्वधर्म समभाव का विचार आज एक सामाजिक एवं सांस्कृतिक अनिवार्यता बन चुका है। धर्म तो व्यक्तिगत आस्था का विषय है। उसे सामाजिक स्तर पर लाने के लिए 'सर्वधर्म समभाव' तक आना ही होगा। धार्मिक कट्टरता आज हमें आण्विक आतंकवाद की दहलीज़ पर पहुँचा चुकी है। ऐसी विषम परिस्थिति में ही स्वामी विवेकानंद ने 'विश्व धर्म' एवं गुरुदेव रवींद्रनाथ ने 'मानव धर्म' की संकल्पना की थी। यदि विज्ञान सार्वभौमिक हो सकता है, तो धर्म भी सार्वभौमिक होना चाहिए, क्योंकि किसी भी धर्म को श्रेष्ठ समझने का अर्थ है, दूसरे धर्म को

हीन समझना नहीं। गाँधीजी ने इस तथ्य को समझाते हुए धर्म को वैश्विक एवं सार्वभौमिक बनाने की कोशिश की। आज के उत्तर-आधुनिक समाज में भी संकुचित सांप्रदायिक विचारधारा एवं अंध कट्टरतावाद को कैसे स्वीकार किया जा सकता है?

धर्म को सिर्फ़ नैतिकता का पर्याय मानना चाहिए। आज के वैश्विक संकट का एक प्रमुख कारण सिद्धांतविहीन राजनीति है। मैकियावेली की नीति से असहमत होते हुए गाँधीवाद के अंतर्गत राजनीति में साधन शुद्धि का समावेश कर राजनीति को एक नया आयाम प्रदान किया गया। गाँधीजी ने अन्याय का प्रतिकार करने के लिए शस्त्र के स्थान पर नि:शस्त्र वीरता को प्रदर्शित किया। अहिंसक प्रतिकार को सामूहिक रूप प्रदान कर उसे अत्यधिक शक्तिशाली हथियार बना दिया। आज सभी लोकतांत्रिक समाजों में इस शक्तिशाली हथियार का सर्वाधिक उपयोग होता है।

(क) महात्मा गाँधी ने 21वीं सदी के लिए एक आदर्श कैसे प्रस्तुत किया? (1)

(i) जनभावना को महत्त्व देकर
(ii) परंपरागत राष्ट्रवाद को परिष्कृत कर
(iii) *(i)* और *(ii)* दोनों
(iv) अपने विचारों को प्रस्तुत कर

(ख) विभिन्न समुदायों के बीच समन्वय स्थापित करने के लिए गाँधीजी ने क्या किया? (1)

(i) विविध विचारकों के विचार प्रस्तुत किए
(ii) भारतीय संस्कृति का महत्त्व उजागर किया
(iii) विभिन्न प्रकार के रचनात्मक कार्यक्रम प्रस्तुत किए
(iv) अहिंसा पर बल दिया

(ग) निम्नलिखित कथनों पर विचार कीजिए (1)

कथन I. गाँधीजी का राष्ट्र धर्म वैश्विक था।
कथन II. गाँधी की विचारधारा परंपरागत राष्ट्रीयता पर आधारित थी।
कथन III. धर्म को सामाजिक स्वरूप प्रदान करने के लिए 'सर्वधर्म समभाव' का विचार अपनाना चाहिए।
उपरोक्त कथनों में से कौन-सा/से सही है/हैं?

(i) केवल I
(ii) केवल III
(iii) I और II
(iv) I और III

(घ) प्रस्तुत गद्यांश के अनुसार गाँधीजी ने राष्ट्रवाद को भारतीय चिंतन के अनुरूप वैश्विक बनाकर क्या कार्य किया? (1)

(i) वेदों को अभिव्यक्ति प्रदान की
(ii) संकटग्रस्त विश्व को एक नई दिशा प्रदान की
(iii) भारतीय संस्कृति का प्रचार-प्रसार किया
(iv) धर्म को मान्यता प्रदान की

(ङ) धर्म को सामाजिक स्तर पर लाने के लिए क्या करना होगा? (1)

(i) सर्वधर्म समभाव को अपनाना होगा
(ii) व्यक्तिगत आधार को अपनाना होगा
(iii) सांस्कृतिक महत्त्व को अपनाना होगा
(iv) राष्ट्रवाद को अपनाना होगा

(च) धार्मिक कट्टरता की समाप्ति के लिए रवींद्रनाथ टैगोर ने किसकी संकल्पना की? (1)

(i) मानव धर्म की
(ii) विश्व धर्म की
(iii) सर्वधर्म समभाव की
(iv) साहित्य धर्म की

(छ) 'माता भूमिः पुत्रोऽहं पृथिव्याः' गाँधीजी द्वारा कहे गए इस कथन का अभिप्राय है कि (1)

(i) मैं पृथ्वी का पुत्र हूँ
(ii) पृथ्वी मेरी माता है
(iii) वे संपूर्ण पृथ्वी की वंदना में विश्वास करते थे
(iv) गाँधीजी ने राष्ट्रवाद को वैश्विक स्वरूप प्रदान किया

(ज) निम्नलिखित कथन और कारण को ध्यानपूर्वक पढ़िए और सही विकल्प चुनकर लिखिए। (1)

कथन (A) गाँधीजी अन्याय का प्रतिकार करने के लिए निःशस्त्र वीरता के पक्षधर थे।
कारण (R) गाँधीजी हिंसा को अहिंसा से जीतने में विश्वास रखते थे।

कूट

(i) कथन (A) और कारण (R) दोनों सही हैं तथा कारण (R) कथन (A) की सही व्याख्या करता है
(ii) कथन (A) सही नहीं है, परंतु कारण (R) सही है
(iii) कथन (A) तथा कारण (R) दोनों गलत हैं
(iv) कथन (A) और कारण (R) दोनों सही हैं, परन्तु कारण (R) कथन (A) की सही व्याख्या नहीं करता है

(झ) आज सभी लोकतांत्रिक समाजों में किस शक्तिशाली हथियार का सर्वाधिक उपयोग होता है? (1)

(i) धार्मिक कट्टरता का
(ii) अहिंसा का
(iii) हिंसा का
(iv) इनमें से कोई नहीं

(ञ) प्रस्तुत गद्यांश किस विषय-वस्तु पर आधारित है? (1)

(i) गाँधीजी और भारत
(ii) गाँधीजी की प्रासंगिकता
(iii) गाँधीजी और विवेकानंद के विचार
(iv) धर्म और राजनीति

उत्तर

(क) *(iii)* *(i)* और *(ii)* दोनों
(ख) *(iii)* विभिन्न प्रकार के रचनात्मक कार्यक्रम प्रस्तुत किए
(ग) *(iv)* 1 और 3
(घ) *(ii)* संकटग्रस्त विश्व को एक नई दिशा प्रदान की
(ङ) *(i)* सर्वधर्म समभाव को अपनाना होगा
(च) *(i)* मानव धर्म की
(छ) *(iii)* वे संपूर्ण पृथ्वी की वंदना में विश्वास करते थे
(ज) *(i)* कथन (A) और कारण (R) दोनों सही हैं तथा कारण (R) कथन (A) की सही व्याख्या करता है।
(झ) *(ii)* अहिंसा का
(ञ) *(ii)* गाँधीजी की प्रासंगिता

2. *दिए गए पद्यांश पर आधारित प्रश्नों को ध्यानपूर्वक पढ़कर दिए गए प्रश्नों के सर्वाधिक उपयुक्त उत्तर वाले विकल्प को चुनकर लिखिए।* (1×5 = 5)

बन अशोक में लंकेश्वर के जनक-नंदिनी थी रोती,
पूर्वजन्म के किए पाप को नयन सलिल से थी धोती,
जिसका फल पा पृथक् हुई थी प्राणनाथ से वह अपने,
जिसने बना दिए थे सब सुख जैसे निर्धन के सपने।।
घिरी निशाचरियों से वह थी देती दिखलाई ऐसे
काँटों से आवृत्त मृदु वल्ली दिखती मुरझाई जैसे,
अथवा चंद्रकिरण दिखती ज्यों घिरी मेघ के खंडों से,
अथवा ज्यों मुरझाई नलिनी आवृत्त कर्दम पिंडों से।।
पत्र-पीतिमा पतझड़ तरु की छाई थी उसके मुख पर,
काली छाया दुष्टदेव की मँडराती जिससे मिलकर,
लाली मधुर कुसुम पाटल की चली गई थी मुख पर से
पीली सरसों के नयनों से भी थे हिमजल कण बरसे।।
व्यथित हृदय की विकल वेदना रो-रो उठती थी पल-पल,
बहते नयनों के निर्झर थे करते क्रंदन मौन विकल।
खारे आँसू बह नयनों से मलिन कपोलों को करते,
हृदय-कूप-दु:ख मलिन-सलिल को धीरे निष्कासित करते।।
रोते-रोते सूख चला था उसके नयनों का पानी,
समझ नहीं आती है बहुधा मूढ़ दैव को नादानी,
काँप-काँप थे उठते जिसके भय से जग के वीर महा
उसकी ही पत्नी थी रोती नयन-नीर की नदी बहा।।

(क) प्रस्तुत पद्यांश में सीता के रोने का क्या कारण था? (1)
(i) अशोक वन में बंदी बनाया जाना
(ii) भूत-प्रेतों का डर सताना
(iii) पर्याप्त सुविधाएँ न मिलना
(iv) ये सभी

(ख) सीता द्वारा अपने प्राणनाथ से अलग होने का कारण किसे माना गया है? (1)
(i) अहंकार को
(ii) पूर्वजन्म के पापों को
(iii) राज्य त्यागकर वन गमन को
(iv) रानी कैकेयी को

(ग) 'खारे आँसू बह नयनों से मलिन कपोलों को करते' पंक्ति में 'मलिन' का अर्थ है (1)
(i) मैला *(ii)* खराब *(iii)* उदास *(iv)* धूमिल

(घ) निम्नलिखित कथनों पर विचार कीजिए (1)
1. सीता को रावण ने महल में बंदी बनाकर रखा हुआ था।
2. फूलों की लालिमा के समान सीता के मुख पर प्रसन्नता की आभा दिखाई देती थी।
3. श्रीराम के वियोग में रोते-रोते सीता के नयनों का जल भी सूख गया था।
उपरोक्त कथनों में से कौन-सा/से कथन सही है/हैं?
(i) केवल 1 *(ii)* केवल 3 (iii) 1 और 2 *(iv)* 1 और 3

(ङ) कॉलम 1 को कॉलम 2 से सुमेलित कीजिए (1)

	कॉलम- 1		कॉलम- 2
A.	जनक नंदिनी	1.	श्री राम
B.	पूर्वजन्म के पापों को धोती	2.	सीता
C.	जिसके भय से महावीर काँप उठते	3.	नयन सलिल

कूट

	A	B	C
(i)	3	2	1
(ii)	1	3	2
(iii)	2	3	1
(iv)	3	1	2

उत्तर

(क) *(i)* अशोक वन में बंदी बनाया जाना
(ख) *(ii)* पूर्वजन्म के पापों को
(ग) *(iv)* धूमिल
(घ) *(ii)* केवल 3
(ङ) *(iii)* 2 3 1

अभिव्यक्ति और माध्यम

3. *निम्नलिखित प्रश्नों को ध्यानपूर्वक पढ़कर सर्वाधिक उपयुक्त उत्तर वाले विकल्प को चुनकर लिखिए।* (1×5 = 5)

(क) सूची I को सूची II से सुमेलित कीजिए (1)

सूची I	सूची II
A. किसी विशेष विषय पर प्रधान लेख	1. विश्लेषणात्मक रिपोर्ट
B. ज्ञानवर्धन करना	2. सहायक संपादक
C. संपादकीय लिखने का दायित्व	3. फीचर का उद्देश्य
D. घटना से जुड़े तथ्यों का विश्लेषण	4. फीचर

कूट

	A	B	C	D
(i)	2	1	4	3
(ii)	3	2	1	4
(iii)	4	3	2	1
(iv)	1	4	3	2

(ख) 'पेज थ्री' पत्रकारिता के अंतर्गत क्या आता है? (1)

(i) फैशन
(ii) अमीरों की पार्टियाँ
(iii) जाने-माने लोगों का निजी जीवन
(iv) ये सभी

(ग) पत्रकारिता की भाषा में आमुख को अन्य किस नाम से भी जाना जाता है? (1)

(i) इंट्रो *(ii)* मुखड़ा *(iii)* लीड *(iv)* ये सभी

(घ) निम्नलिखित में से किस विधा को पढ़ने, सुनने के साथ देखा भी जा सकता है? (1)

(i) कहानी *(ii)* निबंध *(iii)* नाटक *(iv)* कविता

(ङ) कहानी लिखने की कला सीखने का सबसे अच्छा और सीधा तरीका क्या है? (1)

(i) अच्छी कहानियाँ पढ़ी जाएँ
(ii) अच्छी कहानियों का विश्लेषण किया जाए
(iii) *(i)* और *(ii)* दोनों
(iv) अच्छी कहानियों में समाज के हित को महत्त्व नहीं देना

उत्तर

(क) *(iii)* 4 3 2 1
(ख) *(iv)* ये सभी
(ग) *(iv)* ये सभी
(घ) *(iii)* नाटक
(ङ) *(iii)* *(i)* और *(ii)* दोनों

पाठ्य-पुस्तक आरोह भाग 2

4. *निम्नलिखित पद्यांश के प्रश्नों को ध्यानपूर्वक पढ़कर सर्वाधिक उपयुक्त उत्तर वाले विकल्प को चुनकर लिखिए।* (1×5 = 5)

हो जाए न पथ में रात कहीं
जल्दी-जल्दी चलता है।
मंज़िल भी तो है दूर नहीं
दिन जल्दी-जल्दी ढलता है।
यह सोच थका दिन का पंथी भी

(क) अलंकार की दृष्टि से कौन–सा विकल्प सही है? (1)

(i) जल्दी–जल्दी — पुनरुक्ति प्रकाश अलंकार
(ii) हो जाए न पथ में रात — यमक अलंकार
(iii) मंजिल भी तो है दूर नहीं — उत्प्रेक्षा अलंकार
(iv) यह सोच थका दिन का पंथी भी — अनुप्रास अलंकार

(ख) कवि के मन में एक आशंका है। वह आशंका क्या है? (1)

(i) घर पहुँच पाने की
(ii) घर न पहुँच पाने की
(iii) घर पहुँचने से पहले ही रात हो जाने की
(iv) यात्रा बिना रुकावट पूरी हो जाने की

(ग) कवि किस आशा से प्रेरित हो उठता है? (1)

(i) मंजिल पास ही आने वाली है
(ii) कोई उसकी प्रतीक्षा नहीं कर रहा है
(iii) मंजिल तक पहुँचने में बहुत समय शेष है
(iv) मंजिल तक पहुँचकर वह कुछ भी प्राप्त नहीं कर पाएगा

(घ) निम्नलिखित कथन और कारण को ध्यानपूर्वक पढ़िए और सही विकल्प चुनकर लिखिए। (1)

कथन (A) कवि को समय शीघ्रता से बीतता हुआ प्रतीत होता है।
कारण (R) लक्ष्य को पाने की व्यग्रता।

कूट

(i) कथन (A) सही है, परंतु कारण (R) गलत है
(ii) कथन (A) गलत है, परंतु कारण (R) सही है
(iii) कथन (A) और कारण (R) दोनों सही हैं, लेकिन कारण (R) कथन (A) की सही व्याख्या नहीं करता है
(iv) कथन (A) और कारण (R) दोनों सही हैं तथा कारण (R) कथन (A) की सही व्याख्या करता है

(ङ) 'जल्दी-जल्दी चलता है' पंक्ति से कवि का आशय है कि पथिक को (1)

(i) अपने साथी को पाने की जल्दी है
(ii) अपने भोजन को खाने की शीघ्रता है
(iii) अपने लक्ष्य को पाने की शीघ्रता है
(iv) अपने स्वार्थ के कारण जल्दी है

उत्तर

(क) *(i)* जल्दी-जल्दी–पुनरुक्ति प्रकाश अलंकार
(ख) *(iii)* घर पहुँचने से पहले ही रात हो जाने की
(ग) *(i)* मंजिल पास ही आने वाली है
(घ) *(iv)* कथन (A) और कारण (R) दोनों सही हैं तथा कारण (R) कथन (A) की सही व्याख्या करता है।
(ङ) *(iii)* अपने लक्ष्य को पाने की शीघ्रता है

5. *निम्नलिखित गद्यांश को ध्यानपूर्वक पढ़कर उपयुक्त उत्तर वाले विकल्प को चुनकर लिखिए।* $(1 \times 5 = 5)$

बाजार में एक जादू है। वह जादू आँख की राह का काम करता है। वह रूप का जादू है। पर जैसे चुंबक का जादू लोहे पर ही चलता है, वैसे ही इस जादू की भी मर्यादा है। जेब भरी हो और मन खाली हो, ऐसी हालत में जादू का असर खूब होता है। जेब खाली पर मन भरा न हो, तो भी जादू चल जाएगा। मन खाली है, तो बाज़ार की अनेकानेक चीजों का निमंत्रण उस तक पहुँच जाएगा। कहीं हुई उस वक्त जेब भरी, तब तो फिर वह मन किसकी मानने वाला है। मालूम होता है यह भी लूँ, वह भी लूँ। सभी सामान जरूरी और आराम को बढ़ाने वाला मालूम होता है। पर यह सब जादू का असर है। जादू की सवारी उतरी कि पता चलता है कि फैंसी चीजों की बहुतायत आराम में मदद नहीं देती, बल्कि खलल ही डालती है। थोड़ी देर को स्वाभिमान को जरूर सेंक मिल जाती है पर इससे अभिमान की गिल्टी को और खुराक ही मिलती है। जकड़ रेशमी डोरी की हो तो मुलायम रेशम के स्पर्श के कारण क्या वह जकड़ कम होगी?

(क) निम्नलिखित कथन और कारण को ध्यानपूर्वक पढ़िए और सही विकल्प चुनकर लिखिए। (1)

कथन (A) मन का खालीपन बाजारवाद को बढ़ावा देता है।
कारण (R) मन खाली होने पर बाजार में बिकने वाली अनेक तरह की जरूरी व गैर-जरूरी वस्तुएँ व्यक्ति को आकर्षित करती हैं।

कूट

(i) कथन (A) और कारण (R) दोनों सही हैं तथा कारण (R) कथन (A) की सही व्याख्या करता है
(ii) कथन (A) सही नहीं है, परंतु कारण (R) सही है
(iii) कथन (A) तथा कारण (R) दोनों गलत हैं
(iv) कथन (A) और कारण (R) दोनों सही हैं, परंतु कारण (R) कथन (A) की सही व्याख्या नहीं करता है

(ख) लेखक के अनुसार, बाज़ार के जादू की क्या मर्यादा है? (1)

(i) वह केवल उन लोगों पर असर करता है, जिनके मन खाली होते हैं
(ii) वह केवल उन लोगों पर असर करता है, जो वस्तु खरीदने आते हैं
(iii) वह केवल अमीर लोगों पर असर करता है
(iv) वह केवल गरीब लोगों पर असर करता है

(ग) गद्यांश के आधार पर निम्नलिखित कथनों पर विचार कीजिए (1)

1. जेब में पैसा न होने पर बाजार की वस्तुएँ आकर्षित नहीं करतीं।
2. दिखावटी चीजें अधिक होने पर मन को संतुष्टि मिलती है।
3. बाजार का जादू आँखों के माध्यम से मन पर चलता है।

उपरोक्त कथनों में से कौन-सा/से सही है/हैं?

(i) केवल 1
(ii) केवल 3
(iii) 1 और 2
(iv) 1 और 3

(घ) कॉलम 1 को कॉलम 2 से सुमेलित कीजिए (1)

	कॉलम - 1		कॉलम - 2
A.	ग्राहक को अपनी ओर खींचता है	1.	आकर्षित करने वाली चीजें जीवन में महत्त्व नहीं रखतीं
B.	बाजार का जादू उतरने पर	2.	बाजारवाद को बढ़ावा देता है
C.	मन का खालीपन	3.	बाजार का जादू

कूट

	A	B	C
(i)	3	1	2
(ii)	2	1	3
(iii)	1	3	2
(iv)	2	3	1

(ङ) बाज़ार के जादू के आकर्षण की तुलना ········· की गई है। (1)

(i) धन से
(ii) चुंबक से
(iii) रेशमी डोरी से
(iv) सवारी से

उत्तर

(क) *(i)* कथन (A) और कारण (R) दोनों सही हैं तथा कारण (R) कथन (A) की सही व्याख्या करता है।
(ख) *(i)* वह केवल उन लोगों पर असर करता है, जिनके मन खाली होते हैं
(ग) *(ii)* केवल 3
(घ) *(i)* 3 1 2
(ङ) *(ii)* चुंबक से

पूरक पाठ्य-पुस्तक वितान भाग 2

6. *निम्नलिखित प्रश्नों को ध्यानपूर्वक पढ़कर सर्वाधिक उपयुक्त उत्तर वाले विकल्प को चुनकर लिखिए।* (1×10 = 10)

(क) 'सिल्वर वैडिंग' कहानी में यशोधर बाबू को जब देर तक ऑफिस में काम करना पड़ता है, तब वे कैसी प्रतिक्रिया व्यक्त करते हैं? (1)

(i) वे अपने जूनियर कर्मचारियों पर इसका क्रोध व्यक्त करते हैं
(ii) वे नए कर्मचारियों से अपना काम करवा लेते हैं
(iii) वे प्रसन्नचित्त होकर काम करते हैं
(iv) वे मन-ही-मन दु:खी होते हैं

(ख) यशोधर बाबू नए युग और विचारों का विरोध किस प्रकार करते हैं? (1)

(i) वे अपना तकिया कलाम 'समहाउ इंप्रॉपर' बोलकर विरोध करते हैं
(ii) वे अपने विचारों को स्वयं तक सीमित रखते हैं
(iii) वे अपने परिवार को परंपरावादी बनाते हैं
(iv) वे समाज में सिद्धांतों का महत्त्व स्पष्ट करते रहते हैं

(ग) यशोधर बाबू ने कौन-सा कार्य किशनदा से विरासत में प्राप्त किया था? (1)

(i) अपने घर पर होली मनाना

(ii) जनेऊ बदलने के लिए कुमाऊँनियों को अपने घर आमंत्रित करना

(iii) रामलीला वालों को एक कमरा दे देना

(iv) उपरोक्त सभी

(घ) निम्नलिखित कथन और कारण को ध्यानपूर्वक पढ़िए और सही विकल्प चुनकर लिखिए। (1)

कथन (A) यशोधर बाबू अपने परिवार के साथ तालमेल नहीं बिठा पाते थे।

कारण (R) यशोधर बाबू की सोच में नए विचार निरर्थक थे।

(i) कथन (A) सही है, परंतु कारण (R) गलत है

(ii) कथन (A) गलत है, परंतु कारण (R) सही है

(iii) कथन (A) और कारण (R) दोनों सही हैं, लेकिन कारण (R) कथन (A) की सही व्याख्या नहीं करता है

(iv) कथन (A) और कारण (R) दोनों सही हैं, तथा कारण (R) कथन (A) की सही व्याख्या करता है

(ङ) 'जूझ' पाठ में आनंदा की कक्षा में शरारत किस कारण कम होने लगी? (1)

(i) वसंत के आ जाने से

(ii) गणित के अध्यापक द्वारा शरारती लड़कों की पिटाई किए जाने से

(iii) मराठी अध्यापक सौंदलगेकर के आने से

(iv) छात्रों में जागरूकता पैदा होने से

(च) 'जूझ' पाठ के अनुसार लेखक ने अपनी जन्मजात प्रतिभा का परिचय किस प्रकार दिया? (1)

(i) नए-नए विषयों पर कविता लिखकर

(ii) विद्यालय में प्रवेश लेकर

(iii) पिता का विरोध करके

(iv) माता की आज्ञा का पालन करके

(छ) सिंधु घाटी की सभ्यता के लिखित प्रमाण न मिलने का क्या कारण हो सकता है? (1)

(i) यह सभ्यता बहुत अधिक विशाल है

(ii) इतनी पुरानी सभ्यता के लिखित प्रमाण मिलने संभव नहीं

(iii) इस सभ्यता में केवल मौखिक प्रमाण मिलते हैं

(iv) यह सभ्यता अत्यंत सीमित और कमजोर थी

(ज) पुरातात्विक साक्ष्यों से हड़प्पा और मुअनजो-दड़ो के विषय में क्या जानकारी प्राप्त होती है? (1)

(i) इन संस्कृतियों की सांस्कृतिक विशालता का पता चलता है

(ii) इन संस्कृतियों की चित्रकला का पता चलता है

(iii) इन संस्कृतियों के समाप्त होने के कारण का पता चलता है

(iv) इन संस्कृतियों की संकुचित सोच का पता चलता है

(झ) आनंदा के संबंध में कौन-सा कथन सही नहीं है? (1)

(i) आनंदा अपने मन की बात अपने दादा से नहीं कर पाता था

(ii) आनंदा जीवनभर विपरीत परिस्थितियों से जूझता रहा

(iii) आनंदा ने अपना आत्मविश्वास कभी नहीं खोया

(iv) आनंदा को बचपन से ही कविता लिखने में रुचि थी

(ञ) निम्नलिखित कथनों पर विचार कीजिए (1)

1. सिंधु घाटी की सभ्यता के लोग मूलत: खेतिहर व पशुपालक थे।
2. सिंधु घाटी के लोग गेहूँ, जौ, सरसों, चने तथा कपास की खेती करते थे।
3. सिंधु घाटी के लोग खरबूजा व अंगूर का उत्पादन भी करते थे।
4. सिंधु घाटी में बैलगाड़ियों का प्रयोग परिवहन के साधन के रूप में होता था।

उपरोक्त कथनों में से कौन-सा/से कथन सही है/हैं?

(i) केवल 1

(ii) 1 और 2

(iii) 1, 2 और 3

(iv) 1, 2 और 4

उत्तर

(क) *(iii)* वे प्रसन्नचित्त होकर काम करते हैं

(ख) *(i)* वे अपना तकिया कलाम 'समहाउ इंप्रॉपर' बोलकर विरोध करते हैं

(ग) *(iv)* उपरोक्त सभी

(घ) *(iv)* कथन (A) और कारण (R) दोनों सही हैं, तथा कारण (R) कथन (A) की सही व्याख्या करता है।

(ङ) *(ii)* गणित के अध्यापक द्वारा शरारती लड़कों की पिटाई किए जाने से

(च) *(i)* नए-नए विषयों पर कविता लिखकर

(छ) *(ii)* इतनी पुरानी सभ्यता के लिखित प्रमाण मिलने संभव नहीं
(ज) *(i)* इन संस्कृतियों की सांस्कृतिक विशालता का पता चलता है
(झ) *(iv)* आनंदा को बचपन से ही कविता लिखने में रुचि थी
(ञ) *(iii)* 1, 2 और 3

■ खंड 'ब' (वर्णनात्मक प्रश्न)

खंड 'ब' में जनसंचार और सृजनात्मक लेखन, पाठ्य-पुस्तक आरोह भाग-2 व पूरक पाठ्य-पुस्तक वितान भाग-2 से संबंधित वर्णनात्मक प्रश्न पूछे गए हैं, जिनके निर्धारित अंक प्रश्न के सामने अंकित हैं।

जनसंचार और सृजनात्मक लेखन

7. *निम्नलिखित दिए गए 3 विषयों में से किसी 1 विषय पर लगभग 120 शब्दों में रचनात्मक लेख लिखिए।* $(6 \times 1 = 6)$

(क) सोशल मीडिया का जाल (ख) परीक्षा का दिन
(ग) आजादी का अमृत महोत्सवः स्वर्णिम 75 साल

उत्तर

***(क)* सोशल मीडिया का जाल**

आज हम उस समय या युग में हैं, जहाँ सूचना केवल एक बटन दबाने पर ही मिल जाती है। इसके कारण हम अपने चारों ओर होने वाली जानकारीयों से अवगत हो जाते हैं। सोशल मीडिया के माध्यम से हमें किसी भी चीज के बारे में जानने, पढ़ने, समझने और बोलने का अवसर मिलता है। सोशल मीडिया उन बड़े तत्त्वों में से एक है, जिसके साथ हम जालरूपी संरचना से जुड़े हुए हैं और जिसे हम अनदेखा नहीं कर सकते।

सोशल मीडिया वेबसाइटों, अनुप्रयोगों और अन्य प्लेटफॉर्मों का संग्रह है, जो हमें जानकारियों का आदान-प्रदान करने तथा सोशल नेटवर्किंग में भाग लेने में सहायता करता है। सोशल मीडिया ब्लॉगिंग और चित्रों को साझा करने तक ही सीमित नहीं है, बल्कि यह हमें सुदृढ़ उपकरण भी प्रदान करता है। ऐसा इसलिए है, क्योंकि सोशल मीडिया का प्रभाव बहुत दूर तक फैला हुआ है। यह किसी की छवि को बना या बिगाड़ भी सकती है।

सोशल मीडिया आज विवाद का विषय बनी हुई है। कुछ लोग इसे वरदान समझते हैं, तो वहीं कुछ लोग ऐसे भी हैं, जो इसे एक अभिशाप मानते हैं। लोग अधिकतर यह अनुभव करते हैं कि सोशल मीडिया ने तेज गति के साथ मानवीय अंतःक्रियाओं को नष्ट कर, आधुनिक मानव संबंधों में परिवर्तन कर दिया है, लेकिन कुछ लोग इसे वरदान मानते हैं, क्योंकि इसके कारण वे स्वयं को दुनिया के हर कोने से जुड़ा हुआ अनुभव करते हैं। इसके द्वारा वे दूर बसे अपने प्रियजनों से बात भी कर सकते हैं तथा जागरूकता फैला सकते हैं, साथ ही सुरक्षा हेतु उन्हें चेतावनियाँ भी भेज सकते हैं। ऐसा बहुत कुछ है, जो सोशल मीडिया के माध्यम से किया जा सकता है। सोशल मीडिया की उपस्थिति ने हमारे जीवन को सुविधाजनक, आसान और बहुत गतिशील बना दिया है।

***(ख)* परीक्षा का दिन**

परीक्षा विद्यार्थी जीवन का अभिन्न अंग है। एक विद्यार्थी के जीवन में परीक्षाओं का महत्त्वपूर्ण स्थान होता है। परीक्षा का सामना करना प्रत्येक विद्यार्थी के लिए सामान्य बात है, किंतु फिर भी प्रत्येक विद्यार्थी परीक्षा के दिन घबराहट महसूस करता है। कुछ विद्यार्थियों को तो परीक्षा के दिनों में चिंता के कारण नींद तक नहीं आती। अनेक विद्यार्थियों का यह विश्वास होता है कि परीक्षा के दिन या उससे एक दिन पहले ही जो वे पढ़ते हैं, वही उन्हें याद रहता है। पहले का पढ़ा हुआ वे सब कुछ भूल जाते हैं। इस कारण वे परीक्षा से एक दिन पहले पूरे दिन व रात पढ़ते रहते हैं तथा जब वे परीक्षा देने बैठते हैं, तो थकान व नींद के कारण अपनी परीक्षा ठीक से नहीं दे पाते।

परीक्षा की इस चिंता को दूर करने का उपाय है- आत्मविश्वास अर्थात् अपने पर विश्वास रखना। एक विद्यार्थी को किसी भी परीक्षा को देने से पूर्व जो भी अब तक उसने अध्ययन किया है, याद किया है उस पर विश्वास रखना चाहिए।

विद्यार्थी को परीक्षा की सफलता या असफलता की चिंता न करते हुए मन में दृढ़ विश्वास रखना चाहिए कि पूरे वर्ष जो कुछ भी उन्होंने पढ़ा है, उसे वे भली-भाँति लिख पाएँगे। उन्हें निर्धारित समय पर निश्चिंततापूर्वक घर से निकलना चाहिए तथा प्रश्न-पत्र मिलने पर प्रत्येक प्रश्न को ध्यानपूर्वक पढ़ना चाहिए। फिर सोच-समझकर प्रश्नों के उत्तर देने चाहिए।

अतः परीक्षा के दिनों में विद्यार्थी को आत्मविश्वास रखना चाहिए, जिससे वे सफलता की ओर निर्बाध रूप से बढ़ सकें।

***(ग)* आजादी का अमृत महोत्सवः स्वर्णिम 75 साल**

भारत एक विशालकाय देश है, जहाँ विभिन्न जाति, धर्म, समुदाय, रंग-रूप, संस्कृति के लोग मिल-जुलकर रहते हैं। भारत के संविधान को विश्व का सबसे बड़ा संविधान कहा जाता है। हमारा देश 15 अगस्त, 1947 को आजाद हुआ था। इसी आजादी को कुछ नए ढंग से मनाते हुए लोगों के अंदर देश के प्रति भक्ति भावना को तीव्र करने के लिए 21 मार्च, 2021 को प्रधानमंत्री नरेंद्र मोदी ने आजादी के अमृत

महोत्सव का ऐलान किया था, जिसे अति उत्साह के साथ आने वाले 15 अगस्त, 2023 तक मनाया जाएगा। आजादी का अमृत महोत्सव किसी भी सार्वजनिक क्षेत्र में तिरंगा झंडा फहराने के लिए प्रेरित करता है। इस वर्ष आजादी दिवस पर हर घर तिरंगा योजना चलाई गई। आजादी अमृत महोत्सव सभी स्वतंत्रता सेनानियों को समर्पित है। इस महोत्सव का उद्देश्य भारत के गुमनाम स्वतंत्रता सेनानियों के बलिदानों तथा उपलब्धियों के बारे में आम लोगों को अवगत कराना तथा उन्हें जागरूक करना है। देश के सभी सैन्य बल व सभी शहीद जवानों को श्रद्धांजलि देने के लिए आजादी का अमृत महोत्सव अत्यधिक उल्लास के साथ अलग-अलग क्षेत्रों में मनाया जा रहा है।

आजादी के अमृत महोत्सव का हर राज्य के मुख्यमंत्री बढ़-चढ़कर नेतृत्व कर रहे हैं। सबसे पहले भारत के तत्कालिक रक्षामंत्री राजनाथ सिंह ने भिन्न- भिन्न तरीके से रक्षा विभागों का उद्घाटन किया। इसके अतिरिक्त राजनाथ सिंह के नेतृत्व में रक्षा की सभी वस्तुओं को अलग-अलग राज्य में प्रदर्शनी के लिए पहुँचाया गया। आजादी के अमृत महोत्सव ने सभी भारतवासियों के दिल में देश के प्रति सम्मान और गौरव का माहौल बनाया।

8. *निम्नलिखित प्रश्नों को ध्यानपूर्वक पढ़कर लगभग 40 शब्दों में निर्देशानुसार उत्तर दीजिए।* (2 × 2 = 4)

(क) नाटक को मंच पर संगीत, सज्जा, प्रकाश व्यवस्था के साथ-साथ अभिनय द्वारा प्रस्तुत किया जाता है। इस कथन के आलोक में नाटक में रंगमंचीयता के महत्त्व पर प्रकाश डालिए। (2)

अथवा

"कहानी लेखन में भाषा एक अनिवार्य तत्त्व है" इस कथन के आलोक में भाषा-शैली के योगदान की समीक्षा कीजिए।

(ख) मौलिक प्रयास एवं अभ्यास को बाधित करने वाली निर्भरता व्यक्ति के अंदर किस क्षमता को विकसित नहीं होने देती? अप्रत्याशित विषयों के लेखन के संदर्भ में स्पष्ट कीजिए। (2)

अथवा

जनसंचार का कौन-सा आधुनिक माध्यम सबसे पुराना है? इसकी शुरुआत कैसे हुई?

उत्तर

(क) नाटक का सबसे प्रभावशाली तत्त्व रंगमंचीयता है। नाटक रंगमंच के लिए ही लिखे जाते हैं। वही नाटक सफल माना जाता है, जिसका मंचन किया जा सके। रंगमंच का क्षेत्र बड़ा व्यापक है। बिना रंगमंच के नाटक अपूर्ण है। नाटक जब मंचित होता है, तो उसमें केवल पात्र ही नहीं बोलते, बल्कि पूरा मंच बोलता है। इसमें मंच सज्जा, रूप सज्जा, वेशभूषा सभी बोलते हैं। नाटक में जितनी अधिक मंचीय संभावनाएँ होती हैं, वह नाटक उतना ही अधिक सफल होता है। रंगमंच सजीव और साकार कला का माध्यम है। अतः रंगमंच नाटक की वास्तविक कसौटी होता है।

अथवा

भाषा-शैली कहानी लेखन में महत्त्वपूर्ण भूमिका निभाती है, क्योंकि यह कहानी के स्वर और वातावरण को आकार देने में मदद करती है। भाषा पात्रों की भावनाओं और विचारों को व्यक्त करने में भी मदद करती है। अलंकारिक भाषा का उपयोग; जैसे-रूपक, उपमा और प्रतीकवाद कहानी के वातावरण में योगदान देती है और कहानी को गहरा अर्थ प्रदान करती हैं। यह एक आवश्यक तत्त्व है जो पाठक पर कहानी के समग्र प्रभाव को बढ़ाता है। अतः कहानी की भाषा ऐसी होनी चाहिए, जो पाठक को अपनी ओर आकर्षित करे। कहानी की भाषा सरल, सहज तथा प्रभावमयी होनी चाहिए।

(ख) जो लोग आत्मनिर्भर होकर लिखित रूप में अभिव्यक्ति का अभ्यास नहीं करते उन्हें अप्रत्याशित विषयों पर लिखना एक चुनौती के समान लगता है। रटने की बुरी आदत हमें अभ्यास का अवसर नहीं देती और हम दूसरों द्वारा तैयार की गई सामग्री को ज्यों का त्यों प्रस्तुत कर देते हैं। यह निर्भरता हमारे मौलिक अभ्यास को बाधित करती है और हमारी लिखित अभिव्यक्ति की क्षमता को विकसित नहीं होने देती। अतः आवश्यक है कि हमें निबंध के परंपरागत विषयों को छोड़कर नए प्रकार के विषयों पर लिखने का अभ्यास करना चाहिए।

अथवा

जनसंचार के आधुनिक माध्यमों में सबसे पुराना माध्यम प्रिंट अर्थात् मुद्रण माध्यम है। इसकी शुरुआत चीन से हुई थी, परंतु आधुनिक छापेखाने का आविष्कार जर्मनी के गुटेनबर्ग ने किया था। यूरोप में पुनर्जागरण 'रेनेसाँ' की शुरुआत में छापेखाने की एक महत्त्वपूर्ण भूमिका थी। भारत में पहला छापा खाना 1556 ई. में गोवा में खुला। इसे मिशनरियों ने धर्म प्रचार की पुस्तकें छापने के लिए खोला था।

9. *निम्नलिखित प्रश्नों को ध्यानपूर्वक पढ़कर दिए गए 3 प्रश्नों में से किन्हीं 2 प्रश्नों के लगभग 60 शब्दों में उत्तर दीजिए।* (3 × 2 = 6)

(क) 'महानगरों के विद्यालयों में प्रवेश की समस्या से जूझते अभिभावक' विषय पर फ़ीचर लिखिए। (3)

(ख) समाचार लेखन में 'आमुख' की क्या भूमिका होती है? स्पष्ट कीजिए। (3)

(ग) आमतौर पर भ्रष्टाचार, अनियमितताओं और गड़बड़ियों को उजागर करने के लिए किस रिपोर्ट का उपयोग किया जाता है व क्यों? स्पष्ट कीजिए। (3)

उत्तर

(क) **महानगरों के विद्यालयों में प्रवेश की समस्या से जूझते अभिभावक**

जैसे-जैसे देश की जनता में अपने बच्चों को शिक्षित करने के प्रति जागरूकता आई है, वैसे-वैसे विद्यालयों में विशेष रूप से महानगरों के विद्यालयों में प्रवेश की समस्या बढ़ रही है। अभिभावक चाहते हैं कि वह अपने बच्चों का प्रवेश महानगर के किसी अच्छे विद्यालय में कराए। इसके लिए देश में एक होड़-सी लग गई है। यह समस्या इतनी जटिल हो गई है कि अभिभावक निजी विद्यालयों में अपने बच्चों के दाखिले के लिए चक्कर काट-काटकर हार जाते हैं, लेकिन दाखिला नहीं हो पाता। दिल्ली महानगरों के पब्लिक स्कूलों में दाखिले के लिए पाँच से दस लाख तक का डोनेशन देना पड़ता है और तब भी प्रवेश आसानी से नहीं हो पाता। तब अभिभावकों को दलालों का सहारा लेना पड़ता है। गरीब बच्चों को इन विद्यालयों में दाखिला नहीं मिलता और कभी किसी छात्र को मिल भी जाए तो वह इतना महँगा होता है कि वहाँ पढ़ नहीं सकता। इन विद्यालयों में प्रति माह की फीस ही आठ-दस हजार रुपया महीना होती है। इस प्रकार देश के सभी हिस्सों में बच्चों के दाखिले की समस्या कठिन है पर मुंबई, चेन्नई, भोपाल, पुणे आदि में यह समस्या विकट है। जब तक सरकार की ओर से इस संबंध में कोई कठोर कदम नहीं उठाएँ जाएँगे तब तक यह समस्या जैसी है वैसी ही बनी रहेगी। अतः इन महानगरों के निजी विद्यालयों पर केंद्र और राज्य सरकारों को मिलकर कार्यवाही करनी होगी, तभी यह विकट समस्या समाप्त हो सकती है।

(ख) आमुख को 'मुखड़ा', 'इंट्रो' (Intro) या 'लीड' (Lead) भी कहा जाता है। यह समाचार का पहला अनुच्छेद होता है। आमुख में समाचार के संबंध में तीन प्रश्न क्या, कहाँ, कब का परिचय दिया जाता है। कभी-कभी आमुख के तहत कौन, क्यों तथा कैसे जैसे प्रश्नों का उत्तर देना भी ज़रूरी हो जाता है। आमुख में घटना क्या है अथवा विशिष्ट कथन क्या था बताया जाना महत्त्वपूर्ण है।

आमुख सारगर्भित, संक्षिप्त तथा ठोस होना चाहिए।

समीक्षकों के अनुसार आमुख 30-35 शब्दों से अधिक नहीं होना चाहिए।

आमुख में किंतु, परंतु, लेकिन जैसे शब्दों के प्रयोग से बचना चाहिए। ये शब्द आमुख को अव्यवस्थित तथा अयथार्थपरक बना देते हैं।

हेरॉल्ड इवेन्स के अनुसार, ''समाचार के भीतर छिपे किसी 'संकेत शब्द' को ही आमुख का आधार बनाया जाना चाहिए।''

(ग) आमतौर पर भ्रष्टाचार, अनियमितताओं और गड़बड़ियों को उजागर करने के लिए खोजी रिपोर्ट का प्रयोग किया जाता है। खोजी (इन्वेस्टिगेटिव) रिपोर्ट में रिपोर्टर मौलिक शोध और छानबीन के माध्यम से ऐसी सूचनाएँ या तथ्य सामने लाता है, जो सार्वजनिक तौर पर पहले से उपलब्ध नहीं थीं। ऐसी रिपोर्टों को लिखने के लिए किसी घटना, समस्या या मुद्दे की गहरी छानबीन की जाती है एवं उससे संबंधित महत्त्वपूर्ण तथ्यों को एकत्रित किया जाता है। तथ्यों के विश्लेषण के द्वारा उसके नतीजे, प्रभाव और कारणों को स्पष्ट किया जाता है।

पाठ्य-पुस्तक आरोह भाग 2

10. *निम्नलिखित प्रश्नों को ध्यानपूर्वक पढ़कर दिए गए 3 प्रश्नों में से किन्हीं 2 प्रश्नों के लगभग 60 शब्दों में उत्तर दीजिए।* (3×2 = 6)

(क) **फिराक की रुबाइयों के आधार पर स्पष्ट कीजिए कि बच्चे की हँसी की गूँज सबसे ज्यादा कब गूँजती है और कैसे?** (3)

(ख) **शोकग्रस्त वातावरण में हनुमान के अवतरण को करुण रस के बीच वीर रस का आविर्भाव क्यों कहा गया है?** (3)

(ग) **''जादू टूटता है इस उषा का अब'' उषा का जादू क्या है और कैसे टूटता है? 'उषा' कविता के आधार पर स्पष्ट कीजिए।** (3)

उत्तर

(क) फिराक की रुबाइयों के अनुसार, एक माँ जब अपने चाँद के टुकड़े जैसे सुंदर बच्चे को लिए हुए आँगन में खड़ी होती है, तब वह कभी बच्चे को अपने हाथों में झुलाती है, तो कभी हवा में उछाल कर हाथों में पुनः थाम लेती है। माँ के द्वारा ऐसा करने पर बच्चा खिल-खिलाकर हँस पड़ता है। बच्चे की यह खिल-खिलाहट भरी हँसी पूरे वातावरण में गूँज जाती है। माँ के अत्यधिक स्नेह व प्रेम के कारण बच्चे की हँसी गूँजती है।

(ख) मेघनाद के शक्तिशाली शक्तिबाण से मूर्च्छित लक्ष्मण का उपचार कठिन था। इसके लिए लंका के वैद्य सुषेण ने हिमालय में अवस्थित द्रोण पर्वत से संजीवनी बूटी लाने की बात कही। राम के निर्देश पर हनुमान संजीवनी बूटी लाने आकाश मार्ग से हिमालय की ओर चल पड़े। अर्द्ध-रात्रि तक हनुमान के नहीं लौटने से राम अत्यंत दुःखी हुए। उन्हें भाई का बिछोह संतप्त कर रहा था। शोक ग्रस्त राम जीवन के अतीत की घटनाओं पर विचार करते हुए, विलाप कर रहे थे। उनका विलाप उनकी सेना को दुःखी कर रहा था। सभी लोग अत्यंत दुःखी तथा शोकग्रस्त थे।

चारों ओर करुण रस का प्रवाह हो रहा था। उसी समय हनुमान द्रोण पर्वत के साथ लंका पहुँच गए। उनके पहुँचते ही वानर और भालुओं में हर्ष का संचार हो गया। करुण रस की जगह वीर रस का प्रवाह हुआ। हनुमान के इस कार्य से सेना में उत्साह तथा शक्ति का संचार हुआ। राम ने हनुमान को गले से लगा लिया।

(ग) सूर्योदय से पूर्व आकाश में नए-नए रंग उभरते हैं। लाल-काले रंगों के अद्भुत मेल से आकाश में जादू जैसा वातावरण बन जाता है। इस रंग-बिरंगे वातावरण को 'उषा का जादू' कहा गया है। सूर्योदय होते ही ये सारे रंग विलीन हो जाते हैं और उषा का जादू टूट जाता है।

11. *निम्नलिखित प्रश्नों को ध्यानपूर्वक पढ़कर दिए गए 3 प्रश्नों में से किन्हीं 2 प्रश्नों के लगभग 40 शब्दों में उत्तर दीजिए।* $(2 \times 2 = 4)$

(क) दिन ढलने के बाद कौन-सा विचार पंथी के कदमों को धीमा कर देता है? स्पष्ट कीजिए। (2)

(ख) 'छोटा मेरा खेत' कविता के आधार पर बताइए कि कवि ने किस रस की अमृत धारा को अक्षय बताया है तथा क्यों? (2)

(ग) आकाश में उड़ती हुई रंग-बिरंगी पतंगों से आकाश एक उद्यान जैसा प्रतीत होता है। कैसे? 'पतंग' कविता के आधार पर स्पष्ट कीजिए। (2)

उत्तर

(क) दिन ढलने पर पंथी जब घर की ओर कदम बढ़ाता है, तो उसे सुखद अनुभूति होती है कि अपने-अपने प्रतीक्षारत प्रियजनों से मिलने के लिए व्याकुल जीव थकावट के बावजूद कितनी स्फूर्ति से घर की ओर जा रहे हैं, तभी उसके मन में यह विचार आता है कि उसका अपना कोई भी नहीं है, जो घर में उसकी प्रतीक्षा कर रहा हो। यह प्रश्न मन में आते ही उसका उत्साह कमज़ोर पड़ने लगता है और दिन ढलने के बाद लौट रहे कदमों की गति धीमी पड़ने लगती है।

(ख) कवि ने रचना को 'रस का अक्षयपात्र' कहा है। कवि मानता है कि रचना-कर्म तथा कृषि-कर्म में गुण-साम्य है, किंतु यह गुण-साम्य फसल के पकने तथा रचना के पूर्ण होने तक का ही है। एक ओर जहाँ फसल सीमित समय तक ही रस तथा स्वाद प्रदान करने में सक्षम होती है, वहीं रचना अनंतकाल तक पाठकों को आनंद प्रदान करने में सक्षम होती है। इसमें रचना-कर्म की तमाम विशेषताएँ सामने आ जाती हैं, जिससे संवेदना, भाव तथा कल्पना को एक नई दिशा मिलती है।

(ग) शरद् ऋतु की खिल-खिलाती सुहानी सुबह से ही आकाश में पतंगें उड़ने लगती हैं। ये पतंगें हल्की, रंगीन और पतली कमानी वाली होती हैं। इन पतंगों को आकाश में उड़ता हुआ देखकर ऐसा लगता है कि यह आकाश एक उद्यान है, जिसमें उड़ती रंग-बिरंगी पतंगें तितलियों के समान आकर्षक दिखाई देती हैं और संपूर्ण आकाश पुष्पों के एक गुलदस्ते के समान मनमोहक दिखाई देता है।

12. *निम्नलिखित प्रश्नों को ध्यानपूर्वक पढ़कर दिए गए 3 प्रश्नों में से किन्हीं 2 प्रश्नों के लगभग 60 शब्दों में उत्तर दीजिए।* $(3 \times 2 = 6)$

(क) ऊँचे बाज़ार का आमंत्रण आग्रह से किस प्रकार भिन्न है? 'बाज़ार दर्शन' पाठ के आधार पर स्पष्ट कीजिए। (3)

(ख) 'पहलवान की ढोलक' कहानी के आधार पर बताइए कि लुट्टन पहलवान अपनी ख्याति के विषय में क्या कहता था? (3)

(ग) 'शिरीष के फूल' में लेखक ने शिरीष के फूलों को अवधूत के समान बताया है तथा शिरीष के वृक्ष को अधिक महत्त्व दिया है, क्यों? (3)

उत्तर

(क) ऊँचे बाजार का आमंत्रण आग्रह से भिन्न होता है। बाजार तो आमंत्रित करता ही है और कहता है कि लूटो, मुझे और लूटो। सब कुछ भूलकर मुझे देखो, मेरा आर्कषण सब तुम्हारे लिए है। बाजार के इस तरह के आमंत्रण में आग्रह नहीं, बल्कि आकर्षण है। आग्रह कर-करके बुलाने में हम स्वयं नहीं जाते हैं, लेकिन जो मूक रहकर शब्दविहीन इशारों से बुलाता है, वह होता है रंगीन बाजार, उसे देखने की लालसा जगती है।

(ख) लुट्टन बहुत साहसी और निडर था। वह अपने शिष्यों से कहता था कि वह जिंदगी में किसी से नहीं हारा तथा सदैव संघर्ष करता रहा और बड़े-बड़े पहलवानों से भी चित नहीं हुआ। उसके ये शब्द अपने गौरवयुक्त जीवन के उज्ज्वल पक्ष को उद्घाटित करने वाले थे। लुट्टन अपने दोनों पुत्रों से भी कहता था कि मेरा गुरु कोई पहलवान नहीं, यही ढोल है। ढोल की आवाज के प्रताप से ही मैं पहलवान हुआ। इस प्रकार लुट्टन अपनी ख्याति के विषय में लोगों को बताता रहता था।

(ग) लेखक ने शिरीष के फूलों को अवधूत के समान बताया है। शिरीष के फूल कमज़ोर होते हैं, पर फल अत्यंत ही कठोर। शिरीष के वृक्ष बड़े तथा छायादार होते हैं। ये आँधी, तूफ़ान, भयंकर गर्मी तथा लू में भी डटकर खड़े रहते हैं।

ज्येष्ठ की प्रचंड गर्मी में शिरीष का वृक्ष ही एकमात्र ऐसा वृक्ष है, जो पुष्पित, पल्लवित रहता है और शीतलता प्रदान करता है। इसलिए लेखक ने शिरीष के वृक्ष को अधिक महत्त्व दिया है।

13. *निम्नलिखित प्रश्नों को ध्यानपूर्वक पढ़कर दिए गए 3 प्रश्नों में से किन्हीं 2 प्रश्नों के लगभग 40 शब्दों में उत्तर दीजिए।* $(2 \times 2 = 4)$

(क) भक्तिन के त्याग की पराकाष्ठा कब दिखाई देती है? स्पष्ट कीजिए। (2)

(ख) वर्षा न होने पर गाँववासी कौन-कौन से उपाय करते हैं? 'काले मेघा पानी दे' के आधार पर लिखिए। (2)

(ग) जन्मजात धंधों में लगे श्रमिक कार्यकुशल क्यों नहीं बन पाते हैं? 'जाति-प्रथा और श्रम का विभाजन' पाठ के आधार पर स्पष्ट कीजिए। (2)

उत्तर

(क) भक्तिन की त्याग की पराकाष्ठा हमें अंतिम अनुच्छेद में दिखाई देती है। जब उसे लेखिका के जेल जाने की आशंका हुई, तो भक्तिन बहुत दुःखी हुई, क्योंकि वह लेखिका से दूर नहीं होना चाहती थी। उसे जेल के नाम से बहुत डर लगता था, लेकिन फिर भी वह लेखिका के साथ जाने के लिए तैयार हो गई।

(ख) 'काले मेघा पानी दे' पाठ के आधार पर वर्षा न होने पर गाँव वालों के द्वारा पूजा-पाठ आदि काम न आने पर गाँव-गाँव घूमती मेंढक मंडली पर पानी का अभाव होने पर भी सहेज कर रखा हुआ पानी उन पर उडेल देते थे। उन लोगों का मानना था कि यदि कुछ पाना है, तो पहले त्याग करना होगा। ऋषियों व मुनियों ने त्याग व दान की महिमा गाई है। पानी के बीज बोने से काले मेघों से वर्षा होगी जिससे गाँव, शहर, खेत खलिहानों को खूब पानी मिलेगा।

(ग) जन्मजात धंधों में लगे श्रमिक कार्य कुशल इसलिए नहीं बन पाते, क्योंकि किसी भी व्यवसाय में कार्य-कुशलता के लिए विशेष प्रशिक्षण की आवश्यकता होती है। यह प्रशिक्षण शैक्षणिक व तकनीक दोनों स्तर पर आवश्यक होता है। जो जन्मजात धंधे में लगते हैं, वह अपने जन्म के आधार पर ही उस कार्य में लगे रहते हैं। वह उस व्यवसाय से संबंधित कोई विशेष प्रशिक्षण नहीं प्राप्त करते। उन्हें अपने व्यवसाय के आधुनिकतम पहलुओं, तकनीकी संबंधी या शैक्षणिक संबंधी पहलुओं की जानकारी नहीं हो पाती। दूसरा कारण यह है कि जो जन्मजात धंधे में लगे होते हैं, अधिकतर उनका स्वयं का धंधा होता है अथवा दिहाडी आधारित सेवा वाला कार्य होता है, जिस कारण उन पर बहुत अच्छी कार्य-कुशलता दिखाने का कोई विशेष दबाव भी नहीं होता।

पूरक पाठ्य-पुस्तक वितान भाग 2

14. *निम्नलिखित प्रश्नों को ध्यानपूर्वक पढ़कर दिए गए 2 प्रश्नों में से किसी 1 प्रश्न का लगभग 60 शब्दों में उत्तर दीजिए।* (4×1 = 4)

यशोधर बाबू किन जीवन-मूल्यों को थामे बैठे हैं? नई पीढ़ी उन्हें प्रासंगिक क्यों नहीं मानती? तर्कसम्मत उत्तर दीजिए। (4)

अथवा

जूझ कहानी से लेखक की माँ उसके पिता की आदतों से वाकिफ थी। इसके बावजूद लेखक की माँ ने लेखक का साथ किस प्रकार दिया?

उत्तर

यशोधर बाबू पुराने जीवन-सिद्धांतों को अपनाकर चलने वाले व्यक्ति हैं। वे आधुनिक जीवन-शैली एवं जीवन-मूल्यों को व्यर्थ मानते हैं। हालाँकि यशोधर बाबू भी आधुनिकता के प्रभाव से अछूते नहीं रह सके, परंतु वे नए विचारों को अपनाने में सफल भी नहीं हो सके। अपने दृढ़ जीवन-मूल्यों के आधार पर चलने के कारण ही नौकरी के अलावा अन्य तरीकों से धन कमाने की उन्होंने कभी नहीं सोची। अपने सिद्धांतों के कारण ही उन्होंने अपने कोटे का फ्लैट भी नहीं लिया। वे हमेशा चाहते थे कि परिवार के सभी सदस्य उनकी सलाह से ही कोई कार्य करें या अपना पहनावा, व्यवहार आदि रखें।

जबकि नई पीढ़ी उनके पुराने आदर्शों को अब अप्रासंगिक मानती है। बहुत सारे ऐसे क्षेत्र हैं, जिनमें उनके बच्चे संलग्न हैं, लेकिन उसके बारे में यशोधर बाबू को कुछ नहीं पता, तो वे उसमें अपनी राय कैसे दे सकते हैं और वह कहाँ तक उपयोगी होगी? यशोधर बाबू अपने सिद्धांतों के प्रति निष्ठावान थे, जबकि उनकी पत्नी एवं बच्चे आधुनिक जीवन-मूल्यों को अपनाने के कारण उनसे विपरीत सोच रखते थे। यशोधर बाबू को सभी नए विचार 'समहाउ इंप्रॉपर' लगते हैं। वास्तव में नई पीढ़ी बदलाव चाहती है और अनेक ऐसे क्षेत्र हैं, जिसमें नई पीढ़ी की समझ ज़्यादा अच्छी है। नई पीढ़ी के विचारों को, उनके मूल्यों को एकदम से नकारना उचित नहीं है।

अथवा

लेखक की माँ अपने पति के व्यवहार से भली-भाँति परिचित थी। वह जानती थी कि उसके पति को लेखक का पढ़ना बिलकुल अच्छा नहीं लगता। पढ़ाई की बात से ही वह खतरनाक जानवर की तरह गुर्राता है। इसके लिए लेखक की माँ अपने पति को 'बनैला (बरहेला) सुअर' कहती है। उसके व्यवहार को जानने के पश्चात् भी वह लेखक का साथ देने का निर्णय लेती है।

लेखक की माँ लेखक के साथ दत्ता जी के पास जाकर अपने पति के विषय में सब कुछ बताते हुए कहती हैं कि वह सारा दिन रखमाबाई के कोठे पर ही बिताता है। वह खेती के काम और घर गृहस्थी के काम में किसी प्रकार की भी मदद नहीं करता और पूरे दिन गाँव में घूमता-फिरता है। वह लेखक को इसीलिए पढ़ाना नहीं चाहता था, क्योंकि यदि लेखक पाठशाला जाने लगेगा, तो उसे स्वयं ही खेती का काम करना पड़ेगा।

लेखक की माँ ने इन सभी बातों पर दत्ता जी को विश्वास दिला दिया। बाद में दत्ता के कहने पर लेखक के पिता ने लेखक को पढ़ने की अनुमति दे दी।

▶ स्टेज I फाउण्डेशन लेवल
(दिशा निर्देशित हल सहित)

प्रतिदर्श प्रश्न-पत्र 2

हिंदी केंद्रिक कक्षा 12

समय : **3 घंटे** पूर्णांक : **80**

निर्देश

1. इस प्रश्न-पत्र में खंड 'अ' में वस्तुपरक तथा खंड 'ब' में वर्णनात्मक प्रश्न पूछे गए हैं।
2. खंड 'अ' में 40 वस्तुपरक प्रश्न पूछे गए हैं। सभी 40 प्रश्नों के उत्तर देने हैं।
3. खंड 'ब' में वर्णनात्मक प्रश्न पूछे गए हैं। प्रश्नों के उचित आंतरिक विकल्प दिए गए हैं।
4. दोनों खंडों के प्रश्नों के उत्तर देना अनिवार्य है।
5. यथासंभव दोनों खंडों के प्रश्नों के उत्तर क्रमशः लिखिए।

■ खंड 'अ' (वस्तुपरक प्रश्न)

खंड 'अ' में अपठित बोध, अभिव्यक्ति और माध्यम, पाठ्य-पुस्तक आरोह भाग-2 व पूरक पाठ्य पुस्तक वितान भाग-2 से संबंधित बहुविकल्पीय प्रश्न पूछे गए हैं, जिनमें प्रत्येक प्रश्न के लिए 1 अंक निर्धारित है।

अपठित बोध

1. *निम्नलिखित गद्यांश को ध्यानपूर्वक पढ़कर दिए गए प्रश्नों के सर्वाधिक उपयुक्त उत्तर वाले विकल्प को चुनकर लिखिए।* (1×10 = 10)

कहा जाता है, "जाति न पूछो साधु की, पूछ लीजिए ज्ञान........!" कहने का तात्पर्य यह है कि प्रत्येक व्यक्ति की पहचान उसके ज्ञान से होनी चाहिए, किसी अन्य आधार पर नहीं, किंतु जाति आधारित व्यवस्था ने एक व्यक्ति को दूसरे व्यक्ति से भिन्न बना दिया है। यूँ तो भारत में प्राचीनकाल में कर्म आधारित जाति व्यवस्था को अत्यंत उपयोगी सामाजिक व्यवस्था के रूप में देखा गया, लेकिन समय के साथ-साथ कर्म आधारित जाति व्यवस्था जन्म आधारित सामाजिक व्यवस्था की संकीर्ण रूढ़ियों से जकड़ गई और फिर धीरे-धीरे सामाजिक विखंडन की ऐसी प्रक्रिया आरंभ हुई कि किसी युग में समाज को जोड़कर परस्पर पूरक बनाने तथा राजनीतिक, आर्थिक एवं सामाजिक दृष्टि से सामाजिक एकता को सुदृढ़ बनाए रखने की जो व्यवस्था की गई थी, वही समय बीतने के साथ अनुपयोगी सिद्ध होने लगी। कुछ ऐसी कुरीतियों एवं कुप्रथाओं ने जन्म लिया, जो समाज द्वारा खींची गई लक्ष्मण रेखाओं के कारण पनपीं और उनके उल्लंघन को समाजों के तथाकथित कर्णधारों ने दंडनीय अपराध घोषित कर दिया। सामाजिक बहिष्कार का दंड विधान, समाज से बहिष्कृत होने का भय, मुस्लिम को हिंदू से या हिंदू को मुस्लिम से या फिर एक जाति के सदस्य को किसी अन्य जाति के सदस्यों से प्रेम या विवाह करने से रोकता है।

संभवत: मानव समाज में स्तरीकरण दो भिन्न दिशाओं से विकसित हुआ है, हालाँकि दोनों एक-दूसरे में बहुत हद तक समा भी गए हैं। इस प्रकार के स्तरीकरणों को क्रमशः वंशागत (जातिगत) स्तरीकरण और सामाजिक (गैर-जातिगत) स्तरीकरण कहते हैं।

सामाजिक स्तरीकरण में एक समाज के अंतर्गत ही पद-स्तरों की एक व्यवस्था विकसित हो जाती है। जातिगत स्तरीकरण से दो विभिन्न समाजों के विलय का बोध हो जाता है। जब एक जातीय समूह दूसरे जातीय समूह या समूहों पर स्थायी रूप से न्यूनाधिक प्रबल हो जाता है, तो जातीय स्तरीकरण निर्मित हो जाता है। भारत में हिंदू जाति व्यवस्था इसी प्रकार के स्तरीकरण का उदाहरण है। हिंदू समाज भारत की आदिकालीन जातियों तथा कालांतर में बाहर से आकर बसने वाली विजेता आर्य जातियों के विलय से बना है।

(क) एक व्यक्ति को दूसरे व्यक्ति से भिन्न बना देने का कार्य किसने किया है? (1)

(i) धर्म आधारित व्यवस्था ने *(ii)* कर्म आधारित व्यवस्था ने
(iii) जाति आधारित व्यवस्था ने *(iv)* लिंग आधारित व्यवस्था ने

(ख) प्राचीनकाल में किस व्यवस्था को अत्यंत उपयोगी सामाजिक व्यवस्था के रूप में देखा गया? (1)

(i) कर्म आधारित *(ii)* जाति आधारित
(iii) धर्म आधारित *(iv)* ये सभी

(ग) प्रस्तुत गद्यांश किस विषय-वस्तु पर आधारित है? (1)

(i) आदिकालीन सामाजिक व्यवस्था पर *(ii)* जाति आधारित सामाजिक व्यवस्था पर
(iii) हिंदू समाज के उदय पर *(iv)* समाज विरोधी धारणा पर

(घ) समाज द्वारा खींची गई लक्ष्मण रेखाओं के कारण किसका जन्म हुआ? (1)

(i) कुरीतियों एवं कुप्रथाओं का *(ii)* अंतर्द्वंद्व का
(iii) विरोध का *(iv)* बहिष्कार का

(ङ) भारत में हिंदू जाति व्यवस्था जातीय स्तरीकरण का उदाहरण है। लेखक इस कथन से सिद्ध करना चाहते हैं कि हिंदू समाज- (1)

(i) भारत की आदिकालीन जातियों तथा बाहर से आकर बसने वाली आर्य जातियों से निर्मित हुआ है
(ii) भारत की आदिकालीन जातियों का समूह मात्र है
(iii) बाहर से आने वाली सभी जातियों के समूह से बना है
(iv) विजेता आर्य जातियों के समूह से बना है

(च) मानव समाज में स्तरीकरण किन दिशाओं से विकसित हुआ? (1)

(i) दो समान दिशाओं से *(ii)* दो भिन्न दिशाओं से
(iii) दो समानांतर दिशाओं से *(iv)* दो अंतर्विरोधी दिशाओं से

(छ) निम्नलिखित कथनों पर विचार कीजिए (1)

1. जाति आधारित व्यवस्था परस्पर भेदभाव का मूल कारण है।
2. कर्म आधारित जाति व्यवस्था की अपेक्षा जन्म आधारित जाति व्यवस्था श्रेष्ठ है।
3. जाति व्यवस्था के कारण समाज में अनेक रूढ़ियों व कुप्रथाओं का जन्म हुआ।

उपरोक्त कथनों में से कौन-सा/से कथन सही है/हैं?

(i) केवल 1 *(ii)* केवल 3
(iii) 1 और 2 *(iv)* 1 और 3

(ज) दो विभिन्न समाजों के विलय का बोध किससे होता है? (1)

(i) जातिगत स्तरीकरण से *(ii)* सामाजिक स्तरीकरण से
(iii) समतामूलक समाज से *(iv)* ये सभी

(झ) सामाजिक स्तरीकरण के अंतर्गत किस प्रकार की व्यवस्था विकसित होती है? (1)

(i) एक समाज के विचारों की *(ii)* एक समाज के पद स्तरों की
(iii) दो भिन्न समाज की *(iv)* हिंदू समाज की

(ञ) निम्नलिखित कथन और कारण को ध्यानपूर्वक पढ़िए और सही विकल्प चुनकर लिखिए। (1)

कथन (A) सामाजिक कुरीतियों व कुप्रथाओं का उल्लंघन करना दंडनीय अपराध है।

कारण (R) सामाजिक कुरीतियाँ व कुप्रथाएँ समाज द्वारा दृढ़तापूर्वक उनका पालन कराने के उद्देश्य से विकसित हुईं।

कूट

(i) कथन (A) और कारण (R) दोनों सही हैं तथा कारण (R) कथन (A) की सही व्याख्या करता है
(ii) कथन (A) गलत है, किंतु कारण (R) सही है
(iii) कथन (A) तथा कारण (R) दोनों गलत हैं
(iv) कथन (A) और कारण (R) दोनों सही हैं, लेकिन कारण (R) कथन (A) की सही व्याख्या नहीं करता है

उत्तर

(क) *(iii)* जाति आधारित व्यवस्था ने
(ख) *(i)* कर्म आधारित
(ग) *(ii)* जाति आधारित सामाजिक व्यवस्था पर
(घ) *(i)* कुरीतियों एवं कुप्रथाओं का
(ङ) *(i)* भारत की आदिकालीन जातियों तथा बाहर से आकर बसने वाली आर्य जातियों से निर्मित हुआ है
(च) *(ii)* दो भिन्न दिशाओं से
(छ) *(iv)* 1 और 3
(ज) *(i)* जातिगत स्तरीकरण से
(झ) *(ii)* एक समाज के पद स्तरों की
(ञ) *(i)* कथन (A) और कारण (R) दोनों सही हैं तथा कारण (R) कथन (A) की सही व्याख्या करता है।

2. ***दिए गए पद्यांश पर आधारित प्रश्नों को ध्यानपूर्वक पढ़कर दिए गए प्रश्नों के सर्वाधिक उपयुक्त उत्तर वाले विकल्प को चुनकर लिखिए।*** (1×5 = 5)

एक फाइल ने दूसरी फाइल से कहा
बहन लगता है
साहब हमें छोड़कर जा रहे हैं
इसीलिए तो सारा काम
जल्दी-जल्दी निपटा रहे हैं
मैं बार-बार सामने जाती हूँ
रोती हूँ, गिड़गिड़ाती हूँ
करती हूँ विनती हर बार
साहब जी! इधर भी देख लो एक बार।
पर साहब हैं कि......
कभी मुझे नीचे पटक देते हैं
कभी पीछे सरका देते हैं
और कभी-कभी तो
फाइलों के ढेर तले
दबा देते हैं।
अधिकारी बार-बार
अंदर झाँक जाता है
डरते-डरते पूछ जाता है
साहब कहाँ गए......?
हस्ताक्षर हो गए ......?
दूसरी फाइल ने उसे
प्यार से समझाया
जीवन का नया फलसफा सिखाया
बहन! हम यूँ ही रोते हैं
बेकार गिड़गिड़ाते हैं
लोग आते हैं, जाते हैं
हस्ताक्षर कहाँ रुकते हैं
हो ही जाते हैं
पर कुछ बातें ऐसी होती हैं
जो दिखाई नहीं देतीं
और कुछ आवाजें
सुनाई नहीं देतीं
जैसे फूल खिलते हैं
और अपनी महक छोड़ जाते हैं
वैसे ही कुछ लोग
कागज पर नहीं
दिलों पर हस्ताक्षर छोड़ जाते हैं।

(क) फाइल द्वारा विनती करने पर साहब ने क्या प्रतिक्रिया व्यक्त की? (1)
(i) फाइल को ध्यान से देखा
(ii) फाइल पर हस्ताक्षर किए
(iii) फाइल को नीचे पटक दिया
(iv) फाइल को ध्यान से पढ़ा

(ख) अधिकारी बार-बार अंदर क्यों झाँकता है? (1)
(i) डर के कारण
(ii) फाइल पर हस्ताक्षर करवाने के लिए
(iii) साहब को देखने के लिए
(iv) फाइल की स्थिति देखने के लिए

(ग) निम्नलिखित कथनों पर विचार कीजिए (1)
1. साहब को जाने की जल्दी थी अतः वे ऑफिस का काम जल्दी-जल्दी निपटा रहे थे।
2. अधिकारी जल्दी के कारण साहब से फाइल पर हस्ताक्षर नहीं ले पाता।
3. महान् व्यक्ति अपने कार्यों व चरित्र की छाप लोगों के दिलों पर छोड़ जाते हैं।
उपरोक्त कथनों में से कौन-सा/से सही है/हैं?
(i) केवल 1 *(ii)* केवल 3 *(iii)* 1 और 3 *(iv)* 2 और 3

(घ) दूसरी फाइल ने पहली फाइल को क्या समझाया? (1)
(i) साहब जल्दी जा रहे हैं
(ii) हस्ताक्षर आज नहीं होने वाले हैं
(iii) हम बेकार ही रोते हैं
(iv) जीवन संघर्षों का नाम है

(ङ) कॉलम 1 को कॉलम 2 से सुमेलित कीजिए (1)

कॉलम- 1	कॉलम- 2
A. अधिकारी	1. दर्शन
B. फलसफा	2. दस्तखत
C. हस्ताक्षर	3. अफसर

कूट

	A	B	C
(i)	1	3	2
(ii)	2	1	3
(iii)	3	1	2
(iv)	1	2	3

उत्तर

(क) *(iii)* फाइल को नीचे पटक दिया
(ख) *(ii)* फाइल पर हस्ताक्षर करवाने के लिए
(ग) *(iii)* 1 और 3
(घ) *(iii)* हम बेकार ही रोते हैं
(ङ) *(iii)* 3 1 2

अभिव्यक्ति और माध्यम

3. *निम्नलिखित प्रश्नों को ध्यानपूर्वक पढ़कर सर्वाधिक उपयुक्त उत्तर वाले विकल्प को चुनकर लिखिए।* (1×5 = 5)

(क) संचार प्रक्रिया में किसी प्रकार की बाधा आ जाए, तो उसे क्या कहते हैं? (1)

(i) शोर *(ii)* कूट *(iii)* स्रोत *(iv)* कूटीकरण

(ख) जनसंचार माध्यम किन कार्यों को संपन्न करता है? (1)

(i) एजेंडा तैयार करना
(ii) सूचना देना
(iii) शिक्षित करना
(iv) ये सभी

(ग) लोकतंत्र का चौथा स्तंभ किसे कहा जाता है? (1)

(i) पत्रकार को
(ii) मीडिया को
(iii) जनता को
(iv) न्यायपालिका को

(घ) भारतीय परंपरा में नाटक को किसकी संज्ञा दी गई है? (1)

(i) रूपक की
(ii) दृश्यकाव्य की
(iii) श्रव्यकाव्य की
(iv) महाकाव्य की

(ङ) सूची I को सूची II से सुमेलित कीजिए (1)

सूची I	सूची II
A. एक रेखीय माध्यम	1. टेलीविजन
B. ट्रिपल स्पेस	2. इंडिया टुडे
C. नेट साउंड	3. रेडियो
D. भुगतान के बाद देखी जाने वाली साइट	4. समाचार कॉपी

कूट

	A	B	C	D
(i)	2	3	4	1
(ii)	3	4	1	2
(iii)	4	1	2	3
(iv)	1	2	3	4

उत्तर

(क) *(i)* शोर
(ख) *(iv)* ये सभी
(ग) *(ii)* मीडिया को
(घ) *(ii)* दृश्यकाव्य की
(ङ) *(ii)* 3 4 1 2

पाठ्य-पुस्तक आरोह भाग 2

4. *निम्नलिखित पद्यांश के प्रश्नों को ध्यानपूर्वक पढ़कर सर्वाधिक उपयुक्त उत्तर वाले विकल्प को चुनकर लिखिए।* (1×5 = 5)

जथा पंख बिनु खग अति दीना। मनि बिनु फनि करिबर कर हीना।।
अस मम जिवन बंधु बिनु तोही। जौं जड़ दैव जिआवै मोही।।
जैहउँ अवध कवन मुहुँ लाई। नारि हेतु प्रिय भाई गँवाई।।
बरु अपजस सहतेउँ जग माही। नारि हानि बिसेष छति नाहीं।।

(क) भाई के बिना जीवन की तुलना किससे की गई है? (1)

(i) पंखों के बिना पक्षी से *(ii)* मणि के बिना साँप से
(iii) सूँड के बिना हाथी से *(iv)* ये सभी

(ख) राम किसकी तुलना में अपने भाई को अधिक महत्त्व दे रहे हैं? (1)

(i) धन की *(ii)* पत्नी की *(iii)* राज्य की *(iv)* पुत्र की

(ग) 'जैहउँ अवध कवन मुहुँ लाई, नारि हेतु प्रिय भाई गँवाई।' में कौन-सा भाव है? (1)

(i) विषाद *(ii)* ग्लानि *(iii)* आमोद *(iv)* कटु वचन

(घ) निम्नलिखित कथन और कारण को ध्यानपूर्वक पढ़िए और सही विकल्प चुनकर लिखिए। (1)

कथन (A) यह अपयश रामवीर पुरुष में नहीं हैं जो अपनी स्त्री को गवाँ बैठे भले ही सह लेते।
कारण (R) अपने अनुज के वियोग के आगे स्त्री की हानि कोई विशेष नहीं है।

कूट

(i) कथन (A) सही है, परंतु कारण (R) गलत है
(ii) कथन (A) गलत है, परंतु कारण (R) सही है
(iii) कथन (A) और कारण (R) दोनों सही हैं, लेकिन कारण (R) कथन (A) की सही व्याख्या नहीं करता है
(iv) कथन (A) और कारण (R) दोनों सही हैं तथा कारण (R) कथन (A) की सही व्याख्या करता है

(ङ) 'नारि हानि बिसेष छति नाहीं' पंक्ति में किसका वर्णन है? (1)

(i) भाई के वियोग से उत्पन्न कष्ट का *(ii)* पत्नी के वियोग से उत्पन्न कष्ट का
(iii) भ्रातृप्रेम की समाप्ति का *(iv)* हर्ष का

उत्तर

(क) *(iv)* ये सभी (ख) *(ii)* पत्नी की
(ग) *(ii)* ग्लानि
(घ) *(iv)* कथन (A) और कारण (R) दोनों सही हैं तथा कारण (R) कथन (A) की सही व्याख्या करता है।
(ङ) *(i)* भाई के वियोग से उत्पन्न कष्ट का

5. *निम्नलिखित गद्यांश के प्रश्नों को ध्यानपूर्वक पढ़कर उपयुक्त उत्तर वाले विकल्प को चुनकर लिखिए।* (1×5 = 5)

दोनों ही लड़के राजदरबार के भावी पहलवान घोषित हो चुके थे। अतः दोनों का भरण-पोषण दरबार से ही हो रहा था। प्रतिदिन प्रातःकाल पहलवान स्वयं ढोलक बजा-बजाकर दोनों से कसरत करवाता। दोपहर में, लेटे-लेटे दोनों को सांसारिक ज्ञान की भी शिक्षा देता— "समझे! ढोलक की आवाज़ पर पूरा ध्यान देना। हाँ, मेरा गुरु कोई पहलवान नहीं, यही ढोल है, समझे! ढोल की आवाज़ के प्रताप से ही मैं पहलवान हुआ। दंगल में उतरकर सबसे पहले ढोल को प्रणाम करना, समझे!"... ऐसी ही बहुत-सी बातें वह कहा करता। फिर मालिक को कैसे खुश रखा जाता है, कब कैसा व्यवहार करना चाहिए, आदि की शिक्षा वह नित्य दिया करता था।

(क) राजदरबार का भावी पहलवान किसे घोषित किया जा चुका था? (1)

(i) लुट्टन सिंह को *(ii)* चाँद सिंह को
(iii) बादल सिंह को *(iv)* लुट्टन पहलवान के दोनों लड़कों को

(ख) निम्नलिखित कथन और कारण को ध्यानपूर्वक पढ़िए और सही विकल्प चुनकर लिखिए। (1)

कथन (A) लुट्टन सिंह के दोनों बेटों का भरण-पोषण राजदरबार से ही होता था।
कारण (R) दोनों बेटे राजदरबार के भावी पहलवान घोषित हो चुके थे।

कूट

(i) कथन (A) और कारण (R) दोनों सही हैं तथा कारण (R) कथन (A) की सही व्याख्या करता है
(ii) कथन (A) गलत है, किंतु कारण (R) सही है
(iii) कथन (A) तथा कारण (R) दोनों गलत हैं
(iv) कथन (A) और कारण (R) दोनों सही हैं लेकिन कारण (R) कथन (A) की सही व्याख्या नहीं करता है

(ग) पहलवान अपने बेटों को ······· की शिक्षा देता था। (1)

(i) पहलवानी (ii) स्वामी-भक्ति (iii) ढोलक का सम्मान करने (iv) ये सभी

(घ) निम्नलिखित कथनों पर विचार कीजिए (1)

1. लुट्टन सिंह शेर के बच्चे चाँद सिंह को हराने के कारण दरबारी पहलवान बन गया था।
2. राजा साहब लुट्टन सिंह के ढोलक बजाने के तरीके से बहुत प्रभावित थे।
3. लुट्टन सिंह राजदरबार के सैनिकों का गुरु घोषित किया गया था।

उपरोक्त कथनों में से कौन-सा/से कथन सही है/हैं?

(i) केवल 1 (ii) केवल 3 (iii) 1 और 2 (iv) 2 और 3

(ङ) कॉलम 1 को कॉलम 2 से सुमेलित कीजिए (1)

	कॉलम - 1		कॉलम - 2
A.	लुट्टन पहलवान का गुरु	1.	पहलवान बना
B.	ढोल की आवाज के प्रताप	2.	मनोरंजन के अन्य साधन
C.	गाँव में अखाड़ा का समाप्त होते जाना	3.	ढोल

कूट

	A	B	C
(i)	3	1	2
(ii)	2	1	3
(iii)	1	3	2
(iv)	1	2	3

उत्तर
(क) (iv) लुट्टन पहलवान के दोनों लड़कों को
(ख) (i) कथन (A) और कारण (R) दोनों सही हैं, तथा कारण (R) कथन (A) की सही व्याख्या करता है।
(ग) (iv) ये सभी
(घ) (i) केवल 1
(ङ) (i) 3 1 2

पूरक पाठ्य-पुस्तक वितान भाग 2

6. *निम्नलिखित प्रश्नों को ध्यानपूर्वक पढ़कर सर्वाधिक उपयुक्त उत्तर वाले विकल्प को चुनकर लिखिए।* (1×10 = 10)

(क) 'सिल्वर वैडिंग' कहानी में बुजुर्गों के प्रति कम होती सम्मान की भावना क्या व्यक्त करती है? (1)

(i) नई पीढ़ी की नई सोच को
(ii) बुजुर्गों के प्रति उनके दायित्व बोध को
(iii) हाशिए पर जाते मानवीय मूल्यों को
(iv) समाज के नवीन पक्ष को

(ख) पार्टी के दिन यशोधर बाबू अपनी शाम की पूजा का समय क्यों बढ़ा देते हैं? (1)

(i) क्योंकि वे चाहते हैं कि पार्टी में आए लोग खा-पीकर जाएँ
(ii) क्योंकि उस दिन उनका व्रत था
(iii) क्योंकि वे लोगों से नजरें चुराना चाहते थे
(iv) क्योंकि उस दिन वे जल्दी घर आ गए थे

(ग) 'सिल्वर वैडिंग' कहानी में यशोधर बाबू ऑफिस के माहौल का तनाव कैसे कम करते हैं? (1)

(i) ऑफिस में चाय-समोसे मँगाकर
(ii) ऑफिस से जाते समय चुटीली बात करके
(iii) ऑफिस के कर्मचारियों से पूरी तरह घुल-मिलकर
(iv) ऑफिस का काम घर से करके

(घ) निम्नलिखित कथन और कारण को ध्यानपूर्वक पढ़िए और सही विकल्प चुनकर लिखिए। (1)

कथन (A) यशोधर बाबू किशनदा को अपना गुरु मानते थे।

कारण (R) यशोधर बाबू जब गाँव से दिल्ली आए थे, तो किशन दा ने ही उनकी सरकारी नौकरी लगवाई थी।

कूट

(i) कथन (A) सही है, परंतु कारण (R) गलत है
(ii) कथन (A) गलत है, परंतु कारण (R) सही है

(*iii*) कथन (A) और कारण (R) दोनों सही हैं, लेकिन कारण (R) कथन (A) की सही व्याख्या नहीं करता है
(*iv*) कथन (A) और कारण (R) दोनों सही हैं तथा कारण (R) कथन (A) की सही व्याख्या करता है

(ङ) 'जूझ' कहानी के आधार पर बताइए कि आनंदा को गणित कैसे समझ आने लगी थी? (1)
(*i*) मन की एकाग्रता से (*ii*) वसंत पाटिल की सहायता से
(*iii*) अध्यापक की सहायता से (*iv*) माता की सहायता से

(च) 'जूझ' कहानी में आनंदा के मास्टर सौंदलगेकर ने किस पर कविता लिखी थी? (1)
(*i*) आनंदा की जुझारु प्रवृत्ति पर (*ii*) मालती लता की सुंदरता पर
(*iii*) विद्यालय के अनुशासनपूर्ण व्यवहार पर (*iv*) मराठी भाषा के महत्त्व पर

(छ) मुअनजो-दड़ो के घरों की मोटी दीवारों से क्या अनुमान लगाया जा सकता है? (1)
(*i*) ये दीवारें केवल प्रदर्शन मात्र के लिए बनवाई गई होंगी (*ii*) ये दीवारें प्राकृतिक आपदा से बचने के लिए बनी होंगी
(*iii*) इन दीवारों पर दूसरी मंजिल भी रही होगी (*iv*) इन दीवारों पर सुंदर चित्रकारी की जाती होगी

(ज) सिंधु घाटी की सभ्यता में मिले अजायबघर की सबसे बड़ी विशेषता क्या है? 'अतीत में दबे पाँव' पाठ के आधार पर सही विकल्प चुनिए। (1)
(*i*) यह अजायबघर बहुत विशाल और सुंदर है (*ii*) इसमें सभी प्रकार की वस्तुएँ संग्रहित हैं
(*iii*) इसमें औजार तो हैं, परंतु हथियार नहीं हैं (*iv*) इसमें उत्कृष्ट कलात्मकता दिखाई देती है

(झ) हड़प्पा और मुअनजो-दड़ो की खुदाई में प्राप्त पुरातात्विक साक्ष्यों से संबंधित जानकारी के विषय में कौन-सा कथन सही नहीं है? (1)
(*i*) इनसे इन संस्कृतियों की सांस्कृतिक विशालता का पता चलता है
(*ii*) इन संस्कृतियों की चित्रकला का पता चलता है
(*iii*) संस्कृतियों के समाप्त होने के कारण का पता नहीं चलता है
(*iv*) इन संस्कृतियों की सोच के विषय में ज्ञान प्राप्त होता है

(ञ) निम्नलिखित कथनों पर विचार कीजिए (1)
1. सिंधु घाटी की सभ्यता के लिखित प्रमाण नहीं मिलते।
2. सिंधु घाटी की सभ्यता के अनेक मौखिक प्रमाण प्राप्त हैं।
3. सिंधु घाटी सभ्यता अत्यंत सीमित और कमजोर थी।
4. सिंधु घाटी सभ्यता समाज को विकसित करने के लिए कार्य करती थी।

उपरोक्त कथनों में से कौन-सा/से सही है/हैं?
(*i*) केवल 1 (*ii*) 2 और 4 (*iii*) 2 और 3 (*iv*) 1 और 4

उत्तर
(क) (*iii*) हाशिए पर जाते मानवीय मूल्यों को (ख) (*i*) क्योंकि वे चाहते हैं कि पार्टी में आए लोग खा-पीकर जाएँ
(ग) (*ii*) ऑफिस से जाते समय चुटीली बात करके
(घ) (*iv*) कथन (A) और कारण (R) दोनों सही हैं तथा कारण (R) कथन (A) की सही व्याख्या करता है।
(ङ) (*i*) मन की एकाग्रता से (च) (*ii*) मालती लता की सुंदरता पर
(छ) (*iii*) इन दीवारों पर दूसरी मंजिल भी रही होगी (ज) (*iii*) इसमें औजार तो हैं, परंतु हथियार नहीं हैं
(झ) (*ii*) इन संस्कृतियों की चित्रकला का पता चलता है (ञ) (*iv*) 1 और 4

■ खंड 'ब' (वर्णनात्मक प्रश्न)

खंड 'ब' में जनसंचार और सृजनात्मक लेखन, पाठ्य-पुस्तक आरोह भाग-2 व पूरक पाठ्य-पुस्तक वितान भाग-2 से संबंधित वर्णनात्मक प्रश्न पूछे गए हैं। जिनके निर्धारित अंक प्रश्न के सामने अंकित हैं।

जनसंचार और सृजनात्मक लेखन

7. *निम्नलिखित दिए गए 3 विषयों में से किसी 1 विषय पर लगभग 120 शब्दों में रचनात्मक लेख लिखिए।* $(6 \times 1 = 6)$

(क) दुर्घटना से देर भली
(ख) विद्यालय से लौटते समय जाम में फँस जाना
(ग) अचानक जब मेट्रो रुक गई

उत्तर **(क) दुर्घटना से देरी भली**

'दुर्घटना से देर भली' का अर्थ है कि दुर्घटना का शिकार होने की तुलना में किसी भी समय देर से पहुँचना बेहतर होता है। मनुष्य आज अपने जीवन में इतना अधिक व्यस्त हो गया है कि वह शीघ्र-से-शीघ्र अपने कार्य पूर्ण कर लेना चाहता है। देश में वाहनों की संख्या में प्रतिदिन वृद्धि होती जा रही है। सड़कों पर ट्रैफिक इतना अधिक हो गया है कि कभी-कभी 15 मिनट की दूरी के लिए 45 मिनट या उससे भी अधिक समय लग जाता है। घंटों जाम में फँसकर व्यक्ति तीव्र गति से वाहनों को चलाते हैं, जिससे दुर्घटनाओं की संभावना बढ़ जाती है, क्योंकि मनुष्य कम-से-कम समय में अधिक-से-अधिक कार्य कर लेना चाहता है। अत्यधिक ट्रैफिक होने के साथ-साथ लोग लापरवाह भी होते जा रहे हैं। सड़क पर चलते समय हमें ट्रैफिक नियमों का पालन करना चाहिए। यदि हम नियमों का पालन नहीं करेंगे, तो दुर्घटना का शिकार हो जाएँगे। एक बार मैं सड़क से जा रहा था, तो मैंने देखा कि सड़क पर काफी भीड़-भाड़ थी। कुछ छोटे बच्चे टोली बनाकर बातें करते हुए मस्ती में जा रहे थे। उन्हें देखकर लग रहा था कि वे अत्यंत उत्साहित थे।

उन्हें किसी प्रकार की कोई चिंता नहीं थी। वे न तो सड़क पर चलने वाले वाहनों की परवाह कर रहे थे और न ही ट्रैफिक नियमों का पालन कर रहे थे। वाहन अत्यंत तीव्र गति से आ-जा रहे थे। मैंने देखा कि एक ट्रक बहुत तेजी से उनकी ओर बढ़ रहा था, किंतु वे अपनी ही मस्ती में चले जा रहे थे।

मैं दौड़कर उनके पास पहुँचा तथा दुर्घटनाग्रस्त होने से उन्हें बचा पाने में सफल हो गया। यदि कुछ सेकण्ड और हो जाते, तो कोई बड़ी दुर्घटना घट सकती थी। मैंने उन बच्चों को समझाया कि सड़क पर इस तरह लापरवाह होकर नहीं चलना चाहिए तथा ट्रैफ़िक नियमों का पालन करना चाहिए। आजकल लोग सड़क पर चलते हुए कोई सावधानी नहीं बरतते हैं। इसी का परिणाम होता है कि आए दिन कोई-न-कोई दुर्घटना घटित होती रहती है, इसलिए कहते हैं कि दुर्घटना से देर भली।

(ख) विद्यालय से लौटते समय जाम में फँस जाना

जब एक सड़क पर बहुत सारे वाहन होते हैं और वे एक स्थान पर फँस जाते हैं, तो यह ट्रैफिक जाम का कारण बन जाता है। यह कई प्रकार से हानिकारक होता है। यह हमें परेशान करता है और वायु तथा ध्वनि प्रदूषण का कारण भी बनता है। इस ट्रैफिक जाम का सामना मुझे भी विद्यालय से लौटते समय करना पड़ता है, जिसके कारण मुझे बहुत परेशानी होती है। मेरा विद्यालय अजमेर रोड पर है। मैं अपने विद्यालय साइकिल से जाता हूँ। वहाँ से लौटते समय बाईपास चौराहे पर अत्यधिक जाम होता है। गाड़ियाँ रेंग-रेंग कर चलती हैं, चारों ओर अत्यधिक ट्रैफिक का शोरगुल मचा रहता है। मैं विद्यालय से 2 बजे निकलता हूँ, लेकिन मुझे घर पहुँचते-पहुँचते 4 बज जाते हैं, जिसके कारण मैं अपनी कोचिंग क्लास के लिए भी लेट हो जाता हूँ। घंटों जाम में फँसा होने के कारण मेरा शरीर एकदम थक जाता है तथा गर्मी के दिनों में लू के थपेड़े व कड़कड़ाती धूप से अत्यधिक परेशान हो जाता हूँ। जाम में फँसने के कारण मेरा अमूल्य समय भी बर्बाद हो जाता है, जिसके कारण मुझे पढ़ने का समय भी कम मिलता है। कभी-कभी यह जाम कई घंटों तक जारी रहता है, जो खतरनाक भी साबित हो सकता है। यह किसी तरह से फायदेमंद नहीं हो सकता है। अतः सरकार के साथ-साथ हमें भी कुछ सख्त नियम बनाने चाहिए और इस समस्या का समाधान निकालना चाहिए।

(ग) अचानक जब हमारी मेट्रो रुक गई

दिल्ली की मेट्रो रेल यातायात की अत्याधुनिक सुविधा है। यह देश की राजधानी के लाखों लोगों के लिए वरदान सिद्ध हुई है, क्योंकि इससे समय, श्रम और धन तीनों की बचत होती है। लोग बसों की भीड़-भाड़, धूल और उबाऊ यात्रा से बचकर अब मेट्रो रेल से आरामदायक ढंग से यात्रा करना पसंद करने लगे हैं। एक दिन मैं भी सुबह-सुबह मेट्रो रेल से यात्रा कर रहा था, मुझे जल्दी ही अपने मामा से मिलने हॉस्पिटल जाना था, क्योंकि उन्हें ऑपरेशन के लिए पैसों की आवश्यकता थी।

माँ और मैं दोनों ही उनसे मिलने तथा उनकी पैसों की आवश्यकता को पूर्ण करने जा रहे थे। जिस स्टेशन से हम मेट्रो में चढ़े, वहाँ बहुत कम भीड़ थी, इसलिए आसानी से हमें सीट मिल गई। जैसे-जैसे ट्रेन आगे बढ़ती गई, उसमें भीड़ बढ़ती गई। यात्रा अत्यंत आरामदायक थी कि अचानक बीच में ही ट्रेन रुक गई। कुछ देर तक तो सभी यात्री सहज रहे, किंतु 15 मिनट से अधिक समय होने पर सभी चिंतित हो गए और तभी ट्रेन में अनाउंसमेंट हुआ कि देरी के लिए हमें खेद है।

मेरी माँ को चिंता हुई कि इतना समय क्यों लग रहा है। मैंने उन्हें समझाया कि जरूर कोई तकनीकी खराबी हुई होगी, तभी समय लग रहा है। अन्य यात्री भी ट्रेन रुकने के कारण परेशान हो गए। कोई ऑफिस फोन करके बताने लगा कि मैं लेट हो जाऊँगा, तो कोई अपने घर-परिवार के सदस्यों को फोन करने लगा। कुछ लोग आपस में इस बारे में बातचीत करने लगे। माँ शीघ्र ही मामा के पास पहुँचना चाहती थी। इस कारण वे अत्यंत अधीर हो गईं। उन्हें देखकर मैं भी थोड़ा चिंतित हो गया। लगभग 35 मिनट के बाद पुनः हमारी मेट्रो चली, तो सब यात्रियों ने चैन की साँस ली। हम भी अपने गंतव्य स्थल पर पहुँच गए और मामा से मिलकर उन्हें रुपये दे दिए। इस प्रकार, अचानक जब हमारी मेट्रो रुकी तो वह पल मेरी स्मृतियों में जुड़ गया।

8. *निम्नलिखित प्रश्नों को ध्यानपूर्वक पढ़कर लगभग 40 शब्दों में निर्देशानुसार उत्तर दीजिए।* $(2 \times 2 = 4)$

(क) कहानी लेखन के आवश्यक तत्त्वों पर प्रकाश डालिए। (2)

अथवा

रेडियो नाटक में कहानी संवादों के माध्यम से आगे बढ़ती है। इस कथन के महत्त्व के संदर्भ में रेडियो नाटकों में संवादों के महत्त्व का वर्णन कीजिए।

(ख) विशेष लेखन क्यों किया जाता है? वर्तमान समय में विशेष लेखन के कौन-कौन से क्षेत्र महत्त्वपूर्ण हैं? (2)

अथवा

पत्रकारीय लेखन से आप क्या समझते हैं? पत्रकार कितने प्रकार के होते हैं?

उत्तर

(क) *(i)* **कथानक** कथानक कहानी का केंद्रीय बिंदु होता है, जिसमें प्रारंभ से अंत तक कहानी की सभी घटनाओं और पात्रों का उल्लेख होता है। सरल शब्दों में, कहानी की रचना को 'कथानक' कहा जाता है।

(ii) **देशकाल और वातावरण** प्रत्येक घटना, पात्र, समस्या का अपना देशकाल और वातावरण होता है। कहानी में वास्तविकता का पुट लाने के लिए देशकाल और वातावरण का प्रयोग किया जाता है।

(iii) **पात्र एवं चरित्र-चित्रण** कहानी का संचालन उसके पात्रों के द्वारा ही होता है। पात्रों के गुण-दोष को उनका चरित्र-चित्रण कहा जाता है।

(iv) **संवाद** कहानी के पात्रों के द्वारा किए गए उनके विचारों की अभिव्यक्ति को संवाद या कथोपकथन कहते हैं। कहानी में संवाद का विशेष महत्त्व होता है।

(v) **भाषा-शैली** कहानीकार के द्वारा कहानी के प्रस्तुतीकरण के ढंग (रूप) को उसकी भाषा-शैली कहा जाता है। कहानी की भाषा ऐसी होनी चाहिए, जो पाठक को अपनी ओर आकर्षित करे। अतः कहानी की भाषा सरल, सहज तथा प्रभावमयी होनी चाहिए।

अथवा

सिनेमा और रंगमंच की तरह ही रेडियो नाटक में भी चरित्र होते हैं। उनके आपसी संवाद होते हैं और इन्हीं संवादों के माध्यम से कहानी आगे बढ़ती है। रेडियो नाटक पूर्ण रूप से श्रव्य होते हैं, इसलिए इनका लेखन रंगमंच व सिनेमा के लेखन की अपेक्षा मुश्किल व अलग होता है। रेडियो नाटक में सब कुछ संवादों व ध्वनि प्रभावों के माध्यम से ही संप्रेषित करना होता है।

इन नाटकों में मंच सज्जा, वस्त्र सज्जा, चेहरे की भाव-भंगिमाएँ आदि की जरूरत नहीं पड़ती, केवल संवाद से ही पात्रों के अंतर्द्वंद्व, परिचय व समाधान की जानकारी मिलती है। अतः रेडियो नाटक की सफलता व असफलता केवल 'आवाज' पर ही आश्रित होती है; जैसे-चोट लगने पर 'आह' या 'ओह' की आवाज तथा किसी को दूर से बुलाने के लिए तेज आवाज का प्रयोग करना होता है।

(ख) विशेष लेखन इसलिए किया जाता है, क्योंकि

(i) इससे समाचार-पत्रों में विविधता आती है और उनका कलेवर बढ़ता है।

(ii) पाठकों की व्यापक रुचियों को ध्यान में रखते हुए उनकी जिज्ञासा शांत करते हुए मनोरंजन करने हेतु विशेष लेखन किया जाता है। विशेष लेखन के कुछ महत्त्वपूर्ण क्षेत्र निम्नलिखित हैं–अर्थ व्यापार, खेल, विज्ञान-प्रौद्योगिकी, कृषि, विदेश, रक्षा, पर्यावरण, शिक्षा, स्वास्थ्य, फिल्म-मनोरंजन, अपराध, सामाजिक मुद्दे, कानून आदि।

अथवा

अखबार या अन्य समाचार माध्यमों में कार्य करने वाले पत्रकार अपने पाठकों, दर्शकों तथा श्रोताओं तक सूचनाएँ पहुँचाने के लिए लेखन के विभिन्न रूपों का प्रयोग करते हैं, इसे ही पत्रकारीय लेखन कहते हैं।

पत्रकारीय लेखन करने वाले पत्रकार तीन प्रकार के होते हैं

(i) **पूर्णकालिक पत्रकार** यह किसी समाचार संगठन में कार्य करने वाला नियमित वेतनभोगी कर्मचारी होता है।

(ii) **अंशकालिक पत्रकार** इसे 'स्ट्रिंगर' भी कहते हैं। यह किसी समाचार संगठन के लिए एक निश्चित मानदेय पर कार्य करता है।

(iii) **फ्रीलांसर पत्रकार** इस पत्रकार का संबंध किसी भी विशेष अखबार से नहीं होता। यह भुगतान के आधार पर अलग-अलग अखबारों के लिए कार्य करता है।

9. *निम्नलिखित प्रश्नों को ध्यानपूर्वक पढ़कर दिए गए 3 प्रश्नों में से किन्हीं 2 प्रश्नों के लगभग 60 शब्दों में उत्तर दीजिए।* (3 × 2 = 6)

(क) भारत में वन्यजीव संरक्षण के उपायों पर एक आलेख लिखिए। (3)

(ख) समाचार कैसे लिखे जाते हैं? स्पष्ट कीजिए। (3)

(ग) अखबारों में विचारपरक सामग्री का भी प्रकाशन होता है। किसी एक विचारपरक लेखन के बारे में बताइए। (3)

उत्तर

(क) **भारत में वन्यजीव संरक्षण के उपाय**

'वन्यजीव संरक्षण' यह शब्द हमें उन संसाधनों को बचाने की याद दिलाता है, जो हमें प्रकृति द्वारा उपहार के रूप में प्रदान किए गए हैं। वन्य जीव उन जानवरों का प्रतिनिधित्व करता है, जो पालतू या समझदार नहीं हैं। वे सिर्फ जंगली जानवर हैं और पूरी तरह से जंगल के माहौल में रहते हैं। ऐसे जानवरों और पौधों की प्रजातियों का संरक्षण आवश्यक है, जिससे कि वे विलुप्त होने के खतरे से बाहर हो सकें। इस पूरी प्रक्रिया को ही वन्यजीव संरक्षण कहा जाता है। भारत में जीव प्रजातियों के विलुप्त होने के अनेक कारण हैं। देश की बढ़ती आबादी की आवश्यकता की पूर्ति व विकास के कारण पारिस्थितिकी-तंत्र पर दबाव बढ़ता जा रहा है और वनों की तेजी से कटाई की जा

रही है। वन्यजीवों की खाल, सींग, हड्डी, दाँत आदि का औषधीय एवं श्रृंगारिक महत्त्व एवं खाद्य पदार्थ के रूप में इनके मांस के प्रयोग के कारण इनका बड़ी संख्या में शिकार किया जाता है। मानवीय क्रिया-कलापों के द्वारा पर्यावरण को हानि पहुँचाने के कारण वन्यजीवों का अस्तित्व खतरे में पड़ गया है। भारत में संकटग्रस्त प्रजातियों के संरक्षण के लिए मुख्य रूप से दो उपाय अपनाए जाते हैं-यथास्थल संरक्षण एवं बहि:स्थल संरक्षण। यथास्थल संरक्षण प्रजातियों के संरक्षण की सर्वश्रेष्ठ विधि है। इसमें राष्ट्रीय पार्क और अभयारण्य का तंत्र बनाकर निर्जन क्षेत्र का एक पर्याप्त भाग संरक्षित क्षेत्र के रूप में पृथक् कर दिया जाता है, किंतु पूर्ण रूप से विनाश की कगार पर पहुँची संकटग्रस्त प्रजातियों के संरक्षण हेतु बहि:स्थल संरक्षण के अंतर्गत उन्हें प्राकृतिक आवास से बाहर विशेष रूप से संरक्षित किया जाता है, जहाँ कृत्रिम रूप से बनाई गई दशाओं में उनकी संख्या बढ़ाने का लक्ष्य रखा जाता है। अत: केंद्र व राज्य सरकार के प्रयास के साथ-साथ देश के नागरिकों का भी यह कर्त्तव्य बनता है कि वे यहाँ रहने वाले जीव-जंतुओं के जीवन की रक्षा करने में सहयोगी बनें। हमारे प्रयासों से ही भारत जैव-विविधता के क्षेत्र में अपनी समृद्ध विरासत को बचाए रख सकता है।

(ख) 'समाचार लेखन' समाचारों को लिखकर प्रस्तुत करने का ढंग है। समाचार लेखन एक विशिष्ट कला है। समाचार सूचनात्मक एवं तथ्यात्मक दोनों होते हैं। चूँकि इनका सीधा संबंध जनमत से है, इसलिए इनकी प्रस्तुति का ढंग अत्यंत महत्त्वपूर्ण है। प्रामाणिकता एवं विश्वसनीयता युक्त समाचारों की सामाजिक चेतना के निर्माण में महत्त्वपूर्ण भूमिका होती है। इसी कारण समाचार लेखन में पत्रकारिता की तकनीकों का उपयोग करके समाचार को उपयोगी, रोचक एवं प्रभावशाली बनाया जाता है। अच्छा समाचार स्वयं में सरलता, सुस्पष्टता, क्रमबद्धता, सत्यता एवं संक्षिप्तता की विशेषताओं के साथ-साथ क्या, कहाँ, कब, कैसे, क्यों और कौन संबंधी उत्तर भी लिए हुए होता है।

(ग) अखबारों में समाचार और फीचर के अलावा विचारपरक सामग्री का भी प्रकाशन होता है। कई अखबारों की पहचान उनके वैचारिक रुझान से होती है। इस तरह से अखबारों में प्रकाशित होने वाले विचारपूर्ण लेखन से उस अखबार की छवि बनती है। अखबारों में संपादकीय पृष्ठ पर प्रकाशित होने वाले संपादकीय अग्रलेख, लेख और टिप्पणियाँ इसी विचारपरक पत्रकारीय लेखन की श्रेणी में आते हैं।

संपादकीय लेखन संपादक द्वारा किसी प्रमुख घटना या समस्या पर लिखे गए विचारात्मक लेख को, जिसे संबंधित समाचार-पत्र की राय भी कहा जाता है, संपादकीय कहते हैं। संपादकीय किसी एक व्यक्ति का विचार या राय न होकर समग्र पत्र-समूह की राय होता है, इसलिए संपादकीय में संपादक अथवा लेखक का नाम नहीं लिखा जाता।

पाठ्य-पुस्तक आरोह भाग 2

10. *निम्नलिखित प्रश्नों को ध्यानपूर्वक पढ़कर दिए गए 3 प्रश्नों में से किन्हीं 2 प्रश्नों के लगभग 60 शब्दों में उत्तर दीजिए।* $(3 \times 2 = 6)$

(क) 'उषा' कविता के आधार पर बताइए कि 'सिल' और 'स्लेट' के माध्यम से कवि किस प्रकार अपने मंतव्य को प्रदर्शित करता है? (3)

(ख) 'बात की चूड़ी मरने' से क्या तात्पर्य है? (3)

(ग) 'कैमरे में बंद अपाहिज' कविता के अनुसार अपाहिज से पूछे गए प्रश्न किस बात के परिचायक हैं? स्पष्ट कीजिए। (3)

उत्तर

(क) काली 'सिल' तथा काले 'स्लेट' के माध्यम से कवि रात्रि की समाप्ति के साथ जाते हुए अंधकार को प्रतीक के रूप में रखता है। उषा के आगमन के समय आकाश का दृश्य ऐसा होता है, मानो काली सिल को किसी ने लाल केसर से धो दिया हो या काली स्लेट पर किसी नन्हे बालक ने लाल खड़िया चाक मल दिया हो। इस प्रकार कवि 'सिल' और 'स्लेट' के माध्यम से अंधकार की कालिमा तथा प्रात:काल की लालिमा को सादृश्य के साथ सामने रखता है।

(ख) 'बात की चूड़ी मरने' का अर्थ है–बात को बेवजह घुमाने से, आडंबरपूर्ण शब्दों के प्रयोग से उसका प्रभाव नष्ट हो जाना। जिस प्रकार पेंच की चूड़ी मरने से, उसका यथास्थान निर्मित खाँचे के नष्ट होने से कसाव नष्ट हो जाता है, वैसे ही भाषा के अनावश्यक विस्तार से बात का प्रभाव कम हो जाता है। मूल बात शब्दजाल में उलझ कर रह जाती है। फिर बात कील की तरह ठोक भले ही दी जाए, उसका वैसा प्रभाव नहीं रह जाता। वह श्रोता या पाठक के हृदय तक नहीं पहुँच पाती। अत: बात को सरल भाषा और कम-से-कम शब्दों में सटीक ढंग से कहा जाना चाहिए, तभी वह प्रभावशाली रहती है।

(ग) 'कैमरे में बंद अपाहिज' कविता के अनुसार अपाहिज से पूछे गए प्रश्न संवेदनहीनता के परिचायक हैं, क्योंकि एक अपाहिज व्यक्ति को कैमरे के सामने लाकर उससे बार-बार उसके अपाहिजपन के बारे में सवाल किया जाता है। इसके पीछे दूरदर्शन वालों का उद्देश्य केवल अपने कार्यक्रम का व्यवसायीकरण करना तथा सस्ती लोकप्रियता हासिल करना है, लेकिन किसी के दु:ख की प्रस्तुति करके कार्यक्रम को रोचक बनाना अत्यंत निंदनीय है। जो व्यक्ति दु:खी है, उसके दु:ख का प्रदर्शन करना, उससे तरह-तरह के दु:खदायी सवाल पूछना, स्वयं इशारे करके दु:खी मुद्राएँ बनाना आदि मानवता के विरुद्ध कार्य हैं, जोकि सामाजिक संवेदनशून्यता का उदाहरण हैं।

11. *निम्नलिखित प्रश्नों को ध्यानपूर्वक पढ़कर दिए गए 3 प्रश्नों में से किन्हीं 2 प्रश्नों के लगभग 40 शब्दों में उत्तर दीजिए।* $(2 \times 2 = 4)$

(क) 'कविता के बहाने' कविता में कवि ने कविता एवं बालक में समानता व्यक्त की है, कैसे? तर्क सहित उत्तर दीजिए। (2)

(ख) तुलसीदास के अनुसार, राम दु:ख में कैसा भाव प्रदर्शित कर रहे हैं? 'लक्ष्मण मूर्च्छा और राम का विलाप' काव्यांश के आधार पर बताइए। (2)

(ग) अक्षय पात्र का अभिप्राय है– हमेशा भरा रहने वाला पात्र। 'छोटा मेरा खेत' कविता में कवि ने कविता को रस का अक्षय पात्र क्यों कहा है? (2)

उत्तर

(क) कवि ने बच्चे और कविता को समानांतर रखा है, क्योंकि जिस प्रकार बच्चों के सपने असीम होते हैं, बच्चों के खेल का कोई अंत नहीं होता, बच्चे की प्रतिभा, बच्चे में छिपी संभावना का कोई अंत नहीं हैं, ठीक वैसे ही कविता असीम होती है। कविता के खेल अर्थात् कविता में किए जाने वाले सार्थक शब्दों का समुचित प्रयोग असीम है। जिस प्रकार बच्चे अपने-पराए का भेद नहीं करते, उन्हें सभी घर अपने ही प्रतीत होते है, ठीक उसी प्रकार कवि के लिए यह सारा संसार अपना है। उसका लक्ष्य सिर्फ मानवता के धर्म का प्रसार करना है, आत्मीयता का संदेश घर-घर पहुँचाना है।

कविता प्रकृति, मनुष्य, जीव, निर्जीव, काल, इतिहास, भावी जीवन अनेक विषयों पर लिखी जा सकती है अर्थात् इसके विषय एवं क्षेत्र भी असीम हैं। कविता में मौजूद भावों और रचनात्मकता के गुण व्यक्ति की चेतना में वैसे ही जान फूँक देते हैं, जैसे 'कभी न थकने वाला, सदा कुछ-न-कुछ करने वाला रचनात्मक तत्त्व बच्चे में।

(ख) 'लक्ष्मण-मूर्च्छा और राम का विलाप' कविता में लक्ष्मण के प्रति श्रीराम के प्रेम की हृदयस्पर्शी अभिव्यक्ति हुई है। यहाँ श्रीराम का मानवीय रूप दृष्टिगत होता है। वे साधारण मानव की तरह अधीर होते हैं तथा कहते हैं कि उन्हें यदि ज्ञात होता कि वन में भाई का विछोह होगा, तो वे पिता को दिए गए वचन का भी पालन नहीं करते।

वे कहते हैं कि संसार में पुत्र, स्त्री आदि तो एकाधिक बार मिल जाते हैं, परंतु सहोदर भाई पुनः नहीं मिलता। वे कहते हैं कि लक्ष्मण के बिना वे कौन-सा मुँह लेकर अयोध्या जाएँगे? इन पंक्तियों में श्रीराम की आंतरिक व्यथा का मर्मस्पर्शी चित्रण हुआ है।

(ग) कवि ने रचना को 'रस का अक्षयपात्र' कहा है। कवि मानता है कि रचना-कर्म तथा कृषि-कर्म में गुण-साम्य है, किंतु यह गुण-साम्य फसल के पकने तथा रचना के पूर्ण होने तक का ही है। एक ओर जहाँ फसल सीमित समय तक ही रस तथा स्वाद प्रदान करने में सक्षम होती है, वहीं रचना अनंतकाल तक पाठकों को आनंद प्रदान करने में सक्षम होती है। कवि रचना को 'रस का अक्षयपात्र' कहता है, तो इसमें रचना-कर्म की तमाम विशेषताएँ सामने आ जाती हैं, जिससे संवदेना, भाव तथा कल्पना को एक नई दिशा मिलती है।

12. ***निम्नलिखित प्रश्नों को ध्यानपूर्वक पढ़कर दिए गए 3 प्रश्नों में से किन्हीं 2 प्रश्नों के लगभग 60 शब्दों में उत्तर दीजिए।*** (3 × 2 = 6)

(क) **'श्रम विभाजन और जाति-प्रथा' पाठ में डॉ. आंबेडकर ने मानव क्षमता को किन तीन बातों पर निर्भर बताया है?** (3)

(ख) **निबंध की अंतिम पंक्ति "हाय! वह अवधूत कहाँ है" के आधार पर लेखक ने किसका स्मरण किया है व क्यों? स्पष्ट कीजिए।** (3)

(ग) **'काले मेघा पानी दे' कहानी में लेखक, जीजी के तर्कों के सामने स्वयं को असहाय क्यों मानता है?** (3)

उत्तर

(क) लेखक के अनुसार, ''सभी मनुष्य बराबर नहीं होते।'' आलोचकों का यह तर्क एक सीमा तक उचित है, परंतु तथ्यात्मक होते हुए भी यह विशेष महत्त्व नहीं रखता। अपने शाब्दिक अर्थ में 'समता' काल्पनिक होते हुए भी नियामक सिद्धांत है। मनुष्यों की समता तीन बातों पर निर्भर करती है

(i) शारीरिक वंश-परंपरा।

(ii) सामाजिक उत्तराधिकार अर्थात् सामाजिक परंपरा के रूप में माता-पिता की कल्याण कामना, शिक्षा तथा वैज्ञानिक ज्ञानार्जन आदि; जैसी सभी उपलब्धियाँ, जिनके कारण सभ्य समाज, जंगली लोगों की अपेक्षा विशिष्टता प्राप्त करता है।

(iii) मनुष्य के अपने प्रयास।

इन तीनों दृष्टियों से मनुष्य समान नहीं होते। तो क्या इन विशेषताओं के कारण, समाज को भी व्यक्तियों के साथ असमान व्यवहार करना चाहिए? समता के विरोधी इस बात को लेकर निरुत्तर हो जाते हैं।

(ख) ''हाय! वह अवधूत आज कहाँ है?'' निबंध की अंतिम पंक्ति है। इस पंक्ति के माध्यम से लेखक कहता है कि महात्मा गाँधी शिरीष के फूल की भाँति थे। लेखक के अनुसार, प्रेरणादायी और आत्मविश्वास रखने वाले लोग अब रहे ही नहीं। अब केवल शरीर यानी भौतिकता को प्राथमिकता देने वाले लोग ही रह गए हैं।

ऐसे लोगों में आत्मविश्वास बिलकुल नहीं होता। ऐसे लोग मन की सुंदरता पर ध्यान नहीं देते। लेखक ने शिरीष के फूल के माध्यम से वर्तमान सभ्यता के यथार्थ का चित्रण किया है।

(ग) लेखक की एक जीजी थी, जो उम्र में उनकी माँ से भी बड़ी थीं। जीजी का स्नेह लेखक पर बहुत अधिक था। जीजी सभी पूजा-पाठ व अनुष्ठानों को मानती थीं, जिसका लेखक विरोध करता था, परंतु वह स्पष्ट रूप से विरोध की अभिव्यक्ति नहीं कर पाता था। जब दीदी इंदर सेना पर पानी फेंकने जा रही थीं, तब लेखक इस तरह से पानी की बर्बादी को देखकर उसका विरोध करने लगा, परंतु जीजी लेखक के विरोध को नहीं मानी और लेखक जीजी के स्नेह के सामने स्वयं को लाचार (बेबस) महसूस करने लगता था।

13. *निम्नलिखित प्रश्नों को ध्यानपूर्वक पढ़कर दिए गए 3 प्रश्नों में से किन्हीं 2 प्रश्नों के लगभग 40 शब्दों में उत्तर दीजिए।* (2×2 = 4)

(क) 'भक्तिन' रेखाचित्र पितृसत्तात्मक समाज की मान्यताओं पर किस प्रकार प्रश्नचिह्न अंकित करता है? (2)

(ख) लेखक ने कैसे बाज़ार को मानवता के लिए विडंबना माना है? (2)

(ग) लुट्टन सिंह पहलवान की दी गई शिक्षा-दीक्षा पर पानी क्यों फिर गया? स्पष्ट कीजिए। (2)

उत्तर

(क) भारत एक पुरुष प्रधान देश रहा है। मध्यकालीन भारत में तो बेटियों को बोझ समझा जाता था। समाज में आज भी होने वाली कन्या भ्रूण हत्या की घटनाएँ इसी मनोवृत्ति का प्रमाण देती हैं, साथ ही यह माना जाता है कि बेटी का विवाह करने पर वह तो दूसरे घर की हो जाती है, जबकि उनमें बेटे से अपने वंश को आगे बढ़ाने की इच्छा बनी रहती है। पुत्र को बुढ़ापे की लाठी माना जाता है और अंतिम समय में उनसे माँ-बाप की सेवा की उम्मीद भी की जाती है। ऐसे ही दकियानुसी विचार हमारे समाज में आज भी व्याप्त हैं। अतः भक्तिन इस पितृसत्तात्मक समाज की मान्यताओं भरे समाज से लड़ती रही।

(ख) समाज की आवश्यकताओं की उचित ढंग से पूर्ति करने में ही बाजार की उपयोगिता है। ऐसा करके ही बाजार सार्थक होता है। जो बाजार अपनी सार्थकता त्यागकर ग्राहक के साथ छल-कपटपूर्ण आचरण करता है, वह बाजार होने का महत्त्व खो देता है। जहाँ भाईचारा भूलकर क्रेता और विक्रेता एक-दूसरे को ठगने में लगे रहते हैं एवं जहाँ उनके बीच का विश्वास नष्ट हो जाता है, वह बाजार, बाजार होने का भाव पूरा नहीं करता। जहाँ धनवान लोग अपनी क्रय शक्ति का प्रदर्शन कर बाजार को शैतानी शक्ति और व्यंग्य शक्ति प्रदान करते हैं, वह बाजार मानवता के लिए दुर्भाग्यपूर्ण बन जाता है। वह मानवता के लिए विडंबना सिद्ध होता है।

(ग) लुट्टन सिंह पहलवान के द्वारा दी गई शिक्षा से उसके दोनों पुत्र सामाजिक व राजसी रूप से भावी पहलवान घोषित हो चुके थे, परंतु अकस्मात् राजा के स्वर्गवासी होने के पश्चात् उत्तराधिकारी बने नए विलायती राजा ने पाया कि इन पहलवानों पर होने वाला राजसी खर्च बहुत अधिक है, क्योंकि नए राजा को कुश्ती का शौक नहीं था। अतः उन तीनों को उसने बिना किसी सुनवाई के ही राज दरबार से निकाल दिया।

पूरक पाठ्य-पुस्तक वितान भाग 2

14. *निम्नलिखित प्रश्नों को ध्यानपूर्वक पढ़कर दिए गए 2 प्रश्नों में से किसी 1 प्रश्न का लगभग 60 शब्दों में उत्तर दीजिए।* (4×1= 4)

'यशोधर बाबू दो भिन्न कालखंडों में जी रहे हैं' पक्ष या विपक्ष में सोदाहरण तर्क कीजिए। (4)

अथवा

जूझ कहानी के आधार पर लेखक के जीवन संघर्ष को संक्षेप में वर्णित कीजिए।

उत्तर

यशोधर बाबू को 'आदर्श व्यक्तित्व' कहा ही इसलिए गया है, क्योंकि वे जीवनभर अपने सिद्धांतों पर चलते रहे हैं। यशोधर बाबू पुराने विचारों वाले व्यक्ति हैं और वे ये भी मानते हैं कि उनके बच्चे आधुनिक युग के साथ चलते-चलते यथार्थ दुनिया के बारे में उनसे अधिक अच्छा सोच पाते हैं। उन्हें समाज में जहाँ कहीं भी नयापन दिखाई देता है, तो वे कहते हैं 'समहाउ इंप्रॉपर'। यशोधर बाबू अपने सामाजिक मूल्यों को बनाए रखना चाहते हैं। आज विश्व में हमें सबके साथ कंधे-से-कंधा मिलाकर चलना ही पड़ता है। मेरी दृष्टि में नई पीढ़ी के उन्हीं विचारों को अपनाना उचित है, जिनसे अपना और समाज का विकास हो। पुरानी पीढ़ी को रहन-सहन, पहनावा, खाना-पीना और व्यवहार में थोड़ा बहुत बदलाव लाना ही चाहिए। उदाहरण के लिए, यदि हम लड़कियों को न पढ़ाएँ तो नुकसान अपना ही करेंगे, क्योंकि शिक्षित नारी पूरे परिवार को शिक्षित बनाती है। इसलिए आधुनिक युग की सोच है कि यशोधर बाबू जैसे लोगों को अपने पुराने विचारों में नए विचारों को भी शामिल कर लेना चाहिए।

अथवा

लेखक के पिता बहुत आलसी और गैर-ज़िम्मेदार व्यक्ति थे। वे लेखक को पाठशाला नहीं भेजते थे, क्योंकि यदि लेखक पाठशाला चला जाएगा, तो खेत का काम कौन करेगा? वे स्वयं तो दिनभर गाँव में घूमते रहते और रखमाबाई के कोठे पर भी जाते, जबकि लेखक को खेत के काम में लगाए रखना चाहते थे। राव जी के कहने पर उन्होंने लेखक को पाठशाला तो भेजा, पर शर्तों के साथ। शर्त यह थी कि वह सुबह के ग्यारह बजे तक खेतों में पानी देकर फिर पाठशाला जाएगा और पाठशाला से आकर फिर एक घंटा पशुओं को चराएगा। यदि किसी दिन खेत में काम ज़्यादा होगा, तो उस दिन पाठशाला से छुट्टी ले लेगा।

पाठशाला में भी लड़कों ने उसकी खिल्ली उड़ाई, क्योंकि वह मटमैली धोती और गमछा पहनकर गया था। इस प्रकार लेखक प्रतिकूल परिस्थितियों से संघर्ष करता हुआ पढ़ाई भी करता है और खेत का काम भी सँभालता है तथा अपने लक्ष्य को प्राप्त करने में सफल होता है।

स्टेज। फाउण्डेशन लेवल
(दिशा निर्देशित हल सहित)

प्रतिदर्श प्रश्न-पत्र 3

हिंदी केंद्रिक कक्षा 12

समय : 3 घंटे पूर्णांक : 80

निर्देश

1. इस प्रश्न-पत्र में खंड 'अ' में वस्तुपरक तथा खंड 'ब' में वर्णनात्मक प्रश्न पूछे गए हैं।
2. खंड 'अ' में 40 वस्तुपरक प्रश्न पूछे गए हैं। सभी 40 प्रश्नों के उत्तर देने हैं।
3. खंड 'ब' में वर्णनात्मक प्रश्न पूछे गए हैं। प्रश्नों के उचित आंतरिक विकल्प दिए गए हैं।
4. दोनों खंडों के प्रश्नों के उत्तर देना अनिवार्य है।
5. यथासंभव दोनों खंडों के प्रश्नों के उत्तर क्रमशः लिखिए।

■ खंड 'अ' (वस्तुपरक प्रश्न)

खंड 'अ' में अपठित बोध, अभिव्यक्ति और माध्यम, पाठ्य-पुस्तक आरोह भाग-2 व पूरक पाठ्य पुस्तक वितान भाग-2 से संबंधित बहुविकल्पीय प्रश्न पूछे गए हैं, जिनमें प्रत्येक प्रश्न के लिए 1 अंक निर्धारित है।

अपठित बोध

1. *निम्नलिखित गद्यांश को ध्यानपूर्वक पढ़कर दिए गए प्रश्नों के सर्वाधिक उपयुक्त उत्तर वाले विकल्प को चुनकर लिखिए।* (1×10 = 10)

भारत एक विशाल देश है, जिसमें भिन्न-भिन्न प्रकार की समस्याएँ व्याप्त हैं, जिनमें से एक है—जनसंख्या वृद्धि। जनसंख्या वृद्धि देश के विकास में बाधा का कार्य करती है, इसलिए हमारी सर्वोच्च प्राथमिकता जनसंख्या वृद्धि को रोकना है। इस क्षेत्र में हमारे सभी प्रयत्न निष्फल रहे हैं। ऐसा क्यों है? यह इसलिए भी हो सकता है, क्योंकि समस्या को देखने का हर एक का अलग दृष्टिकोण है। जनसंख्याशास्त्रियों के लिए यह आँकड़ों का अंबार है। अफसरशाही के लिए यह टारगेट तय करने की कार्यविधि है। राजनीतिज्ञ इसे वोट बैंक की दृष्टि से देखता है। ये सब अपने-अपने ढंग से समस्या को सुलझाने में लगे हैं। अतः पृथक्-पृथक् किसी के हाथ सफलता नहीं लगी।

परंतु यह स्पष्ट है कि परिवार के आकार पर आर्थिक विकास और शिक्षा का बहुत प्रभाव पड़ता है। यहाँ आर्थिक विकास का तात्पर्य पाश्चात्य मतानुसार भौतिकवाद नहीं जहाँ बच्चों को बोझ माना जाता है। हमारे लिए तो यह सम्मानपूर्वक जीने के स्तर से संबंधित है। यह मौजूदा संपत्ति के समतामूलक विवरण पर ही निर्भर नहीं है वरन् ऐसी शैली अपनाने से संबंधित है, जिसमें अस्सी करोड़ लोगों की ऊर्जा का बेहतर उपयोग हो सके। इसी प्रकार स्त्री-शिक्षा भी है। यह समाज में एक नए प्रकार का चिंतन पैदा करेगी, जिससे सामाजिक और आर्थिक विकास के नए आयाम खुलेंगे और साथ ही बच्चों के विकास का नया रास्ता भी खुलेगा।

अत: जनसंख्या की समस्या सामाजिक है। इसे सरकार अकेले नहीं सुलझा सकती। केंद्रीकरण से हटकर इसे ग्राम-ग्राम, व्यक्ति-व्यक्ति तक पहुँचाना होगा। जब तक यह जन-आंदोलन नहीं बन जाता, तब तक सफलता मिलना संदिग्ध है।

(क) हमारी सर्वोच्च प्राथमिकता जनसंख्या वृद्धि को रोकना क्यों है? (1)

(i) यह देश के विकास में बाधा का कार्य करती है
(ii) यह देश की उन्नति में सहायक है
(iii) यह देश को अन्य देशों से आगे ले जाती है
(iv) यह देश के लिए नए अवसर पैदा करती है

(ख) प्रस्तुत गद्यांश किस विषयवस्तु पर आधारित है? (1)

(i) जनसंख्या वृद्धि : समस्या और समाधान पर
(ii) आर्थिक विकास में जनसंख्या की भूमिका पर
(iii) विकास के नए आयाम पर
(iv) शिक्षा के योगदान पर

(ग) निम्नलिखित में से किस पर आर्थिक विकास और शिक्षा का बहुत प्रभाव पड़ता है? (1)

(i) देश
(ii) समाज
(iii) भौतिकता
(iv) परिवार का आकार

(घ) आर्थिक विकास से क्या तात्पर्य है? (1)

(i) सम्मानपूर्वक जीने का स्तर
(ii) भौतिकवाद
(iii) शिक्षा का स्तर
(iv) संपन्नता

(ङ) निम्नलिखित कथनों पर विचार कीजिए (1)

1. जनसंख्या वृद्धि के संबंध में प्रत्येक व्यक्ति का दृष्टिकोण अलग होने के कारण इस समस्या का समाधान असंभव है।
2. आर्थिक विकास का अभिप्राय भौतिकवाद है।
3. स्त्री-शिक्षा बच्चों के विकास का एक नया द्वार है।

उपरोक्त कथनों में से कौन-सा/से सही है/हैं?

(i) केवल 1
(ii) केवल 3
(iii) 1 और 2
(iv) 1 और 3

(च) 'स्त्री-शिक्षा समाज में एक नए चिंतन को पैदा करेगी' इस कथन से लेखक सिद्ध करना चाहते हैं कि (1)

(i) स्त्री-शिक्षा से लोगों की सोच में सुधार होगा
(ii) स्त्री-शिक्षा से लोगों की जीवन-शैली में परिवर्तन होगा
(iii) स्त्री-शिक्षा से सामाजिक व आर्थिक विकास के साथ-साथ बच्चों का भी विकास होगा
(iv) स्त्री-शिक्षा से सामाजिक समस्या उत्पन्न हो जाएगी

(छ) सामाजिक और आर्थिक विकास के नए आयाम किसके माध्यम से खुलेंगे? (1)

(i) जनसंख्या वृद्धि *(ii)* आपसी समझ *(iii)* शिक्षा *(iv)* भेदभाव

(ज) निम्नलिखित कथन और कारण को ध्यानपूर्वक पढ़िए और सही विकल्प चुनकर लिखिए। (1)

कथन (A) आर्थिक विकास की तरह शिक्षा भी महत्त्वपूर्ण है।
कारण (R) शिक्षा परिवार के आकार को निश्चित करती है।

कूट

(i) कथन (A) और कारण (R) दोनों सही हैं, लेकिन कारण (R) कथन (A) की सही व्याख्या करता है
(ii) कथन (A) गलत है, किंतु कारण (R) सही है
(iii) कथन (A) तथा कारण (R) दोनों गलत हैं
(iv) कथन (A) और कारण (R) दोनों सही हैं तथा कारण (R) कथन (A) की सही व्याख्या नहीं करता है

(झ) जनसंख्या की समस्या को किस प्रकार की समस्या माना गया है? (1)

(i) आर्थिक *(ii)* सामाजिक *(iii)* राजनीतिक *(iv)* वैयक्तिक

(ञ) हम किस प्रकार जनसंख्या को नियंत्रित कर सकते हैं? (1)

(i) इसे जन-आंदोलन बनाकर
(ii) सरकार के सहयोग से
(iii) *(i)* और *(ii)* दोनों
(iv) जनसंख्या वृद्धि पर पूर्णत: रोक लगाकर

उत्तर

(क) *(i)* यह देश के विकास में बाधा का कार्य करती है
(ख) *(i)* जनसंख्या वृद्धि : समस्या और समाधान पर
(ग) *(iv)* परिवार का आकार
(घ) *(i)* सम्मानपूर्वक जीने का स्तर

(ङ) *(iv)* 1 और 3

(च) *(iii)* स्त्री-शिक्षा से सामाजिक व आर्थिक विकास के साथ-साथ बच्चों का भी विकास होगा

(छ) *(iii)* शिक्षा

(ज) *(iv)* कथन (A) और कारण (R) दोनों सही हैं तथा कारण (R) कथन (A) की सही व्याख्या करता है।

(झ) *(ii)* सामाजिक

(ञ) *(iii)* *(i)* और *(ii)* दोनों

2. ***दिए गए पद्यांश पर आधारित प्रश्नों को ध्यानपूर्वक पढ़कर दिए गए प्रश्नों के सर्वाधिक उपयुक्त उत्तर वाले विकल्प को चुनकर लिखिए।*** (1×5 = 5)

बंद कर दो बमबारी, मत करो घुसपैठ।
तीन बार युद्ध हार चुके,
अबकी बार कर देंगे मटियामेट।।
शांति के हम साधक, शांति हमारा नारा।
युद्ध में नहीं हम पीछे,
मिटा देंगे नामोनिशान तुम्हारा।।
तिरंगे की लाज रखना, सतत प्रयास रहेगा।
कश्मीर, कारगिल, लेह, लद्दाख में,
दुश्मनों का खून बहेगा।। जमीन पर अपनी
किसी को टिकने नहीं देंगे,
भारत माँ के मस्तक पर,
दुश्मनों को आने नहीं देंगे।।
पहल हम करेंगे नहीं, युद्ध के वास्ते।
घुसपैठियों को मारकर ही
खुल सकेंगे शांति के बंद रास्ते।।
भारतीय जवान का प्रण, जाएँगे हम लड़ने,
जान हथेली पर लेकर राष्ट्र की रक्षा की खातिर,
कर देंगे प्राण न्योछावर।।
आखिरी साँस तक हम बॉर्डर पर लड़ते रहेंगे।
मारे गए सैनिकों का, हम बदला लेकर रहेंगे।।
नहीं डर तन का, नहीं चिंता मरने की
फिक्र है तो भारत माँ की, कर्त्तव्य है रक्षा करने का।।
तोड़ेंगे गढ़ दुश्मनों के चूर-चूर कर डालेंगे।।
गोलियों की बौछार से, अंग-अंग को छेद देंगे।।
आग है सीने में हमारी, तूफान मस्तिष्क में चल रहा।
दुश्मनों के खून की प्यास, हमारी हर धड़कन में बह रही।

(क) प्रस्तुत पद्यांश में कवि किसे चुनौती दे रहा है? (1)

(i) सैनिकों को
(ii) दुश्मन देश को
(iii) आतंकवादियों को
(iv) नक्सलवादियों को

(ख) निम्नलिखित कथनों पर विचार कीजिए (1)

1. भारत देशवासी युद्ध कला में प्रवीण होते हुए भी शांति के साधक हैं।
2. उचित समय आने पर शांति के द्वार स्वतः ही खुल जाएँगे।
3. प्रथम घुसपैठियों को मारकर ही शांति का द्वार खोला जा सकता है।

उपरोक्त कथनों में से कौन-सा/से सही है/हैं?

(i) केवल 1 *(ii)* केवल 3 *(iii)* 1 और 2 *(iv)* 1 और 3

(ग) कवि किसका बदला लेने की बात कर रहा है? (1)

(i) मारे गए सैनिकों का *(ii)* हिंसा का *(iii)* अपनों के खून का *(iv)* अशांति का

(घ) राष्ट्र की रक्षा हेतु भारतीय जवान कौन-सा प्रण करते हैं? (1)

(i) प्राण न्योछावर करने का
(ii) दुश्मन का खून बहाने का
(iii) बॉर्डर पर लड़ने का
(iv) बदला लेने का

(ङ) कॉलम 1 को कॉलम 2 से सुमेलित कीजिए (1)

	कॉलम- 1		कॉलम- 2
A.	मटियामेट	1.	तपस्वी
B.	साधक	2.	युद्ध
C.	कारगिल	3.	अस्तित्व समाप्त करना

कूट

	A	B	C
(i)	2	1	3
(ii)	3	1	2
(iii)	1	3	2
(iv)	3	2	1

उत्तर

(क) *(ii)* दुश्मन देश को
(ख) *(iv)* 1 और 3
(ग) *(i)* मारे गए सैनिकों का
(घ) *(i)* प्राण न्योछावर करने का
(ङ) *(ii)* 3 1 2

अभिव्यक्ति और माध्यम

3. *निम्नलिखित प्रश्नों को ध्यानपूर्वक पढ़कर सर्वाधिक उपयुक्त उत्तर वाले विकल्प को चुनकर लिखिए।* (1×5 = 5)

(क) जनसंचार का मुख्य कार्य क्या है? (1)
(i) सूचना संग्रह एवं प्रसार करना
(ii) सूचना का विश्लेषण करना
(iii) ज्ञान के स्तर में वृद्धि करना
(iv) ये सभी

(ख) सर्वप्रथम किस सदी में रेडियो के विकास की शुरूआत हुई? (1)
(i) 17वीं *(ii)* 18वीं *(iii)* 19वीं *(iv)* 20वीं

(ग) प्रसार भारती का गठन कब किया गया? (1)
(i) वर्ष 1987 में
(ii) वर्ष 1990 में
(iii) वर्ष 1992 में
(iv) वर्ष 1997 में

(घ) तेजड़िया, मंदड़िया, सोना उछला जैसे शब्दों का उल्लेख विशेष लेखन के किस क्षेत्र में किया जाता है? (1)
(i) खेल
(ii) पर्यावरण
(iii) मौसम
(iv) कारोबार और व्यापार

(ङ) सूची I को सूची II से सुमेलित कीजिए (1)

सूची I	सूची II
A. विलोम स्तूपी पद्धति	1. फीचर लेखन के मुख्य तत्त्व
B. संपादक के नाम पत्र	2. शीर्षक
C. समाचार का प्रवेशद्वार	3. संपादकीय पृष्ठ
D. कल्पना, तथ्य तथा लेखन कला	4. समाचार लेखन शैली

कूट

	A	B	C	D
(i)	4	3	2	1
(ii)	3	2	1	4
(iii)	2	1	4	3
(iv)	1	4	3	2

उत्तर

(क) *(iv)* ये सभी
(ख) *(iii)* 19वीं सदी
(ग) *(iv)* वर्ष 1997 में
(घ) *(iv)* कारोबार और व्यापार
(ङ) *(i)* 4 3 2 1

पाठ्य-पुस्तक आरोह भाग 2

4. *निम्नलिखित पद्यांश के प्रश्नों को ध्यानपूर्वक पढ़कर सर्वाधिक उपयुक्त उत्तर वाले विकल्प को चुनकर लिखिए।* (1×5 = 5)

प्रात: नभ था बहुत नीला शंख जैसे भोर का नभ
राख से लीपा हुआ चौका (अभी गीला पड़ा है)
बहुत काली सिल ज़रा से लाल केसर से
कि जैसे धुल गई हो
स्लेट पर या लाल खड़िया चाक
मल दी हो किसी ने
नील जल में या किसी की
गौर झिलमिल देह
जैसे हिल रही हो।
और ......
जादू टूटता है इस उषा का अब सूर्योदय हो रहा है।

(क) कवि ने प्रातःकालीन वातावरण की समानता नीले शंख से क्यों की है? (1)

(i) भोर के समय वातावरण का रंग नीले शंख जैसा बुझा होने के कारण
(ii) कवि को नीले शंख का रंग पसंद होने के कारण
(iii) भोर के समय वातावरण के अनेक रंग बदलने के कारण
(iv) नीले शंख के अतिरिक्त अन्य उपमा न मिलने के कारण

(ख) अलंकार की दृष्टि से कौन-सा विकल्प सही है? (1)

(i) बहुत नीला शंख जैसे—उत्प्रेक्षा अलंकार
(ii) राख से लीपा हुआ चौका—उपमा अलंकार
(iii) बहुत काली सिल—यमक अलंकार
(iv) जरा सा लाल केसर—अतिशयोक्ति अलंकार

(ग) कवि ने भोर के नभ को राख से लीपा हुआ गीला चौका कहा है। यहाँ चौके के गीला होने का क्या भावार्थ है? (1)

(i) नए जीवन का उदय
(ii) वातावरण में नमी
(iii) भोजन के लिए तैयार होना
(iv) वातावरण में शुष्कता

(घ) निम्नलिखित कथन और कारण को ध्यानपूर्वक पढ़िए और सही विकल्प चुनकर लिखिए। (1)

कथन (A) सूर्य की किरणें हिलती हुई नायिका के समान लगती हैं।

कारण (R) प्रातःकालीन नमी एवं मंद हवा चल रही है।

कूट

(i) कथन (A) सही है, परंतु कारण (R) गलत है
(ii) कथन (A) गलत है, परंतु कारण (R) सही है
(iii) कथन (A) और कारण (R) दोनों सही हैं, लेकिन कारण (R) कथन (A) की सही व्याख्या नहीं करता है
(iv) कथन (A) और कारण (R) दोनों सही हैं तथा कारण (R) कथन (A) की सही व्याख्या करता है

(ङ) 'नील जल' के उपमान के माध्यम से कवि किसे चित्रित करता है? (1)

(i) नीले स्वच्छ आकाश को
(ii) सुंदर स्त्री के रूप को
(iii) नीले रंग की सुंदरता को
(iv) पानी के अनेक रूप को

उत्तर

(क) *(i)* भोर के समय वातावरण का रंग नीले शंख जैसा बुझा होने के कारण
(ख) *(ii)* राख से लीपा हुआ चौका–उपमा अलंकार (ग) *(ii)* वातावरण में नमी
(घ) *(iv)* कथन (A) और कारण (R) दोनों सही हैं तथा कारण (R) कथन (A) की सही व्याख्या करता है।
(ङ) *(i)* नीले स्वच्छ आकाश को

5. *निम्नलिखित गद्यांश के प्रश्नों को ध्यानपूर्वक पढ़कर उपयुक्त उत्तर वाले विकल्प को चुनकर लिखिए।* (1×5 = 5)

श्रम विभाजन की दृष्टि से भी जाति-प्रथा गंभीर दोषों से युक्त है। जाति-प्रथा का श्रम विभाजन मनुष्य की स्वेच्छा पर निर्भर नहीं रहता। मनुष्य की व्यक्तिगत भावना तथा व्यक्तिगत रुचि का इसमें कोई स्थान अथवा महत्त्व नहीं रहता। 'पूर्व लेख' ही इसका आधार है। इस आधार पर हमें यह स्वीकार करना पड़ेगा कि आज के उद्योगों में गरीब तो 'अरुचि' के साथ केवल विवशतावश कार्य करते हैं। ऐसी स्थिति स्वभावत: मनुष्य को दुर्भावना से ग्रस्त रहकर चालू काम करने और कम काम करने के लिए प्रेरित करती है। ऐसी स्थिति में जहाँ काम करने वालों का न दिल लगता हो न दिमाग, वहाँ कोई कुशलता कैसे प्राप्त की जा सकती है। अत: यह निर्विवाद रूप से सिद्ध हो जाता है कि आर्थिक पहलू से भी जाति-प्रथा हानिकारक प्रथा है, क्योंकि यह मनुष्य की स्वाभाविक प्रेरणा, रुचि व आत्म-शक्ति को दबाकर उन्हें अस्वाभाविक नियमों में जकड़कर निष्क्रिय बना देती है।

(क) गद्यांश के अनुसार श्रम विभाजन की दृष्टि से जाति-प्रथा दोषपूर्ण क्यों है? (1)

(i) व्यक्तिगत रुचियों को ध्यान में न रखने के कारण
(ii) मनुष्य के पेशे को पूर्व लेख से जोड़े जाने के कारण
(iii) मनुष्य को स्वतंत्र छोड़े जाने के कारण
(iv) व्यक्तिगत भावनाओं को ध्यान में रखने के कारण

(ख) निम्नलिखित कथन और कारण को ध्यानपूर्वक पढ़िए और सही विकल्प चुनकर लिखिए। (1)

कथन (A) आर्थिक पहलू से जाति-प्रथा हानिकारक है।

कारण (R) जाति-प्रथा मनुष्य की रुचि एवं आत्म-शक्ति को कम करके उसे निष्क्रिय बना देती है।

कूट

(i) कथन (A) और कारण (R) दोनों सही हैं तथा कारण (R) कथन (A) की सही व्याख्या करता है
(ii) कथन (A) गलत है, किंतु कारण (R) सही है
(iii) कथन (A) तथा कारण (R) दोनों गलत हैं
(iv) कथन (A) और कारण (R) दोनों सही हैं लेकिन कारण (R) कथन (A) की सही व्याख्या नहीं करता है

(ग) कार्य-कुशलता बढ़ाने के लिए क्या आवश्यक है? (1)

(i) रुचि के अनुसार काम करने का अवसर प्रदान करना
(ii) कार्य को जबरन थोपा जाना
(iii) कार्य करने की विशेष छूट प्रदान करना
(iv) उत्पादकता को कम कर देना

(घ) कॉलम 1 को कॉलम 2 से सुमेलित कीजिए (1)

कॉलम- 1	कॉलम- 2
A. श्रम विभाजन की दृष्टि से जाति प्रथा	1. पूर्व लेख
B. जाति प्रथा का आधार	2. विवशता वंश कार्य करते हैं।
C. गरीब अरुचि के साथ	3. गम्भीर दोषों से युक्त है

कूट

	A	B	C
(i)	2	3	1
(ii)	1	2	3
(iii)	3	2	1
(iv)	3	1	2

(ङ) निम्नलिखित कथनों पर विचार कीजिए (1)

1. कार्य निर्धारित होने से कार्य का महत्त्व बढ़ता है।
2. जाति-प्रथा के कारण श्रमिक अरुचि के साथ विवशतावश ही उद्योगों में कार्य कर रहे हैं।
3. जाति-प्रथा का श्रम-विभाजन मनुष्य की स्वेच्छा पर निर्भर करता है।

उपरोक्त कथनों में से कौन-सा/से कथन सही है/हैं?

(i) केवल 1 *(ii)* केवल 2 *(iii)* 1 और 2 *(iv)* 1 और 3

उत्तर

(क) *(ii)* मनुष्य के पेशे को पूर्व लेख से जोड़े जाने के कारण
(ख) *(i)* कथन (A) और कारण (R) दोनों सही हैं, तथा कारण (R) कथन (A) की सही व्याख्या करता है।
(ग) *(i)* रुचि के अनुसार काम करने का अवसर प्रदान करना
(घ) *(iv)* 3 1 2
(ङ) *(ii)* केवल 2

पूरक पाठ्य-पुस्तक वितान भाग 2

6. *निम्नलिखित प्रश्नों को ध्यानपूर्वक पढ़कर सर्वाधिक उपयुक्त उत्तर वाले विकल्प को चुनकर लिखिए।* (1×10 = 10)

(क) यशोधर बाबू ऑफिस में दिनभर के शुष्क व्यवहार का निराकरण कैसे करते थे? (1)

(i) छुट्टी के समय चलते-चलते जूनियरों से कोई मनोरंजक बात करके
(ii) छुटटी के समय एक कप चाय पीकर
(iii) ऑफिस की सुस्त घड़ी को सही करके
(iv) ऑफिस के कर्मचारियों को चाय पिलाकर

(ख) यशोधर बाबू ऑफिस से छुट्टी के बाद जल्दी घर पहुँचना पसंद क्यों नहीं करते थे? (1)

(i) अपने व्यवहार के कारण
(ii) पत्नी और बच्चों से हर छोटी-बड़ी बात में मतभेद होने के कारण
(iii) ऑफिस का अतिरिक्त काम करने के कारण
(iv) बाहर के वातावरण में शांति प्राप्त करने के कारण

(ग) किशनदा यशोधर बाबू को रोज सुबह जल्दी किस कारण उठाते थे? (1)

(i) घर का काम करने के लिए
(ii) पढ़ाई-लिखाई करने के लिए
(iii) सुबह जल्दी उठने की आदत डालने के लिए
(iv) ध्यान और योग करने के लिए

(घ) 'जूझ' कहानी में लेखक के दादा के चरित्र की विशेषता क्या है? (1)

(i) वे लेखक की प्रगति में बाधक हैं
(ii) वे राव साहब का सम्मान करते हैं
(iii) वे अपनी पत्नी से लड़ाई-झगड़ा नहीं करते
(iv) ये सभी

(ङ) निम्नलिखित कथन और कारण को ध्यानपूर्वक पढ़िए और सही विकल्प चुनकर लिखिए। (1)

कथन (A) आनंदा खेती का काम नहीं करना चाहता था।
कारण (R) लेखक यह जान गया था कि खेती से जीवनभर कुछ हाथ नहीं आएगा।

कूट

(i) कथन (A) सही है, परंतु कारण (R) गलत है
(ii) कथन (A) गलत है, परंतु कारण (R) सही है
(iii) कथन (A) और कारण (R) दोनों सही हैं, लेकिन कारण (R) कथन (A) की सही व्याख्या नहीं करता है
(iv) कथन (A) और कारण (R) दोनों सही हैं तथा कारण (R) कथन (A) की सही व्याख्या करता है

(च) लेखक ने सिंधु सभ्यता को जल संस्कृति किस आधार पर कहा है? (1)

(i) उस समय अधिक वर्षा होने के कारण
(ii) नदी, कुएँ, कुंड, स्नानागार और बेजोड़ जल निकासी के कारण
(iii) केवल नदियों के किनारे बसी होने के कारण
(iv) जल की बर्बादी को रोकने के कारण

(छ) "मुअनजो-दड़ो में मिले कुंड की बनावट ही इसके आनुष्ठानिक प्रयोग का प्रमाण माना जाता है।" इस कथन से क्या तात्पर्य है? (1)

(i) कुंड का उपयोग पवित्र या आनुष्ठानिक रूप में किया जाता होगा
(ii) कुंड की बनावट के विषय में कोई जानकारी उपलब्ध नहीं है
(iii) कुंड एक धर्म विशेष का द्योतक न होकर संपूर्ण समाज का रूप है
(iv) कुंड केवल उच्च वर्ग के प्रयोग हेतु था

(ज) आनंदा के विषय में कौन-सा कथन सही नहीं है? (1)

(i) आनंदा को विद्यालय में पढ़ने जाने के पश्चात् कविता लिखने की लगन लग गई थी
(ii) आनंदा भैंस की पीठ पर कविता लिखता था
(iii) कविता लिखने के बाद आनंदा शीघ्रतापूर्वक उसे सौंदलगेकर को दिखाने उनके घर पहुँच जाता था
(iv) आनंदा को कविता पढ़ने व लिखने का कोई शौक नहीं था

(झ) निम्नलिखित कथनों पर विचार कीजिए (1)

1. मुअनजो-दड़ो सभ्यता के लोगों की कला में रुचि थी।
2. मुअनजो-दड़ो की खुदाई में पत्थर की मूर्तियाँ, पशु-पक्षियों की सुंदर आकृतियाँ तथा सुनिर्मित मुहरें मिली हैं।
3. सिंधु सभ्यता में दिखावे तथा आडंबर को महत्त्वपूर्ण स्थान दिया गया था।
4. सिंधु सभ्यता के लोग मिट्टी के बर्तन व उपकरणों का उपयोग करते थे।

उपरोक्त कथनों में से कौन-सा/से सही है/हैं?

(i) केवल 1 *(ii)* केवल 3 *(iii)* 1, 2 और 3 *(iv)* 1, 2 और 4

(ञ) मुअनजो-दड़ो के घरों की दीवारें मोटी थीं। उन मोटी दीवारों से क्या अनुमान लगाया जा सकता है? (1)

(i) घरों की मोटी दीवारें केवल प्रदर्शन मात्र के लिए ही थीं
(ii) ये दीवारें प्राकृतिक आपदा से सुरक्षा के लिए बनी थीं
(iii) इन दीवारों पर दूसरी मंजिल भी रही होगी
(iv) ये दीवारें सुंदर चित्रकारी करने के लिए बनाई गई थीं

उत्तर

(क) *(i)* छुट्टी के समय चलते-चलते जूनियरों से कोई मनोरंजक बात करके
(ख) *(ii)* पत्नी और बच्चों से हर छोटी-बड़ी बात में मतभेद होने के कारण
(ग) *(iii)* सुबह जल्दी उठने की आदत डालने के लिए
(घ) *(ii)* वे राव साहब का सम्मान करते हैं
(ङ) *(iv)* कथन (A) और कारण (R) दोनों सही हैं तथा कारण (R) कथन (A) की सही व्याख्या करता है।
(च) *(ii)* नदी, कुएँ, कुंड, स्नानागार और बेजोड़ जल निकासी के कारण
(छ) *(i)* कुंड का उपयोग पवित्र या आनुष्ठानिक रूप में किया जाता होगा
(ज) *(iv)* आनंदा को कविता पढ़ने व लिखने का कोई शौक नहीं था
(झ) *(iv)* 1, 2 और 4
(ञ) *(iii)* इन दीवारों पर दूसरी मंजिल भी रही होगी

■ खंड 'ब' (वर्णनात्मक प्रश्न)

खंड 'ब' में जनसंचार और सृजनात्मक लेखन, पाठ्य-पुस्तक आरोह भाग-2 व पूरक पाठ्य-पुस्तक वितान भाग-2 से संबंधित वर्णनात्मक प्रश्न पूछे गए हैं। जिनके निर्धारित अंक प्रश्न के सामने अंकित हैं।

जनसंचार और सृजनात्मक लेखन

7. *निम्नलिखित दिए गए 3 विषयों में से किसी 1 विषय पर लगभग 120 शब्दों में रचनात्मक लेख लिखिए।* $(6 \times 1 = 6)$

(क) बेटियों के लिए आवश्यक होती शिक्षा
(ख) वृक्ष मनुष्य के सच्चे हितैषी हैं
(ग) फैशन का बढ़ता चलन

उत्तर

***(क)* बेटियों के लिए आवश्यक होती शिक्षा**

भारतीय समाज में बेटे और बेटियों के मध्य काफी समय से भेदभाव चलता आ रहा है। बेटों को घर का वारिस और बेटियों को पराया धन मानकर उन्हें अनेक चीजों से वंचित किया जाता रहा है। किसी ने सच ही कहा है कि जब आप एक महिला को शिक्षा देकर शिक्षित करते हैं, तो आप एक पूर्ण परिवार को शिक्षित करते हैं। समाज में जहाँ बेटियों को 20वीं सदी के अंत तक शिक्षा से वंचित रखा गया है, वहीं अब बेटियों को शिक्षित करने के लिए विशेष अभियान और योजनाएँ आयोजित की जा रही हैं। बेटियों को शिक्षा प्रदान करने से वे न केवल अपना, बल्कि देश के विकास और समृद्धि में भी मदद करेगी, लेकिन क्या आप जानते हैं कि एक बेटी के जीवन में शिक्षा का कितना महत्त्व होता है। शिक्षा जीवन जीने का एक अनिवार्य हिस्सा होती है, जो एक व्यक्ति को निपुणता से नई चीजें सीखने और दुनिया के तथ्यों के बारे में जानने में मदद करती है। एक शिक्षित लड़की आत्मनिर्भर होने के साथ-साथ दूसरों के द्वारा किए जा रहे अत्याचारों का भी स्वयं सामना कर सकती है और साथ ही अपने बच्चों का भी पालन-पोषण अच्छे तरीके से कर सकती है। शिक्षा के माध्यम से, वे एक स्वस्थ और स्वच्छ जीवन शैली का नेतृत्व कर सकती हैं। यदि बेटियाँ शिक्षित होंगी, तो उन्हें गरिमा और सम्मान के साथ देखा जाने लगेगा। शिक्षित बेटियाँ विभिन्न व्यवसायों (कुक, इंजीनियर, डॉक्टर व राजनीति) में सफलता हासिल कर अन्य लड़कियों के लिए एक प्रेरणा स्रोत बन सकती हैं।

***(ख)* वृक्ष मनुष्य के सच्चे हितैषी हैं**

वृक्ष संपूर्ण विश्व के लिए बहुत महत्त्वपूर्ण हैं। यदि इस धरती पर कोई वृक्ष नहीं होगा, तो मनुष्य का जीवन जीना भी बहुत मुश्किल होगा, क्योंकि पेड़-पौधे ही मनुष्य को ऑक्सीजन प्रदान करते हैं और कार्बन-डाइ-ऑक्साइड का अवशोषण करते हैं।

मनुष्य वृक्षों द्वारा शुद्ध हवा प्राप्त करते हैं और एक सुंदर वातावरण बनाए रखते हैं। मनुष्यों द्वारा वृक्षों का उपयोग कई कार्यों के लिए किया जाता है, जिसमें पेड़ों की लकड़ी से कागज, गोंद और फर्नीचर आदि सामान बनाए जाते हैं। इसके अतिरिक्त वृक्षों से फल, फूल और भोजन भी प्राप्त होता है।

इस संसार में पेड़-पौधों से मिलने वाली अनेक महत्त्वपूर्ण चीजे हैं, जिनमें अनाज, दाल, फल, सब्जियाँ, औषधियाँ आदि सम्मिलित हैं, लेकिन पेड़ों की अंधाधुंध कटाई के कारण पारिस्थितिक प्रणाली में विचलन आ गया है; जैसे-बाढ़, सूखा, भूकंप जैसी प्राकृतिक आपदाएँ बढ़

रही हैं, लेकिन कुछ लोग लालची स्वभाव के कारण इन आपदाओं से सीख नहीं लेते, यदि यह सब इसी प्रकार चलता रहा, तो पृथ्वी खतरे में पड़ जाएगी और तब हमें जीने के लिए न ऑक्सीजन मिलेगी और न ही भोजन। अतः प्रत्येक मनुष्य को वृक्षों से लाभ लेने के लिए अधिक से अधिक पेड़ लगाने चाहिए। अपने स्तर पर पर्यावरण की रक्षा के लिए सरकारी और गैर-सरकारी स्तर पर वृक्षारोपण कार्यक्रमों पर बल देना चाहिए, क्योंकि वृक्ष मनुष्य के सच्चे हितैषी होते हैं, वे स्वार्थी नहीं होते।

(ग) **फैशन का बढ़ता चलन**

मनुष्य पैदा होते ही परंपराओं, रीति-रिवाजों, शिष्टाचारों, औपचारिकताओं का गुलाम बन जाता है। इसी प्रकार वह फैशन से भी प्रभावित होता है। समय के साथ समाज की व्यवस्था में बदलाव आते रहते हैं। इन्हीं बदलावों के अंतर्गत रहन-सहन में भी परिवर्तन होता है। किसी भी समाज में फैशन वहाँ की जलवायु, विकास तथा परिवर्तन पर निर्भर करता है। सभ्यता के विकास के साथ-साथ वहाँ के निवासियों के जीवन स्तर में भी परिवर्तन आता है।

20वीं सदी के उत्तरार्द्ध में पाश्चात्य सभ्यता के प्रभाव से समाज के खुलेपन की नींव पड़ी, जिसमें फिल्मों के द्वारा फैशनपरस्ती को बढ़ावा दिया गया। इसकी देखा-देखी युवाओं में भी फैशनपरस्ती का मोह बढ़ने लगा। इससे संपूर्ण सामाजिक जीवन फैशनपरस्ती की चपेट मे आ गया है। वर्तमान समय में फैशन के विविध रूप देखने को मिल रहे हैं। युवतियाँ एवं प्रौढ़ नए-नए फैशन के विज्ञापन करते प्रतीत होते हैं; जैसे-पारदर्शी वस्त्र पहनकर घूमना, बालों में नई-नई कटिंग, सौंदर्य प्रसाधनों के द्वारा चेहरे को जरूरत से अधिक आर्कषक बनाना आदि। चाहे भरपेट भोजन न मिले, रोजगार की सुव्यवस्था न हो, पुरानी पीढ़ी के लोग दुत्कारते रहें, तब भी नई पीढ़ी फैशनपरस्ती को सभ्य जीवन का श्रेष्ठ प्रदर्शन मानने लगी है। इस प्रकार समाज में उठना, बैठना, वार्तालाप करना, चलना फिरना, खाना-पहनना आदि सब फैशन के अनुसार ढाला जाने लगा है। समय के अनुरूप स्वयं को ढालना उचित है, परंतु दिखावटी फैशन के मोह में पड़कर स्वयं को पतन की ओर धकेलना उचित नहीं है। सामाजिक जीवन पर बढ़ते हुए फैशन का जो दुष्प्रभाव पड़ रहा है, उस पर प्रतिबंध आवश्यक है।

8. *निम्नलिखित प्रश्नों को ध्यानपूर्वक पढ़कर लगभग 40 शब्दों में निर्देशानुसार उत्तर दीजिए।* $(2 \times 2 = 4)$

(क) अप्रत्याशित लेखन का बुनियादी नियम सुसंबद्धता है। कैसे? स्पष्ट कीजिए। (2)

अथवा

"नाटक की कहानी भले ही भूतकाल या भविष्यकाल से संबंधित हो, परंतु उसे वर्तमान में घटित होना पड़ता है" स्पष्ट कीजिए।

(ख) कहानी लेखन हेतु संवादों की भूमिका पर प्रकाश डालिए। (2)

अथवा

नए और अप्रत्याशित विषयों पर लेखन करते समय कौन-कौन सी बातें ध्यान में रखनी चाहिए?

उत्तर

(क) अप्रत्याशित लेखन का बुनियादी नियम सुसंबद्धता है, क्योंकि इसका उद्देश्य भाषा के माध्यम से किसी विषय पर विचार करने और उस विचार को व्याकरणिक शुद्धता के साथ सुगठित रूप अभिव्यक्त करना है। विवरण - विवेचन के सुसंबद्ध होने के साथ-साथ उसका सुसंगत होना अच्छे लेखन की विशेषता है।

अथवा

नाटक का विषय भूतकाल हो या भविष्य काल, इन दोनों ही स्थितियों में वर्तमान काल में संयोजित होता है। यही कारण है कि नाटक के मंच निर्देश हमेशा वर्तमान काल में लिखे जाते हैं। चाहे काल कोई भी हो उसे एक समय में, एक स्थान विशेष पर वर्तमान काल में ही घटित होना होता है। समय को लेकर एक और तथ्य यह है कि साहित्य की अन्य विधाओं, जैसे– कहानी, उपन्यास, कविता को हम कभी भी पढ़ते तथा सुनते हुए बीच में रोक सकते हैं और कुछ समय बाद फिर वहीं से पढ़ना या सुनना शुरू कर सकते हैं, परंतु नाटक के साथ ऐसा संभव नहीं है। नाटक के तीन अंक होते हैं उसे भी समय को ध्यान में रखकर बाँटने की आवश्यकता होती है।

(ख) कहानी के पात्रों के द्वारा किए गए उनके विचारों की अभिव्यक्ति को संवाद या कथोपकथन कहते हैं। कहानी में संवाद का विशेष महत्त्व होता है। संवाद ही कहानी तथा पात्र को स्थापित एवं विकसित करते हैं, साथ ही कहानी को गति देकर आगे बढाते हैं। जो घटना या प्रतिक्रिया को कहानीकार घटित होती हुई नहीं दिखा सकता, उन्हें वह संवादों के माध्यम से प्रस्तुत करता है। इस प्रकार कहानी में संवादों का अत्यंत महत्त्व है।

अथवा

नए और अप्रत्याशित विषयों पर लेखन के लिए अभी तक कोई निश्चित फार्मूला निर्धारित नहीं किया गया है। अतः ऐसे विषयों पर लेखन करते समय निम्नलिखित बातें ध्यान में रखनी आवश्यक हैं

(i) नए और अप्रत्याशित विषय के संबंध में व्यक्त वस्तुस्थिति की उपेक्षा नहीं करनी चाहिए।

(ii) नए और अप्रत्याशित विषय के संबंध में चिंतन करते समय हमारे मस्तिष्क में जो भी विचार आएँ, उन्हें हमें सार्थक और सुसंगत रूप में व्यक्त करना चाहिए।

(iii) इस विषय की सबसे पहले एक रूपरेखा बनानी चाहिए।

(iv) नए और अप्रत्याशित विषय का स्वरूप जैसा भी हो, उस पर लिखते समय सुसंबद्धता और सुसंगति का ध्यान रखना चाहिए।

(v) नए और अप्रत्याशित विषयों पर व्यक्त विचारों में आत्मनिष्ठता और लेखनीय व्यक्तित्व की स्पष्ट छाप प्रतिबिंबित होनी चाहिए।

9. *निम्नलिखित प्रश्नों को ध्यानपूर्वक पढ़कर दिए गए 3 प्रश्नों में से किन्हीं 2 प्रश्नों के लगभग 60 शब्दों में उत्तर दीजिए।* $(3 \times 2 = 6)$

(क) 'भारत की सैन्य शक्ति' विषय पर एक फ़ीचर लिखिए। (3)

(ख) समाचार लेखन के ककार कौन-कौन से हैं? प्रत्येक पर प्रकाश डालिए। (3)

(ग) एक पत्रकार के लेखन की भाषा-शैली कैसी होनी चाहिए? स्पष्ट कीजिए। (3)

उत्तर

(क) **भारत की सैन्य शक्ति**

भारतीय सैन्य शक्ति हमारे देश की रक्षा की सबसे बड़ी प्रणाली के रूप में जानी जाती है। एक सुरक्षा कवच बनकर ये हमारे देश की सेवा करते हैं। यह देश के दुश्मनों से हमारी रक्षा करते हैं। इसलिए हमें अपनी भारतीय सेना पर गर्व और अभिमान है। जब भारतीय सेना वर्दी में हथियारों को लिए कदम से कदम मिलाकर एकसाथ सीमा की ओर चलती है, तो यह हमारे भारत की ताकत को दर्शाती है। भारतीय सेना में बहादुर और साहसी लोगों की भर्ती की जाती है, जो केवल देश के लिए जीते हैं और देश के लिए ही मरते हैं। भारतीय सशस्त्र सेना का एक बड़ा भाग हमारी थल सेना के रूप में हमारे भारतीय सीमाओं की रक्षा करता है। वहीं वायु सेना हमारे आकाशीय सीमाओं को, तो जल सेना हमारी समुद्री सीमाओं की रक्षा में हमेशा तत्पर रहती हैं। युद्ध या प्राकृतिक आपदाओं के समय जरूरत पड़ने पर ये तीनों सेनाएँ एक साथ मिलकर देश की सेवा करती हैं। यह सेना अपनी जान और अपने परिवार की फिक्र किए बिना दिन-रात हमारी सेवा और सुरक्षा में लगी रहते हैं।

अतः हम सभी को अपनी सेना का मनोबल बढ़ाना चाहिए तथा हमें अपनी सेना के प्रति सम्मान और गर्व का भाव रखना चाहिए। भारतीय सेना अपने राष्ट्र और नागरिकों की रक्षा के प्रति हमेशा समर्पित रहती है।

(ख) किसी समाचार को लिखते समय मुख्यतः छह प्रश्नों का जवाब देना अनिवार्य होता है। इन्हें छः 'ककार' कहा जाता है। किसी भी समाचार में इन छः ककारों का होना सामान्यतया आवश्यक माना जाता है।,

ये छः ककार निम्नलिखित हैं

(i) क्या - अर्थात् क्या घटित हुआ?

(ii) कब - अर्थात् घटना कब घटी?

(iii) कहाँ - अर्थात् घटना किस स्थान पर घटी यानी वह किस स्थान से संबंधित है?

(iv) कौन - अर्थात् घटना किससे संबंधित है?

(v) क्यों - अर्थात् घटना क्यों घटी?

(vi) कैसे - अर्थात् घटना कैसे घटित हुई?

(ग) भाषा का ज्ञान पत्रकार का सबसे बड़ा गुण होता है। पत्रकार की भाषा जितनी पैनी होगी, वह उतना ही सफल और सक्षम होगा। किसी भी भाषा की रचना सामान्य परिस्थितियों में नहीं होती, भाषा परिवर्तनों में जन्म लेती है और परिवर्तनों के साथ ही विकसित होती है। पत्र-पत्रिकाओं का सीधा संबंध सामान्य जनता से होता है। इसलिए एक पत्रकार की भाषा सीधी, सरल व सहज होनी चाहिए, जिससे लोगों को समझने में कोई परेशानी न आए। इसकी भाषा जनसाधारण के लिए सुबोध होनी चाहिए अर्थात् कम शब्दों में पूरी बात समझाने वाली होनी चाहिए।

पाठ्य-पुस्तक आरोह भाग 2

10. *निम्नलिखित प्रश्नों को ध्यानपूर्वक पढ़कर दिए गए 3 प्रश्नों में से किन्हीं 2 प्रश्नों के लगभग 60 शब्दों में उत्तर दीजिए।* $(3 \times 2 = 6)$

(क) "भ्रातृशोक में हुई राम की दशा को कवि ने प्रभु की नर-लीला की अपेक्षा सच्ची मानवीय अनुभूति के रूप में रचा है।" क्या आप इससे सहमत हैं? तर्कपूर्ण उत्तर दीजिए। (3)

(ख) 'पतंग' कविता के आधार पर स्पष्ट कीजिए कि किशोर और युवावर्ग समाज का मार्गदर्शक हैं। युवावर्ग ही विश्व की एकता को स्थायित्व दे सकता है। (3)

(ग) "जग-जीवन का भार लिए फिरने" का आशय स्पष्ट कीजिए। (3)

उत्तर

(क) 'लक्ष्मण-मूर्च्छा और राम का विलाप' कविता में लक्ष्मण के प्रति श्रीराम के प्रेम की हृदयस्पर्शी अभिव्यक्ति हुई है। यहाँ श्रीराम का मानवीय रूप दृष्टिगत होता है। वे साधारण मानव की तरह अधीर होते हैं तथा कहते हैं कि उन्हें यदि ज्ञात होता कि वन में भाई का विछोह होगा, तो वे पिता को दिए गए वचन का भी पालन नहीं करते।

वे कहते हैं कि संसार में पुत्र, स्त्री आदि तो एकाधिक बार मिल जाते हैं, परंतु सहोदर भाई पुनः नहीं मिलता। वे कहते हैं कि लक्ष्मण के बिना वे कौन-सा मुँह लेकर अयोध्या जाएँगे? इन पंक्तियों में श्रीराम की आंतरिक व्यथा का मर्मस्पर्शी चित्रण हुआ है।

(ख) किशोर और युवा अवस्था ऐसी अवस्थाएँ होती हैं, जिसमें क्षमता और इच्छाशक्ति उच्च स्तर पर होती हैं। ये स्वयं अपना लक्ष्य निर्धारित करते हैं और उसे पाने की हर संभव कोशिश करते हैं। उनकी आँखों में जीवन की ऊँचाइयों को पाने के सपने होते हैं। किशोर तथा युवा वर्ग अपनी निश्छलता से विश्व की एकता को स्थायित्व दे सकते हैं।

(ग) चिंतनशील व्यक्ति अपने तक ही सीमित नहीं रहता। कवि तो स्वतंत्र-चेतना का व्यक्ति होता है। वह संसार की सोचता है। संसार में अभाव है, पीड़ा है, छल-कपट है, नित्य नूतन समस्याएँ हैं। कविगण उनके कारण एवं निदान के विषय में चिंतन करते रहते हैं। सब समस्याओं का समाधान प्रस्तुत करना तो उनके वश में नहीं होता, लेकिन वे अपने साहित्य में कोई महत्त्वपूर्ण समस्या उठाते हैं और फिर उसके निराकरण के लिए संसार को एक रास्ता भी दिखाते हैं। इसी कारण कवि यह कहता है कि मैं संसार का भार अपने कंधों पर लिए फिरता हूँ।

11. *निम्नलिखित प्रश्नों को ध्यानपूर्वक पढ़कर दिए गए 3 प्रश्नों में से किन्हीं 2 प्रश्नों के लगभग 40 शब्दों में उत्तर दीजिए।* $(2 \times 2 = 4)$

(क) 'कविता के बहाने' में कविता एक खेल के समान होती है। कैसे? स्पष्ट कीजिए। (2)

(ख) 'कैमरे में बंद अपाहिज' कविता को क्या संवेदनहीन कहा जा सकता है? तर्क सहित स्पष्ट कीजिए। (2)

(ग) समाज का धनी वर्ग प्रभुत्वशाली होते हुए भी परिवर्तन से भयभीत रहता है। क्यों? 'बादल राग' कविता के आधार पर स्पष्ट कीजिए। (2)

उत्तर

(क) कविता के बहाने कवि कविता एवं बालक में समानता व्यक्त करते हुए कहता है कि कविता एक खेल है और बच्चों के खेल में किसी प्रकार की कोई सीमा नहीं होती। जिस प्रकार बच्चा अपने-पराए का भेद किए बिना सब जगह अपने स्वाभाविक रूप में रहते हुए समानता की भावना को प्रसारित करता है, ठीक उसी तरह कविता भी सबके लिए समानता की भावना को प्रचारित करती है। वह समान अर्थ एवं भाव रखते हुए सभी को एक ही सीख देती है।

(ख) 'कैमरे में बंद अपाहिज' कविता वास्तव में मीडिया द्वारा लोगों की पीड़ा बेचने की स्थिति को दर्शाती है। तथाकथित संवेदनशील कार्यक्रमों का संचालन करने वाले स्वयं संवेदनहीन होते हैं। वे पीड़ित व्यक्ति से अर्थहीन एवं मूर्खतापूर्ण प्रश्न पूछते हैं, क्योंकि उनका उद्देश्य सिर्फ़ ऐसे प्रश्न करना है, जिससे पीड़ित की वेदना, आँसुओं के रास्ते छलक उठे और दर्शक उनके कार्यक्रम में रुचि लें। किसी भी तरह उनकी टी आर पी बढ़े और उन्हें इसका व्यावसायिक लाभ प्राप्त हो सके। उनका एकमात्र उद्देश्य अपाहिज या पीड़ायुक्त व्यक्ति की वेदना को दूरदर्शन के माध्यम से बेचना होता है। इसलिए इस कविता को संवेदनहीन की कविता माना जाना चाहिए।

(ग) समाज का धनी वर्ग प्रभुत्वशाली है। यह वर्ग पूँजीवादी तथा सामंती है। इसे किसी भी प्रकार के सामाजिक परिवर्तन से भय होता है।
यह वर्ग शोषण की बुनियाद पर टिका होता है। कमज़ोर, वंचित तथा पिछड़े लोग इसके शिकार बनते हैं, लेकिन जब दबी-कुचली जनता अपनी शक्ति का प्रदर्शन करने लगती है, तो शोषक वर्ग भयभीत हो जाता है।
विप्लव के बादल जब घोर गर्जना करते हैं, तो धनी वर्ग अपने विनाश, मृत्यु तथा लुटने की आशंका से ग्रस्त हो जाता है। ऐसा धनी वर्ग अपने महल के शयनकक्ष में भी भयभीत दिखता है। उसे अपने अस्तित्व तथा शोषण की प्रक्रिया के अंत का बोध काँपने के लिए विवश कर देता है।

12. *निम्नलिखित प्रश्नों को ध्यानपूर्वक पढ़कर दिए गए 3 प्रश्नों में से किन्हीं 2 प्रश्नों के लगभग 60 शब्दों में उत्तर दीजिए।* $(3 \times 2 = 6)$

(क) लोगों ने लड़कों की टोली को मेंढक-मंडली का नाम किस आधार पर दिया? यह टोली स्वयं को इंदर सेना कहकर क्यों बुलाती थी? 'काले मेघा पानी दे' पाठ के आधार पर स्पष्ट कीजिए। (3)

(ख) बाज़ार के जादू का प्रभाव समाप्त हो जाने पर ग्राहक की दशा कैसी हो जाती है तथा उसे क्या बोध होता है? स्पष्ट कीजिए। (3)

(ग) पहलवान लुट्टन सिंह को राजा साहब की कृपा दृष्टि कब प्राप्त हुई? (3)

उत्तर

(क) गाँव के कुछ लोगों को लड़कों का नंग-धड़ंग होकर कीचड़ में पथपथ होना अच्छा नहीं लगता था। इस कारण वे उन लड़कों की टोली को 'मेंढक-मंडली' के नाम से पुकारते थे। लड़कों की वह टोली वर्षा के देवता इंद्र से वर्षा करने की प्रार्थना करती थी। वे लोक-विश्वास के आधार पर इंद्रदेव के दूत बनकर सबसे पानी इसलिए माँगते थे, जिससे इंद्रदेव भी उन्हें वर्षा का दन करें। इसलिए वे अपने आपको 'इंद्र सेना' कहकर बुलाते थे।

(ख) बाज़ार का जादू से तात्पर्य उस स्थिति से है, जब व्यक्ति बाज़ार की चकाचौंध देखकर उसकी वस्तुओं को खरीदने के लिए उत्सुक होता है। जिस प्रकार चुंबक लोहे को अपनी ओर खींचती है, उसी प्रकार बाज़ार का जादू चढ़ने पर मनुष्य उसकी ओर आकर्षित होता है। उसे लगता है कि मैं यह सामान भी लूँ, वह भी लूँ। उसे सभी वस्तुएँ अनिवार्य तथा आराम बढ़ाने वाली मालूम होती हैं, लेकिन मनुष्य पर बाज़ार के जादू के उतरने का प्रभाव यह पड़ता है कि फैंसी चीज़ों की बहुतायत उसके आराम में मदद नहीं देती, बल्कि खलल ही डालती हैं। उसे लगने लगता है कि इससे थोड़ी देर गर्व जरूर महसूस होता है, पर इससे अभिमान की ग्लानि को और खुराक ही मिलती है।

(ग) लुट्टन सिंह सुडौल शरीर वाला एक देहाती पहलवान था। उसने एक बार श्यामनगर के राजा की आज्ञा लेकर पंजाब के पहलवान चाँद सिंह को ढोलक की ताल का अनुसरण कर चित्त कर दिया था। अतः राजा साहब ने खुश होकर उसे अपने दरबार में रख लिया था और उस दिन से राजा साहब के देहांत तक वह राज-पहलवान बना रहा।

13. *निम्नलिखित प्रश्नों को ध्यानपूर्वक पढ़कर दिए गए 3 प्रश्नों में से किन्हीं 2 प्रश्नों के लगभग 40 शब्दों में उत्तर दीजिए।* $(2 \times 2 = 4)$

(क) भक्तिन के आ जाने से महादेवी अधिक देहाती कैसे हो गई? स्पष्ट कीजिए। (2)

(ख) 'कालिदास अनासक्त योगी की तरह थे, इसलिए वे मेघदूत काव्य का निर्माण कर सके।' लेखक के इस कथन का क्या अभिप्राय है? 'शिरीष के फूल' पाठ के आधार पर स्पष्ट कीजिए। (2)

(ग) हमारे समाज में जाति-प्रथा किस रूप में स्थापित की गई है? 'श्रम विभाजन' पाठ के आधार पर बताइए। (2)

उत्तर

(क) भक्तिन के आ जाने से महादेवी अधिक देहाती इसलिए हो गई, क्योंकि भक्तिन देहाती थी। शहर में लेखिका के पास सेविका के रूप में आ जाने से महादेवी का खाना-पहनना देहाती हो गया। भक्तिन ने देहाती खाने की विशेषताएँ बता बताकर उनके खाने की आदत बदल डाली। लेखिका को रात में मकई के दलिये के साथ मट्ठा पीना पड़ा, बाजरे के तिल मिलाकर बने पुए खाने पड़े और ज्वार के भुने हुए भुट्टे की खिचड़ी खानी पड़ी। उसकी बनाई हुई सफेद महुए की लापसी को संसार के श्रेष्ठ हलवे से अधिक स्वादिष्ट मानकर खाना पड़ा। भक्तिन ने लेखिका को देहाती भाषा और कहावतें भी सिखा दीं। इस प्रकार महादेवी देहाती बन गई।

(ख) कालिदास अनासक्तयोगी की तरह थे, इसलिए वे मेघदूत काव्य का निर्माण कर सके। शिरीष वृक्ष अद्‌भुत, अवधूत तथा अनासक्त है। वह मस्त व फक्कड़ जैसा है। इस तरह कालिदास आदि महाकवि भी अनासक्त, मस्त और फक्कड़ा प्रवृत्ति के होते हैं। कवि को हानि-लाभ, राग-द्वेष, यश-अपयश आदि की चिंता न करके अनासक्त रहना पड़ता है। सब कुछ अवधूत की तरह सहन करने तथा अनासक्त रहकर आगे बढ़ने से ही महान् लक्ष्य मिलता है।

(ग) 'श्रम विभाजन और जाति-प्रथा' पाठ में 'जातिवाद' का पोषक श्रम-विभाजन को कहा गया है। जातिवाद के पोषको का मानना है कि आधुनिक सभ्य समाज में कार्य-कुशलता लाने के लिए श्रम-विभाजन आवश्यक है, परंतु जाति-प्रथा में श्रम-विभाजन स्वाभाविक विभाजन नहीं है, क्योंकि यह व्यक्ति की रुचि, कार्य-कुशलता तथा क्षमता पर आधारित नहीं हैं। यह भारत में बेरोजगारी का एक प्रमुख व प्रत्यक्ष कारण है।

पूरक पाठ्य-पुस्तक वितान भाग 2

14. *निम्नलिखित प्रश्नों को ध्यानपूर्वक पढ़कर दिए गए 2 प्रश्नों में से किसी 1 प्रश्न का लगभग 60 शब्दों में उत्तर दीजिए।* $(4 \times 1 = 4)$

(क) 'सिंधु की सभ्यता पूर्ण विकसित मानव सभ्यता थी' इस विचार से आप कहाँ तक सहमत हैं? (4)

अथवा

'जूझ' के कथानायक का मन पाठशाला जाने के लिए क्यों तड़पता था? उसे खेती का काम अच्छा क्यों नहीं लगता था? तर्कपूर्ण उत्तर दीजिए।

उत्तर

'सिंधु की सभ्यता पूर्ण विकसित मानव सभ्यता थी, इस विचार से हम पूर्णरूप से सहमत हैं, क्योंकि यह सभ्यता धर्मतंत्र या राजतंत्र की ताकत का प्रदर्शन करने वाले महलों, उपासना स्थलों आदि का निर्माण नहीं करती, बल्कि यह सभ्यता समाज या मानव पोषित संस्था का समर्थन करती थी। इस सभ्यता में आडंबर को स्थान नहीं दिया गया था, अपितु चारों ओर सुन्दरता ही दिखाई देती थी। सभ्यता के केंद्र में समाज को प्रथम स्थान दिया गया है। इन्हीं कारणों से सिंधु सभ्यता पूर्ण विकसित मानव सभ्यता थी।

अथवा

'जूझ' कहानी का कथानायक पढ़ना चाहता था, इसलिए उसका मन पाठशाला जाने के लिए तड़पता था, उसे खेती का काम अच्छा नहीं लगता था। वस्तुतः खेती द्वारा अत्यंत कठिनाई से जीवन-यापन होता है, क्योंकि खेती के कार्य में परिश्रम भी बहुत अधिक करना पड़ता है। कथानायक का पिता आलसी और कामचोर व्यक्ति था तथा वह स्वयं खेत में कार्य नहीं करता था। वह अपने पुत्र से ही खेती का कार्य करवाना चाहता था। इसके विपरीत, कथानायक सोचता था कि वह पढ़-लिखकर अच्छी नौकरी करेगा या कोई व्यवसाय, जिससे वह पर्याप्त धन अर्जित कर सकेगा। वह चाहता था कि धन कमाकर वह कोई अच्छा-सा व्यापार करे। इस प्रकार उसके मन में पाठशाला जाने की तीव्र इच्छा उमड़ती थी।

▶ स्टेज II प्रोफिशियंसी लेवल
(हल प्रश्न-पत्र के बाद)

प्रतिदर्श प्रश्न-पत्र 4

हिंदी केंद्रिक कक्षा 12

समय : 3 घंटे पूर्णांक : 80

निर्देश

1. इस प्रश्न-पत्र में खंड 'अ' में वस्तुपरक तथा खंड 'ब' में वर्णनात्मक प्रश्न पूछे गए हैं।
2. खंड 'अ' में 40 वस्तुपरक प्रश्न पूछे गए हैं। सभी 40 प्रश्नों के उत्तर देने हैं।
3. खंड 'ब' में वर्णनात्मक प्रश्न पूछे गए हैं। प्रश्नों के उचित आंतरिक विकल्प दिए गए हैं।
4. दोनों खंडों के प्रश्नों के उत्तर देना अनिवार्य है।
5. यथासंभव दोनों खंडों के प्रश्नों के उत्तर क्रमशः लिखिए।

■ खंड 'अ' (वस्तुपरक प्रश्न)

खंड 'अ' में अपठित बोध, अभिव्यक्ति और माध्यम, पाठ्य-पुस्तक आरोह भाग-2 व पूरक पाठ्य पुस्तक वितान भाग-2 से संबंधित बहुविकल्पीय प्रश्न पूछे गए हैं। जिनमें प्रत्येक प्रश्न के लिए 1 अंक निर्धारित है।

अपठित बोध

1. *निम्नलिखित गद्यांश को ध्यानपूर्वक पढ़कर दिए गए प्रश्नों के सर्वाधिक उपयुक्त उत्तर वाले विकल्प को चुनकर लिखिए।* (1×10 = 10)

शिक्षा जीवन के सर्वांगीण विकास हेतु अनिवार्य है। शिक्षा के बिना मनुष्य विवेकशील और शिष्ट नहीं बन सकता। विवेक से मनुष्य में सही और गलत का चयन करने की क्षमता उत्पन्न होती है। विवेक से ही मनुष्य के भीतर उसके चारों ओर घटते घटनाक्रमों के प्रति एक उचित दृष्टिकोण उत्पन्न होता है। शिक्षा ही मानव-को-मानव के प्रति मानवीय भावनाओं से पोषित करती है।

शिक्षा से मनुष्य अपने परिवेश के प्रति जाग्रत होकर कर्त्तव्याभिमुख हो जाता है। 'स्व' से 'पर' की ओर अग्रसर होने लगता है। निर्बल की सहायता करना, दुखियों के दु:ख दूर करने का प्रयास करना, दूसरों के दु:ख से दु:खी हो जाना और दूसरों के सुख से स्वयं सुख का अनुभव करना जैसी बातें एक शिक्षित मानव में सरलता से देखने को मिल जाती हैं। इतिहास, साहित्य, राजनीतिशास्त्र, समाजशास्त्र, दर्शनशास्त्र इत्यादि पढ़कर विद्यार्थी विद्वान ही नहीं बनता, वरन् उसमें एक विशिष्ट जीवन दृष्टि, रचनात्मकता और परिपक्वता का सृजन भी होता है। शिक्षित सामाजिक परिवेश में व्यक्ति अशिक्षित सामाजिक परिवेश की तुलना में सदैव ही उच्च स्तर पर जीवन-यापन करता है।

आज के आधुनिक युग में शिक्षा का अर्थ बदल रहा है। शिक्षा भौतिक आकांक्षा की पूर्ति का साधन बनती जा रही है। व्यावसायिक शिक्षा के अंधानुकरण से छात्र सैद्धांतिक शिक्षा से दूर होते जा रहे हैं, जिसके कारण रूस की क्रांति, फ्रांस की क्रांति, अमेरिकी क्रांति, समाजवाद, पूँजीवाद, राजनीतिक व्यवस्था, सांस्कृतिक मूल्यों आदि की सामान्य जानकारी भी व्यावसायिक शिक्षा ग्रहण करने वाले छात्रों को नहीं है। यह शिक्षा का विशुद्ध रोज़गारोन्मुखी रूप है। शिक्षा के प्रति इस प्रकार का संकुचित दृष्टिकोण अपनाकर

विवेकशील नागरिकों का निर्माण नहीं किया जा सकता। भारत जैसे विकासशील देश में शिक्षा रोज़गार का साधन न होकर साध्य हो गई है। इस कुप्रवृत्ति पर अंकुश लगाना आवश्यक है। जहाँ मानविकी के छात्रों को पत्रकारिता, साहित्य-सृजन, विज्ञापन, जनसंपर्क इत्यादि कोर्स भी कराए जाने चाहिए, ताकि उन्हें रोज़गार के लिए भटकना न पड़े, वहीं व्यावसायिक कोर्स करने वाले छात्रों को मानविकी के विषय; जैसे—इतिहास, साहित्य, राजनीतिशास्त्र, दर्शन आदि का थोड़ा-बहुत अध्ययन अवश्य करना चाहिए, ताकि समाज को विवेकशील नागरिक प्राप्त होते रहें, तभी समाज में संतुलन बना रह सकेगा।

(क) एक शिक्षित व्यक्ति में समाज कल्याण हेतु किन बातों का होना आवश्यक है? (1)

(i) निर्बल की सहायता करना *(ii)* दूसरों के दु:ख से दु:खी हो जाना
(iii) दुखियों के दु:ख दूर करने का प्रयास करना *(iv)* ये सभी

(ख) शिक्षा के द्वारा मनुष्य में कैसी भावना उत्पन्न होती है? (1)

(i) भौतिक उन्नति की *(ii)* वसुधैव कुटुंबकम की
(iii) स्वार्थ पूर्ति की *(iv)* अनुशासनहीनता की

(ग) 'शिक्षा भौतिक आकांक्षा की पूर्ति का साधन बनती जा रही है', पंक्ति का क्या आशय है? (1)

(i) व्यावसायिक शिक्षा मनुष्य को सभी सुविधाएँ उपलब्ध कराती है
(ii) व्यावसायिक शिक्षा वर्तमान में मात्र धन कमाने का साधन बनती जा रही है
(iii) व्यावसायिक शिक्षा मनुष्य के लक्ष्य प्राप्ति का साधन बन रही है
(iv) व्यावसायिक शिक्षा मानवीय मूल्यों का विस्तार करने का साधन है

(घ) व्यावसायिक शिक्षा के अंधानुकरण का क्या परिणाम सामने आया है? (1)

(i) छात्र सैद्धांतिक शिक्षा से दूर होते जा रहे हैं *(ii)* छात्र का सर्वांगीण विकास तीव्र गति से हो रहा है
(iii) छात्र सामाजिक होते जा रहे हैं *(iv)* छात्र अपना उत्तरदायित्व स्वयं उठा रहे हैं

(ङ) व्यावसायिक शिक्षा ग्रहण करने वाले छात्रों को किसकी जानकारी नहीं है? (1)

(i) राजनीतिक व्यवस्था की *(ii)* सांस्कृतिक मूल्यों की
(iii) सामान्य इतिहास की *(iv)* ये सभी

(च) गद्यांश के अनुसार, विवेकशील नागरिकों का निर्माण करने में किसे बाधक माना गया है? (1)

(i) आधुनिक शिक्षा को *(ii)* शिक्षा के प्रति संकुचित दृष्टिकोण को
(iii) समतामूलक समाज को *(iv)* शिक्षा के प्रति व्यापक दृष्टिकोण को

(छ) निम्नलिखित कथनों पर विचार कीजिए (1)

1. शिक्षा से ही व्यक्ति में जागरूकता आती है तथा अपने इर्द-गिर्द होने वाले घटनाक्रम के प्रति सचेत होकर वह सही निर्णय ले पाता है।
2. व्यावसायिक शिक्षा ग्रहण करने वाले छात्रों में सामाजिक, राजनीतिक व सांस्कृतिक मूल्यों का भी समावेश होता है।
3. वर्तमान में शिक्षा का स्वरूप केवल रोजगारोन्मुखी रह गया है।

उपरोक्त कथनों में से कौन-सा/से सही है/हैं?

(i) केवल 1 *(ii)* केवल 3 *(iii)* 1 और 3 *(iv)* 2 और 3

(ज) 'इस कुप्रवृत्ति पर अंकुश लगाना आवश्यक है।' इससे लेखक सिद्ध करना चाहता है कि शिक्षा (1)

(i) रोजगार का साधन होनी चाहिए *(ii)* मानवीय भावनाओं का पोषण नहीं करती
(iii) भौतिक आकांक्षा की पूर्ति का साधन है *(iv)* विवेकशील नागरिकों के निर्माण में सहायक नहीं है

(झ) निम्नलिखित कथन और कारण को ध्यानपूर्वक पढ़िए और सही विकल्प चुनकर लिखिए। (1)

कथन (A) व्यावसायिक कोर्स करने वाले छात्रों को मानविकी के विषय का अध्ययन भी करना आवश्यक है।
कारण (R) मानविकी विषय छात्रों को विवेकशील बनाता है जिससे समाज में संतुलन स्थापित होता है।

कूट

(i) कथन (A) और कारण (R) दोनों सही हैं तथा कारण (R) कथन (A) की सही व्याख्या करता है
(ii) कथन (A) गलत है, किंतु कारण (R) सही है
(iii) कथन (A) तथा कारण (R) दोनों गलत हैं
(iv) कथन (A) और कारण (R) दोनों सही हैं, लेकिन कारण (R) कथन (A) की सही व्याख्या नहीं करता है

(ञ) गद्यांश में किस कुप्रवृत्ति पर अंकुश लगाने की बात की गई है? (1)

(i) शिक्षा रोजगार प्राप्ति का साधन न होकर साध्य बनने की *(ii)* शिक्षा के सर्वांगीण विकास की
(iii) शिक्षा के रोजगारोन्मुखी न होने की *(iv)* शिक्षा के बढ़ते मूल्य को कम करने की

2. *दिए गए पद्यांश पर आधारित प्रश्नों को ध्यानपूर्वक पढ़कर दिए गए प्रश्नों के सर्वाधिक उपयुक्त उत्तर वाले विकल्प को चुनकर लिखिए।* (1×5 = 5)

निज रक्षा का अधिकार रहे जन-जन को
सबकी सुविधा का भार किंतु शासन को।
मैं आर्यों का आदर्श बताने आया,
जन-सम्मुख धन का तुच्छ जताने आया।
सुख-शांति हेतु मैं क्रांति मचाने आया,
विश्वासी का विश्वास बचाने आया,
मैं आया उनके हेतु कि जो तापित हैं,
जो विवश, विकल, बल-हीन, दीन शापित हैं।
हो जाएँ अभय वे जिन्हें कि भय भासित हैं,
जो कौणप-कुल से मूक-सदृश शासित हैं।
मैं आया, जिसमें बनी रहे मर्यादा,
बच जाए प्रबल से, मिटै न जीवन सादा।
सुख देने आया, दुःख झेलने आया।
मैं मनुष्यत्व का नाट्य खेलने आया,
मैं यहाँ एक अवलंब छोड़ने आया,
गढ़ने आया हूँ, नहीं तोड़ने आया।
जगदुपवन के झंखाड़ छाँटने आया।
मैं राज्य भोगने नहीं, भुगाने आया।
हंसों को मुक्ता-मुक्ति चुगाने आया।
भव में नव वैभव व्याप्त कराने आया।
नर को ईश्वरता प्राप्त कराने आया।
संदेश यहाँ मैं नहीं स्वर्ग का लाया,
इस भूतल को ही स्वर्ग बनाने आया।
अथवा आकर्षण पुण्यभूमि का ऐसा,
अवतरित हुआ मैं, आप उच्च फल जैसा।

(क) प्रस्तुत पद्यांश के अनुसार शासक का क्या कार्य होता है? (1)
(i) प्रजा के लिए धन की व्यवस्था करना
(ii) प्रजा के लिए सभी प्रकार के सुख-साधनों का प्रबंध करना
(iii) प्रजा के लिए मनोरंजन की व्यवस्था करना
(iv) प्रजा के लिए धरती को स्वर्ग बनाना

(ख) राम इस धरती पर किनके लिए आए हैं? (1)
(i) बलहीन लोगों के लिए
(ii) दीन-हीन लोगों के लिए
(iii) विवश लोगों के लिए
(iv) ये सभी

(ग) मनुष्यत्व का नाटक किस प्रकार खेला गया? (1)
(i) स्वयं दुःख झेलकर अन्य सभी को सुख देकर
(ii) दूसरों को बेसहारा छोड़कर
(iii) हंसों को मोती देकर
(iv) स्वयं को सुख तथा अन्य सभी को दुःख देकर

(घ) निम्नलिखित कथनों पर विचार कीजिए (1)
1. राम इस धरती पर भयाक्रांत लोगों को अभय दान करने आए थे।
2. राम इस धरती को स्वर्ग समान बनाने आए थे।
3. राम इस धरती पर स्वर्ग का संदेश लेकर आए थे।
उपरोक्त कथनों में से कौन-सा/से सही है/हैं?
(i) केवल 1 *(ii)* केवल 3 *(iii)* 1 और 2 *(iv)* 2 और 3

(ङ) कॉलम 1 को कॉलम 2 से सुमेलित कीजिए (1)

कॉलम- 1	**कॉलम- 2**
A. धरती को बनाने की	1. रक्षा करने हेतु
B. बलहीन, दीन और शापित की	2. शासन
C. देशवासियों की सुख-सुविधा का भार	3. स्वर्ग

कूट

	A	B	C
(i)	2	3	1
(ii)	1	2	3
(iii)	2	1	3
(iv)	3	1	2

अभिव्यक्ति और माध्यम

3. *निम्नलिखित प्रश्नों को ध्यानपूर्वक पढ़कर सर्वाधिक उपयुक्त उत्तर वाले विकल्प को चुनकर लिखिए।* (1 × 5 = 5)

(क) भारत में पत्रकारिता की शुरुआत कब हुई? (1)

(i) 1853 ई. में *(ii)* 1780 ई. में
(iii) 1767 ई. में *(iv)* 1857 ई. में

(ख) इंटरनेट पत्रकारिता का अन्य प्रचलित नाम क्या है? (1)

(i) ऑनलाइन पत्रकारिता *(ii)* वेब पत्रकारिता
(iii) साइबर पत्रकारिता *(iv)* ये सभी

(ग) जब किसी समाचार या घटना का सीधे घटना स्थल से ही प्रसारण किया जाता है, उसे क्या कहते हैं? (1)

(i) लाइव समाचार *(ii)* विलोम स्तूपी समाचार
(iii) ऊर्ध्वस्तूपी समाचार *(iv)* स्थानीय समाचार

(घ) सूची I को सूची II से सुमेलित कीजिए (1)

सूची I	सूची II
A. विदेशों से प्राप्त होने वाले समाचार	1. प्रादेशिक समाचार
B. स्वयं के देश के समाचार	2. स्थानीय समाचार
C. प्रदेशों से प्राप्त होने वाले समाचार	3. अंतर्राष्ट्रीय समाचार
D. समाचार-पत्र के प्रकाशन स्थान के आस-पास के क्षेत्र के समाचार	4. राष्ट्रीय समाचार

कूट

	A	B	C	D
(i)	4	3	2	1
(ii)	2	1	4	3
(iii)	1	4	2	3
(iv)	3	4	1	2

(ङ) निम्नलिखित में से कौन-सा फ़ीचर लेखन का तत्त्व है? (1)

(i) परिवेश *(ii)* छंद *(iii)* कल्पना *(iv)* बिंब

पाठ्य-पुस्तक आरोह भाग 2

4. *निम्नलिखित पद्यांश के प्रश्नों को ध्यानपूर्वक पढ़कर सर्वाधिक उपयुक्त उत्तर वाले विकल्प को चुनकर लिखिए।* (1 × 5 = 5)

फिर हम परदे पर दिखलाएँगे
फूली हुई आँख की एक बड़ी तस्वीर
बहुत बड़ी तस्वीर
और उसके होंठों पर एक कसमसाहट भी
(आशा है आप उसे उसकी अपंगता की पीड़ा मानेंगे)
एक और कोशिश
दर्शक
धीरज रखिए
देखिए
हमें दोनों एक संग रुलाने हैं
आप और वह दोनों
(कैमरा बस करो नहीं हुआ रहने दो परदे पर वक्त
की कीमत है)
अब मुस्कुराएँगे हम

(क) कार्यक्रम का प्रस्तुतकर्ता परदे पर क्या दिखाने की बात करता है? (1)

(i) फूली हुई बड़ी आँख *(ii)* अपाहिज व्यक्ति के होंठों की पीड़ा
(iii) अपाहिज व्यक्ति का दु:ख-दर्द *(iv)* ये सभी

(ख) प्रस्तुतकर्ता की दृष्टि में कार्यक्रम सफल कब माना जाएगा? (1)

(i) जब अपाहिज व्यक्ति का दु:ख व्यक्त होगा
(ii) जब दर्शक उससे तादात्म्य कर लेगा
(iii) जब अपाहिज व्यक्ति और दर्शक की मन:स्थिति एक जैसी हो जाएगी
(iv) जब प्रस्तुतकर्ता स्वयं अपाहिज के दर्द को समझेगा

(ग) अपाहिज की स्थिति का चित्रण करने वाले कार्यक्रम निर्माता का उद्देश्य क्या होता है? (1)

(i) पीड़ित व्यक्ति को न्याय दिलाना
(ii) दु:खी व पीड़ित व्यक्ति की व्यथा का वर्णन करना
(iii) कार्यक्रम की व्यावसायिक सफलता और लोकप्रियता
(iv) संवेदनहीन समाज का चित्रण करना

(घ) निम्नलिखित कथन और कारण को ध्यानपूर्वक पढ़िए और सही विकल्प चुनकर लिखिए। (1)

कथन (A) दूरदर्शन वाले अपाहिज की सूजी हुई आँखें बहुत बड़ी करके दिखाता है।

कारण (R) आँखों में हुए मोतियाबिंद को सबकों दिखा सके।

(i) कथन (A) सही है, परंतु कारण (R) गलत है
(ii) कथन (A) गलत है, परंतु कारण (R) सही है
(iii) कथन (A) तथा कारण (R) दोनों सही हैं, लेकिन कारण (R) कथन (A) की व्याख्या नहीं करता है
(iv) कथन (A) तथा कारण (R) दोनों सही हैं, लेकिन कारण (R) कथन (A) की सही व्याख्या करता है

(ङ) 'हमें दोनों एक संग रुलाने हैं' पंक्ति में 'दोनों' शब्द किनके लिए आया है? (1)

(i) कवि और अपाहिज व्यक्ति के लिए
(ii) अपाहिज व्यक्ति और दर्शक के लिए
(iii) दर्शक और कवि के लिए
(iv) प्रस्तुतकर्ता और अपाहिज व्यक्ति के लिए

5. *निम्नलिखित गद्यांश के प्रश्नों को ध्यानपूर्वक पढ़कर सर्वाधिक उपयुक्त उत्तर वाले विकल्प को चुनकर लिखिए।* ($1 \times 5 = 5$)

शांत दर्शकों की भीड़ में खलबली मच गई-'पागल है पागल, मरा-ऐ! मरा-मरा।'... पर वाह रे बहादुर! लुट्टन बड़ी सफाई से आक्रमण को सँभालकर निकलकर उठ खड़ा हुआ और पैंतरा दिखाने लगा। राजा साहब ने कुश्ती बंद करवाकर लुट्टन को अपने पास बुलवाया और समझाया। अंत में, उसकी हिम्मत की प्रशंसा करते हुए, दस रुपये का नोट देकर कहने लगे-"जाओ, मेला देखकर घर जाओ।..."

(क) शांत भीड़ में खलबली क्यों मच गई? (1)

(i) चाँद सिंह द्वारा लुट्टन सिंह को झपटकर दबोच लेने के कारण
(ii) राजा द्वारा कुश्ती न करने का आदेश देने के कारण
(iii) भीड़ में उपद्रवियों के घुस आने के कारण
(iv) उपरोक्त सभी

(ख) 'पर वाह रे बहादुर।' पंक्ति में बहादुर शब्द किस व्यक्ति के लिए प्रयुक्त हुआ है? (1)

(i) लुट्टन सिंह पहलवान *(ii)* चाँद सिंह पहलवान *(iii)* राजा साहब *(iv)* मैनेजर साहब

(ग) राजा साहब ने लुट्टन सिंह की प्रशंसा क्यों की? (1)

(i) क्योंकि उसने चाँद सिंह को कुश्ती की चुनौती दी थी
(ii) क्योंकि उसने गाँव के लोगों की सहायता की
(iii) क्योंकि उसने अपने परिवार को सँभाला था
(iv) क्योंकि उसने कुश्ती के लिए संघर्ष किया था

(घ) दी गई सूची-I का सूची-II से सुमेलन कीजिए (1)

	सूची-I		सूची-II
A.	लुट्टन	1.	गाँव का पहलवान
B.	पैंतरा दिखाना	2.	चाँद सिंह
C.	शेर का बच्चा	3.	मुद्रा दिखाना

कूट

	A	B	C
(i)	3	1	2
(ii)	1	3	2
(iii)	1	2	3
(iv)	2	1	3

(ङ) राजा द्वारा लुट्टन सिंह को दस रुपये का नोट देकर मेला देखकर घर जाने को कहने के पीछे क्या कारण था? (1)

(i) कुश्ती लड़ने के लिए तैयार करना
(ii) कुश्ती लड़ने से मना करना
(iii) कुश्ती की प्रतियोगिता हार जाना
(iv) कुश्ती की प्रतियोगिता जीत जाना

पूरक पाठ्य-पुस्तक वितान भाग 2

6. *निम्नलिखित प्रश्नों को ध्यानपूर्वक पढ़कर सर्वाधिक उपयुक्त उत्तर वाले विकल्प को चुनकर लिखिए।* $(1 \times 10 = 10)$

(क) यशोधर बाबू ने जब बेटे का उपहार में दिया हुआ 'ऊनी गाउन' पहना, तो उन्हें कैसा लगा? (1)

(i) जैसे उनके अंगों में किशनदा उतर आए हों
(ii) जैसे वे आधुनिक हो गए हों
(iii) जैसे वे नए विचारों के प्रति सहज हो गए हों
(iv) जैसे उन्हें कुछ काटने को दौड़ रहा हो

(ख) 'सिल्वर वैडिंग' कहानी में 'जो हुआ' वाक्य से क्या अभिव्यक्त हो सकता है? (1)

(i) पता नहीं, क्या हुआ होगा
(ii) किशनदा की निराशा
(iii) किशनदा के प्रति लोगों का ध्यान न जाना
(iv) ये सभी

(ग) 'सिल्वर वैडिंग' कहानी के मुख्य पात्र द्वारा परंपरागत सिद्धांतों को अपनाकर उनके निजी जीवन पर क्या प्रभाव पड़ा? (1)

(i) उनका निजी जीवन अत्यंत सहज हो गया था
(ii) उनका अपने परिवार के बीच तालमेल नहीं बैठता था
(iii) उनकी अपने परिवार में अच्छी खासी साख थी
(iv) उनका व्यक्तित्व अत्यंत संकुचित हो गया था

(घ) निम्नलिखित कथन और कारण को ध्यानपूर्वक पढ़िए और सही विकल्प चुनकर लिखिए। (1)

कथन (A) यशोधर बाबू अपने परिवार के सदस्यों के साथ तालमेल नहीं बिठा पाते थे।
कारण (R) यशोधर बाबू की सोच में नए विचार निरर्थक हैं।

कूट
(i) कथन (A) सही है, परंतु कारण (R) गलत है
(ii) कथन (A) गलत है, परंतु कारण (R) सही है
(iii) कथन (A) और कारण (R) दोनों सही हैं, लेकिन कारण (R) कथन (A) की सही व्याख्या नहीं करता है
(iv) कथन (A) और कारण (R) दोनों सही हैं तथा कारण (R) कथन (A) की सही व्याख्या करता है

(ङ) 'जूझ' कहानी के अनुसार आनंदा का किसके कारण पढ़ाई में मन लगाने लगा? (1)

(i) नई कक्षा में प्रवेश पाने के कारण
(ii) वसंत पाटिल के संपर्क में आने के कारण
(iii) चह्वाण द्वारा मजाक उड़ाए जाने के कारण
(iv) कक्षा में उत्तीर्ण होने के कारण

(च) 'जूझ' कहानी में आनंदा और उसकी माँ द्वारा झूठ का सहारा न लिए जाने की स्थिति में क्या होता? (1)

(i) आनंदा के जीवन में अकेलापन ठहर जाता
(ii) वह कभी कविताएँ लिखना नहीं सीख पाता
(iii) वह शिक्षित होने से वंचित रह जाता
(iv) ये सभी

(छ) 'अतीत के दबे पाँव' में लेखक ने किसका वर्णन किया है? (1)

(i) इतिहास के अनछुए पक्षों का
(ii) पौराणिक स्मृतियों के अध्ययन का
(iii) इतिहासकारों की सोच व विचार शक्ति का
(iv) सिंधु घाटी की सभ्यता का

(ज) मुअनजो-दड़ो में स्थित अजायबघर को किसके समान बताया गया है? (1)

(i) कस्बाई स्कूल की इमारत के समान
(ii) मुर्दों के टीले के समान
(iii) संपन्न बस्ती के समान
(iv) नियोजित व्यवस्था के समान

(झ) निम्नलिखित कथनों पर विचार कीजिए (1)

1. आनंदा को पाठशाला में पुनः पाँचवीं कक्षा में बैठना पड़ा।
2. वसंत पाटिल से मित्रता के कारण आनंदा की पढ़ाई में रुचि हो गई।
3. आनंदा को सौंदलगेकर की कविताओं में रुचि नहीं थी।
4. कविता के माध्यम से आनंदा व सौंदलगेकर में निकटता बढ़ी।

उपरोक्त कथनों में से कौन-सा/से सही है/हैं?

(i) केवल 1
(ii) केवल 3
(iii) 1, 2 और 3
(iv) 1, 2 और 4

(ञ) मुअनजो-दड़ो की नगर-नियोजन व्यवस्था के संबंध में कौन-सा कथन सही नहीं है? (1)

(i) मुअनजो-दड़ो की सड़कें सँकरी थीं
(ii) मुअनजो-दड़ो में जल निकासी का प्रबंध अति उन्नत था
(iii) घरों की बनावट व सार्वजनिक स्थानों की योजना तार्किक एवं सुव्यवस्थित थी
(iv) मुअनजो-दड़ो मानव निर्मित छोटे-मोटे टीलों पर बसा हुआ था

■ खंड 'ब' (वर्णनात्मक प्रश्न)

खंड 'ब' में जनसंचार और सृजनात्मक लेखन, पाठ्य–पुस्तक आरोह भाग–2 व पूरक पाठ्य–पुस्तक वितान भाग–2 से संबंधित वर्णनात्मक प्रश्न पूछे गए हैं, जिनके निर्धारित अंक प्रश्न के सामने अंकित हैं।

जनसंचार और सृजनात्मक लेखन

7. *निम्नलिखित दिए गए 3 विषयों में से किसी 1 विषय पर लगभग 120 शब्दों में रचनात्मक लेख लिखिए।* (6 × 1 = 6)

(क) भारतीय संस्कृति में अतिथि का स्थान

(ख) जीवन में कुसंगति के दुष्परिणाम

(ग) आजादी के 75 वर्षों बाद भारत की स्थिति

8. *निम्नलिखित प्रश्नों को ध्यानपूर्वक पढ़कर लगभग 40 शब्दों में निर्देशानुसार उत्तर दीजिए।* (2 × 2 = 4)

(क) नाटक लेखन का प्रथम अंग किसे माना गया है एवं कहानी का नाट्य रूपांतरण करने से पहले क्या-क्या शर्त अनिवार्य हैं? (2)

अथवा

चरमोत्कर्ष से क्या अभिप्राय है? कहानी में चरमोत्कर्ष का चित्रण अत्यंत सावधानीपूर्वक क्यों करना चाहिए?

(ख) विशेष लेखन क्या है? विशेष लेखन में डेस्क पर काम करने वाले उपसंपादकों व संवाददाताओं से क्या अपेक्षा की जाती है? (2)

अथवा

समाचार मुख्य रूप से कितने प्रकार के होते हैं? संक्षेप में चर्चा कीजिए।

9. *निम्नलिखित प्रश्नों को ध्यानपूर्वक पढ़कर दिए गए 3 प्रश्नों में से किन्हीं 2 प्रश्नों के लगभग 60 शब्दों में उत्तर दीजिए।* (3 × 2 = 6)

(क) 'बाघों की घटती संख्या' विषय पर आलेख लिखिए। (3)

(ख) समाचार लेखन हेतु आवश्यक तथ्यों का अपने शब्दों में उल्लेख कीजिए। (3)

(ग) पत्रकारीय लेखन से आप क्या समझते हैं? पत्रकार कितने प्रकार के होते हैं? स्पष्ट कीजिए। (3)

पाठ्य–पुस्तक आरोह भाग 2

10. *निम्नलिखित प्रश्नों को ध्यानपूर्वक पढ़कर दिए गए 3 प्रश्नों में से किन्हीं 2 प्रश्नों के लगभग 60 शब्दों में उत्तर दीजिए।* (3 × 2 = 6)

(क) रक्षाबंधन की तैयारी का वर्णन कवि (शायर) ने किस प्रकार किया है? 'रुबाइयाँ' पाठ के आधार पर उत्तर लिखिए। (3)

(ख) कवि ने कविता की उड़ान और खिलने को चिड़िया और फूलों से किस तरह भिन्न बताया है? (3)

(ग) तुलसीदास के सवैये के आधार पर प्रतिपादित कीजिए कि उन्हें भी जातीय भेदभाव का दबाव झेलना पड़ा था। (3)

11. *निम्नलिखित प्रश्नों को ध्यानपूर्वक पढ़कर दिए गए 3 प्रश्नों में से किन्हीं 2 प्रश्नों के लगभग 40 शब्दों में उत्तर दीजिए।* (2 × 2 = 4)

(क) 'दिन जल्दी-जल्दी ढलता है' कविता के आधार पर बताइए कि ममता की शक्ति किस प्रकार उजागर हुई है? (2)

(ख) 'छोटा मेरा खेत' कविता में कवि ने कवि-कर्म और कृषक-कार्य को समान बताया है। कैसे? (2)

(ग) 'हम पूछ-पूछकर उसको रुला देंगे' में कौन-सा भाव निहित है? 'कैमरे में बंद अपाहिज' कविता के संदर्भ में लिखिए। (2)

12. *निम्नलिखित प्रश्नों को ध्यानपूर्वक पढ़कर दिए गए 3 प्रश्नों में से किन्हीं 2 प्रश्नों के लगभग 60 शब्दों में उत्तर दीजिए।* (3 × 2 = 6)

(क) 'पहलवान की ढोलक' कहानी में लुट्टन सिंह ने अचानक बिना कुछ सोचे-समझे दंगल में चाँद सिंह को कुश्ती के लिए चुनौती क्यों दे दी? (3)

(ख) 'शिरीष के फूल' में लेखक ने संसार में मानवीय मूल्यों को बनाए रखने के लिए गाँधीजी के समान अवधूतों की आवश्यकता पर बल दिया है। क्यों? (3)

(ग) स्त्री के विवाह संबंधी मानवाधिकार को कुचलने की कुपरंपरा का पालन भक्तिन पाठ में किस प्रकार हो पाया है? स्पष्ट कीजिए। (3)

13. *निम्नलिखित प्रश्नों को ध्यानपूर्वक पढ़कर दिए गए 3 प्रश्नों में से किन्हीं 2 प्रश्नों के लगभग 40 शब्दों में उत्तर दीजिए।* (2 × 2 = 4)

(क) चूरन बेचने वाले भगत जी को लेखक अपने जैसे विद्वानों से भी श्रेष्ठ विद्वान क्यों मानता है? (2)

(ख) 'काले मेघा पानी दे' पाठ में लेखक ने लोक प्रचलित विश्वासों को अंधविश्वास कहकर उनके निराकरण पर बल दिया है। इस कथन की विवेचना कीजिए। (2)

(ग) 'श्रम विभाजन और जाति-प्रथा' पाठ में डॉ. आंबेडकर अपनी कल्पना में समाज का कैसा रूप देखते हैं? (2)

पूरक पाठ्य-पुस्तक वितान भाग 2

14. *निम्नलिखित प्रश्नों को ध्यानपूर्वक पढ़कर दिए गए 2 प्रश्नों में से किसी 1 प्रश्न का लगभग 60 शब्दों में उत्तर दीजिए।* (4 × 1 = 4)

यशोधर जी धार्मिक गतिविधियों में भी रुचि रखते हैं। पाठ के आधार पर लिखिए। (4)

अथवा

मुअनजो-दड़ो की जल निकासी व्यवस्था की उत्कृष्टता पर टिप्पणी कीजिए।

व्याख्या सहित **उत्तर**

1. *(क)* *(iv)* ये सभी *(ख)* *(ii)* वसुधैव कुटुंबकम की
(ग) *(ii)* व्यावसायिक शिक्षा वर्तमान में मात्र धन कमाने का साधन बनती जा रही है
(घ) *(i)* छात्र सैद्धांतिक शिक्षा से दूर होते जा रहे हैं
(ङ) *(iv)* ये सभी *(च)* *(ii)* शिक्षा के प्रति संकुचित दृष्टिकोण को
(छ) *(iii)* 1 और 3 *(ज)* *(i)* रोजगार का साधन होनी चाहिए
(झ) *(i)* कथन (A) और कारण (R) दोनों सही हैं तथा कारण (R) कथन (A) की सही व्याख्या करता है।
(ञ) *(i)* शिक्षा रोजगार प्राप्ति का साधन न होकर साध्य बनने की

2. *(क)* *(ii)* प्रजा के लिए सभी प्रकार के सुख-साधनों का प्रबंध करना
(ख) *(iv)* ये सभी *(ग)* *(i)* स्वयं दुःख झेलकर अन्य सभी को सुख देकर
(घ) *(iii)* 1 और 2 *(ङ)* *(iv)* 3 1 2

3. *(क)* *(ii)* 1780 ई. में *(ख)* *(iv)* ये सभी *(ग)* *(i)* लाइव समाचार
(घ) *(iv)* 3 4 1 2 *(ङ)* *(iii)* कल्पना

4. *(क)* *(iv)* ये सभी *(ख)* *(iii)* जब अपाहिज व्यक्ति और दर्शक की मनःस्थिति एक जैसी हो जाएगी
(ग) *(iii)* कार्यक्रम की व्यावसायिक सफलता और लोकप्रियता
(घ) *(i)* कथन (A) सही है, परंतु कारण (R) गलत है।
(ङ) *(ii)* अपाहिज व्यक्ति और दर्शक के लिए

5. *(क)* *(i)* चाँद सिंह द्वारा लुट्टन सिंह को झपटकर दबोच लेने के कारण
(ख) *(i)* लुट्टन सिंह पहलवान
(ग) *(i)* क्योंकि उसने चाँद सिंह को कुश्ती की चुनौती दी थी
(घ) *(ii)* 1 3 2
(ङ) *(ii)* कुश्ती लड़ने से मना करना

6. *(क)* *(i)* जैसे उनके अंगों में किशनदा उतर आए हों *(ख)* *(iv)* ये सभी
(ग) *(ii)* उनका अपने परिवार के बीच तालमेल नहीं बैठता था
(घ) *(iv)* कथन (A) और कारण (R) दोनों सही हैं तथा कारण (R) कथन (A) की सही व्याख्या करता है।

(ङ) *(ii)* वसंत पाटिल के संपर्क में आने के कारण
(च) *(iv)* ये सभी
(छ) *(iv)* सिंधु घाटी की सभ्यता का
(ज) *(i)* कस्बाई स्कूल की इमारत के समान
(झ) *(iv)* 1, 2 और 4
(ञ) *(i)* मुअनजो-दड़ो की सड़कें सँकरी थीं

7. *(क)* **भारतीय संस्कृति में अतिथि का स्थान**

भारतीय संस्कृति अपने उच्च एवं उदात्त मूल्यों के कारण विश्वभर में प्रसिद्ध है। 'अतिथि देवो भवः' अर्थात् अतिथि को देवता के समान मानना भारतीय संस्कृति का एक ऐसा ही मूल्य है, जो इसकी महानता को प्रदर्शित करता है। हमारे यहाँ प्राचीनकाल से ही अतिथि को आदरणीय मानते हुए उसे देवता तुल्य समझा गया है। भारतीय संस्कृति में सेवा करने को बहुत महत्त्व दिया गया है। अतिथि को देवता मानना इसी सेवा-भाव का विस्तारित रूप है।

अतिथि-सत्कार का मनुष्य पर प्रभाव दूसरों की सेवा करने का अवसर बड़े सौभाग्य से मिलता है। अतिथि का उचित आदर-सत्कार करने से अतिथि प्रसन्नता एवं अपनेपन का अनुभव करता है तथा हमारे मन में संतुष्टि का भाव आता है। अतिथि को सम्मान देने वाले व्यक्ति के यश में वृद्धि होती है, उसके घर में सुख-समृद्धि का वास रहता है और वह सज्जनों के आशीर्वाद का पात्र बनता है, इसलिए भारतीय संस्कृति में अतिथि को देवता मानकर उसकी सेवा करने की सीख दी गई है।

वर्तमान परिस्थितियों में बदलती मान्यता वर्तमान समय में 'अतिथि देवो भवः' का आदर्श धीरे-धीरे परिवर्तित हो रहा है। आजकल प्रायः सभी व्यक्तियों की जीवन-शैली बहुत व्यस्त हो गई है। ऐसे में लोगों के पास दूसरों के लिए तो क्या स्वयं के लिए भी समय नहीं है। अतः आज लोगों के पास अतिथि के सेवा-सत्कार के लिए पर्याप्त समय ही नहीं है, लेकिन फिर भी लोग अपने अतिथियों का ध्यान रखने की कोशिश करते हैं।

आज के समय में अतिथि बनने वाले व्यक्ति को अपने संबंधी की व्यावहारिक कठिनाइयों को समझना चाहिए। उसे छोटी-मोटी ग़लतियों या भूलों को नजरअंदाज करते हुए अपना मंतव्य पूरा हो जाने के बाद आतिथ्य करने वाले परिवार या व्यक्ति का धन्यवाद करते हुए समय पर विदा लेनी चाहिए, तभी अतिथि का मान बना रहता है।

(ख) **जीवन में कुसंगति के दुष्परिणाम**

कुसंगति का अर्थ है—कुबुद्धि (बुरी संगत), दुर्भाव, कुरुचि आदि। कुसंगति में फँसे व्यक्तियों का विकास सर्वथा अवरुद्ध हो जाता है। बचपन में बालक अबोध होता है। उसे अच्छे-बुरे की पहचान नहीं होती, यदि वह अच्छी संगति में रहता है, तो उसमें अच्छे संस्कार आते हैं और यदि उसकी संगति बुरी है, तो उसकी आदतें भी बुरी हो जाती हैं।

कुसंगति के द्वारा व्यक्ति हीन-भावना से ग्रस्त होकर अपने मार्ग से विचलित हो जाता है। जिस व्यक्ति में कुबुद्धि, दुर्भाव आदि भावनाएँ व्याप्त होती हैं, उसे स्वयं ही धन, वैभव, यश आदि से हाथ धोना पड़ता है। सत्संगति में रहकर व्यक्ति योग्य और कुसंगति में पड़कर व्यक्ति अयोग्य बनकर समाज और परिवार दोनों में निरादर प्राप्त करता है। कुसंगति इंसान के जीवन में दुःखों का भंडार लाती है।

कुसंगति का मानव जीवन पर बहुत बुरा प्रभाव पड़ता है। कुसंगति से सदा हानि होती है। कुसंगति काजल की कोठरी के समान है, जिससे बेदाग निकलना असंभव है। जीजाबाई की संगति में शिवाजी 'छत्रपति शिवाजी' बने, दस्यु रत्नाकर सुसंगति के प्रभाव से महाऋषि वाल्मीकि बने, जिन्होंने रामायण नामक अमर काव्य लिखा। वहीं दूसरी ओर कुसंगति में पड़कर भीष्म पितामह, गुरु द्रोणाचार्य, कर्ण, दुर्योधन आदि पतन के गर्त में चले गए। ये सभी अपने आपमें विद्वान और वीर थे, लेकिन कुसंगति का प्रभाव इन्हें विनाश की ओर खींच लाया।

विद्यार्थी जीवन में सत्संगति का विशेष महत्त्व है। वह जैसी संगति में रहते हैं, स्वयं वैसे ही बन जाते हैं। कुसंगति व्यक्ति को अंदर से कलुषित कर उसका सर्वनाश कर देती है। इसलिए कहा गया है कि ''दुर्जन यदि विद्वान भी हो, तो उसका संग त्याग देना चाहिए।''
हम जैसी संगति में रहते हैं, वैसा ही हमारा आचरण बन जाता है। तुलसीदास का कथन है

'बिनु सत्संग विवेक न होई।'

अतः मनुष्य का प्रयास यही होना चाहिए कि वह कुसंगति से बचे और सुसंगति में रहे, तभी उसका कल्याण निश्चित है।

(ग) **आजादी के 75 वर्षों बाद भारत की स्थिति**

भारतवर्ष को प्राचीनकाल में आर्यवर्त, जंबूदीप, हिंदुस्तान तथा सोने की चिड़िया आदि अनेक नामों से जाना जाता था। हिंदुस्तान विश्व में अपनी संस्कृति एवं सभ्यता के नाम से जाना जाता है। आज भी भारत का नाम लेते ही शांति प्रिय देश की छवि सामने आ जाती है। अपनी विशेषताओं के कारण ही भारतवर्ष विश्व पटल पर अमिट छाप बनाए हुए है।

स्वतंत्रता से पूर्व भारत ब्रिटिश सरकार के आधिपत्य में था। गुलामी से पूर्व भारत गणराज्यों में बँटा हुआ था। उस समय यह सोने की चिड़िया कहलाता था। अंग्रेजों ने कूटनीति द्वारा व्यापार के द्वारा भारत की संपदा का दोहन किया और इसे पूर्ण रूप से अपने आधिपत्य में ले लिया। कठिन संघर्षों तथा बलिदानों के खून से सींची गई 75 वर्ष पहले मिली आजादी, प्रत्येक भारतीय को स्वतंत्रता का रोमांचित अनुभव कराती है।

आज आजादी के 75 वर्ष बाद भारत विश्व आर्थिक जगत की एक महत्त्वपूर्ण शक्ति बन चुका है। इतना ही नहीं, आज का भारत परमाणु शक्ति के साथ-साथ जन शक्ति का भी विशाल सागर बन चुका है। गुलामी की बेड़ियों में अनेक वर्षों तक जकड़े होने के बावजूद भी भारतवर्ष ने विश्वास के साथ उत्तरोत्तर वृद्धि करते हुए विकसित देशों से टक्कर लेते हुए आज विश्व पटल पर अपना तिरंगा लहरा दिया है। विश्व के चीन, जापान, अमेरिका, रूस, फ्रांस, ब्रिटेन, कनाडा, स्विट्जरलैंड, साउथ अफ्रीका आदि शक्तिशाली देश सभी क्षेत्रों में भारत के साथ व्यापारिक, आर्थिक, सामाजिक, नैतिक आदि सभी प्रकार के संबंध बनाने में लगे हुए हैं।

भारत आज विश्व की छठी अर्थव्यवस्था के रूप में स्थान बना चुका है। आज भारत सरकार मेक इन इंडिया, स्मार्ट इंडिया, सर्वशिक्षा अभियान, स्वच्छता अभियान, नारी सशक्तीकरण, सुकन्या समृद्धि योजना, वृद्धावस्था पेंशन योजना, स्वरोजगार योजना जैसी असंख्य योजनाओं के क्रियान्वयन के द्वारा भारत के सभी नागरिकों को उनके अधिकार दिलाने तथा उनके जीवन को खुशहाल बनाने में लगी हुई है। आज भारत लगभग सभी क्षेत्रों में आत्मनिर्भरता प्राप्त कर चुका है। आजादी के 75 वर्षों में भारत ने संसार के लगभग सभी देशों से अपने पारस्परिक संबंधों को मजबूती प्रदान की है।

भारत के प्रगतिशील कदमों की चुनौतियों को मानते हुए अंतर्राष्ट्रीय मंचों एवं वार्ताओं में भारत की बातों को पूरी गंभीरता के साथ सुना और समझा जाता है तथा भारत की सराहना की जाती है। वह विश्व शांति का अग्रदूत है और हमेशा बना रहेगा तथा निरंतर प्रगति करते हुए एक दिन विश्व सभ्यता की प्रथम और विशालतम अर्थव्यवस्था बन जाएगा।

8. *(क)* नाटक का प्रथम अंग समय का बंधन माना गया है। समय का यह बंधन नाटक की रचना पर अपना पूरा प्रभाव डालता है, इसलिए शुरुआत से लेकर अंत तक एक निश्चित समय-सीमा के भीतर ही नाटक पूरा होना होता है। नाटक का विषय भूतकाल हो या भविष्यकाल इन दोनों ही स्थितियों में वर्तमानकाल में संयोजित होता है। यही कारण है कि नाटक के मंच निर्देश हमेशा वर्तमानकाल में लिखे जाते हैं। चाहे काल कोई भी हो उसे एक समय में, एक स्थान विशेष पर वर्तमानकाल में ही घटित होना होता है। कहानी का नाट्य रूपांतरण करने से पहले यह जानकारी होनी आवश्यक है कि वर्तमान रंगमंच में क्या संभावनाएँ हैं और यह तभी संभव है, जब अच्छे नाटक देखे जाएँ। इसके अतिरिक्त कहानी को नाटक में रूपांतरित करने के लिए कहानी की विषय-वस्तु तथा कथावस्तु को समय और स्थान के आधार पर दृश्यों में विभाजित किया जाता है। तात्पर्य यह है कि यदि कोई घटना एक स्थान और एक समय में ही घट रही है, तो वह एक दृश्य होगा।

अथवा

जब कहानी पढ़ते-पढ़ते पाठक कौतूहल (जिज्ञासा) की पराकाष्ठा पर पहुँच जाए, तब उसे कहानी का चरमोत्कर्ष या चरम स्थिति कहते हैं। कथानक के अनुसार कहानी चरमोत्कर्ष (क्लाइमेक्स) की ओर बढ़ती है। कहानी का चरम उत्कर्ष पाठक को स्वयं सोचने और लेखकीय पक्षधर की ओर आने के लिए प्रेरित करने वाला होना चाहिए। पाठक को यह भी लगना चाहिए कि उसे स्वतंत्रता दी गई है और उसने जो निष्कर्ष निकाले हैं, वह उसके अपने हैं। कहानीकार को कहानी के चरमोत्कर्ष का चित्रण अत्यंत सावधानीपूर्वक करना चाहिए, क्योंकि भावों या पात्रों के अतिरिक्त अभिव्यक्ति ही चरम उत्कर्ष के प्रभाव को कम कर सकती है।

(ख) किसी भी क्षेत्र में जब सामान्य लेखन से हटकर विशेष लेखन किया जाता है, तो उसे विशेष लेखन कहते हैं। अखबार या पत्र-पत्रिका में खेल, अर्थव्यवस्था, पर्यावरण आदि विषयों पर विशेष प्रकार का लेखन प्रकाशित होता है। पत्र-पत्रिकाओं व समाचार-पत्रों के अतिरिक्त टी. वी. और रेडियो चैनलों में विशेष लेखन के लिए अलग डेस्क होता है। उस विशेष डेस्क पर काम करने वाले पत्रकारों का समूह भी अलग होता है। इन डेस्कों पर काम करने वाले उपसंपादकों और संवाददाताओं से अपेक्षा की जाती है कि संबंधित विषय या क्षेत्र में उसकी विशेषज्ञता होगी। डेस्कों पर काम करने वाले संवाददाताओं के बीच काम का विभाजन सामान्यतया उनकी रुचि तथा संबंधित विषय के ज्ञान को ध्यान में रखते हुए किया जाता है।

अथवा

समाचार के प्रकार

मुख्य रूप से समाचार चार प्रकार के होते हैं

1. राष्ट्रीय 2. अंतर्राष्ट्रीय 3. प्रादेशिक 4. स्थानीय

विदेशों से प्राप्त होने वाले समाचार 'अंतर्राष्ट्रीय समाचार' कहलाते हैं, जबकि 'राष्ट्रीय' समाचारों का संबंध अपने देश के समाचारों से है। देश के विभिन्न प्रदेशों से प्राप्त होने वाले समाचारों को 'प्रादेशिक समाचार' की श्रेणी में रखा जाता है। स्थानीय समाचारों से समाचार-पत्रों की गतिशीलता बढ़ती है। स्थानीय समाचार समाचार-पत्र के प्रकाशन स्थान या उसके आस-पास के क्षेत्र से संबंधित ख़बरों के समूह होते हैं।

9. *(क)* बाघ हमारे देश की राष्ट्रीय संपत्ति है तथा भारत सरकार ने इसे राष्ट्रीय पशु घोषित किया है। 20वीं शताब्दी के आरंभ में भारत में हज़ारों की संख्या में बाघ मौजूद थे, जोकि वर्तमान में लगातार कम होते जा रहे हैं। बाघों की गिरती संख्या को रोकने तथा पारिस्थितिकीय संतुलन बनाए रखने एवं बाघों की जनसंख्या में वृद्धि करने के उद्देश्य से 1 अप्रैल, 1973 को भारत में बाघ परियोजना का शुभारंभ किया गया। वैश्विक रूप से बाघों की संख्या में लगातार गिरावट हो रही है। वर्ल्ड वाइल्ड लाइफ के अनुसार, हमने एक शताब्दी में बाघ संरक्षित क्षेत्र में बाघों की लगभग 97% संख्या गँवा दी है। बाघ को संकटापन्न एवं विलुप्त जीव की श्रेणी में रखा गया है। वर्ल्ड वाइल्ड लाइफ के अनुसार, विश्व में लगभग 3900 बाघ ही बचे हैं। भारत में विश्व के सर्वाधिक बाघों (2968) का निवास है।

वर्ल्ड वाइल्ड फंड के अनुसार, बाघों की संख्या घटने का मुख्य कारण मानवीय हस्तक्षेप है, न कि प्राकृतिक क्रियाकलाप। इस धरती पर सर्वाधिक विवेकशील प्राणी होने के कारण मनुष्य का नैतिक दायित्व समाज तथा पर्यावरण के प्रति बढ़ जाता है। पर्यावरणीय अस्थिरता को रोकने के लिए बाघों का उचित संरक्षण आवश्यक है। यद्यपि वैश्विक रूप से बाघों के संरक्षण हेतु प्रयास किए जा रहे हैं, जिनकी झलक हमें पीट्सबर्ग में आयोजित विश्व बाघ सम्मेलन में मिली थी, तथापि इसके लिए वैश्विक रूप से एक समन्वित कार्यरूप और प्रोत्साहन की आवश्यकता है।

(ख) *समाचार लेखन हेतु निम्न आवश्यक तथ्यों का ध्यान रखा जाना अनिवार्य है*

(i) समाचार लिखने से पूर्व उसकी पृष्ठभूमि का ज्ञान होना आवश्यक है।

(ii) समाचार प्राप्त होने के बाद उससे संबंधित अनेक पक्षों एवं तथ्यों को समाहित कर समग्रता के साथ लिखना अपेक्षित है।

(iii) समाचार अनुच्छेदों में विभाजित होना चाहिए।

(*iv*) अनुच्छेद न तो अधिक बड़े तथा न ही अति संक्षिप्त या लघु होने चाहिए।
(*v*) एक अनुच्छेद में यथासंभव एक ही आयाम या पक्ष होना चाहिए।
(*vi*) समाचार में शब्दों की पुनरावृत्ति नहीं होनी चाहिए।
(*vii*) समाचार की भाषा में समासिकता का गुण विद्यमान होना चाहिए।
(*viii*) समाचार लेखन में शब्दों का निरर्थक प्रयोग नहीं करना चाहिए।

(*ग*) समाचार-पत्रों व समाचार के अन्य माध्यमों के पत्रकार अपने पाठकों, श्रोताओं तथा दर्शकों तक तथ्यों तथा सूचनाओं को पहुँचाने के लिए लेखन के विभिन्न रूपों का प्रयोग करते हैं। इसे ही पत्रकारीय लेखन कहा जाता है। पत्रकार के निम्न तीन प्रकार हैं
(*i*) **पूर्णकालिक पत्रकार** यह किसी समाचार संस्था में कार्य करने वाला नियमित वेतनभोगी कर्मचारी होता है।
(*ii*) **अंशकालिक पत्रकार** इसे स्ट्रिंगर भी कहा जाता है। यह पत्रकार किसी समाचार संगठन के लिए एक निश्चित मानदेय पर कार्य करने वाला कर्मचारी होता है।
(*iii*) **फ्रीलांसर अर्थात् स्वतंत्र पत्रकार** ऐसे पत्रकार का संबंध किसी विशेष समाचार संस्था या संगठन से नहीं होता, बल्कि यह अलग-अलग अखबारों के लिए भुगतान के आधार पर लिखता है।

10. (*क*) रक्षाबंधन की तैयारी का वर्णन करते हुए शायर ने बताया है कि रक्षाबंधन के दिन सुबह-सुबह जब आकाश पर काले बादल छाए होते हैं, तो एक नन्ही-सी बच्ची अपने भाई की कलाई पर राखी बाँधने को तैयार होती है। वह नन्ही-सी बच्ची बड़े उत्साह में है। वह उमंग के साथ हाथ में राखी लेकर खड़ी है। राखी के लच्छे में बिजली-सी चमक है, वैसी ही चमक व चपलता बच्ची में अपने भाई को राखी बाँधने के लिए है। शायर राखी के लच्छे को बिजली की चमक की तरह मानता है।

(*ख*) कवि का मानना है कि कविता की उड़ान सीमाहीन एवं अनंत होती है, क्योंकि कविता में कवि का मन भावों एवं असीम कल्पनाओं के पंख लगाकर उड़ता है, जबकि चिड़िया के पंखों की एक निश्चित एवं सीमित सामर्थ्य होती है। इसके अतिरिक्त चिड़िया सभी स्थानों तक उड़कर नहीं पहुँच सकती, जबकि कविता की उड़ान में यह संभव है। इस प्रकार, सीमा एवं सामर्थ्य संबंधी अंतर चिड़िया और कविता की उड़ान का मुख्य अंतर है।

कवि कहता है कि कविता एवं फूल दोनों खिलते हैं, लेकिन फूल एक बार खिलकर मुरझा जाते हैं, नष्ट हो जाते हैं, जबकि दूसरी ओर कविता एक बार खिलने अर्थात् शब्दों के रूप में अभिव्यक्ति प्राप्त कर लेने के बाद निरंतर नया अर्थग्रहण करके विकसित होती रहती है।

(*ग*) *तुलसीदास जी ने अपने सवैये में कहा है कि*

''धूत कहौ, अवधूत कहौ,
रजपूतु कहौ, जोलहा कहौ कोऊ।
काहू की बेटी सों बेटा न ब्याहब,
काहू की जाति बिगार न सोऊ।।''

वस्तुतः तुलसीदास जी सामाजिक यथार्थ एवं जातिगत ताने-बाने से अच्छी तरह परिचित थे। उन्होंने इस जाति व्यवस्था को लगभग पूरी तरह नकार दिया। उन्हें कोई राजपूत कहे या जुलाहा, इससे उन्हें कोई फर्क नहीं पड़ता। जातिप्रथा का सबसे मजबूत रूप विवाह के रूप में दिखता है, जहाँ अपनी जाति से बाहर निकलना एक तरह से सामाजिक 'निषेध' माना जाता है।

तुलसीदास जी जातीय भेदभाव को नकारने के बावजूद उसका दबाव महसूस करते हैं। यही कारण है कि वे कहते हैं कि किसी की बेटी के साथ अपने बेटे का विवाह करके किसी की जाति को बिगाड़ना नहीं चाहते हैं। जो जिस रूप में है, वह उसी रूप में खुश रहे, संतुष्ट रहे, लेकिन वे स्वयं के लिए शोषक जाति व्यवस्था से बाहर होने की घोषणा करते हैं।

11. (*क*) कवि ने पद्यांश में स्पष्ट दर्शाया है कि माँ की ममता में अद्‌भुत शक्ति होती है। चिड़िया जब बच्चों के लिए भोजन लेने दूर निकल जाती है, तो वापसी में उसके पंख जल्दी-जल्दी चलते हैं, बच्चों के प्रति ममता के कारण उसकी उड़ान की गति और उसके मन की व्यग्रता बढ़ जाती है।

(*ख*) 'छोटा मेरा खेत' कविता में कवि ने कवि के कार्य और कृषक के कार्य में समानता बताई है। जिस प्रकार एक किसान खेत में बीज बोता है, वह बीज अंकुरित होकर पौधा बनता है तथा परिपक्व होने पर सभी का पेट भरता है, उसी प्रकार कागज रूपी खेत पर कवि भावनात्मक कल्पना से बीजारोपण करता है। कल्पना का आश्रय पाकर यही भाव विकसित होकर रचना का रूप धारण कर लेता है।

(*ग*) 'हम पूछ-पूछकर उसको रुला देंगे' में क्रूरता का भाव निहित है। इसमें दूरदर्शन पत्रकार के दुस्साहसिक नकारात्मक आत्मविश्वास का भाव भी अभिव्यक्त होता है, मानो उसे पूरा विश्वास है कि वह ऐसे एवं इस ढंग से सवाल पूछेगा कि अपाहिज व्यक्ति के पास रोने के अतिरिक्त और कोई रास्ता न होगा। इस प्रकार, उसके सामाजिक कार्यक्रम के माध्यम से दर्शकों में करुणा एवं सहानुभूति का भाव जागृत हो जाएगा और यह प्रस्तुति की सफलता होगी। यह कथन दूरदर्शन पर अपाहिज व्यक्ति का साक्षात्कार लेने वाले पत्रकार का है।

12. (*क*) लुट्टन सिंह बचपन से अनाथ की तरह पला था। जिस माँ समान सास के यहाँ उसने अपना सारा बचपन बिताया था, उसको गाँववासी किसी-न-किसी बात पर परेशान किया करते थे। उन सभी को उसने कसरत के द्वारा कसे हुए शरीर से भयभीत कर दिया था। इसके अतिरिक्त वह एक दृढ़ निश्चयी व्यक्तित्व वाला व्यक्ति था। उसी जवानी व निश्चयी व्यक्तित्व की हिम्मत और ढोलक की ललकारती हुई थाप ने उसकी सोचने की शक्ति को बिजली की शक्ति में परिवर्तित कर दिया था। अतः उसने अचानक बिना सोचे-समझे दंगल में चाँद सिंह को कुश्ती के लिए चुनौती दे दी।

(ख) गाँधीजी में शिरीष के समान कठोरता के साथ-साथ कोमलता का गुण भी विद्यमान था। वे अपने परिवेश से रस खींचकर कोमल एवं कठोर बन गए थे। जनसामान्य के साथ कोमलता का व्यवहार करने वाले गाँधीजी कभी-कभी देश और समाज के हित के लिए अत्यधिक कठोर बन जाते थे। वे स्वतंत्रता आंदोलन के दौरान होने वाली हिंसा, खून-खराबा, अग्निदाह आदि हिंसात्मक गतिविधियों के बीच में अहिंसक बने रहते थे, इसलिए लेखक ने संसार में मानवीय मूल्यों को बनाए रखने के लिए गाँधीजी के समान अवधूतों की आवश्यकता पर बल दिया है।

(ग) स्त्री को यह मानवाधिकार प्राप्त है कि वह निर्णय करे कि वह अपना विवाह किससे करना चाहती है अथवा वह विवाह करना चाहती भी है या नहीं। भक्तिन की बेटी का विवाह बिना उसकी इच्छा के भक्तिन के जेठ के बड़े बेटे के साले से करा दिया गया, जिसे भक्तिन की बेटी पसंद नहीं करती थी। वह लड़का भक्तिन की बेटी के कमरे में विवाह से पहले ही जबरदस्ती घुस गया था, तो उसने उसके मुँह पर तमाचा मारा था। उस युवक ने पंचों को अपने पक्ष में कर लिया और पंचों से यह निर्णय करा लिया कि उन दोनों का विवाह होगा। निश्चित रूप से यह स्त्री के अधिकार का हनन था। अतः यह घटना स्त्री के मानवाधिकार को कुचलने को दर्शाती है।

13. *(क)* लेखक के अनुसार, चूरन बेचने वाले भगत जी को वह शक्ति प्राप्त है, जो हममें से शायद ही किसी को प्राप्त हो, जैसे उनका मन अडिग रहता है। पैसा उनसे आगे होकर भीख माँगता है कि मुझे लो, लेकिन उनका मन तो चंचल नहीं है, इसलिए वे उस पैसे को लेते ही नहीं और बाज़ार का जादू भी ऐसे श्रेष्ठ व्यक्ति के हृदय को नहीं पिघला पाता। इसलिए लेखक ने भगत जी को श्रेष्ठ विद्वान् कहा है।

(ख) लेखक ने इंदर सेना के कार्यक्रमों को अंधविश्वास का नाम दिया है। आम आदमी इंदर सेना के काम को लोक प्रचलित विश्वास कहते हैं, परंतु लेखक इन्हें गलत बताता है। लेखक इन अंधविश्वासों को खत्म करने के लिए कहता है, क्योंकि इन्हें दूर करने से ही समाज का विकास हो सकता है।

(ग) डॉ. आंबेडकर की कल्पना का आदर्श समाज स्वतंत्रता, समता और भ्रातृत्व अर्थात् भाईचारे पर आधारित है। उनके आदर्श समाज में जातीय भेदभाव का तो नामोनिशान ही नहीं है। इस आदर्श समाज में करनी पर बल दिया जाता है, कथनी पर नहीं।

14. यशोधर जी शाम को मंदिर जाते हैं और प्रवचन भी सुनते हैं। पूजा भी वे नियम से ही करते हैं और निश्चित सिद्धांतों वाले व्यक्ति हैं, क्योंकि उनका विश्वास पुराने रीति-रिवाज़ों में बना हुआ है। जैसे-जैसे उनकी उम्र ढलती जा रही है, वैसे-वैसे वह भी किशनदा की तरह रोज मंदिर जाने, संध्या-पूजा करने और गीता प्रेस गोरखपुर की किताबें पढ़ने का प्रयत्न करने लगे हैं।

पूजा में मन नहीं लगने पर भी वे प्रयत्नपूर्वक अपने मन को भागवत्-भजन में लगाने की कोशिश करते रहते हैं।

किशनदा से मिले संस्कारों व परंपराओं को जीवित रखने की कोशिश करते हुए वे घर में होली गवाना, 'जन्यो पुन्यूं' के दिन सब कुमाउँनियों को जनेऊ बदलने के लिए अपने घर आमंत्रित करना, रामलीला की तालीम के लिए क्वार्टर का कमरा देना आदि कार्य करते हैं। इससे पता चलता है कि धार्मिक गतिविधियों के प्रति विश्वास उनके मन में समाया हुआ है।

अथवा

मुअनजो-दड़ो में पानी की निकासी का सुव्यवस्थित प्रबंध बहुत ही प्रशंसनीय है। घरों की नालियों में पक्की ईंटें होती थीं। ढकी हुई नालियाँ मुख्य सड़क के दोनों ओर समांतर दिखाई देती हैं। बस्ती के भीतर भी इनका यही रूप है। प्रत्येक घर में एक स्नानघर है। घरों के भीतर से पानी या मैल की नालियाँ बाहर हौदी तक आती हैं और फिर नालियों के जाल से जुड़ जाती हैं। कहीं-कहीं वे खुली हैं, पर ज़्यादातर बंद हैं।

स्वास्थ्य के प्रति मुअनजो-दड़ो के बाशिंदों के सरोकार का यह बेहतर उदाहरण है। इसलिए वहाँ की जल निकासी व्यवस्था अत्यधिक सुदृढ़ है। वर्तमान समय में भी इसी तकनीक को अपनाया गया है। बड़े-बड़े शहरों और महानगरों में जो सीवर व्यवस्था है, वह किसी रूप में मुअनजो-दड़ो की जल निकासी व्यवस्था से प्रभावित रही होगी। यही कारण है कि जिस प्रकार आज की नालियाँ और सीवर के होल ढके हुए होते हैं, उसी प्रकार साफ़-सफ़ाई और स्वास्थ्य की दृष्टि से सभी छोटी-बड़ी नालियाँ ढकी होती थीं। अंततः कहा जा सकता है कि नगर की जल निकासी बेजोड़ तथा अद्भुत थी।

▶ स्टेज II प्रोफिशियंसी लेवल
(हल प्रश्न-पत्र के बाद)

प्रतिदर्श प्रश्न-पत्र 5

हिंदी केंद्रिक कक्षा 12

समय : 3 घंटे पूर्णांक : 80

निर्देश

1. इस प्रश्न-पत्र में खंड 'अ' में वस्तुपरक तथा खंड 'ब' में वर्णनात्मक प्रश्न पूछे गए हैं।
2. खंड 'अ' में 40 वस्तुपरक प्रश्न पूछे गए हैं। सभी 40 प्रश्नों के उत्तर देने हैं।
3. खंड 'ब' में वर्णनात्मक प्रश्न पूछे गए हैं। प्रश्नों के उचित आंतरिक विकल्प दिए गए हैं।
4. दोनों खंडों के प्रश्नों के उत्तर देना अनिवार्य है।
5. यथासंभव दोनों खंडों के प्रश्नों के उत्तर क्रमशः लिखिए।

■ खंड 'अ' (वस्तुपरक प्रश्न)

खंड 'अ' में अपठित बोध, अभिव्यक्ति और माध्यम, पाठ्य-पुस्तक आरोह भाग-2 व पूरक पाठ्य पुस्तक वितान भाग-2 से संबंधित बहुविकल्पीय प्रश्न पूछे गए हैं। जिनमें प्रत्येक प्रश्न के लिए 1 अंक निर्धारित है।

अपठित बोध

1. *निम्नलिखित गद्यांश को ध्यानपूर्वक पढ़कर दिए गए प्रश्नों के सर्वाधिक उपयुक्त उत्तर वाले विकल्प को चुनकर लिखिए।* (1×10 = 10)

वर्तमान सांप्रदायिक संकीर्णता के विषम वातावरण में संत-साहित्य की उपादेयता बहुत है। संतों में शिरोमणि कबीरदास भारतीय धर्म निरपेक्षता के आधार पुरुष हैं। संत कबीर एक सफल साधक, प्रभावशाली उपदेशक, महान नेता और युग-द्रष्टा थे। उनका समस्त काव्य विचारों की भव्यता और हृदय की तन्मयता तथा औदार्य से परिपूर्ण है। उन्होंने कविता के सहारे अपने विचारों और भारतीय धर्मनिरपेक्षता के आधार को युग-युगांतर के लिए अमरता प्रदान की। कबीर ने धर्म को मानव धर्म के रूप में देखा था। सत्य के समर्थक कबीर हृदय में विचार-सागर और वाणी में अभूतपूर्व शक्ति लेकर अवतरित हुए थे। उन्होंने लोक-कल्याण की कामना से प्रेरित होकर स्वानुभूति के सहारे काव्य रचना की।

वे पाठशाला या मकतब की ड्योढ़ी से दूर जीवन के विद्यालय में 'मसि कागद छुयो नहिं' की दशा में जीकर सत्य, ईश्वर पर विश्वास, प्रेम, अहिंसा, धर्मनिरपेक्षता और सहानुभूति का पाठ पढ़ाकर अनुभूतिमूलक ज्ञान का प्रसार कर रहे थे। कबीर ने समाज में फैले हुए मिथ्याचारों और कुत्सित भावनाओं की धज्जियाँ उड़ा दीं। स्वकीय भोगी हुई वेदनाओं के आक्रोश से भरकर समाज में फैले हुए ढोंग और पाखंडों, कुत्सित विचारधाराओं के प्रति दो टूक शब्दों में उन्होंने जो बातें कहीं, उनसे समाज की आँखें फटी-की-फटी रह गईं और साधारण जनता उनकी वाणियों से चेतना प्राप्त कर उनकी अनुगामिनी बनने को व्यग्र हो उठी। देश की सामाजिक, राजनीतिक, धार्मिक, आर्थिक एवं सांस्कृतिक आदि सभी प्रकार की समस्याओं का समाधान वैयक्तिक जीवन के माध्यम से प्रस्तुत करने का अनूठा प्रयत्न संत कबीर ने किया। उन्होंने बाँह उठाकर बलपूर्वक कहा

कबीरा खड़ा बाज़ार में, लिए लुकाठी हाथ।
जो घर जारे आपना, चले हमारे साथ।।

(क) वर्तमान युग में संत साहित्य को अधिक उपयोगी क्यों माना जाता है? (1)
(i) सांप्रदायिक भेदभाव के कारण *(ii)* प्रेम, भाइचारे एवं सद्भावना पर अत्यधिक बल देने के कारण
(iii) कबीर के विचारों को महत्त्वपूर्ण न मानने के कारण *(iv)* लोक कल्याण को महत्त्व न देने के कारण

(ख) गद्यांश में कबीर के लिए किस उपमान का प्रयोग किया गया है? (1)
(i) महान नेता *(ii)* युग-द्रष्टा *(iii)* सफल साधक *(iv)* ये सभी

(ग) 'अभूतपूर्व' शब्द का तात्पर्य है? (1)
(i) अद्वितीय *(ii)* अपूर्व *(iii)* अनूठी *(iv)* अनुपम

(घ) कबीर ने अनुभूतिमूलक ज्ञान का प्रसार किसके द्वारा किया था? (1)
(i) ईश्वर पर विश्वास के द्वारा *(ii)* अहिंसा के द्वारा *(iii)* धर्मनिरपेक्षता के द्वारा *(iv)* ये सभी

(ङ) प्रस्तुत गद्यांश के अनुसार कबीर ने धर्म को किस रूप में देखा? (1)
(i) मानव धर्म *(ii)* ईश्वर धर्म *(iii)* सामाजिक धर्म *(iv)* ये सभी

(च) निम्नलिखित कथनों पर विचार कीजिए (1)
1. कबीर ने अपनी कविता के माध्यम से धर्मनिरपेक्षता की भावना जनता में जागृत की।
2. कबीर ने शिक्षा अच्छे विद्यालय से प्राप्त की थी।
3. जनसामान्य की समस्याओं का समाधान करने में कबीर की वाणी अग्रणी थी।
उपरोक्त कथनों में से कौन-सा/से सही है/हैं?
(i) केवल 1 *(ii)* 1 और 2 *(iii)* 1 और 3 *(iv)* केवल 3

(छ) सामान्य जनता कबीर के बताए मार्ग पर चलने के लिए व्यग्र क्यों हो गई? (1)
(i) कबीर के विचारों से प्रभावित होकर *(ii)* समाज में फैले हुए ढोंग के कारण
(iii) अन्य आधार न मिलने के कारण *(iv)* जबरदस्ती धर्म परिवर्तन के कारण

(ज) 'कबीर ने धर्म को मानव धर्म के रूप में देखा था' इस पंक्ति से लेखक का आशय है कि (1)
(i) कबीर ने एकमात्र मानव धर्म को स्वीकार किया *(ii)* कबीर लोक कल्याण को ही मानव धर्म स्वीकार करते थे
(iii) कबीर हिंदू धर्म के समर्थक थे *(iv)* कबीर ने ईश्वर की सर्वव्यापकता बताई

(झ) निम्नलिखित कथन और कारण को ध्यानपूर्वक पढ़िए और सही विकल्प चुनकर लिखिए। (1)
कथन (A) साधारण जनता कबीर की अनुगामिनी बन गई।
कारण (R) कबीर ने समाज में फैले हुए आडंबरों व कुत्सित भावनाओं का अपने काव्य के माध्यम से खंडन किया।
कूट
(i) कथन (A) और कारण (R) दोनों सही हैं तथा कारण (R) कथन (A) की सही व्याख्या करता है
(ii) कथन (A) गलत है, परंतु कारण (R) सही है
(iii) कथन (A) तथा कारण (R) दोनों गलत हैं
(iv) कथन (A) और कारण (R) दोनों सही हैं, लेकिन कारण (R) कथन (A) की सही व्याख्या नहीं करता है

(ञ) कबीर का काव्य लोक-कल्याण की कामना से प्रेरित था, क्योंकि (1)
(i) उन्होंने स्वानुभूति के सहारे काव्य की रचना की *(ii)* उन्होंने धर्म को मानव धर्म के रूप में देखा
(iii) उनके काव्य में विचारों की भव्यता थी *(iv)* उनका काव्य औदार्य से परिपूर्ण था

2. *दिए गए पद्यांश पर आधारित प्रश्नों को ध्यानपूर्वक पढ़कर दिए गए प्रश्नों के सर्वाधिक उपयुक्त उत्तर वाले विकल्प को चुनकर लिखिए।* (1×5 = 5)

रोटी उसकी, जिसका अनाज, जिसकी जमीन, जिसका श्रम है;
अब कौन उलट सकता स्वतंत्रता का सुसिद्ध, सीधा क्रम है।
आज़ादी है अधिकार परिश्रम का पुनीत फल पाने का,
आज़ादी है अधिकार शोषणों की धज्जियाँ उड़ाने का।
गौरव की भाषा नई सीख, भिखमंगों की आवाज़ बदल,
सिमटी बाँहों को खोल गरुड़ उड़ने का अब अंदाज़ बदल।
स्वाधीन मनुज की इच्छा के आगे पहाड़ हिल सकते हैं;
रोटी क्या? ये अंबरवाले सारे सिंगार मिल सकते हैं।

(क) प्रस्तुत काव्यांश किससे संबंधित है? (1)
(i) आजादी के अभिप्राय से *(ii)* जीवन की सुख व शांति से
(iii) शोषण के विरुद्ध आवाज उठाने से *(iv)* परिश्रम के परिणाम से

(ख) निम्नलिखित कथनों पर विचार कीजिए (1)

1. परिश्रमी व्यक्ति ही रोटी का अधिकारी है।
2. जमीन का मालिक ही उस पर उगाए गए अनाज का अधिकारी है।
3. आजादी ही लोगों में सुख-चैन ला सकती है।

उपरोक्त कथनों में से कौन-सा/से सही है/हैं?

(i) केवल 1 *(ii)* केवल 3 *(iii)* 1 और 2 *(iv)* 2 और 3

(ग) स्वाधीन व्यक्ति जीवन में क्या-क्या कर सकता है? (1)

(i) बड़ी-से-बड़ी कठिनाई का डटकर सामना *(ii)* असंभव कार्य को भी संभव बनाना
(iii) *(i)* और *(ii)* दोनों *(iv)* दूसरे के सामने झुकना

(घ) 'गौरव की भाषा नई सीख' पंक्ति का क्या आशय है? (1)

(i) अंग्रेजी भाषा सीखना *(ii)* प्रगति हेतु अन्य भाषा सीखना
(iii) स्वाभिमानी बनने का प्रयास करना *(iv)* दूसरों के सामने बनावटी बनना

(ङ) कॉलम 1 को कॉलम 2 से सुमेलित कीजिए (1)

कॉलम - 1	कॉलम - 2
A. रोटी पर अधिकार	1. परिश्रम का फल पाने, शोषण का विरोध करने
B. आजादी आवश्यक है	2. स्वतंत्रता के साथ जीने और उसके बल पर सफलता पाने
C. कवि का व्यक्ति को परामर्श	3. जो अपनी जमीन पर श्रम करके अनाज पैदा करता है।

कूट

	A	B	C
(i)	3	1	2
(ii)	2	1	3
(iii)	1	2	3
(iv)	3	2	1

अभिव्यक्ति और माध्यम

3. *निम्नलिखित प्रश्नों को ध्यानपूर्वक पढ़कर सर्वाधिक उपयुक्त उत्तर वाले विकल्प को चुनकर लिखिए।* (1×5 = 5)

(क) भारत में एफ. एम. रेडियो के प्रसारण की शुरुआत कब की गई? (1)

(i) वर्ष 1990 में *(ii)* वर्ष 1991 में *(iii)* वर्ष 1992 में *(iv)* वर्ष 1993 में

(ख) किसी विशेष विचारधारा या उद्देश्य को उठाकर उसे आगे बढ़ाना तथा इसके लिए जनमत तैयार करने वाली पत्रकारिता क्या कहलाती है? (1)

(i) एडवोकेसी पत्रकारिता *(ii)* पीत पत्रकारिता
(iii) वाचडॉग पत्रकारिता *(iv)* सनसनीखेज पत्रकारिता

(ग) समाचारों को संकलित करने वाला व्यक्ति क्या कहलाता है? (1)

(i) पत्रकार *(ii)* संवाददाता *(iii)* रिपोर्टर *(iv)* समाचारवाचक

(घ) निम्न में से कौन-सा अखबार प्रिंट रूप में न होकर केवल इंटरनेट पर ही उपलब्ध है? (1)

(i) जागरण *(ii)* हिंदुस्तान *(iii)* प्रभात खबर *(iv)* प्रभासाक्षी

(ङ) सूची I को सूची II से सुमेलित कीजिए (1)

सूची I	सूची II
A. जिज्ञासा	1. अमेरिका
B. न्यायालय पत्रकारिता	2. पत्रकारिता का दायित्व
C. जनहित के लिए संघर्ष	3. पत्रकारिता का मूल तत्त्व
D. पीत पत्रकारिता की शुरुआत	4. प्रशासनिक काम-काज की गड़बड़ी को सार्वजनिक करना

कूट

	A	B	C	D
(i)	2	3	4	1
(ii)	3	4	2	1
(iii)	1	4	3	2
(iv)	4	3	1	2

पाठ्य-पुस्तक आरोह भाग 2

4. *निम्नलिखित पद्यांश के प्रश्नों को ध्यानपूर्वक पढ़कर सर्वाधिक उपयुक्त उत्तर वाले विकल्प को चुनकर लिखिए।* (1 × 5 = 5)

बच्चे प्रत्याशा में होंगे,
नीड़ों से झाँक रहे होंगे
यह ध्यान परों में चिड़ियों के भरता कितनी चंचलता है।
दिन जल्दी-जल्दी ढलता है।
मुझसे मिलने को कौन विकल?
मैं होऊँ किसके हित चंचल?
यह प्रश्न शिथिल करता पद को, भरता उर में विह्लता है
दिन जल्दी-जल्दी ढलता है।

(क) चिड़िया अपने बच्चों के लिए चिंतित है, यह कैसे स्पष्ट होता है? (1)

(i) चिड़िया की उड़ान की गति से
(ii) बहुत दूर तक उड़ने से
(iii) चिड़िया द्वारा बच्चों को अकेला छोड़ने से
(iv) चिड़िया के मंद गति से उड़ने से

(ख) प्रस्तुत पद्यांश में कवि किससे प्रभावित होता है? (1)

(i) अपनी प्रिय से
(ii) चिड़िया के परों की चंचल गति से
(iii) चिड़िया के बच्चों से
(iv) प्रकृति की अनुपम महिमा से

(ग) कवि के पैरों की गति को कौन-सा भाव शिथिल कर देता है? (1)

(i) चिड़िया की तीव्र उड़ान
(ii) बच्चों की व्याकुलता
(iii) समय का तीव्र गति से व्यतीत होना
(iv) कवि से मिलने को किसी का व्याकुल न होना

(घ) निम्नलिखित कथन और कारण को ध्यानपूर्वक पढ़िए और सही विकल्प चुनकर लिखिए। (1)

कथन (A) कवि कहता है मुझसे मिलने के लिए न कोई व्याकुल है और न ही उत्कंठित है।
कारण (R) कवि पक्षियों को दाना डालने प्रतिदिन पैदल जाता है।

कूट

(i) कथन (A) सही है, परंतु कारण (R) गलत है
(ii) कथन (A) गलत है, परंतु कारण (R) सही है
(iii) कथन (A) और कारण (R) दोनों सही हैं, लेकिन कारण (R) कथन (A) की व्याख्या नहीं करता है
(iv) कथन (A) और कारण (R) दोनों सही हैं तथा कारण (R) कथन (A) की सही व्याख्या करता है

(ङ) 'दिन जल्दी-जल्दी ढलता है' पंक्ति के माध्यम से कवि द्वारा किसके महत्त्व को दर्शाया गया है? (1)

(i) कवि के
(ii) समय के
(iii) चिड़िया के
(iv) बच्चे के

5. *निम्नलिखित गद्यांश के प्रश्नों को ध्यानपूर्वक पढ़कर उपयुक्त उत्तर वाले विकल्प को चुनकर लिखिए।* (1 × 5 = 5)

पड़ोस में एक महानुभाव रहते हैं, जिनको लोग भगत जी कहते हैं। चूरन बेचते हैं। यह काम करते, जाने उन्हें कितने बरस हो गए हैं। लेकिन किसी एक भी दिन चूरन से उन्होंने छ: आने से ज्यादा पैसे नहीं कमाए। चूरन उनका आस-पास सरनाम है और खुद खूब लोकप्रिय हैं। कहीं व्यवसाय का गुर पकड़ लेते और उस पर चलते तो आज खुशहाल क्या, मालामाल होते! क्या कुछ उनके पास न होता! इधर दस वर्षों से मैं देख रहा हूँ, उनका चूरन हाथों-हाथ बिक जाता है। पर वह न उसे थोक में देते हैं, न व्यापारियों को बेचते हैं। पेशगी ऑर्डर कोई नहीं लेते। बँधे वक्त पर अपनी चूरन की पेटी लेकर घर से बाहर हुए नहीं कि देखते-देखते छ: आने की कमाई उनकी हो जाती है। लोग उनका चूरन लेने को उत्सुक जो रहते हैं। चूरन से भी अधिक शायद वह भगत जी के प्रति अपनी सद्‌भावना का देय देने को उत्सुक रहते हैं। पर छ: आने पूरे हुए नहीं कि भगत जी बाकी चूरन बालकों को मुफ़्त बाँट देते हैं। कभी ऐसा नहीं हुआ कि कोई उन्हें पच्चीसवाँ पैसा भी दे सके। कभी चूरन में लापरवाही नहीं हुई और कभी रोग होता भी मैंने उन्हें नहीं देखा है।

(क) लोग भगत जी का चूरन खरीदने को उत्सुक रहते थे। चूरन खरीदने वालों की उत्सुकता का क्या कारण था? (1)

(i) भगत जी के प्रति उनकी सद्‌भावना
(ii) भगत जी की बालकों को मुफ्त में चूरन बाँटने की प्रवृत्ति
(iii) भगत जी का व्यापारी स्वभाव
(iv) भगत जी का अधिक पुराना व्यापारी होना

(ख) भगत जी सदैव नियम पर डटे रहते थे। उनका कौन-सा नियम था? (1)

(i) कम चूरन बेचना
(ii) बाजार का मोल-भाव न करना
(iii) छः आने से अधिक का चूरन न बेचना
(iv) बच्चों को कम कीमत पर चूरन बेचना

(ग) निम्नलिखित कथन और कारण को ध्यानपूर्वक पढ़िए और सही विकल्प चुनकर लिखिए। (1)

कथन (A) भगत जी छः आने का चूरन बिकने के बाद बचा हुआ चूरन बालकों में मुफ्त बाँट देते थे।

कारण (R) भगत जी का चूरन केवल छः आने का ही बिक पाता था। इससे अधिक का कोई खरीदार नहीं आता था।

कूट

(i) कथन (A) और कारण (R) दोनों सही हैं तथा कारण (R) कथन (A) की सही व्याख्या करता है।
(ii) कथन (A) गलत है, परंतु कारण (R) सही है
(iii) कथन (A) तथा कारण (R) दोनों गलत हैं
(iv) कथन (A) और कारण (R) दोनों सही हैं, लेकिन कारण (R) कथन (A) की सही व्याख्या नहीं करता है

(घ) कॉलम 1 को कॉलम 2 से सुमेलित कीजिए (1)

	कॉलम- 1		कॉलम- 2
A.	चूरन शीघ्र बिक जाता है।	1.	आज खुशहाल व मालामाल होते
B.	भगत जी व्यवसाय का गुर पकड़ लेते तो	2.	चूरन मुफ्त बाँट देते
C.	छः आने पूरे होने पर	3.	गुणवत्ता के कारण

कूट

	A	B	C
(i)	3	1	2
(ii)	1	2	3
(iii)	2	3	1
(iv)	1	3	2

(ङ) निम्नलिखित कथनों पर विचार कीजिए (1)

1. चूरन की पेटी खोलते ही सारा चूरन भगत जी का तुरंत बिक जाता था।
2. भगत जी को व्यापार करना नहीं आता था।
3. भगत जी कभी भी बीमार नहीं पड़ते थे।

उपरोक्त कथनों में से कौन-सा/से सही है/हैं?

(i) केवल 1
(ii) केवल 3
(iii) 1 और 3
(iv) 1 और 2

पूरक पाठ्य-पुस्तक वितान भाग 2

6. *निम्नलिखित प्रश्नों को ध्यानपूर्वक पढ़कर सर्वाधिक उपयुक्त उत्तर वाले विकल्प को चुनकर लिखिए।* (1 × 10 = 10)

(क) यशोधर बाबू का आधुनिक विचारों के पक्ष में न होना किस तथ्य की ओर संकेत करता है? (1)

(i) यशोधर बाबू सिद्धांतवादी व्यक्ति थे
(ii) यशोधर बाबू रूढ़िवादी व्यक्ति थे
(iii) यशोधर बाबू देहाती व्यक्ति थे
(iv) यशोधर बाबू गाँधीवाद के प्रवर्तक थे

(ख) यशोधर बाबू को अपने बच्चों की कौन-सी बात सही लगती है? (1)

(i) डी.डी.ए. फ्लैट के लिए पैसा न भरने को अपनी भूल मानना
(ii) परंपराओं का निर्वाह उचित ढंग से न करना
(iii) आधुनिक बनना
(iv) समय के अनुसार चलना

(ग) यशोधर बाबू के व्यक्तित्व निर्माण में किशनदा ने कैसे योगदान दिया? (1)

(i) नौकरी लगाने के साथ जीवन के विभिन्न प्रसंगों पर दिशा-निर्देश देकर
(ii) रूढ़िवादी विचारों को अपनाकर
(iii) अपने अनुभवों का वर्णन करके
(iv) जीवन के केवल सुखद समय में साथ देकर

(घ) निम्नलिखित कथन और कारण को ध्यानपूर्वक पढ़िए और सही विकल्प चुनकर लिखिए। (1)

कथन (A) लेखक ने कहानी का शीर्षक जूझ रखा है।

कारण (R) कहानी में नायक की अनेक समस्याओं से जूझने की प्रवृत्ति बताई गई है।

कूट

(i) कथन (A) सही है, परंतु कारण (R) गलत है

(ii) कथन (A) गलत है, परंतु कारण (R) सही है

(iii) कथन (A) और कारण (R) दोनों सही हैं, लेकिन कारण (R) कथन (A) की सही व्याख्या नहीं करता है

(iv) कथन (A) और कारण (R) दोनों सही हैं तथा कारण (R) कथन (A) की सही व्याख्या करता है

(ङ) "आने दे अब उसे, मैं उसे सुनाता हूँ कि नहीं अच्छी तरह देख।" यह कथन किसने व किससे कहा, 'जूझ' कहानी के आधार पर बताइए। (1)

(i) दत्ता राव ने लेखक के पिता से
(ii) दत्ता राव ने लेखक की माता से
(iii) लेखक के पिता ने उसकी माता से
(iv) लेखक के पिता ने लेखक से

(च) 'जूझ' कहानी के अनुसार आनंदा विद्यालय क्यों नहीं जाता था? (1)

(i) उसकी पढ़ने की इच्छा नहीं थी
(ii) उसके पिता को उसका पढ़ना अच्छा नहीं लगता था
(iii) घर के कार्यों में अत्यधिक व्यस्तता के कारण
(iv) *(ii)* और *(iii)* दोनों

(छ) सिंधु सभ्यता में कुंड के तल में और दीवारों पर ईंटों के बीच चूने और चिरोड़ी के गारे का उपयोग किसलिए किया जाता होगा? (1)

(i) कुंड का पानी रिस न सके
(ii) बाहर का अशुद्ध पानी कुंड में न जाने पाए
(iii) *(i)* और *(ii)* दोनों
(iv) कुंड की सुंदरता बढ़ाने के लिए

(ज) मुहरें, धातु-पत्थर की मूर्तियों आदि के मिलने पर क्या संभव हो पाया है? (1)

(i) सिंधु घाटी सभ्यता का अध्ययन करना
(ii) इतिहास की पर्याप्त जानकारी मिलना
(iii) भविष्य की अध्ययन की पृष्ठभूमि तैयार करना
(iv) ऐतिहासिक स्थल का ज्ञान होना

(झ) 'जूझ' कहानी के लेखक के दादा के चरित्र की विशेषता के संबंध में निम्न में से कौन-सा कथन सही नहीं है? (1)

(i) वे राव साहब का सम्मान करते थे
(ii) वे अत्यधिक गुस्सैल प्रवृत्ति के थे
(iii) वे खेत का सारा काम स्वयं ही करते थे
(iv) वे लेखक की पढ़ाई में बाधक थे

(ञ) निम्नलिखित कथनों पर विचार कीजिए (1)

1. मुअनजो-दड़ो अपने दौर में घाटी की सभ्यता का केंद्र था।
2. मुअनजो-दड़ो सीमित जनसंख्या वाला क्षेत्र था।
3. बौद्ध स्तूप वाले चबूतरे को पुरातत्त्व के विद्वानों द्वारा 'गढ़' कहा जाता है।
4. मुअनजो-दड़ो में मिले कुंड का उपयोग पवित्र या आनुष्ठानिक रूप में किया जाता था।

उपरोक्त कथनों में से कौन-सा/से सही है/हैं?

(i) केवल 1 *(ii)* केवल 3 *(iii)* 1, 2 और 4 *(iv)* 1, 3 और 4

■ खंड 'ब' (वर्णनात्मक प्रश्न)

खंड 'ब' में जनसंचार और सृजनात्मक लेखन, पाठ्य-पुस्तक आरोह भाग-2 व पूरक पाठ्य-पुस्तक वितान भाग-2 से संबंधित वर्णनात्मक प्रश्न पूछे गए हैं। जिनके निर्धारित अंक प्रश्न के सामने अंकित हैं।

जनसंचार और सृजनात्मक लेखन

7. *निम्नलिखित दिए गए 3 विषयों में से किसी 1 विषय पर लगभग 120 शब्दों में रचनात्मक लेख लिखिए।* $(6 \times 1 = 6)$

(क) साहित्य लोक जीवन का प्रहरी

(ख) साहस का व्यक्ति के जीवन में महत्त्व एवं उपयोगिता

(ग) समर्पण भाव की सार्थकता

8. *निम्नलिखित प्रश्नों को ध्यानपूर्वक पढ़कर लगभग 40 शब्दों में निर्देशानुसार उत्तर दीजिए।* (2 × 2 = 4)

(क) कहानी लेखन हेतु किन विशेषताओं का होना आवश्यक है? स्पष्ट कीजिए। (2)

अथवा

अभिनय ही संवाद को नाटक में प्रभावशाली बनाता है। नाटक की अभिनेयता में किन गुणों का होना आवश्यक है?

(ख) विशेष विषय पर लिखा गया लेख सामान्य लेख से अलग होता है। विशेष लेखन की भाषा-शैली कैसी होती है? स्पष्ट कीजिए। (2)

अथवा

मुद्रित माध्यमों के महत्त्व पर प्रकाश डालिए।

9. *निम्नलिखित प्रश्नों को ध्यानपूर्वक पढ़कर दिए गए 3 प्रश्नों में से किन्हीं 2 प्रश्नों के लगभग 60 शब्दों में उत्तर दीजिए।* (3 × 2 = 6)

(क) 'बस्ते का बढ़ता बोझ' विषय पर एक आलेख लिखिए। (3)

(ख) समाचार के विभिन्न तत्त्वों में से किन्हीं दो तत्त्वों पर विचार व्यक्त कीजिए। (3)

(ग) फीचर लेखन करते समय किन बातों का ध्यान रखना चाहिए? स्पष्ट कीजिए। (3)

पाठ्य-पुस्तक आरोह भाग 2

10. *निम्नलिखित प्रश्नों को ध्यानपूर्वक पढ़कर दिए गए 3 प्रश्नों में से किन्हीं 2 प्रश्नों के लगभग 60 शब्दों में उत्तर दीजिए।* (3 × 2 = 6)

(क) 'कैमरे में बंद अपाहिज' कविता को आप करुणा की कविता मानते हैं या क्रूरता की? तर्कसम्मत उत्तर दीजिए। (3)

(ख) 'पतंग' कविता में कवि ने बच्चों को कपास की तरह कोमल बताया है तथा उनके पैरों को 'बेचैन' कहा है। कारण स्पष्ट कीजिए। (3)

(ग) कविता के किन उपमानों को देखकर कहा जा सकता है कि 'उषा' कविता गाँव की सुबह का गतिशील शब्दचित्र है? (3)

11. *निम्नलिखित प्रश्नों को ध्यानपूर्वक पढ़कर दिए गए 3 प्रश्नों में से किन्हीं 2 प्रश्नों के लगभग 40 शब्दों में उत्तर दीजिए।* (2 × 2 = 4)

(क) पेट की आग की विशालता और भयावहता को कवि ने कैसे प्रस्तुत किया है? 'कवितावली' के आधार पर स्पष्ट कीजिए। (2)

(ख) कल्पना के रसायन से रचना अधिक परिपक्व तथा अनंतता को प्राप्त होती है। यहाँ 'कल्पना के रसायन' का क्या अभिप्राय है? 'छोटा मेरा खेत' कविता के आधार पर स्पष्ट कीजिए। (2)

(ग) किसी के दुःख का प्रदर्शन करके कार्यक्रम को रोचक बनाना कहाँ तक उचित है? 'कैमरे में बंद अपाहिज' कविता के आधार पर बताइए। (2)

12. *निम्नलिखित प्रश्नों को ध्यानपूर्वक पढ़कर दिए गए 3 प्रश्नों में से किन्हीं 2 प्रश्नों के लगभग 60 शब्दों में उत्तर दीजिए।* (3 × 2 = 6)

(क) 'शिरीष के फूल' पाठ के आधार पर बताइए कि लेखक के मत तथा पुराने कवियों के मतों में क्या अंतर है? (3)

(ख) लेखक के अनुसार, बाज़ार का जादू व्यक्ति के मन-मस्तिष्क पर किस प्रकार प्रभाव डालता है? बाज़ार के जादू के प्रभाव से बचने का क्या उपाय है? (3)

(ग) 'लक्ष्मी' के 'भक्तिन' बनने की प्रक्रिया क्यों मर्मस्पर्शी है? अपने शब्दों में उत्तर दीजिए। (3)

13. *निम्नलिखित प्रश्नों को ध्यानपूर्वक पढ़कर दिए गए 3 प्रश्नों में से किन्हीं 2 प्रश्नों के लगभग 40 शब्दों में उत्तर दीजिए।* (2 × 2 = 4)

(क) लाशों को बिना कफ़न के ही पानी में बहा देने की सलाह क्यों दी जा रही थी? 'पहलवान की ढोलक' कहानी के आधार पर स्पष्ट कीजिए। (2)

(ख) 'श्रम विभाजन और जाति-प्रथा' पाठ के आधार पर बताइए कि जाति-प्रथा के पोषक लोग क्या स्वीकार करने को तैयार हैं? (2)

(ग) हमारा एकमात्र लक्ष्य स्वार्थ ही क्यों रह गया है? 'काले मेघा पानी दे' पाठ के आधार पर स्पष्ट कीजिए। (2)

पूरक पाठ्य-पुस्तक वितान भाग 2

14. *निम्नलिखित प्रश्नों को ध्यानपूर्वक पढ़कर दिए गए 2 प्रश्नों में से किसी 1 प्रश्न का लगभग 60 शब्दों में उत्तर दीजिए।* (4 × 1 = 4)

वाई डी पंत का आदर्श कौन था? उसके व्यक्तित्व की तीन विशेषताएँ लिखिए। (4)

अथवा

"सिंधु सभ्यता में खेती का उन्नत रूप भी देखने को मिलता है।" क्या आप इस कथन से सहमत हैं? उल्लेख कीजिए।

व्याख्या सहित **उत्तर**

1. *(क)* *(ii)* प्रेम, भाइचारे एवं सद्भावना पर अत्यधिक बल देने के कारण

(ख) *(iv)* ये सभी

(ग) *(iii)* अनूठी

(घ) *(iv)* ये सभी

(ङ) *(i)* मानव धर्म

(च) *(iii)* 1 और 3

(छ) *(i)* कबीर के विचारों से प्रभावित होकर

(ज) *(ii)* कबीर लोक कल्याण को ही मानव धर्म स्वीकार करते थे

(झ) *(i)* कथन (A) और कारण (R) दोनों सही हैं तथा कारण (R) कथन (A) की सही व्याख्या करता है।

(ञ) *(ii)* उन्होंने धर्म को मानव धर्म के रूप में देखा

2. *(क)* *(i)* आजादी के अभिप्राय से *(ख)* *(i)* केवल 1

(ग) *(iii)* *(i)* और *(ii)* दोनों *(घ)* *(iii)* स्वाभिमानी बनने का प्रयास करना

(ङ) *(i)* 3 1 2

3. *(क)* *(iv)* वर्ष 1993 में *(ख)* *(i)* एडवोकेसी पत्रकारिता *(ग)* *(ii)* संवाददाता

(घ) *(iv)* प्रभासाक्षी *(ङ)* *(ii)* 3 4 2 1

4. *(क)* *(i)* चिड़िया की उड़ान की गति से *(ख)* *(ii)* चिड़िया के परों की चंचल गति से

(ग) *(iv)* कवि से मिलने को किसी का व्याकुल न होना

(घ) *(i)* कथन (A) सही है, परंतु कारण (R) गलत है।

(ङ) *(ii)* समय के

5. *(क)* *(i)* भगत जी के प्रति उनकी सद्भावना *(ख)* *(iii)* छः आने से अधिक का चूरन न बेचना

(ग) *(i)* 3 1 2

(घ) *(iv)* कथन (A) और कारण (R) दोनों सही हैं तथा कारण (R) कथन (A) की सही व्याख्या नहीं करता है।

(ङ) *(ii)* केवल 3

6. *(क)* *(i)* यशोधर बाबू सिद्धांतवादी व्यक्ति थे

(ख) *(i)* डी.डी.ए. फ्लैट के लिए पैसा न भरने को अपनी भूल मानना

(ग) *(i)* नौकरी लगाने के साथ जीवन के विभिन्न प्रसंगों पर दिशा-निर्देश देकर

(घ) *(iv)* कथन (A) और कारण (R) दोनों सही हैं तथा कारण (R) कथन (A) की सही व्याख्या करता है।

(ङ) *(ii)* दत्ता राव ने लेखक की माता से *(च)* *(iv)* *(ii)* और *(iii)* दोनों

(छ) *(iii)* *(i)* और *(ii)* दोनों *(ज)* *(i)* सिंधु घाटी सभ्यता का अध्ययन करना

(झ) *(iii)* वे खेत का सारा काम स्वयं ही करते थे *(ञ)* *(iii)* 1, 3 और 4

7. *(क)* **साहित्य लोक जीवन का प्रहरी**

डॉ. राजेंद्र प्रसाद ने कहा है–''जिस देश को अपनी भाषा और साहित्य के गौरव का अनुभव नहीं है, वह उन्नत नहीं हो सकता।'' वास्तव में, किसी भी राष्ट्र की भाषा एवं साहित्य के अध्ययन के आधार पर वहाँ की सभ्यता एवं संस्कृति के विकास का सहज ही आकलन किया जा सकता है, क्योंकि साहित्य में मानवीय समाज के सुख-दुःख, आशा-निराशा, साहस-भय और उत्थान-पतन का स्पष्ट चित्रण रहता है। साहित्य की इन्हीं विशेषताओं के कारण इसे 'समाज का दर्पण' कहा जाता है।

वास्तव में, देखा जाए तो साहित्य एक स्वायत्त आत्मा है और उसकी सृष्टि करने वाला भी ठीक से यह नहीं बता सकता कि उसके रचे साहित्य की गूँज कब और कहाँ तक जाएगी। यदि साहित्य समाज में नैतिक सत्य की चिंता है, तो यह समाज की दूरगामी वृत्तियों का रक्षक तत्त्व भी है।

साहित्य में सत्य की साधना है, शिवत्व की कामना है और सौंदर्य की अभिव्यंजना है। शुद्ध, जीवंत एवं उत्कृष्ट साहित्य मानव एवं समाज की संवेदना और उसकी सहज वृत्तियों को युगों-युगों तक जनमानस में संचारित करता रहता है। तभी तो शेक्सपियर हो या कालिदास, उनकी

कृतियाँ आज भी लोगों के हृदय को आप्लावित कर रही हैं। राजनीतिक दृष्टि से विश्व चाहे कितने ही गुटों में क्यों न बँट गया हो, किंतु साहित्य के प्रांगण में सब एक हैं, क्योंकि दुनिया का मानव एक है तथा उसकी वृत्तियाँ भी सब जगह और सभी कालों में एकसमान हैं।

समाज की सुषुप्त विवेक-शक्ति को जागृत करना साहित्य का बुनियादी लक्ष्य है। साहित्य जनमानस को आलोक स्तंभ के समान दिशा और प्रकाश देता है। साहित्यिक परिस्थितियाँ जैसी होंगी, उस काल के साहित्य का स्वरूप भी वैसा ही होगा।

वास्तव में, जीवन साहित्य का आधार है। साहित्य की समृद्धि के बिना जीवन एवं समाज का सम्यक् विकास असंभव है। साहित्य और समाज का संबंध अन्योन्याश्रित है। साहित्य अर्थात् रचनात्मकता मानवीय प्रकृति का अभिन्न अंग है, इसलिए जिस साहित्य का अपने समाज से जितना आदान-प्रदान होगा, वह साहित्य उतना ही जीवंत, संवेदनशील एवं प्रभावशाली होगा।

(ख) **साहस का व्यक्ति के जीवन में महत्त्व एवं उपयोगिता**

मानव एक सामाजिक प्राणी है। वह समाज में रहकर विभिन्न प्रकार के अच्छे-बुरे कर्म करता है तथा अपनी रुचि के अनुसार अच्छाई और बुराई को अपनाता है। उन्हीं अच्छे-बुरे गुणों में से एक गुण साहस भी है। साहसी व्यक्ति कभी भी जीवन में असफल नहीं होता है।

साहस का वास्तविक अर्थ है—किसी अज्ञात वस्तु की प्राप्ति के आनंद के कारण ही सभी प्रकार के कष्टों और जोखिमों का सामना करना। निःसंदेह साहसिक कार्य करने की भावना का मनुष्य के चरित्र पर बहुत गहरा प्रभाव पड़ता है। यह मनुष्य को वीर, दृढ़ और निर्भीक बनाता है। यह मनुष्य को सचेत और सोच-समझकर कदम उठाने वाला साहसी, परंतु दुस्साहस न करने वाला बनाता है। साहस की भावना का विकास दृढ़ता से किया जाता है। इससे हमें शक्ति तथा प्रेरणा मिलती है। तेनसिंह द्वारा एवरेस्ट पर चढ़ाई और राकेश शर्मा की अंतरिक्ष यात्रा बहुत ही प्रेरणादायक सिद्ध हुई है। ह्वेनसांग और फाह्यान तो पैदल ही हिमालय के कठिन रास्तों की बाधाओं को लाँघते हुए भारत पहुँचे थे।

साहस का सकारात्मकता से गहरा संबंध है। सकारात्मकता नैतिक साहस को बताती है। प्लेटो ने कहा कि साहस हमें डर से सामना करना सिखाता है। रानी लक्ष्मीबाई ने अपने साहस के बल पर ही अंग्रेजों की विशाल सेना का डटकर सामना किया। जीत साहस नहीं है, बल्कि वह संघर्ष साहस है, जो हम सब जीतने के लिए करते हैं। सफल न होने पर अगले प्रयास के लिए ऊर्जा जुटाना भी साहस ही तो है।

साहस की भावना मनुष्य को स्वावलंबी, स्वयंसेवी, सहायक, चरित्रवान, दयावान, सहयोगी, आत्मनिर्भर और निडर बनाती है। विवेकानंद जी ने कहा है कि ''विश्व में अधिकांश लोग इसलिए असफल हो जाते हैं कि उनमें समय पर साहस का संचार नहीं हो पाता, वे भयभीत हो उठते हैं।''

साहस हर व्यक्ति में होता है, जरूरत बस इतनी है कि वे स्वयं को पहचानें, जानें और मंजिल की ओर एक कदम बढ़ाएँ। कहा भी गया है कि Fortune Favors The Brave. कहने का तात्पर्य यह है कि साहस से ही संसार का कठिन-से-कठिन कार्य संभव होता है।

(ग) **समर्पण भाव की सार्थकता**

महान क्रांतिकारी संत एवं युग-प्रवर्तक कवि कबीर ने लिखा है

''एकहि साधे सब सधे, सब साधे सब जाय।
माली सींचे मूल को, फूलै फले अघाय।।''

कहने का तात्पर्य है कि जिस प्रकार माली के द्वारा पौधे की जड़ को सींचने से पूरे पेड़ की सिंचाई हो जाती है और समूचा पेड़ हरा-भरा होकर खूब फलता-फूलता है, ठीक उसी प्रकार व्यक्ति यदि अपने मूल लक्ष्य को प्राप्त करने के लिए अपना तन-मन-धन समर्पित कर दे, तो मूल लक्ष्य की प्राप्ति होते ही उसे अन्य सभी अनुषंगी लक्ष्य स्वयं ही प्राप्त हो जाते हैं।

सफलता प्राप्त करने के लिए आवश्यक है कि व्यक्ति अपने तन, मन एवं धन को किसी बिंदु विशेष अर्थात् लक्ष्य विशेष के लिए पूरी तरह समर्पित कर दे, वह अपनी समूची एकाग्रता एवं निष्ठा को अपने लक्ष्य की प्राप्ति से जोड़ दे। एक ही समय में अनेक कार्यों को प्रारंभ करने से कोई भी कार्य पूर्णता तक नहीं पहुँच पाता, परिणामस्वरूप हमारे सभी कार्य अधूरे रह जाते हैं, इसलिए हमें अतिशय व्यग्रता न दिखाते हुए एक समय में कोई एक काम ही पूरी तल्लीनता एवं निष्ठा के साथ करना चाहिए, ताकि हम एकाग्रचित्त होकर उसमें सफलता प्राप्त कर सकें।

एक ही कार्य या लक्ष्य को साधने से यह तात्पर्य नहीं है कि किसी भी कार्य या लक्ष्य को प्राप्त करने की कोशिश की जाए, बल्कि मूल कार्य या लक्ष्य को प्राप्त करने की कोशिश भी की जानी चाहिए, तभी वह प्रयास सार्थक होगा। जिस प्रकार पौधे की जड़ में पानी देने से वह खूब फलता-फूलता है, लेकिन यदि पौधे की जड़ों को न सींचकर केवल उसके पत्तों की सिंचाई की जाए, तो वह पौधा जीवित नहीं रह पाएगा, उसी प्रकार यदि जीवन के मूल लक्ष्य की पहचान न करके अन्य लक्ष्यों को प्राप्त करने की कोशिश की जाएगी, तो उससे अन्य लक्ष्यों की प्राप्ति नहीं होगी और जीवन में सफलता पाना संदिग्ध हो जाएगा। स्वामी विवेकानंद ने भी कहा है—''एक समय में एक काम करो और ऐसा करते समय अपनी पूरी आत्मा उसमें डाल दो और बाकी सब कुछ भूल जाओ।''

8. *(क) कहानी लेखन हेतु निम्नलिखित विशेषताओं का होना आवश्यक है*

(i) कहानी का आरंभ आकर्षक होना चाहिए, ताकि पाठक का मन उसमें रम जाए।

(ii) कहानी में विभिन्न घटनाओं और प्रसंगों को संतुलित विस्तार देना चाहिए। किसी प्रसंग को न अत्यंत संक्षिप्त लिखें और न ही अनावश्यक रूप से विस्तृत करें।

(iii) कहानी की भाषा सरल, स्वाभाविक तथा प्रवाहमयी होनी चाहिए। उसमें क्लिष्ट शब्द तथा लंबे वाक्य नहीं होने चाहिए।

(iv) कहानी का शीर्षक उपयुक्त तथा आकर्षक होना चाहिए।

(v) कहानी के संवाद पात्रों के स्वभाव एवं पृष्ठभूमि के अनुकूल होने चाहिए।

(vi) कहानी का अंत सहज ढंग से होना चाहिए।

अथवा

अभिनेयता किसी भी नाटक का अनिवार्य गुण है। अभिनय किसी अभिनेता या अभिनेत्री द्वारा किया जाने वाला वह कार्य है, जिसके द्वारा वे किसी कहानी को रंगमंच पर दर्शाते हैं। अभिनय ही संवाद को नाटक में प्रभावशाली बनाता है। पात्र अपनी भाव-भंगिमाओं व तौर-तरीकों से संवाद व नाटक दोनों को प्रभावी बना देते हैं। नाटक की अभिनेयता में रंगमंच के संकेतों का होना आवश्यक है। कौन-सा संवाद किस प्रकार बोलना है, किस प्रकार से अपनी प्रतिक्रिया व्यक्त करनी है, कैसे हाव-भाव रखने हैं, यह सब रंगमंच के संकेतों के अंतर्गत आता है। रंगमंच की सज्जा, प्रकाश व्यवस्था, ध्वनि व्यवस्था आदि भी रंगमंच अभिनेयता के लिए आवश्यक गुण हैं।

(ख) विशेष लेखन की कोई भी निश्चित शैली नहीं होती। सामान्य लेखन की तरह ही विशेष लेखन का भी यह सर्वमान्य नियम है कि विशेष लेखन सरल व समझ में आने वाला होना चाहिए। विशेष लेखन की भाषा-शैली विषय के अनुसार निर्धारित होती है। विशेष लेखन उल्टा पिरामिड शैली तथा फीचर शैली दोनों में ही लिखा जाता है। विशेष लेखन के प्रत्येक क्षेत्र के लिए विशेष तकनीकी शब्दावली का प्रयोग किया जाता है; जैसे–

- कारोबार और व्यापार के लिए– तेजड़िया, मंदड़िया, सोना उछला, चाँदी लुढ़की, बाजार धड़ाम आदि।
- पर्यावरण और मौसम के लिए– आर्द्रता, टॉक्सेस, कचरा, ग्लोबल वार्मिंग आदि।
- खेल के लिए– जर्मनी ने घुटने टेके, न्यूजीलैंड के पाँव उखड़े, भारतीय शेर कंगारुओं पर भारी।

अथवा

मुद्रित माध्यमों के अंतर्गत अखबार, पत्रिकाएँ आदि आते हैं। इनका हमारे दैनिक जीवन में काफी महत्त्व है। इनकी महत्त्वपूर्ण विशेषताएँ निम्नलिखित हैं

(i) मुद्रित माध्यमों में स्थायित्व होता है।

(ii) आप इन्हें अपनी इच्छानुसार पढ़ सकते हैं।

(iii) आप इन्हें लंबे समय तक प्रयोग में ला सकते हैं।

(iv) यह माध्यम लिखित भाषा का विस्तार है।

(v) यह चिंतन, विचार और विश्लेषण का माध्यम है।

9. *(क)* **बस्ते का बढ़ता बोझ**

भारी बस्तों के भार से दबे बच्चों का झुंड आपको प्रत्येक शहर में दिख सकता है। किताबों के बीच सिसकते बचपन ने शिक्षा की बुनियाद को हिलाकर रख दिया है। एक छोटे बच्चे के लिए दस-बारह किताबें रोज़ स्कूल ले जाना और उन्हें पढ़ना कठिन होता है। इसका सहज अंदाज़ा लगाया जा सकता है, यह पढ़ाई का उचित तरीका नहीं हो सकता। इससे हमारे बच्चों के मानसिक विकास को चोट पहुँचती है। उनका मानसिक विकास नहीं हो पाता। बस्ते के बढ़ते अनावश्यक बोझ से बच्चा मानसिक रूप से कुंठित हो जाता है। छोटे बच्चों की शिक्षा का माध्यम केवल पुस्तकीय न होकर व्यावहारिक एवं रचनात्मक होना चाहिए। भारी बस्तों के भार से बच्चे दबे जा रहे हैं। उन्हें बचपन में ही भारी बस्तों का बोझ उठाना पड़ता है।

बच्चे बचपन से ही किताबों के बोझ के कारण ऊब जाते हैं। बचपन में बच्चों को उनकी रुचि के अनुरूप पढ़ाना चाहिए, जिससे पढ़ाई के प्रति बच्चों की रुचि बढ़े, न कि घटे। आज ज़रूरत है प्रतिभाओं को निखारने की, उनकी आंतरिक क्षमताओं को जगाने की, लेकिन 'बस्ते का बढ़ता बोझ' उन्हें शिक्षा के प्रति असहज बना रहा है। हमें चाहिए कि विद्यालयी शिक्षा की प्रक्रिया में परिवर्तन लाकर बच्चों के बस्तों के बढ़ते बोझ को कम करें। इसके लिए पाठ्यक्रम को सुधारने की आवश्यकता है।

(ख) समाचार बनना तभी संभव होता है, जब उसमें समाचार के तत्त्व सम्मिलित हों। *समाचार के दो तत्त्व निम्नलिखित हैं*

(i) **नवीनता** समाचार में नवीनता का होना अत्यंत आवश्यक होता है। घटना, विचार आदि जितने नए व ताज़ा होंगे, उतना ही समाचार बनने की संभावना बढ़ जाएगी। अतः समाचार को समयानुकूल प्रेषित करना आवश्यक है।

(ii) **निकटता** पाठक, श्रोता, दर्शक अपने क्षेत्र की निकटवर्ती घटनाओं, जानकारियों को प्राप्त करना चाहते हैं, अपने आस-पास के क्षेत्र, राज्यों की जानकारी को प्राप्त करने के लिए पाठक, श्रोता अथवा दर्शक उत्सुक रहते हैं। अपने निकट की जानकारी एवं घटनाओं को हम इसलिए प्राप्त करना चाहते हैं, क्योंकि उससे हम सामाजिक, सांस्कृतिक, राजनैतिक आदि रूप से जुड़े होते हैं। अतः समाचार में निकटता का तत्त्व महत्त्वपूर्ण होता है।

(ग) फीचर एक विशेष पत्रकारीय लेखन होता है। यह एक सुव्यवस्थित, सृजनात्मक तथा आत्मनिष्ठ लेखन होता है। फीचर लेखन करते समय निम्नलिखित बातों का ध्यान रखना चाहिए

- फीचर के विषय से जुड़े हुए लोगों की उपस्थिति अनिवार्य होती है।
- फीचर में शामिल तथ्यों की अभिव्यक्ति ऐसी होनी चाहिए कि पाठक को ऐसा लगे कि वह उन्हें देख एवं सुन रहा है।
- फीचर में सृजनात्मकता व मनोरंजकता भी होनी चाहिए।
- फीचर कथात्मक विवरण व विश्लेषण होता है अतः इसे किसी बैठक की कार्यवाही या विवरण की तरह नहीं लिखा जाना चाहिए।
- फीचर का कोई-न-कोई उद्देश्य होना चाहिए।
- फीचर को कहीं से भी प्रारम्भ किया जा सकता है, क्योंकि फीचर लेखन का कोई निश्चित फॉर्मूला नहीं होता।
- फीचर में प्रारंभ से लेकर अंत तक प्रवाह व गति बनी रहनी चाहिए।

10. *(क)* 'कैमरे में बंद अपाहिज' कविता में दूरदर्शन चैनल वाले कमज़ोर व लाचार व्यक्ति के दुःख की मार्केटिंग करते हैं। उन्हें उनकी सहायता से कोई मतलब नहीं होता, वे तो केवल अपना मतलब साधते हैं। दूरदर्शन चैनल वाले अपाहिज व्यक्ति को बार-बार अपना दुःख बताने के लिए विवश करते हैं, जिसका प्रमुख उद्देश्य मात्र अपने चैनल की लोकप्रियता बढ़ाना और पैसा कमाना है, जिसके लिए वे बेकार के प्रश्न पूछने से भी नहीं हिचकिचाते हैं। वे अपाहिजों की पीड़ा को बढ़ा-चढ़ाकर पूछते हैं। यह कार्य असामाजिक है। अतः हमारे मत से यह कविता क्रूरता की कविता है।

(ख) कवि ने बच्चों की भावनाओं की ओर संकेत करते हुए कहा है कि बच्चों की भावनाएँ कपास की तरह श्वेत, कोमल तथा पवित्र होती हैं। यहाँ बच्चों के लिए कपास का विशेष रूप से प्रयोग किया गया है। यहाँ बच्चों के शरीर की दुर्लभ लोच, नरमाई, सहनशीलता तथा कष्ट-रोधी शक्ति की ओर भी संकेत किया गया है। कवि ने बच्चों के पैरों को 'बेचैन' की संज्ञा इसलिए दी है, क्योंकि उनके पैर हमेशा घूमने, चलने, दौड़ने तथा कूदने के लिए व्याकुल रहते हैं। ये कभी भी रुकने का नाम नहीं लेते। उनके पैरों में एक ऐसी व्याकुलता रहती है मानो वे संपूर्ण पृथ्वी को ही नाप लेंगे।

(ग) 'उषा' कविता में कवि शमशेर बहादुर सिंह ने ग्रामीण उपमानों का प्रयोग कर गाँव की सुबह के गतिशील शब्दचित्र को सामने लाने का प्रयास किया है। कविता में नीले रंग के प्रातःकालीन आकाश को 'राख से लीपा हुआ चौका' कहा गया है। ग्रामीण परिवेश में ही गृहिणी भोजन बनाने के बाद चौके (चूल्हे) को राख से लीपती है, जो प्रायः काफ़ी समय तक गीला ही रहता है। दूसरा बिंब काले सिल का है। काला सिल अर्थात् पत्थर के काले टुकड़े पर केसर पीसने का काम भी गाँव की महिलाएँ ही करती हैं। तीसरा बिंब काली स्लेट पर लाल खड़िया चॉक से लिखने वाली क्रिया नन्हें ग्रामीण बालकों द्वारा की जाती है। इन बिंबात्मक चेतनाओं में गतिशील शब्दचित्र भी मौजूद हैं। गतिशीलता इस अर्थ में भी है कि तीनों शब्दचित्र स्थिर न होकर किसी-न-किसी क्रिया के अभी-अभी समाप्त होने के सूचक हैं।

11. *(क)* कवि ने पेट की आग की विशालता और भयावहता को स्पष्ट करने के लिए कहा है कि यह अग्नि समुद्र की आग से भी बड़ी है। समुद्र में कई बार कुछ स्थलों पर भयानक अग्नि की लपटें उठती हैं। इसे बड़वाग्नि कहा जाता है। पेट की आग उससे भी भयानक होती है, क्योंकि लोग भूख की ज्वाला को मिटाने के लिए बेटा-बेटी तक बेच डालते हैं।

(ख) 'कल्पना के रसायन' से कवि का अभिप्राय है कि रचना कल्पना के रसायन को पीकर आनंद रस से परिपूर्ण हो जाती है। यहाँ कवि ने कविता की रचना के लिए कल्पना के महत्त्व को प्रतिपादित किया है। जिस प्रकार खेत में खाद्यान्न उत्पन्न करने के लिए किसान बीज, जल तथा रसायनों का उपयोग करता है, उसी प्रकार एक कवि रचना के सृजन के लिए शब्दरूपी बीज को पन्नों पर डालता है तथा कविता के शब्दों को भाव, संवेदना के जल से सिंचित कर कल्पनारूपी रसायन से उर्वर बनाता है, जिससे कविता परिपक्व होकर आनंदानुभूति कराने में सक्षम होती है तथा अनंतता को प्राप्त हो जाती है।

(ग) किसी के दुःख की प्रस्तुति करके कार्यक्रम को रोचक बनाना अत्यंत निंदनीय और मानवता के विरुद्ध कार्य है। जो दुःखी है, उसके दुःख का प्रदर्शन करना, उससे तरह-तरह के दुःखदायी सवाल पूछना, स्वयं इशारे करके दुःखी मुद्राएँ बनाना आदि वास्तव में दुःख का उपहास करना है। यह एक ऐसा कार्य है, जिसे मानवता के विरुद्ध अपराध की संज्ञा दी जा सकती है।

12. *(क)* 'शिरीष के फूल' पाठ में पुराने कवि बकुल के पेड़ में झूला लगा देखना चाहते थे। उनका मानना था कि बकुल जैसे मजबूत पेड़ की डालियों में झूला लगाने से स्त्रियाँ आसानी से झूला झूल सकेंगी। उन्हें चोट लगने का भय नहीं रहेगा। इसके विपरीत लेखक का मानना है कि शिरीष के वृक्ष की डाल कुछ कमजोर जरूर होती है, परंतु उसमें डाले गए झूले में झूलने वाली रमणियों का वजन भी तो कम होता है। अतः शिरीष के वृक्ष की डाल पर भी झूला डालना उचित ही है।

(ख) बाज़ार में एक गहरा जादू है। यह जादू व्यक्ति के मन-मस्तिष्क पर उसी प्रकार प्रभाव डालता है, जिस प्रकार चुंबक का जादू लोहे पर चलता है। जब व्यक्ति की जेब भरी होती है और मन खाली हो, तो जादू का असर खूब चलता है। जेब खाली और मन भरा न होने पर भी उसका जादू चल जाता है।

इस प्रभाव से बचने के लिए हमें बाज़ार में तब जाना चाहिए, जब हमारा मन खाली न हो। जिस प्रकार यदि गर्मी में पानी पीकर बाहर जाएँ, तो लू लगने की संभावना कम रहती है, उसी प्रकार यदि आपका मन लक्ष्य से भरा हो तो आप बाज़ार से अपने मनचाही वस्तु खरीद लेंगे और बाज़ार आपको परेशान नहीं कर पाएगा।

(ग) लक्ष्मी का जीवन दुःखों से भरा है। बचपन में ही उसकी माँ की मृत्यु हो गई और अपनी जवानी में ही वह विधवा हो गई। पति की मृत्यु के बाद उसके ससुराल वाले भी उसकी संपत्ति हड़पना चाहते थे, इसलिए वे उसकी दूसरी शादी के लिए जोर देने लगे, परंतु दूसरे विवाह के लिए उसने साफ-साफ मना कर दिया।

उसने बड़े दामाद को घरजमाई बनाकर रखा, परंतु वह भी शीघ्र ही मृत्यु को प्राप्त हो गया। अपने घर में धन का अभाव रहने के कारण वह एक बार लगान न चुका पाई, जिसके कारण उसे धूप में खड़े रहने की सजा भी मिली। इसी अपमान के कारण वह शहर चली आई और लेखिका के यहाँ सेविका बन गई। उसकी वेशभूषा देखकर लेखिका ने उसका नाम 'भक्तिन' रख दिया। इस प्रकार, 'लक्ष्मी' के 'भक्तिन' बनने की प्रक्रिया अत्यंत मर्मस्पर्शी है।

13. *(क)* गाँव वाले आर्थिक रूप से इतने समर्थ नहीं थे कि वे आपस में एक-दूसरे की आर्थिक सहायता कर सकें। वे केवल अपनी भावनाओं को प्रकट करके ही एक-दूसरे की सहायता कर सकते थे। अतः जब महामारी के कारण घरों में से लगातार एक-दो लाशें निकलने लगीं, तब उन्हें कफ़न तक के लिए भी सोचना पड़ रहा था। अतः लाशें बिना कफ़न के ही बहा देने की सलाह दी जा रही थी।

(ख) जाति-प्रथा के पोषक लोग यह स्वीकार करने को तैयार हैं कि व्यक्ति को जीवन, शरीर तथा संपत्ति की सुरक्षा तथा अधिकार की स्वतंत्रता मिलनी चाहिए, परंतु वे मनुष्य को उसकी कुशलता के अनुसार उसकी क्षमता का सक्षम तथा प्रभावशाली उपयोग करने की स्वतंत्रता देने के लिए तैयार नहीं हैं। जाति-प्रथा के कारण व्यक्ति अपना व्यवसाय अपनी इच्छा के अनुसार नहीं चुन सकता। उसे वही कार्य करना पड़ता है, जो उसे जाति के आधार पर मिला हो। चाहे वह व्यवसाय उसके लिए उपयुक्त हो या अनुपयुक्त।

(ग) स्वार्थ ही हमारा एकमात्र लक्ष्य इसलिए रह गया है, क्योंकि आज देशवासी स्वहित को सर्वोपरि मानते हैं। देश के बारे में कोई भी नहीं सोचता। आज प्रत्येक व्यक्ति आत्मकेंद्रित है। वह धन, वैभव तथा मूल्यवान वस्तुएँ पाना चाहता है। हम आपस में लोगों व नेताओं के भ्रष्टाचार की बातें करते हैं, किंतु हमने अपने आपको कभी नहीं परखा कि क्या हम भी तो अपने स्तर पर, अपने दायरे में इस भ्रष्टाचार का अंग तो नहीं बन रहे हैं। अतः स्वार्थ साधन ही उसका एकमात्र लक्ष्य रह गया है।

14. वाई डी पंत अर्थात् यशोधर बाबू के आदर्श किशनदा थे। किशनदा इस कहानी के हर संदर्भ में हस्तक्षेप करते हुए भी सबसे दूर हैं। उनकी मृत्यु हो चुकी है, किंतु वे अपने मानस-पुत्र यशोधर बाबू के रूप में मानो जीवित हैं।

उनके व्यक्तित्व की उल्लेखनीय विशेषताएँ निम्नलिखित हैं

(i) किशनदा सरल हृदय रखने वाले एवं सहयोगी व्यक्ति हैं। वे मूल रूप से पहाड़ी क्षेत्र से संबंधित हैं, जो दिल्ली में नौकरी करते हैं। पहाड़ी क्षेत्र से आने वाले अनेक युवक अपने काम से दिल्ली आने पर उन्हीं के घर में शरण लेते हैं। वे यशोधर बाबू को स्नेह से 'भाऊ' कहकर पुकारते हैं।

वे अविवाहित हैं तथा उन्होंने अपने घर को मेस जैसा बना दिया है, जहाँ कोई भी व्यक्ति आकर आपसी सहयोग से खा-पका सकता था।

(ii) वे परोपकारी प्रवृत्ति के व्यक्ति हैं तथा सिद्धांतवादी भी। किशनदा ने ही मैट्रिक पास यशोधर पंत को न केवल सरकारी नौकरी दिलवाने में मदद की, बल्कि आवश्यकता पड़ने पर अपनी जेब से पैसे भी उधार दिए। उन्होंने अपने जीवन में कुछ सिद्धांतों को अपनाया हुआ था, जिनका वे दृढ़ता से पालन करते थे।

(iii) किशनदा अनुभवी व्यक्ति हैं और अपने अनुभवों का लाभ अपने प्रियजनों को भी देते हैं। यशोधर बाबू के व्यक्तित्व निर्माण में किशन दा का अपूर्व योगदान है। वे उन्हें ऑफिस के कार्यों के साथ-साथ जीवन के विभिन्न प्रसंगों पर भी दिशा-निर्देश देते हैं।

अथवा

सिंधु घाटी सभ्यता की खोज के शुरू में यह समझा जाता था कि इस घाटी के लोग अन्न नहीं उगाते थे। नई खोजों के साथ यह स्पष्ट हो गया कि यहाँ उन्नत खेती होती थी। अनाज आदि की ज़रूरतें वे आयात करके पूरा कर लेते थे। खेतिहर और पशु-पालक सभ्यता को कुछ विद्वानों द्वारा माना भी गया है। लोहा न होने के कारण पत्थर और ताँबे के औजार ही खेती के प्रयोग में लाए जाते थे। इतिहासकार इरफान हबीब का मानना है कि यहाँ के लोग रबी की फसल भी उगाते थे। गेहूँ, कपास, चने और सरसों के प्रमाण खुदाई के दौरान मिले हैं। यहाँ ज्वार, बाजरा, रागी की उपज के साथ-साथ खजूर, अंगूर और खरबूजे भी उगाए जाते थे और बेर की झाड़ियों के चिह्न भी पाए गए हैं। वहाँ कपास की भी खेती होती थी। इन्हीं सभी तथ्यों को ध्यान में रखते हुए हम इस बात से सहमत हैं कि सिंधु सभ्यता में खेती का उन्नत रूप देखने को मिलता है।

▶ स्टेज II प्रोफिशियंसी लेवल
(हल प्रश्न–पत्र के बाद)

प्रतिदर्श **प्रश्न–पत्र 6**

हिंदी केंद्रिक कक्षा 12

समय : **3 घंटे** पूर्णांक : **80**

निर्देश
1. इस प्रश्न-पत्र में खंड 'अ' में वस्तुपरक तथा खंड 'ब' में वर्णनात्मक प्रश्न पूछे गए हैं।
2. खंड 'अ' में 40 वस्तुपरक प्रश्न पूछे गए हैं। सभी 40 प्रश्नों के उत्तर देने हैं।
3. खंड 'ब' में वर्णनात्मक प्रश्न पूछे गए हैं। प्रश्नों के उचित आंतरिक विकल्प दिए गए हैं।
4. दोनों खंडों के प्रश्नों के उत्तर देना अनिवार्य है।
5. यथासंभव दोनों खंडों के प्रश्नों के उत्तर क्रमशः लिखिए।

■ खंड 'अ' (वस्तुपरक प्रश्न)

खंड 'अ' में अपठित बोध, अभिव्यक्ति और माध्यम, पाठ्य–पुस्तक आरोह भाग–2 व पूरक पाठ्य पुस्तक वितान भाग–2 से संबंधित बहुविकल्पीय प्रश्न पूछे गए हैं। जिनमें प्रत्येक प्रश्न के लिए 1 अंक निर्धारित है।

अपठित बोध

1. *निम्नलिखित गद्यांश को ध्यानपूर्वक पढ़कर दिए गए प्रश्नों के सर्वाधिक उपयुक्त उत्तर वाले विकल्प को चुनकर लिखिए।* (1×10 = 10)

साहित्य में मानवीय समाज के सुख-दुःख, आशा-निराशा, साहस-भय और उत्थान-पतन का स्पष्ट चित्रण रहता है। साहित्य की इन्हीं खूबियों के कारण इसे 'समाज का दर्पण' कहा जाता है। वास्तव में, देखा जाए तो साहित्य एक स्वायत्त आत्मा है और उसकी सृष्टि करने वाला भी ठीक से यह नहीं बता सकता कि उसके रचे साहित्य की गूँज कब और कहाँ तक जाएगी? कहने का तात्पर्य यह है कि यदि साहित्य समाज में नैतिक सत्य की चिंता है, तो यह समाज की दूरगामी वृत्तियों का रक्षक तत्त्व भी है। तभी तो प्रेमचंद ने साहित्यकारों को सावधान करते हुए साहित्य के लक्ष्य को बड़ी मार्मिकता से रेखांकित करते हुए कहा था—"जिस साहित्य से हमारी सुरुचि न जागे, आध्यात्मिक और मानसिक तृप्ति न मिले, हममें शक्ति और गति न पैदा हो, हमारा सौंदर्य-प्रेम न जागे, जो हममें सच्चा संकल्प और कठिनाइयों पर विजय पाने की सच्ची दृढ़ता न उत्पन्न करे, वह आज हमारे लिए बेकार है, वह साहित्य कहलाने का अधिकारी नहीं।"

कहा जा सकता है कि साहित्य में सत्य की साधना है, शिवत्व की कामना है और सौंदर्य की अभिव्यंजना है। शुद्ध जीवंत एवं उत्कृष्ट साहित्य मानव एवं समाज की संवेदना और उसकी सहज वृत्तियों को, युगों-युगों तक जन-जन के मानस को रससिक्त करता रहता है। तभी तो शेक्सपियर हों या कालिदास उनकी कृतियाँ आज भी अपनी रससुधा से लोगों के हृदय को आप्लावित कर रही हैं। एक बात और राजनीतिक दृष्टि से विश्व चाहे कितने ही गुटों में क्यों न बँट गया हो, चाहे उसके मतभेद की खाई कितनी ही गहरी क्यों न हो गई हो, किंतु साहित्य के प्रांगण में सब एक ही हैं, क्योंकि दुनिया का मानव एक है तथा उसकी वृत्तियाँ भी सब जगह और सब

कालों में एकसमान हैं। प्राचीन ग्रीक साहित्य क्यों प्रिय लगता है, जबकि वह ग्रीक समाज की दास-प्रथा, स्त्रियों की दुर्दशा तथा श्रम से घृणा जैसी विकृतियों से पीड़ित था। वस्तुत: वह आज भी प्रिय एवं आकर्षक इसलिए लगता है, क्योंकि इसमें मनुष्यता का एक युग चित्रित हुआ है। इसमें कोई दो राय नहीं कि मनुष्य के सहज स्वभाव के अनुसार, साहित्य भी परिवर्तित होता रहता है। कारण यह है कि साहित्यकार समय की विचारधारा से अछूता नहीं रह सकता। जीवन की तरह साहित्य में भी संघर्ष और निरंतरता चलती रहती है, इसीलिए तो साहित्य समाज का दर्पण कहलाता है, क्योंकि समय और परिस्थिति का प्रभाव साहित्य पर अनिवार्य रूप से पड़ता है। साहित्य ही वर्तमान को सामने रखकर भविष्य की रूपरेखा तय करता है। समाज की सुषुप्त विवेकशक्ति को जागृत करना साहित्य का बुनियादी लक्ष्य है। अपने समय के सच को उजागर करने के साथ ही गुणात्मक साहित्य सदैव प्रासंगिक बना रहता है तथा जनमानस को आलोक स्तंभ के समान एक दिशा और प्रकाश देता है। कहने की आवश्यकता नहीं कि श्रेष्ठ साहित्य वही होता है, जो अपने भीतर-बाहर सार्वभौमिक मूल्यों, संदेशों एवं उद्देश्यों को समाए रहता है।

(क) साहित्य की किस खूबी के कारण इसे समाज का दर्पण कहा जाता है? (1)

(i) मानव समाज का चित्रण करने के कारण *(ii)* साहित्यकारों को सम्मान देने के कारण
(iii) समाज के एक पक्ष का चित्रण करने के कारण *(iv)* इतिहास का चित्रण करने के कारण

(ख) साहित्य में किस गुण का होना आवश्यक है? (1)

(i) सत्य की साधना *(ii)* शिवत्व की कामना *(iii)* सौंदर्य की अभिव्यंजना *(iv)* ये सभी

(ग) प्रेमचंद किस प्रकार के साहित्य को साहित्य कहलाने का अधिकारी नहीं मानते हैं? (1)

(i) जो हमारी सुरुचि को जगाए *(ii)* जिससे आध्यात्मिक और मानसिक शांति मिले
(iii) जो मनुष्य में शक्ति और गति पैदा करे *(iv)* जो कठिनाइयों पर विजय पाने की सच्ची दृढ़ता न उत्पन्न करे

(घ) शेक्सपियर या कालिदास की कृतियों का आज भी लोकप्रिय होने का क्या कारण है? (1)

(i) मानव समाज की संवेदना एवं सहज वृत्तियों के कारण *(ii)* अपने समय के महान साहित्यकार होने के कारण
(iii) प्रेम पक्ष का वर्णन करने के कारण *(iv)* इतिहास के परिप्रेक्ष्य के कारण

(ङ) विश्व का गुटों में बँटने से साहित्य पर क्या प्रभाव पड़ेगा? (1)

(i) साहित्य सब मनुष्यों के लिए समान रहेगा *(ii)* साहित्य में मतभेद की खाई आ जाएगी
(iii) साहित्य भी गुटों में बँट जाएगा *(iv)* साहित्य का अस्तित्व समाप्त हो जाएगा

(च) निम्नलिखित कथनों पर विचार कीजिए (1)

1. मनुष्य के स्वभाव के अनुसार साहित्य भी परिवर्तित होता है।
2. साहित्य वर्तमान के आधार पर भविष्य की रूपरेखा तैयार करता है।
3. साहित्य का रचनाकार साहित्य के वर्तमान, भूत व भविष्य को भली-भाँति जानता है।

उपरोक्त कथनों में से कौन-सा/से सही है/हैं?

(i) केवल 1 *(ii)* केवल 3 *(iii)* 1 और 2 *(iv)* 1 और 3

(छ) साहित्य का बुनियादी लक्ष्य क्या है? (1)

(i) समाज की अच्छाई का वर्णन करना *(ii)* समाज की सोई हुई विवेकशक्ति को जगाना
(iii) समाज के ज्वलंतशील मुद्दों का वर्णन करना *(iv)* समाज के निम्न वर्ग का चित्रण करना

(ज) साहित्य को समाज का दर्पण क्यों कहा जाता है? (1)

(i) जीवन की परिवर्तनशीलता के कारण *(ii)* समय और परिस्थिति का प्रभाव साहित्य पर पड़ने के कारण
(iii) साहित्यकार का समाज से जुड़े रहने के कारण *(iv)* भविष्य में पथ-प्रदर्शन करने के कारण

(झ) 'साहित्य सत्य की साधना है' लेखक इससे सिद्ध करना चाहते हैं कि साहित्य (1)

(i) समाज में नैतिक सत्य को उजागर करता है *(ii)* समाज की दूरगामी वृत्तियों का भक्षक है
(iii) समाज को सुंदरता से अवगत कराता है *(iv)* मानव को निराशा से दूर करने में सहायक है

(ञ) निम्नलिखित कथन और कारण को ध्यानपूर्वक पढ़िए और सही विकल्प चुनकर लिखिए। (1)

कथन (A) ग्रीक साहित्य वर्तमान में भी सबको प्रिय लगता है।
कारण (R) ग्रीक साहित्य में दास-प्रथा, स्त्रियों की दुर्दशा तथा श्रम से घृणा जैसी विकृतियों का वर्णन नहीं है।

कूट

(i) कथन (A) और कारण (R) दोनों सही हैं तथा कारण (R) कथन (A) की सही व्याख्या करता है
(ii) कथन (A) सही है, किंतु कारण (R) गलत है
(iii) कथन (A) तथा कारण (R) दोनों सही हैं
(iv) कथन (A) और कारण (R) दोनों सही हैं, लेकिन कारण (R) कथन (A) की सही व्याख्या नहीं करता है

2. *दिए गए पद्यांश पर आधारित प्रश्नों को ध्यानपूर्वक पढ़कर दिए गए प्रश्नों के सर्वाधिक उपयुक्त उत्तर वाले विकल्प को चुनकर लिखिए।* (1×5 = 5)

ऋषि-मुनियों, साधु-संतों को
नमन, उन्हें मेरा अभिनंदन।
जिनके तप से पूत हुई है
भारत देश की स्वर्णिम माटी
जिनके श्रम से चली आ रही
युग-युग से अविरल परिपाटी।
जिनके संयम से शोभित है
जन-जन के माथे पर चंदन।
कठिन आत्म-मंथन के हित
जो असि-धारा पर चलते हैं
पर-प्रकाश हित पिघल-पिघल कर
मोम-दीप-सा जलते हैं।
जिनके उपदेशों को सुनकर
सँवर जाए जन-जन का जीवन।
सत्य-अहिंसा जिनके भूषण
करुणामय है जिनकी वाणी
जिनके चरणों से है पावन
भारत की यह अमिट कहानी।
उनके ही आशीष, शुभेच्छा,
पाने को करता पद-वंदन।

(क) ऋषि-मुनि, साधु-संत नमन करने योग्य क्यों हैं? (1)

(i) धार्मिक विश्वास के कारण
(ii) तप, श्रम और संयम का आदर्श प्रस्तुत करने के कारण
(iii) उच्च शिक्षा का पालन करने के कारण
(iv) देश में धर्म-संस्कृति का प्रचार करने के कारण

(ख) ऋषि-मुनि अपनी किस विशेषता के कारण वंदनीय हैं? (1)

(i) सत्य
(ii) अहिंसा
(iii) मधुर वाणी
(iv) ये सभी

(ग) निम्नलिखित कथनों पर विचार कीजिए (1)

1. ऋषि-मुनियों के तप से भारत की मिट्टी पवित्र हो गई है।
2. प्रत्येक मनुष्य ऋषि-मुनियों का वंदन कर अपने माथे पर तिलक लगवाता है।
3. ऋषि-मुनियों के आभूषण सोने-चाँदी के नहीं वरन् सत्य-अहिंसा ही हैं।

उपरोक्त कथनों में से कौन-सा/से सही है/हैं?

(i) केवल 1
(ii) केवल 3
(iii) 1 और 2
(iv) 1 और 3

(घ) 'असि-धारा पर चलते हैं' पंक्ति से क्या आशय है? (1)

(i) लोकहित में स्वयं कष्ट झेलना
(ii) युद्ध के लिए तैयार रहना
(iii) तलवार को सदैव अपने पास रखना
(iv) हथियारों की धार पर चलना

(ङ) कॉलम 1 को कॉलम 2 से सुमेलित कीजिए (1)

	कॉलम- 1		**कॉलम- 2**
A.	ऋषि-मुनियों के आभूषण	1.	ऋषि-मुनियों के उपदेशों को सुनकर
B.	जन-धन का जीवन सँवर जाता है।	2.	सत्य अहिंसा है।
C.	ऋषि-मुनियों की वाणी	3.	करुणामय है।

कूट

	A	B	C
(i)	2	1	3
(ii)	3	2	1
(iii)	1	3	2
(iv)	3	1	2

अभिव्यक्ति और माध्यम

3. *निम्नलिखित प्रश्नों को ध्यानपूर्वक पढ़कर सर्वाधिक उपयुक्त उत्तर वाले विकल्प को चुनकर लिखिए।* (1×5 = 5)

(क) पत्रकार की बैसाखियाँ किसे कहा जाता है? (1)

(i) सत्यता *(ii)* संतुलन
(iii) निष्पक्षता *(iv)* ये सभी

(ख) सूची I को सूची II से सुमेलित कीजिए (1)

सूची I	सूची II
A. क्रिकेट मैच का प्रसारण	1. गुटेनबर्ग
B. वर्तमान छापेखाने का आविष्कार	2. लाइव
C. मुद्रण का प्रारंभ	3. रेडियो
D. श्रव्य समाचार माध्यम	4. चीन

कूट

	A	B	C	D
(i)	3	2	1	4
(ii)	2	1	4	3
(iii)	1	4	3	2
(iv)	4	1	2	3

(ग) एशिया की सबसे बड़ी समाचार समिति कौन-सी है? (1)

(i) पीटीई *(ii)* यूएनआई
(iii) पीटीआई *(iv)* इनमें से कोई नहीं

(घ) कहानी में पात्रों का चरित्र-चित्रण करने के लिए पात्रों के गुणों का बखान किसके माध्यम से किया जा सकता है? (1)

(i) कहानीकार द्वारा *(ii)* दूसरे पात्रों के संवाद द्वारा
(iii) *(i)* और *(ii)* दोनों *(iv)* स्वयं पात्र द्वारा

(ङ) नाटक लिखित रूप में एक आयामी होता है, तो उसमें संपूर्णता कब आती है? (1)

(i) पढ़ने के बाद *(ii)* देखने के बाद
(iii) मंचन के बाद *(iv)* ये सभी

पाठ्य-पुस्तक आरोह भाग 2

4. *निम्नलिखित पद्यांश के प्रश्नों को ध्यानपूर्वक पढ़कर सर्वाधिक उपयुक्त उत्तर वाले विकल्प को चुनकर लिखिए।* (1×5 = 5)

दिवाली की शाम घर पुते और सजे
चीनी के खिलौने जगमगाते लावे
वो रूपवती मुखड़े पै इक नर्म दमक
बच्चे के घरौंदे में जलाती है दीये
आँगन में ठुनक रहा है ज़िदयाया है
बालक तो हई चाँद पै ललचाया है
दर्पण उसे दे के कह रही है माँ
देख आईने में चाँद उतर आया है

(क) दिवाली के दिन घर की साज-सज्जा कैसी होती है? (1)

(i) अस्त-व्यस्त *(ii)* साफ-सुंदर पुते हुए घर
(iii) बच्चों के खिलौने घर में फैले हुए *(iv)* अस्वच्छ व गंदी

(ख) दिवाली के दिन माता बच्चों को क्या लाकर देती है? (1)

(i) नए व सुंदर कपड़े *(ii)* मनपसंद मिठाई
(iii) चीनी मिट्टी के खिलौने *(iv)* मिट्टी के दीये

(ग) दीये जलाते समय बच्चे के लिए माता के चेहरे पर कैसा भाव आता है? (1)

(i) कोमलता का *(ii)* शिथिलता का
(iii) स्तब्धता का *(iv)* असामंजस्यता का

(घ) निम्नलिखित कथन और कारण को ध्यानपूर्वक पढ़िए और सही विकल्प चुनकर लिखिए। (1)

कथन (A) माँ बच्चे को दर्पण चाँद दिखाकर कहती है देख चाँद दर्पण में आ गया है।

कारण (R) बच्चा माँ से चाँद लाने की जिद कर रहा है।

कूट

(i) कथन (A) सही है, परंतु कारण (R) गलत है

(ii) कथन (A) गलत है, परंतु कारण (R) सही है

(iii) कथन (A) और कारण (R) दोनों सही हैं, लेकिन कारण (R) कथन (A) की सही व्याख्या नहीं करता है

(iv) कथन (A) और (R) दोनों सही हैं तथा कारण (R) कथन (A) की सही व्याख्या करता है

(ङ) अलंकार की दृष्टि से कौन-सा विकल्प सही है? (1)

(i) चीनी के खिलौने जगमगाते लावे—रूपक अलंकार *(ii)* बच्चे के घरौंदे में जलाती है दीये—अनुप्रास अलंकार

(iii) आँगन में ठुनक रहा है ज़िदयाया है—स्वभावोक्ति अलंकार *(iv)* देख आईने में चाँद उतर आया है—उपमा अलंकार

5. *निम्नलिखित गद्यांश के प्रश्नों को ध्यानपूर्वक पढ़कर उपयुक्त उत्तर वाले विकल्प को चुनकर लिखिए।* (1×5 = 5)

मैं असल में था तो इन्हीं मेंढक-मंडली वालों की उमर का, पर कुछ तो बचपन के आर्यसमाजी संस्कार थे और एक कुमार-सुधार सभा कायम हुई थी उसका उपमंत्री बना दिया गया था-सो समाज-सुधार का जोश कुछ ज्यादा ही था। अंधविश्वासों के खिलाफ तो तरकस में तीर रखकर घूमता रहता था। मगर मुश्किल यह थी कि मुझे अपने बचपन में जिससे सबसे ज्यादा प्यार मिला वे थीं जीजी। यूँ मेरी रिश्ते में कोई नहीं थीं। उम्र में मेरी माँ से भी बड़ी थीं, पर अपने लड़के-बहू सबकों छोड़कर उनके प्राण मुझी में बसते थे और वे थीं उन तमाम रीति-रिवाजों, तीज-त्योहारों, पूजा-अनुष्ठानों की खान, जिन्हें कुमार-सुधार सभा का यह उपमंत्री अंधविश्वास कहता था और उन्हें जड़ से उखाड़ फेंकना चाहता था।

(क) कुमार-सुधार सभा क्या थी? (1)

(i) समाज में व्याप्त अंधविश्वासों के खिलाफ संघर्ष करने वाली सभा

(ii) समाज के युवावर्ग को सुधारने वाली सभा

(iii) समाज से गंदगी को साफ करने वाली सभा

(iv) समाज से अलग विचारधारा लेकर चलने वाली सभा

(ख) लेखक को कुमार-सुधार सभा में कौन-सा पद मिला था? (1)

(i) सचिव *(ii)* उपसचिव *(iii)* मंत्री *(iv)* उपमंत्री

(ग) लेखक .... में विश्वास नहीं रखता था। (1)

(i) अंधविश्वास *(ii)* मूर्तिपूजा *(iii)* तीज-त्योहार *(iv)* साधु-संन्यासी

(घ) निम्नलिखित कथन और कारण को ध्यानपूर्वक पढ़िए और सही विकल्प चुनकर लिखिए। (1)

कथन (A) लेखक को समाज-सुधार का जोश कुछ ज्यादा ही था।

कारण (R) लेखक में बचपन से ही आर्यसमाजी संस्कार थे।

कूट

(i) कथन (A) और कारण (R) दोनों सही हैं तथा कारण (R) कथन (A) की सही व्याख्या करता है

(ii) कथन (A) गलत है, किंतु कारण (R) सही है

(iii) कथन (A) तथा कारण (R) दोनों गलत हैं

(iv) कथन (A) और कारण (R) दोनों सही हैं, लेकिन कारण (R) कथन (A) की सही व्याख्या नहीं करता है

(ङ) कॉलम 1 को कॉलम 2 से सुमेलित कीजिए (1)

	कॉलम- 1		कॉलम- 2
A.	लेखक से सबसे ज्यादा प्यार करती थी	1.	आर्यसमाजी
B.	बचपन के संस्कार थे	2.	लेखक
C.	कुमार सुधार सभा का उपमंत्री है	3.	जीजी

कूट

	A	B	C
(i)	2	3	1
(ii)	3	2	1
(iii)	3	1	2
(iv)	1	3	2

पूरक पाठ्य-पुस्तक वितान भाग 2

6. *निम्नलिखित प्रश्नों को ध्यानपूर्वक पढ़कर सर्वाधिक उपयुक्त उत्तर वाले विकल्प को चुनकर लिखिए।* (1×10 = 10)

(क) यशोधर बाबू ने नौकरी के अतिरिक्त अन्य तरीकों से धन कमाने की कभी नहीं सोची। क्यों? 'सिल्वर वैडिंग' कहानी के आधार पर सही विकल्प चुनिए। (1)

(i) नौकरी चली न जाए इस डर के कारण
(ii) अपने दृढ़ जीवन मूल्यों के आधार पर चलने के कारण
(iii) दूसरों की नजरों में अच्छा बनने के कारण
(iv) अपने मित्र की संगति के कारण

(ख) यशोधर बाबू के बच्चे अपने पिता की किस बात पर खिन्न रहते हैं? (1)

(i) सिद्धांत के कारण अपने कोटे का फ्लैट न लेने की बात पर
(ii) उनके सामाजिक न होने की बात पर
(iii) केवल अपने विषय में सोचने की बात पर
(iv) परिवार का ध्यान न रखने की बात पर

(ग) यशोधर बाबू की पत्नी अपने पति से नाराज क्यों रहती है? (1)

(i) उनका आधुनिक होने के कारण
(ii) उनका समय के अनुरूप न बदलने के कारण
(iii) उनका किशनदा से अधिक आत्मीय संबंध होने के कारण
(iv) उनका अपने बच्चों को सदैव डाँटने के कारण

(घ) निम्नलिखित कथन और कारण को ध्यानपूर्वक पढ़िए और सही विकल्प चुनकर लिखिए। (1)

कथन (A) आनंदा अपने पिता से अपने पढ़ने की बात नहीं कर पाया।
कारण (R) आनंदा के पिता बुरे आचरण के थे तथा गुस्से वाले भी थे।

कूट

(i) कथन (A) सही है, परंतु कारण (R) गलत है
(ii) कथन (A) गलत है, परंतु कारण (R) सही है
(iii) कथन (A) और कारण (R) दोनों सही हैं, लेकिन कारण (R) कथन (A) की सही व्याख्या नहीं करता है
(iv) कथन (A) और कारण (R) दोनों सही हैं तथा कारण (R) कथन (A) की सही व्याख्या करता है

(ङ) लेखक को न चाहते हुए भी खेती का काम क्यों करना पड़ता है? 'जूझ' कहानी के आधार पर सही विकल्प चुनिए। (1)

(i) खेती करना उनका खानदानी पेशा है
(ii) उनके जीवन में आर्थिक समस्या है
(iii) उनके माता-पिता चाहते हैं कि वह खेती करे
(iv) खेती के बिना उन्हें समाज में सम्मान नहीं मिलेगा

(च) 'जूझ' कहानी में पिता द्वारा स्वयं खेती न करके अपने बेटे से खेती का काम करवाना किस ओर संकेत करता है? (1)

(i) पिता अपने बेटे को परिश्रमी बनाना चाहता है
(ii) पिता चाहता है कि उसका बेटा आर्थिक रूप से संपन्न बने
(iii) पिता के आलसी और कामचोर रूप को दर्शाता है
(iv) पिता चाहता है कि उसका बेटा उससे भी अधिक प्रगति करे

(छ) सिंधु घाटी की सभ्यता के बारे में पहले क्या भ्रम था? (1)

(i) ये अन्न उपजाते नहीं थे, उसका आयात करते थे
(ii) यह साधनविहीन सभ्यता थी
(iii) ये दूसरों पर निर्भर लोग थे
(iv) ये अन्न का निर्यात करते थे

(ज) 'अतीत में दबे पाँव' पाठ में लेखक ने सभ्यता के नष्ट होने का कारण किसे माना है? (1)

(i) वहाँ के लोगों को
(ii) प्रगति के पथ पर निरंतर बढ़ने को
(iii) उत्खनन कार्य को
(iv) सही समय पर सही निर्णय न लेने को

(झ) 'पूरब की बस्ती रईसों की बस्ती है' 'अतीत में दबे पाँव' पाठ की पंक्ति के संदर्भ में बताइए कि आज के युग में पूरब की बस्ती किसे माना जाता है? इस संबंध में कौन-सा कथन सही है? (1)

(i) आज के युग में पूरब की बस्ती गरीबों की बस्ती को माना जाता है
(ii) आज के युग में पूरब की बस्ती उच्च शासनाधिकारी की बस्ती को माना जाता है
(iii) आज के युग में पूरब की बस्ती समृद्ध बस्ती मानी जाती है
(iv) आज के युग में पूरब की बस्ती पश्चिमी देशों को माना जाता है

(ञ) सिंधु घाटी की सभ्यता के अजायबघर के विषय में निम्न कथनों पर विचार कीजिए (1)

1. सिंधु घाटी की सभ्यता का अजायबघर बहुत विशाल और सुंदर है।
2. अजायबघर में सभी प्रकार की वस्तुएँ संग्रहित हैं।
3. अजायबघर में औजार तो हैं, परंतु हथियार नहीं हैं।
4. इसमें उत्कृष्ट कलात्मकता दिखाई देती है।

उपरोक्त कथनों में से कौन-सा/से सही है/हैं?

(i) केवल 1 *(ii)* केवल 3 *(iii)* 1, 2 और 3 *(iv)* 1, 2 और 4

■ खंड 'ब' (वर्णनात्मक प्रश्न)

खंड 'ब' में जनसंचार और सृजनात्मक लेखन, पाठ्य-पुस्तक आरोह भाग-2 व पूरक पाठ्य-पुस्तक वितान भाग-2 से संबंधित वर्णनात्मक प्रश्न पूछे गए हैं, जिनके निर्धारित अंक प्रश्न के सामने अंकित हैं।

जनसंचार और सृजनात्मक लेखन

7. *निम्नलिखित दिए गए 3 विषयों में से किसी 1 विषय पर लगभग 120 शब्दों में रचनात्मक लेख लिखिए।* (6 × 1 = 6)

(क) अपने जीवन की मधुर स्मृतियों का वर्णन

(ख) मेरी प्रिय ऋतु

(ग) आवश्यक सुविधाओं से वंचित भारत के गाँव

8. *निम्नलिखित प्रश्नों को ध्यानपूर्वक पढ़कर लगभग 40 शब्दों में निर्देशानुसार उत्तर दीजिए।* (2 × 2 = 4)

(क) कहानी को रोचक और प्रामाणिक बनाने में देशकाल और वातावरण का चित्रण अपनी महत्त्वपूर्ण भूमिका निभाता है। कैसे? स्पष्ट कीजिए। (2)

अथवा

अभिनेयता का अर्थ स्पष्ट करते हुए बताइए कि अभिनेयता न होने से नाटकों में क्या दोष आता है?

(ख) फीचर का आकार शैलीगत विशेषताओं के कारण होता है। फीचर लेखन में किस शैली का प्रयोग होता है व क्यों? (2)

अथवा

सिनेमा या मंच पर (अभिनीत नाटकों की तुलना में) रेडियो नाटक की अवधि सीमित क्यों रखी जाती है? तर्क सहित उत्तर दीजिए।

9. *निम्नलिखित प्रश्नों को ध्यानपूर्वक पढ़कर दिए गए 3 प्रश्नों में से किन्हीं 2 प्रश्नों के लगभग 60 शब्दों में उत्तर दीजिए।* (3 × 2 = 6)

(क) 'भीड़ भरी बस के अनुभव' विषय पर एक आलेख लिखिए। (3)

(ख) समाचार लेखन में 'नीतिगत ढाँचे' का महत्त्व स्पष्ट कीजिए। (3)

(ग) स्तंभ लेखन के अंतर्गत लेखक को विषय के चुनाव की स्वतंत्रता प्रदान की जाती है। कारण स्पष्ट कीजिए। (3)

पाठ्य-पुस्तक आरोह भाग 2

10. *निम्नलिखित प्रश्नों को ध्यानपूर्वक पढ़कर दिए गए 3 प्रश्नों में से किन्हीं 2 प्रश्नों के लगभग 60 शब्दों में उत्तर दीजिए।* (3 × 2 = 6)

(क) 'दिन जल्दी-जल्दी ढलता है' कविता में कवि ने स्वयं को जगत से किस प्रकार अलग बताया है? (3)

(ख) कवि प्रकृति के सौंदर्य को रोककर रखना चाहता है, क्यों? 'बगुलों के पंख' कविता के आधार पर स्पष्ट कीजिए। (3)

(ग) 'कैमरे में बंद अपाहिज' कविता में कविता के शीर्षक की सार्थकता सिद्ध कीजिए। (3)

11. *निम्नलिखित प्रश्नों को ध्यानपूर्वक पढ़कर दिए गए 3 प्रश्नों में से किन्हीं 2 प्रश्नों के लगभग 40 शब्दों में उत्तर दीजिए।* (2 × 2 = 4)

(क) लक्ष्मण के बिना राम अपनी दशा की तुलना किससे करते हैं तथा कैसे? (2)

(ख) पृथ्वी का प्रत्येक कोना बच्चों के पास स्वतः आ जाता है, कैसे? 'पतंग' कविता के आधार पर स्पष्ट कीजिए। (2)

(ग) 'उषा' कविता में कवि ने भोर के नभ की पवित्रता, निर्मलता तथा उज्ज्वलता को किन रूपों में स्पष्ट किया है? (2)

12. *निम्नलिखित प्रश्नों को ध्यानपूर्वक पढ़कर दिए गए 3 प्रश्नों में से किन्हीं 2 प्रश्नों के लगभग 60 शब्दों में उत्तर दीजिए।* (3 × 2 = 6)

(क) "भक्तिन अच्छी है, यह कहना कठिन होगा, क्योंकि उसमें दुर्गुणों का अभाव नहीं" लेखिका ने ऐसा क्यों कहा होगा? (3)

(ख) 'बाज़ार दर्शन' पाठ के आधार पर बताइए कि पैसे की पावर का रस किन दो रूपों में प्राप्त किया जाता है? (3)

(ग) लुट्टन पहलवान का कुश्ती का स्कूल जल्दी ही खाली क्यों हो गया? (3)

13. *निम्नलिखित प्रश्नों को ध्यानपूर्वक पढ़कर दिए गए 3 प्रश्नों में से किन्हीं 2 प्रश्नों के लगभग 40 शब्दों में उत्तर दीजिए।* $(2 \times 2 = 4)$

(क) बच्चों की टोली इंद्र भगवान से किस प्रकार बारिश करवाने के लिए प्रार्थना करती है? 'काले मेघा पानी दे' पाठ के आधार पर लिखिए। (2)

(ख) 'शिरीष के फूल' पाठ के आधार पर बताइए कि कवि ने आत्मबल पर देहबल के वर्चस्व की वर्तमान सभ्यता के संकट की ओर किस प्रकार संकेत किया है? (2)

(ग) 'जाति-प्रथा और श्रम का विभाजन' पाठ के आधार पर बताइए कि डॉ. आंबेडकर बौद्ध धर्म के अनुयायी क्यों बने? (2)

पूरक पाठ्य-पुस्तक वितान भाग 2

14. *निम्नलिखित प्रश्नों को ध्यानपूर्वक पढ़कर दिए गए 2 प्रश्नों में से किसी 1 प्रश्न का लगभग 60 शब्दों में उत्तर दीजिए।* $(4 \times 1 = 4)$

'जूझ' कहानी प्रतिकूल परिस्थितियों से संघर्ष करने की प्रेरक कथा है। इस कथन की सोदाहरण समीक्षा कीजिए। (4)

अथवा

'अतीत में दबे पाँव' के आधार पर सिंधु घाटी सभ्यता की प्रमुख विशेषताओं की चर्चा कीजिए।

व्याख्या सहित **उत्तर**

1. ***(क)*** *(i)* मानव समाज का चित्रण करने के कारण ***(ख)*** *(iv)* ये सभी
(ग) *(iv)* जो कठिनाइयों पर विजय पाने की सच्ची दृढ़ता न उत्पन्न करे
(घ) *(i)* मानव समाज की संवेदना एवं सहज वृत्तियों के कारण
(ङ) *(i)* साहित्य सब मनुष्यों के लिए समान रहेगा ***(च)*** *(iii)* 1 और 2
(छ) *(ii)* समाज की सोई हुई विवेकशक्ति को जगाना ***(ज)*** *(ii)* समय और परिस्थिति का प्रभाव साहित्य पर पड़ने के कारण
(झ) *(i)* समाज में नैतिक सत्य को उजागर करता है ***(ञ)*** *(iii)* कथन (A) तथा कारण (R) दोनों सही हैं।

2. ***(क)*** *(ii)* तप, श्रम और संयम का आदर्श प्रस्तुत करने के कारण ***(ख)*** *(iv)* ये सभी
(ग) *(iv)* 1 और 3 ***(घ)*** *(i)* लोकहित मे स्वयं कष्ट झेलना
(ङ) *(i)* 2 1 3

3. ***(क)*** *(iv)* ये सभी ***(ख)*** *(ii)* 2 1 4 3
(ग) *(iii)* पीटीआई ***(घ)*** *(iii)* *(i)* और *(ii)* दोनों
(ङ) *(iv)* ये सभी

4. ***(क)*** *(ii)* साफ-सुंदर पुते हुए घर ***(ख)*** *(iii)* चीनी मिट्टी के खिलौने
(ग) *(i)* कोमलता का
(घ) *(iv)* कथन (A) और कारण (R) दोनों सही हैं तथा कारण (R) कथन (A) की सही व्याख्या करता है।
(ङ) *(iii)* आँगन में ठुनक रहा है जिदयाया है–स्वभावोक्ति अलंकार

5. ***(क)*** *(i)* समाज में व्याप्त अंधविश्वासों के खिलाफ संघर्ष करने वाली सभा
(ख) *(iv)* उपमंत्री ***(ग)*** *(i)* अंधविश्वास
(घ) *(ii)* कथन (A) और कारण (R) दोनों सही हैं। ***(ङ)*** *(iii)* 3 1 2

6. ***(क)*** *(ii)* अपने दृढ़ जीवन मूल्यों के आधार पर चलने के कारण (ख) *(i)* सिद्धांत के कारण अपने कोटे का फ्लैट न लेने की बात पर
(ग) *(ii)* उनका समय के अनुरूप न बदलने के कारण
(घ) *(iv)* कथन (A) और कारण (R) दोनों सही हैं तथा कारण (R) कथन (A) की सही व्याख्या करता है।
(ङ) *(ii)* उनके जीवन में आर्थिक समस्या है ***(च)*** *(iii)* पिता के आलसी और कामचोर रूप को दर्शाता है
(छ) *(i)* ये अन्न उपजाते नहीं थे, उसका आयात करते थे ***(ज)*** *(ii)* प्रगति के पथ पर निरंतर बढ़ने को
(झ) *(i)* आज के युग में पूरब की बस्ती गरीबों की बस्ती को माना जाता है
(ञ) *(ii)* केवल 3

7. *(क)* **अपने जीवन की मधुर स्मृतियों का वर्णन**

मेरे जीवन की मधुर स्मृतियाँ मेरे बचपन से जुड़ी हैं, जो मेरे हृदय को रोमांचित करती हैं। बचपन के दिन किसी भी व्यक्ति के जीवन के बड़े महत्त्वपूर्ण दिन होते हैं। बचपन में सभी व्यक्ति चिंतामुक्त जीवन जीते हैं। बचपन के दिनों में खेलने, उछलने-कूदने, खाने-पीने में बड़ा आनंद आता है। उन दिनों में माता-पिता, दादा-दादी तथा अन्य बड़े लोगों का प्यार और दुलार बड़ा अच्छा लगता है। एक बार हम सभी छुट्टियों में कश्मीर गए थे। वहाँ के नजारे बहुत सुहावने थे और जब हम बर्फ की पहाड़ियों पर चल रहे थे, तभी मेरा पैर फिसल गया और मैं फिसलकर नीचे आ गया, लेकिन मुझे कोई चोट नहीं आई थी। थोड़ी देर बाद मेरी बुआ का लड़का भी फिसलकर नीचे आ गया। यह देखकर हम सभी को हँसी आ गई और धीरे-धीरे करके सभी फिसलकर नीचे आने लगे। इस प्रकार उस समय हमने बहुत मजे किए। वे पल आज भी मुझे बहुत याद आते हैं। इसी प्रकार बचपन की एक अन्य घटना मुझे अभी तक याद है। उन दिनों में तीसरी कक्षा में पढ़ता था। मेरी अर्द्धवार्षिक परीक्षा चल रही थी। हिंदी की परीक्षा में हाथी पर निबंध लिखने का प्रश्न आया था। निबंध लिखने के क्रम में मैंने 'चल-चल मेरे हाथी' वाली फिल्म गीत की चार पंक्तियाँ लिख दी। इसकी चर्चा पूरे विद्यालय में फैल गई। शिक्षकगण एवं माता-पिता सभी ने हँसते हुए मेरी प्रशंसा की। परंतु उस समय मेरी समझ में नहीं आया कि मैंने अच्छा किया या बुरा। इस तरह बचपन की कई यादें ऐसी हैं जो भुलाए नहीं भूलतीं। इन मधुर स्मृतियों के कारण ही फिर से पाँच-सात वर्ष का बालक बनने की इच्छा होती है, परंतु बचपन में किसी को पता ही कहाँ चलता है कि ये उसके जीवन के सुनहरे दिन हैं।

(ख) **मेरी प्रिय ऋतु**

हमें भारत में हर वर्ष मुख्य रूप से चार ऋतुओं का आनंद लेने का सुनहरा अवसर मिलता है। सबको अपनी-अपनी पसंद की ऋतु अधिक प्रिय होती है। मेरी प्रिय ऋतु वसंत ऋतु है। भारत में सर्दियों के बाद फरवरी से अप्रैल तक के महीने में वसंत ऋतु का मौसम होता है। हिंदी कैलेण्डर के अनुसार, वसंत ऋतु माघ महीने से चैत्र महीने तक रहती है। सर्दियों के मौसम के बाद वसंत ऋतु में हल्की-सी गर्माहट के साथ मौसम बहुत ही सुहावना हो जाता है। इन दिनों प्रकृति के मौसम में अद्भुत सी सुंदरता और अनोखी महक चारों ओर फैली होती है। पेड़ों की हरियाली, रंग-बिरंगे फूल, चिड़ियों का चहचहाना और हवाओं में एक सोंधी सी महक होती है। पौधों में नए फूलों और नई टहनियों का आगमन होता है तथा पशु-पक्षियों का नया संचार होता है एवं भँवरे कलियों के रस से शहद का निर्माण कार्य करने में व्यस्त हो जाते हैं। मुझे वसंत का मौसम इसलिए प्रिय लगता है, क्योंकि इस समय मौसम का तापमान बेहद सुखद हो जाता है। प्रकृति का मौसम देख मेरा जीवन उमंगों से भर जाता है। चारों ओर फैली प्राकृतिक बहार मुझे इस मौसम में नए जीवन का एहसास कराती है। यह मौसम मेरे लिए सबसे मोहक और रोमांचित करने वाला मौसम होता है।

अतः मैं तो ईश्वर से हमेशा प्रार्थना करता हूँ कि वसंत का यह मौसम हमेशा ही ऐसा बना रहे, जिससे मेरे साथ-साथ सभी का जीवन आनंदमयी और सुखों से भरा रहे।

(ग) **आवश्यक सुविधाओं से वंचित भारत गाँव**

पुरानी कहावत है कि भारत गाँवों में बसता है, लेकिन फिर भी यहाँ रहने वाले लोगों के लिए साधारण सुविधाएँ उपलब्ध नहीं हैं। यह बात उन गाँवों पर लागू नहीं होती, जो नगरों या महानगरों के आस-पास बसे हैं, यहाँ तो शहरों जैसी सभी सुविधाएँ हैं, लेकिन दूरदराज में बसे भारत के अनेक गाँवों में अभी तक बिजली की सुविधा भी उपलब्ध नहीं है और न ही इन गाँवों में पीने का शुद्ध पानी है। वहाँ चिकित्सा एवं शिक्षा का समुचित अभाव है। छत्तीसगढ़ तथा झारखंड जैसे राज्यों के गाँवों में तो कई बार रोगियों को चिकित्सा हेतु 20-25 किमी की दूरी तय करती पड़ती है। ऐसे में कई रोगियों को समय से प्राथमिक चिकित्सा नहीं मिल पाती, जिस कारण उन्हें अपने प्राणों से हाथ धोना पड़ता है। भारतीय गाँवों में रोजगार की भी कमी होती है तथा कृषि के लिए तकनीकी साधनों की कमी होती है, जिससे वह कृषि कार्यों में भी कुशल नहीं होते हैं। इन गाँवों में पक्की सड़कों का अभाव होता है। सड़कों के नाम पर कच्ची धूल भरी पगडंडियाँ ही आवागमन का एकमात्र साधन हैं। बरसात के समय में तो कीचड़ तथा गड्ढों से भरे इन रास्तों से गुजरना अत्यंत कष्टकर एवं असुरक्षित होता है। वहाँ आज भी लोग बैलगाड़ियों से यात्रा करते हैं। यदि सरकार द्वारा गाँवों के उत्थान के लिए पैसा भी दिया जाता है, तो वह भी कुछ गाँव के बड़े मुखिया लोगों या सरपंच की जेब में चला जाता है और गाँव की दशा जैसी थी वैसी ही रह जाती है। इस प्रकार भारत के कुछ गाँव आज भी अपनी बुनियादी सुविधाओं से वंचित हैं।

8. *(क)* कहानी को रोचक और प्रामाणिक बनाने में देशकाल और वातावरण का चित्रण अपनी महत्त्वपूर्ण भूमिका निभाता है, क्योंकि प्रत्येक घटना, पात्र, समस्या का अपना देशकाल और वातावरण होता है। कहानी में वास्तविकता का पुट लाने के लिए देशकाल और वातावरण का प्रयोग किया जाता है। कहानी को प्रामाणिक और रोचक बनाने के लिए इनका प्रयोग अत्यंत आवश्यक है।

अथवा

अभिनेयता वह कला है, जिसके द्वारा अभिनेता चलचित्र या नाटक में किसी चरित्र का अभिनय करता है। अभिनेता परिकल्पना एवं दर्शक के बीच माध्यम का कार्य करता है। अभिनय की कला का ज्ञान एवं अभिनेता के भाव प्रस्तुतीकरण को सार्थक बनाता है।

नाटकों में अभिनेयता न होने पर दर्शकों के हृदय में भाव या अर्थ अभिभूत नहीं हो पाएगा। अतः नाटक नीरस हो जाएगा।

(ख) फीचर एक सुव्यवस्थित, सृजनात्मक और आत्मनिष्ठ लेखन है। फीचर का उद्देश्य मुख्य रूप से पाठकों को सूचना देना, शिक्षित करना तथा उनका मनोरंजन करना होता है। फीचर में लेखक को अपनी राय, दृष्टिकोण और भावनाओं को व्यक्त करने का अवसर मिलता है। फीचर लेखन की कोई सुनिश्चित शैली नहीं होती है, क्योंकि फीचर तथ्यों का ललित भाषा एवं वैयक्तिक शैली में भावनात्मक प्रस्तुति है।

अथवा

सिनेमा या मंच (अभिनीत नाटकों की तुलना में) रेडियो नाटक की अवधि छोटी इसलिए रखी जाती है, क्योंकि रेडियो पूरी तरह से श्रव्य माध्यम है। रेडियो नाटक का लेखन सिनेमा व रंगमंच के लेखन से थोड़ा भिन्न तथा मुश्किल भी होता है। इसमें संवादों को ध्वनि प्रभावों के माध्यम से संप्रेषित करना होता है। यहाँ न तो मंच सज्जा, वस्त्र सज्जा होती है और न ही अभिनेता के चेहरे की भाव भंगिमा। केवल आवाज के माध्यम से ही नाटक को प्रस्तुत किया जाता है। इसमें मनुष्य की एकाग्रता सीमित होती है। सामान्य रूप से रेडियो नाटक की अवधि 15-30 मिनट रखी जाती है, क्योंकि मनुष्य की सुनने की एकाग्रता अवधि 15 से 30 मिनट तक की ही होती है। अतः इन सभी कारणों से रेडियो नाटक की अवधि 15-30 मिनट रखी जाती है।

9. *(क)* भीड़ से भरी बस में सफर करना अपने आप में एक अनुभव है। रविवार की सुबह थी। मुझे अपनी छुट्टियाँ बिताने के लिए अपने ननिहाल मथुरा जाना था। यह स्थान मेरे निवास स्थान से काफी दूर था। इसलिए मैंने एक डीटीसी बस में सवार होकर जाने का फैसला किया। जैसे ही मैं बस स्टॉप पर पहुँचा तो मैंने देखा कि वहाँ बहुत भीड़ थी। जब वहाँ खड़े लोगों ने एक बस को आते देखा तो सभी ने शोर मचा दिया। कंडेक्टर ने बस की क्षमता से अधिक लोगों को बस में बैठा रखा था, जिस कारण कुछ लोग गेट पर ही लटक रहे थे।

निजी बसों ने हड़ताल कर रखी थी, इसलिए भीड़ नियंत्रण से बाहर थी। जैसे ही मैं बस में चढ़ा, तो साथी यात्रियों ने मुझे धक्का दे दिया। बस में केवल 40 सीटें थीं, लेकिन उसमें सौ से अधिक लोग यात्रा कर रहे थे। खड़े रहने वाले यात्रियों की संख्या भी बहुत अधिक थी। सभी लोग बहुत परेशान और पसीने से तर-बतर हो रहे थे। बच्चे भी रो रहे थे और महिलाएँ जोर-जोर से चिल्ला रही थीं। यात्रियों के बीच शोर-शराबा सुनाई दे रहा था। निकास द्वार पर पहुँचना आसान नहीं था। मेरा पड़ाव नजदीक आ रहा था और मैं स्वयं को दरवाजे की ओर धकेलने लगा। 15 मिनट तक संघर्ष करने के बाद में निकास द्वार पर पहुँच गया और अंत में बस से नीचे उतर गया। यह वास्तव में मेरे पूरे जीवन का अविस्मरणीय अनुभव था।

(ख) समाचार लेखन में विभिन्न घटनाओं, समस्याओं, प्रक्रियाओं पर अपने विचार तथा प्रतिक्रिया दी जाती है। किसी भी घटना, समस्या, विचार आदि का समाचार बनना तभी संभव होता है जब उसमें समाचार के तत्त्व सम्मिलित होते हैं। इन तत्त्वों में नीतिगत ढाँचा भी सम्मिलित होता है, जिसमें समाचार का चयन करने व समाचार को प्रस्तुत करने के लिए एक नीति निर्धारित होती है। इसं नीति को 'संपादकीय नीति' कहा जाता है। संपादकीय- नीति को ध्यान में रखते हुए समाचारों का चयन किया जाता है। इसके द्वारा अनुकूल व प्रतिकूल दोनों प्रकार की खबरों को महत्त्व दिया जाता है।

(ग) **स्तंभ लेखन के अन्तर्गत** कुछ महत्त्वपूर्ण लेखक अपने विचारों के लिए जाने जाते हैं। इससे उन लेखकों की लेखन-शैली भी विकसित हो जाती है। लेखकों की लोकप्रियता को व उनकी लेखन-शैली को देखते हुए समाचार-पत्र में उन्हें स्तंभ लिखने के लिए कहा जाता है, जिसमें उन्हें विषय का चुनाव करने की स्वतंत्रता होती है।

कुछ लेखकों के स्तंभ इतने अधिक लोकप्रिय होते हैं कि उन्हें उनके स्तंभ द्वारा ही पहचाना जाता है। स्तंभ लेखन में लेखक के स्वयं के विचार प्रमुख होते हैं। अपने विचारों को ही लेखक प्रस्तुत करता है, परंतु स्तम्भ लेखन लिखते समय लेखक तथ्यों को भी ध्यान में रखता है।

10. *(क)* कवि कहता है कि इस दुनिया में मेरा कोई नहीं है, जो मुझसे मिलने के लिए व्याकुल हो। कवि के हृदय में निराशा और उदासी की भावना भरने लगती है और वह सांसारिक भाव भरते हुए स्वयं को इस संसार में अकेला बताते हुए कहता है कि सबका कोई न कोई होता है, जिसके लिए व्यक्ति अपने लक्ष्य को प्राप्त करने के लिए तत्पर होता है, किंतु कवि का कोई नहीं है, जिसके हितार्थ वह कोई कार्य करें।

(ख) 'बगुलों के पंख' एक सुंदर दृश्य कविता है। कविता से गुजरते हुए एक-एक दृश्य चित्र की भाँति उभर जाता है। कवि काले बादलों के नीचे से पंक्ति बनाकर उड़ते बगुलों को देखता रह जाता है। ये उसे कजरारे बादलों के ऊपर तैरती साँझ की श्वेत काया के समान प्रतीत होते हैं। यह दृश्य इतना मोहक है कि कवि इसमें अटका-सा रह जाता है। कवि इसे माया कहता है। इस दृश्य में कवि प्रकृति सौंदर्य से बँधने तथा बिंधने की चरम स्थिति को व्यक्त करता है। ऐसा प्रकृति के इस दृश्य का कवि के मन पर पड़ने वाले मोहक प्रभाव के कारण संभव हुआ है।

(ग) 'कैमरे में बंद अपाहिज' कविता वास्तव में मीडिया द्वारा लोगों की पीड़ा बेचने की स्थिति को दर्शाती है। इसमें कवि बताना चाहता है कि मीडिया वाले समर्थ तथा सशक्त होते हैं। वे किसी की भी करुणा को खरीद-बेच सकते हैं। वे ऐसे व्यक्तियों को समाज के सामने लाकर सहानुभूति बटोरना चाहते हैं, जो कमजोर और अशक्त हैं। एक अपाहिज की करुणा को पैसे एवं प्रसिद्धि के लिए टेलीविजन पर कुरेदना वास्तव में क्रूरता की चरम सीमा है। किसी की हीनता, अभाव, दुःख और कष्ट सदा से करुणा के कारण अथवा उद्दीपन रहे हैं, किंतु इन कारणों को सार्वजनिक कार्यक्रम के रूप में प्रसारित करना और अपने चैनल की श्रेष्ठता साबित करने के लिए तमाशा बनाकर उसे फूहड़ ढंग से प्रदर्शित करना क्रूरता है। इससे कविता के शीर्षक की सार्थकता सिद्ध होती है।

11. *(क)* मूर्च्छित हुए लक्ष्मण को देखकर श्रीराम बहुत ज्यादा भाव-विह्वल हो रहे हैं। वे लक्ष्मण के प्रति अपना मोह और स्नेह प्रकट करते हुए कहते हैं कि हे भाई लक्ष्मण, तुम्हारे बिना मेरी स्थिति इतनी दयनीय है कि मैं स्वयं को इस प्रकार शक्तिहीन महसूस कर रहा हूँ, जिस प्रकार पक्षी अपने पंखों के बिना दीन-हीन हो जाते हैं तथा मणि के बिना साँप और सूँड़ के बिना हाथी लाचार हो जाता है। वह अपने महत्त्वपूर्ण कार्य नहीं कर पाते।

(ख) जब बच्चे पतंग उड़ाते हैं, तो वे चाहते हैं कि उनकी पतंग सबसे ऊँची रहे, क्योंकि वे पतंग के माध्यम से सारे ब्रह्मांड में घूम लेना चाहते हैं। वे कल्पना की रंगीन दुनिया में खो जाते हैं, इसलिए उनके लिए पृथ्वी का प्रत्येक कोना अपने आप सिमटता चला जाता है अर्थात् पतंग उड़ाने के समय बच्चों के सामने पृथ्वी का कोना-कोना सिमट जाता है।

(ग) 'उषा' कविता में कवि ने भोर के नभ की पवित्रता, निर्मलता तथा उज्ज्वलता को विविध बिंबों एवं प्रतीकों के माध्यम से दर्शाया है। 'राख से लीपा हुआ चौका' पवित्रता का प्रतीक है। 'नील जल में किसी की गौर झिलमिल देह' में निर्मलता तथा 'काली सिल जरा से लाल केसर से कि जैसे धुल गई हो' में उज्ज्वलता का प्रतिबिंब है। भोर के नभ के बदलते सौंदर्य को कवि ने जन-जीवन की गतिशीलता तथा मानवीय गतिविधियों में हो रहे परिवर्तनों के रूप में रखा है।

12. *(क)* भक्तिन अच्छी है, पर उसके दुर्गुणों को तीन तर्कों के आधार पर बताया गया है, जैसे—वह सत्यवादी हरिश्चंद्र नहीं है। वह रुपयों-पैसों को मटकी में रख देती है और पूछने पर बताती है कि उसने उन्हें सँभाल कर रखा हुआ है। वह लेखिका को प्रसन्न रखने के लिए बात को इधर-उधर घुमाकर कहती है। इसे आप झूठ कह सकते हैं। भक्तिन सभी बातों और कामों को अपनी सुविधा के अनुसार ढालने में निपुण है, जो कई बार दूसरों को नापसंद होता है।

(ख) पैसे की पावर का असली रस 'पर्चेज़िंग पावर' में है। पैसे की पावर से खरीदे गए मकान, संपत्ति दूर से ही दिखाई पड़ते हैं। दूसरे, संयमी लोग पैसे की बचत करके पैसे की पावर का रस प्राप्त करते हैं। पैसा इकट्ठा होने पर हम आवश्यकता पड़ने पर उसका उपयोग भी कर सकते हैं और हमें किसी से मदद माँगने की भी ज़रूरत नहीं पड़ती।

(ग) राजा श्यामानंद की मृत्यु के पश्चात् जब उनके पुत्र ने लुट्टन पहलवान को राज दरबार से निकाल दिया, तो गाँव वालों ने उनके लिए एक झोंपड़ी डाल दी। लुट्टन पहलवान ने कुश्ती सिखाने के लिए गाँव के नौज़वान बच्चों हेतु एक स्कूल खोल दिया। बच्चे उससे दाँव सीखते, परंतु गाँव की परिस्थिति खराब होने के कारण धीरे-धीरे वे भी मज़दूरी आदि में लग गए। इस तरह, कुश्ती सीखने के लिए उसके पास केवल उसके अपने दोनों पुत्र ही रह गए। वे भी दिनभर मज़दूरी करते और जो कुछ मिलता, उसी से अपना रहने-खाने का प्रबंध आदि करते। इस प्रकार पहलवान का स्कूल अंत में खाली हो गया और वहाँ कोई भी शिष्य नहीं रह गया।

13. *(क)* जब इंदर सेना घर-घर जाकर पानी माँगती थी, तब पानी की कमी के बाद भी लोग अपने घरों में रखा पानी उनके ऊपर डाल देते थे। उसके बाद वे भीगे बदन मिट्टी में लेटते हुए, पानी फेंकने से उत्पन्न कीचड़ को हाथ-पाँव, बदन, पेट सब पर मलकर 'गंगा मैया की जय' बोलते और काले बादलों से पानी बरसाने की प्रार्थना करते थे।

(ख) ''हाय, वह अवधूत आज कहाँ है?'' निबंध की अंतिम पंक्ति है। इस पंक्ति के माध्यम से लेखक कहता है कि महात्मा गांधी शिरीष के फूल की भाँति थे। लेखक के अनुसार, प्रेरणादायी और आत्मविश्वास रखने वाले लोग अब रहे ही नहीं। अब केवल शरीर यानी भौतिकता को प्राथमिकता देने वाले लोग ही रह गए हैं। ऐसे लोगों में आत्मविश्वास बिलकुल नहीं होता। ऐसे लोग मन की सुंदरता पर ध्यान नहीं देते। लेखक ने शिरीष के फूल के माध्यम से वर्तमान सभ्यता के यथार्थ का चित्रण किया है।

(ग) डॉ. आंबेडकर का जीवन तीन व्यक्तियों से अत्यधिक प्रभावित हुआ। *ये तीन महान् व्यक्ति थे*—महात्मा बुद्ध, कबीर तथा ज्योतिबा फुले। डॉ. आंबेडकर के चिंतन और रचनात्मकता में इन तीनों महापुरुषों के विचारों का महत्त्वपूर्ण योगदान रहा है। चूँकि, हिंदू समाज में जातीय उत्पीड़न होता था, इसलिए आंबेडकर का हिंदू समाज से मोह भंग हो गया था। उन्होंने 14 अक्टूबर, 1956 को 5 लाख अनुयायियों के साथ बौद्ध मत को ग्रहण किया।

14. 'जूझ' कहानी के लेखक का जीवन-संघर्ष सभी के लिए एक आदर्श प्रेरणा स्रोत कहा जा सकता है। वह जटिल परिस्थितियों में भी शिक्षा प्राप्त करने के लिए कठिन प्रयास करता है। वह खेती का काम करने के साथ-साथ पढ़ाई करता है। उसके जीवन में आर्थिक समस्या भी है और उसे पैसों की कमी है। उसके सहपाठी उसके पहनावे को लेकर खिल्ली उड़ाते हैं। इन सब बाधाओं को वह अपनी दृढ़ इच्छाशक्ति के दम पर पार कर लेता है। कविता लिखने का शौक अंततः उसके लिए बहुत बड़ा लक्ष्य बन जाता है, जिसे वह सफलतापूर्वक हासिल करता है। वस्तुतः कहानी के लेखक में समस्याओं से जूझने की प्रवृत्ति है। इसी जूझने की प्रवृत्ति के कारण वह अपने जीवन-लक्ष्यों को एक के बाद एक प्राप्त करता जाता है। वह अपने आलसी एवं आवारा किस्म के पिता को भी संतुष्ट रखते हुए अपनी आगे की पढ़ाई करता है। विपरीत परिस्थितियों से जूझने की क्षमता के अतिरिक्त कहानी के लेखक में कठिन परिश्रम एवं दृढ़ संकल्प संबंधी चारित्रिक विशेषताएँ मौजूद हैं।

वह पढ़ने के लिए किसी भी स्तर का परिश्रम करने को सहर्ष तैयार रहता है। वह अपनी धुन में रमने की प्रवृत्ति यानी लगनशीलता के कारण ही उच्च स्तर का कवि बन सका। इस तरह, कहा जा सकता है कि 'जूझ' कहानी के लेखक का जीवन-संघर्ष हमारे लिए अत्यधिक प्रेरणादायक है।

अथवा

सामाजिक एवं सांस्कृतिक दृष्टि से सिंधु सभ्यता के सामाजिक वातावरण को बहुत अनुशासित होने का अनुमान लगाया गया है। वहाँ का अनुशासन ताकत के बल पर नहीं था। नगर योजना, वास्तुशिल्प, मुहर, पानी या साफ-सफाई जैसी सामाजिक व्यवस्था में एकरूपता से यह अनुशासन प्रकट होता है।

सिंधु सभ्यता में सुनियोजित नगर थे, पानी की निकासी की व्यवस्था अच्छी थी। सड़कें लंबी व चौड़ी थीं, कृषि भी की जाती थी, यातायात के साधन के रूप में बैलगाड़ी भी थी। हर नगर में मुद्रा, अनाज भंडार, स्नानगृह आदि थे तथा पक्की ईंटों का प्रयोग होता था। सिंधु सभ्यता में प्रदर्शन या दिखावे की प्रवृत्ति नहीं थी। यही विशेषता इसको अलग सांस्कृतिक धरातल पर खड़ा करती है। यह धरातल संसार की दूसरी सभी सभ्यताओं से पृथक् है।

प्रतिदर्श प्रश्न-पत्र 7

हिंदी केंद्रिक कक्षा 12

समय : **3 घंटे** पूर्णांक : **80**

निर्देश

1. इस प्रश्न-पत्र में खंड 'अ' में वस्तुपरक तथा खंड 'ब' में वर्णनात्मक प्रश्न पूछे गए हैं।
2. खंड 'अ' में 40 वस्तुपरक प्रश्न पूछे गए हैं। सभी 40 प्रश्नों के उत्तर देने हैं।
3. खंड 'ब' में वर्णनात्मक प्रश्न पूछे गए हैं। प्रश्नों के उचित आंतरिक विकल्प दिए गए हैं।
4. दोनों खंडों के प्रश्नों के उत्तर देना अनिवार्य है।
5. यथासंभव दोनों खंडों के प्रश्नों के उत्तर क्रमशः लिखिए।

■ खंड 'अ' (वस्तुपरक प्रश्न)

खंड 'अ' में अपठित बोध, अभिव्यक्ति और माध्यम, पाठ्य-पुस्तक आरोह भाग-2 व पूरक पाठ्य पुस्तक वितान भाग-2 से संबंधित बहुविकल्पीय प्रश्न पूछे गए हैं। जिनमें प्रत्येक प्रश्न के लिए 1 अंक निर्धारित है।

अपठित बोध

1. *निम्नलिखित गद्यांश को ध्यानपूर्वक पढ़कर दिए गए प्रश्नों के सर्वाधिक उपयुक्त उत्तर वाले विकल्प को चुनकर लिखिए।*

(1×10 = 10)

कोई अपने दुर्भाग्य को कोस रहा है, कोई अपनी पारिवारिक दीनता को दोषी बता रहा है, कोई सहारे के अभाव को अपनी असफलता का आधार मान रहा है—बहुत से असफल व्यक्ति इसी तरह अनेक कारणों को अपनी असफलता का आधार मानते हैं, विभिन्न कारणों की कल्पना कर हाथ-पर-हाथ धरे बैठे रहते हैं। वे अपने जीवन में कुछ कर नहीं पाते। वे समाज के लिए, संसार के लिए कुछ नहीं कर पाते।

ऐसे मनुष्यों को जीवन में कोई राह नहीं मिलती, कोई चारा नहीं दिखता। वे दूसरों से अपेक्षा करते हैं कि कोई उन्हें किसी लक्ष्य प्राप्ति का मार्ग दिखाए, सफलता की सीढ़ी बताए, जिससे वे उस पर आसानी से चढ़ सकें, किंतु ऐसे लोगों को यह भली-भाँति जानना चाहिए कि जहाँ चाह है, वहीं राह है। हमारी इच्छाशक्ति स्वयं हमारे लिए मार्ग बना देती है। अच्छे कार्य में धन की उतनी आवश्यकता नहीं होती, जितनी इच्छाशक्ति की होती है। 'एमर्सन' ने ठीक ही कहा है कि इतिहास, पुराण सभी साक्षी हैं कि मनुष्य के दृढ़ संकल्प के आगे देव-दानव सभी पराजित होते रहे हैं। दृढ़ इच्छाशक्ति ने भगवान तक को घंटों कच्चे धागे से बाँधकर नचाया है।

हाँ, इतना ध्यान रखना होगा कि हमारी चाह बरसाती बादल का एक टुकड़ा न हो, जिसे हवा का एक झोंका जिधर चाहे उड़ाकर ले जाए। यदि हमारी इच्छाशक्ति क्षुद्र और दुर्बल होगी, तो हमारी मानसिक शक्तियों का कार्य भी वैसा ही होगा। स्वामी विवेकानंद का दिव्य वचन है कि पवित्र और दृढ़ इच्छा सर्वशक्तिमान है।

अत: यह नीति ठीक है कि हमारी चाह ही रास्ता बना जाती है। अंधकार से आच्छादित मानव ने कभी इच्छा व्यक्त की थी कि प्रकाश हो और प्रकाश हो गया। मनुष्य की इस चाह, इस लगन, इस उत्कट इच्छा-चमत्कार की अनगिनत कहानियाँ हैं।

जब आततायी रावण श्रीरामवल्लभा सीता को हरकर लंका ले गया, तब राम को पता चला कि मार्ग में समुद्र व्यवधान बनकर खड़ा है। राम के अंतर्मन में सीता प्राप्ति की चाह ने सागर पर सेतु-निर्माण किया। चाणक्य के पास आखिर था क्या? किंतु नंद साम्राज्य के विनाश के उत्कट संकल्प ने उनके लिए मार्ग-निर्माण कर दिया था। हमारे आदर्श नेताजी सुभाषचंद्र बोस के पास क्या साधन था? किंतु अंग्रेज़ों को भगा देने की दृढ़ चाह ने उनसे इतनी बड़ी 'आज़ाद हिंद फ़ौज' की स्थापना करा दी थी। पं. मदनमोहन मालवीय के पास कौन-सा कुबेर कोष था? किंतु उन्होंने बनारस हिंदू विश्वविद्यालय की स्थापना की, उनकी इस लगन ने सारे विघ्नों को काटकर मार्ग बना दिया।

(क) अधिकांश असफल व्यक्ति कुछ विशेष क्यों नहीं कर पाते हैं? (1)

(i) दूसरों को दोषी ठहराने के कारण
(ii) दूसरों से ईर्ष्या-द्वेष के कारण
(iii) स्वयं को महान समझने के कारण
(iv) ईश्वर को मानने के कारण

(ख) अंधकार से आच्छादित मानव ने कैसी इच्छा व्यक्त की थी? (1)

(i) अंधकार होने की
(ii) प्रकाश हो जाने की
(iii) धन प्राप्त करने की
(iv) असफल न होने की

(ग) अच्छे कार्य करने में किसकी आवश्यकता अधिक होती है? (1)

(i) धन की
(ii) इच्छाशक्ति की
(iii) मधुर वचनों की
(iv) देवताओं के आशीर्वाद की

(घ) असफल व्यक्ति अपनी असफलता के लिए किसे दोषी ठहराता रहता है? (1)

(i) दुर्भाग्य को
(ii) सहारे के अभाव को
(iii) पारिवारिक दीनता को
(iv) ये सभी

(ङ) असफल व्यक्ति दूसरों से अपेक्षा रखता है कि (1)

(i) उनसे उसे धन प्राप्त हो
(ii) वे उसका दु:ख में साथ दें
(iii) वे उसे लक्ष्य प्राप्ति का मार्ग दिखाएँ
(iv) वे उसे प्रत्येक कार्य करके दें

(च) 'बरसाती बादल के टुकड़े' से क्या तात्पर्य है? (1)

(i) हमारी चाह क्षणिक न हो
(ii) हमारी चाह बरसात में पूर्ण हो
(iii) हमारी इच्छा अत्यंत विशाल हो
(iv) हमारी चाह दूसरों को अच्छी लगे

(छ) निम्नलिखित कथनों पर विचार कीजिए (1)

1. असफल व्यक्ति कर्मठ नहीं होते अपितु वे अपनी असफलता का दोषी दूसरों को मानते हैं।
2. दृढ़ इच्छाशक्ति सफलता की कुंजी है।
3. दूसरे व्यक्ति ही मनुष्य को सफलता का मार्ग बताते हैं।

उपरोक्त कथनों में से कौन-सा/से सही है/हैं?

(i) केवल 1
(ii) केवल 2
(iii) 1 और 2
(iv) 1 और 3

(ज) पं. मदनमोहन मालवीय के पास कौन-सा कुबेर कोष था? लेखक के इस कथन से अभिप्राय है कि पं. मदनमोहन (1)

(i) बहुत धनवान थे
(ii) के पास कुबेर के समान धन नहीं था
(iii) बहुत धनवान नहीं थे
(iv) ने कुबेर से धन लेकर विश्वविद्यालय की स्थापना की

(झ) निम्नलिखित कथन और कारण को ध्यानपूर्वक पढ़िए और सही विकल्प चुनकर लिखिए। (1)

कथन (A) नेताजी सुभाषचंद्र बोस ने 'आजाद हिंद फौज' की स्थापना की।

कारण (R) नेताजी सुभाषचंद्र बोस के मन में अंग्रेजों को भगा देने की दृढ़ इच्छाशक्ति थी।

कूट

(i) कथन (A) और कारण (R) दोनों सही हैं तथा कारण (R) कथन (A) की सही व्याख्या करता है
(ii) कथन (A) गलत है, किंतु कारण (R) सही है
(iii) कथन (A) तथा कारण (R) दोनों गलत हैं
(iv) कथन (A) और कारण (R) दोनों सही है, लेकिन कारण (R) कथन (A) की सही व्याख्या नहीं करता है

(ञ) प्रस्तुत गद्यांश किस विषय-वस्तु पर आधारित है? (1)

(i) धन प्राप्ति के साधन पर
(ii) राम नाम की महिमा पर
(iii) शिक्षा के महत्त्व पर
(iv) दृढ़ इच्छाशक्ति पर

2. *दिए गए पद्यांश पर आधारित प्रश्नों को ध्यानपूर्वक पढ़कर दिए गए प्रश्नों के सर्वाधिक उपयुक्त उत्तर वाले विकल्प को चुनकर लिखिए।* (1×5 = 5)

सृजन की थकन भूल जा देवता!
अभी तो पड़ी है धरा अधबनी,
अभी तो पलक में नहीं खिल सकी
नवल कल्पना की मधुर चाँदनी
अभी अधखिली ज्योत्स्ना की कली
नई जिंद्रगी की सुरभि में सनी—
अभी तो पड़ी है धरा अधबनी,
अधूरी धरा पर नहीं है कहीं
अभी स्वर्ग की नींव का भी पता!
सृजन की थकन भूल जा देवता।
रुका तू गया, रुक जगत का सृजन
तिमिरमय नयन में डगर भूलकर
कहीं खो गई रोशनी की किरन
घने बादलों में कहीं सो गया
नई सृष्टि का सप्तरंगी सपन
रुका तू गया, रुक जगत का सृजन
अधूरे सृजन से निराशा भला
किसलिए; जब अधूरी स्वयं पूर्णता
सृजन की थकन भूल जा देवता!
प्रलय से निराशा तुझे हो गई
सिसकती हुई साँस की जालियों में
सबल प्राण की अर्चना खो गई
थके बाहुओं में अधूरी प्रलय
औ अधूरी सृजन योजना खो गई
प्रलय से निराशा तुझे हो गई
इसी ध्वंस में मूर्च्छिता हो कहीं
पड़ी हो, नई ज़िंदगी; क्या पता?
सृजन की थकन भूल जा देवता।

(क) कवि देवता को सृजन की थकान भूलने को क्यों कहता है? (1)

(i) क्योंकि देवता कभी थकते नहीं
(ii) क्योंकि धरती का पूर्ण निर्माण होने में अभी समय है
(iii) क्योंकि अधूरा कार्य नहीं छोड़ना चाहिए
(iv) क्योंकि धरती का निर्माण सही प्रकार से नहीं हो पाया है

(ख) देवता के रुकने का क्या परिणाम होगा? (1)

(i) रोशनी की किरणें खो जाएँगी
(ii) नई सृष्टि के लिए आवश्यक सप्तरंगी सपने खो जाएँगे
(iii) जगत का सृजन रुक जाएगा
(iv) ये सभी

(ग) कवि ने अधूरे सृजन से निराश न होने के पीछे क्या तर्क दिया है? (1)

(i) अधूरे सृजन से निराश क्यों होना, जब स्वयं पूर्णता ही अधूरी है
(ii) अधूरे सृजन से ही पूरा सृजन संभव है
(iii) सभी चीजें पूर्ण नहीं होती हैं
(iv) विध्वंस से निर्माण नहीं होता है

(घ) निम्नलिखित कथनों पर विचार कीजिए (1)

1. सृजन अधूरा होने पर हमें निराश नहीं होना चाहिए।
2. नई जिंदगी के विषय में कवि को जानकारी है।
3. स्वर्ग जैसी सुखद जिंदगी की नींव पड़ चुकी है।

उपरोक्त कथनों में से कौन-सा/से सही है/हैं?

(i) केवल 1   *(ii)* केवल 2   *(iii)* 1 और 2   *(iv)* 2 और 3

(ङ) कॉलम 1 को कॉलम 2 से सुमेलित कीजिए (1)

	कॉलम 1		कॉलम 2
A.	देवता के रुकने का परिणाम	1.	धरा अभी अपूर्ण है
B.	स्वर्ग की नींव का पता अभी नहीं चल सकता	2.	जीवन की झंझाओं से जूझने को तत्पर
C.	कलाकार को कृतिपूर्ण करने के लिए	3.	जगत का सृजन रूक जाएगा

कूट

	A	B	C
(i)	2	1	3
(ii)	3	1	2
(iii)	1	2	3
(iv)	2	3	1

अभिव्यक्ति और माध्यम

3. *निम्नलिखित प्रश्नों को ध्यानपूर्वक पढ़कर सर्वाधिक उपयुक्त उत्तर वाले विकल्प को चुनकर लिखिए।* (1×5 = 5)

(क) किसी भी समाचार-पत्र के लिए स्वतंत्र रूप से लिखकर पारिश्रमिक प्राप्त करने वाले पत्रकार कहलाते हैं (1)

(i) फ्रीलांसर पत्रकार *(ii)* संपादकीय *(iii)* बीट रिपोर्टर *(iv)* विशेष संवाददाता

(ख) नाटक का प्राणतत्त्व किसे कहा जाता है? (1)

(i) चरित्र को *(ii)* रंगमंचीयता को *(iii)* भाषा को *(iv)* संवाद को

(ग) पत्रकारिता का मूल तत्त्व है (1)

(i) नई सूचनाएँ प्रदान करना *(ii)* मनोरंजन करना *(iii)* टिप्पणी करना *(iv)* पाठक वर्ग तैयार करना

(घ) विशेषीकृत पत्रकारिता का मुख्य क्षेत्र है (1)

(i) आर्थिक पत्रकारिता *(ii)* खेल पत्रकारिता
(iii) फैशन और फिल्म पत्रकारिता *(iv)* ये सभी

(ङ) सूची I को सूची II से सुमेलित कीजिए (1)

सूची I	सूची II
A. मेले, त्योहार, खेल	1. प्राकृतिक फ़ीचर
B. युद्ध, अकाल, दुर्घटना	2. राजनीतिक फ़ीचर
C. अंतरिक्ष, खगोल, पृथ्वी	3. सामाजिक-सांस्कृतिक फ़ीचर
D. राजनीतिक घटनाएँ	4. घटनापरक फ़ीचर

कूट

	A	B	C	D
(i)	4	3	2	1
(ii)	3	4	1	2
(iii)	2	3	4	1
(iv)	1	2	3	4

पाठ्य-पुस्तक आरोह भाग 2

4. *निम्नलिखित पद्यांश के प्रश्नों को ध्यानपूर्वक पढ़कर सर्वाधिक उपयुक्त उत्तर वाले विकल्प को चुनकर लिखिए।* (1×5 = 5)

प्रात: नभ था बहुत नीला शंख जैसे
भोर का नभ
राख से लीपा हुआ चौका
(अभी गीला पड़ा है)
बहुत काली सिल ज़रा से लाल केसर से
कि जैसे धुल गई हो
स्लेट पर लाल खड़िया चाक
मल दी हो किसी ने
नील जल में या किसी की
गौर झिलमिल देह
जैसे हिल रही हो। और........
जादू टूटता है इस उषा का अब सूर्योदय हो रहा है।

(क) प्रस्तुत पद्यांश में कवि ने किसका चित्रण किया है? (1)

(i) सूर्योदय का *(ii)* नायिका की सुंदरता का
(iii) प्रात:कालीन आकाश का *(iv)* रात्रि की मनोहरता का

(ख) प्रातःकालीन आकाश किसके समान प्रतीत हो रहा है? (1)

(i) काली सिल की तरह *(ii)* राख से लीपे हुए चौके की तरह
(iii) काली स्लेट पर लाल चाक जैसा *(iv)* नीले जल में गौर वर्ण के समान

(ग) सूर्योदय से पूर्व आकाश में क्या विद्यमान होता है? (1)

(i) नीला रंग *(ii)* श्वेत रंग *(iii)* लाल रंग *(iv)* नमी

(घ) निम्नलिखित कथन और कारण को ध्यानपूर्वक पढ़िए और सही विकल्प चुनकर लिखिए। (1)

कथन (A) आकाश में सूर्योदय होना नई आशा और उल्लास का प्रतीक बन जाता है।
कारण (R) प्रकृति की दशा सूर्योदय के प्रतिकूल है।

कूट

(i) कथन (A) सही है, परंतु कारण (R) गलत है
(ii) कथन (A) गलत है, परंतु कारण (R) सही है
(iii) कथन (A) और कारण (R) दोनों सही हैं, लेकिन कारण (R) कथन (A) की सही व्याख्या नहीं करता है
(iv) कथन (A) और कारण (R) दोनों सही हैं तथा कारण (R) कथन (A) की सही व्याख्या करता है

(ङ) 'काली सिल पर लाल केसर' मलने से कैसा दृश्य सामने आता है? (1)

(i) सूर्योदय के बाद का (ii) सूर्योदय से पहले का (iii) गहन रात्रि का (iv) संध्या काल का

5. *निम्नलिखित गद्यांश के प्रश्नों को ध्यानपूर्वक पढ़कर उपयुक्त उत्तर वाले विकल्प को चुनकर लिखिए।* (1×5 = 5)

मेरा आदर्श समाज स्वतंत्रता, समता, भ्रातृत्व पर आधारित होगा। क्या यह ठीक नहीं है, भ्रातृत्व अर्थात् भाईचारे में किसी को क्या आपत्ति हो सकती है? किसी भी आदर्श समाज में इतनी गतिशीलता होनी चाहिए, जिससे कोई भी वांछित परिवर्तन समाज के एक छोर से दूसरे तक संचारित हो सके। ऐसे समाज के बहुविध हितों में सबका भाग होना चाहिए तथा सबकों उनकी रक्षा के प्रति सजग रहना चाहिए। सामाजिक जीवन में अबाध संपर्क के अनेक साधन व अवसर उपलब्ध रहने चाहिए। तात्पर्य यह है कि दूध और पानी के मिश्रण की तरह भाईचारे का यही वास्तविक रूप है और इसी का दूसरा नाम लोकतंत्र है, क्योंकि लोकतंत्र केवल शासन की एक पद्धति ही नहीं है, लोकतंत्र मूलत: सामूहिक जीवनचर्या की एक रीति तथा समाज के सम्मिलित अनुभवों के आदान-प्रदान का नाम है। इनमें यह आवश्यक है कि अपने साथियों के प्रति श्रद्धा व सम्मान का भाव हो।

(क) लेखक के अनुसार एक आदर्श समाज के लिए क्या अपेक्षित है? (1)

(i) समानता (ii) स्वतंत्रता (iii) गतिशीलता (iv) लोकतंत्र

(ख) एक आदर्श समाज में सबकों किनकी रक्षा के प्रति सजग रहना चाहिए? (1)

(i) दलितों की (ii) स्वयं की (iii) लोकतंत्र की (iv) सरकार की

(ग) निम्नलिखित कथन और कारण को ध्यानपूर्वक पढ़िए और सही विकल्प का चयन कीजिए। (1)

कथन (A) आदर्श समाज लोकतंत्र का अभिन्न अंग होता है।

कारण (R) लोकतंत्र में सामाजिक व्यवस्था में आपसी मेल-जोल के अनेक अवसर उपलब्ध रहते हैं।

कूट

(i) कथन (A) और कारण (R) दोनों सही हैं तथा कारण (R) कथन (A) की सही व्याख्या करता है
(ii) कथन (A) गलत है, किंतु कारण (R) सही है
(iii) कथन (A) तथा कारण (R) दोनों गलत हैं
(iv) कथन (A) और कारण (R) दोनों सही हैं, लेकिन कारण (R) कथन (A) की सही व्याख्या नहीं करता है

(घ) कॉलम 1 को कॉलम 2 से सुमेलित कीजिए (1)

	कॉलम 1		**कॉलम 2**
A.	भाईचारे के वास्तविक रूप का दूसरा नाम	1.	हितकारी और कल्याणकारी कार्य सम्पन्न
B.	आदर्श समाज	2.	लोकतंत्र
C.	सहभागिता से समाज के	3.	स्वतंत्रता, समानता, भाईचारे पर आधारित

कूट

	A	B	C		A	B	C
(i)	2	3	1	(ii)	3	2	1
(iii)	1	2	3	(iv)	2	1	3

(ङ) निम्नलिखित कथनों पर विचार कीजिए (1)

1. आदर्श समाज में बहुत अधिक गतिशीलता असंभव है।
2. लोकतंत्र में साथियों के प्रति श्रद्धा व सम्मान का भाव होना चाहिए।
3. लोकतंत्र में उच्च वर्ग का आरक्षण होना चाहिए।

उपरोक्त कथनों में से कौन-सा/से सही कथन है/हैं?

(i) केवल 1 (ii) केवल 2 (iii) 1 और 2 (iv) 1 और 3

पूरक पाठ्य–पुस्तक वितान भाग 2

6. *निम्नलिखित प्रश्नों को ध्यानपूर्वक पढ़कर सर्वाधिक उपयुक्त उत्तर वाले विकल्प को चुनकर लिखिए।* (1×10 = 10)

(क) यशोधर बाबू अपने परिवार के सदस्यों के साथ तालमेल क्यों नहीं बिठा पाते हैं? (1)

(i) क्योंकि उनकी सोच में नए विचार निरर्थक हैं *(ii)* क्योंकि वे सिद्धांतवादी और व्यवहारवादी नहीं हैं
(iii) क्योंकि उनका जीवन नीरस और उबाऊ है *(iv)* क्योंकि उन्हें अपने काम से फुर्सत नहीं है

(ख) किशनदा ने यशोधर पंत को 'मेस' का रसोइया किस कारण बनाकर रखा था? (1)

(i) जिससे कि वे खाना बनाना सीख सकें *(ii)* यशोधर पंत की आयु सरकारी नौकरी के लिए कम थी
(iii) यशोधर पंत ने स्वयं ऐसा करने को कहा था *(iv)* किशनदा यह नहीं चाहते थे कि उन्हें सरकारी नौकरी मिले

(ग) 'सिल्वर वैडिंग' कहानी में 'समहाउ इंप्रॉपर' वाक्यांश का प्रयोग किस संदर्भ में हुआ है? (1)

(i) अपनों से पराएयेन का व्यवहार मिलने पर *(ii)* वृद्धा पत्नी के आधुनिक स्वरूप को देखकर
(iii) केक काटने की विदेशी परंपरा पर *(iv)* ये सभी

(घ) निम्नलिखित कथन और कारण को ध्यानपूर्वक पढ़िए और सही विकल्प चुनकर लिखिए। (1)

कथन (A) किशनदा के रिटायर होने पर यशोधर बाबू उनकी सहायता नहीं कर पाए।
कारण (R) यशोधर बाबू अपने परिवार को नाराज नहीं करना चाहते थे।

कूट

(i) कथन (A) सही है परंतु कारण (R) गलत है
(ii) कथन (A) गलत है, परंतु कारण (R) सही है
(iii) कथन (A) और कारण (R) दोनों सही हैं, लेकिन कारण (R) कथन (A) की सही व्याख्या नहीं करता है
(iv) कथन (A) और कारण (R) दोनों सही हैं तथा कारण (R) कथन (A) की सही व्याख्या करता है

(ङ) मास्टर ने लेखक से कविता गायन का पाठ कहाँ करवाया? 'जूझ' कहानी के आधार पर सटीक विकल्प चुनिए। (1)

(i) पाठशाला के समारोह में *(ii)* छठी–सातवीं के बालकों के सामने
(iii) *(i)* और *(ii)* दोनों *(iv)* एकांत में

(च) लेखक ने किस आधार पर सिंधु घाटी की सभ्यता को जल संस्कृति कहा है? (1)

(i) सिंधु नदी के आधार पर *(ii)* स्नानागार के आधार पर
(iii) बेजोड़ निकासी व्यवस्था के आधार पर *(iv)* ये सभी

(छ) मुअनजोदड़ो का अनूठा नगर-नियोजन आधुनिक नगर नियोजन के प्रतिमान नगरों से बेहतर कैसे है? (1)

(i) मुअनजोदड़ो की जल–निकासी का प्रबंध इतना उन्नत था कि आज के वास्तुकार भी उसे देखकर सोच में पड़ जाते हैं
(ii) नगर की योजना अत्यंत सुव्यवस्थित एवं वैज्ञानिक रूप से तार्किक थी
(iii) घरों की बनावट अत्यंत बेमिसाल थी
(iv) उपरोक्त सभी

(ज) 'जूझ' पाठ के पात्र दत्ता जी राव के विषय में कौन-सा कथन सही नहीं है? (1)

(i) दत्ता जी राव देसाई गाँव के एक प्रतिभाशाली व्यक्ति थे
(ii) दत्ता जी राव पढ़ाई के महत्त्व से अवगत थे
(iii) दत्ता जी राव ने लेखक के पिता से लेखक को पढ़ने भेजने की प्रार्थना की
(iv) दत्ता जी राव के कारण ही लेखक की छूटी हुई पढ़ाई पुनः आरंभ हो पाई

(झ) निम्नलिखित कथनों पर विचार कीजिए (1)

1. सिंधु घाटी सभ्यता के बारे में लिखित साक्ष्यों से जानकारी मिली है।
2. सिंधु घाटी सभ्यता के बारे में पुरातात्विक साक्ष्यों से जानकारी मिली है।
3. पुरातात्विक साक्ष्यों से मुअनजोदड़ो तथा हड़प्पा की संस्कृति की विशालता ज्ञात होती है।
4. सिंधु घाटी सभ्यता के बारे में केवल अनुमान लगाया जा सकता है।

उपरोक्त कथनों में से कौन-सा/से कथन सही है/हैं?

(i) केवल 1 *(ii)* केवल 3 *(iii)* 2 और 3 *(iv)* 1 और 4

(ञ) प्राचीन सभ्यताओं का विकास नदियों के किनारे ही हुआ है, इसका कारण है (1)

(i) जल मनुष्य के जीवन का आधार है *(ii)* जल के समीप स्नान की सुविधा रहती है
(iii) जल के समीप जल यातायात के साधन उपलब्ध रहते हैं *(iv)* प्राचीन समय में भूमि पर जल क्षेत्र अधिक था

■ खंड 'ब' (वर्णनात्मक प्रश्न)

खंड 'ब' में जनसंचार और सृजनात्मक लेखन, पाठ्य-पुस्तक आरोह भाग-2 व पूरक पाठ्य-पुस्तक वितान भाग-2 से संबंधित वर्णनात्मक प्रश्न पूछे गए हैं। जिनके निर्धारित अंक प्रश्न के सामने अंकित हैं।

जनसंचार और सृजनात्मक लेखन

7. *निम्नलिखित दिए गए 3 विषयों में से किसी 1 विषय पर लगभग 120 शब्दों में रचनात्मक लेख लिखिए।* (6 × 1 = 6)

(क) स्वप्न में की गई दूसरे ग्रह की यात्रा का वर्णन

(ख) यदि मैं विद्यालय का प्रधानाचार्य होता

(ग) इंटरनेट वर्तमान युग की माँग ही नहीं, आवश्यकता भी बन गया है

8. *निम्नलिखित प्रश्नों को ध्यानपूर्वक पढ़कर लगभग 40 शब्दों में निर्देशानुसार उत्तर दीजिए।* (2 × 2 = 4)

(क) कहानी में द्वंद्व के महत्त्व पर प्रकाश डालिए। (2)

अथवा

नाटक किसे कहते हैं? भारतीय परंपरा में नाटक को क्या संज्ञा दी गई है?

(ख) 'नए तथा अप्रत्याशित विषयों पर लेखन का संबंध रचनात्मकता से है' कैसे? स्पष्ट कीजिए। (2)

अथवा

विशेष लेखन की भाषा-शैली सामान्य लेखन से अलग क्यों होती है?

9. *निम्नलिखित प्रश्नों को ध्यानपूर्वक पढ़कर दिए गए 3 प्रश्नों में से किन्हीं 2 प्रश्नों के लगभग 60 शब्दों में उत्तर दीजिए।* (3 × 2 = 6)

(क) 'विज्ञापनों की लुभावनी दुनिया' पर एक आलेख लिखिए। (3)

(ख) समाचार के परिप्रेक्ष्य से क्या तात्पर्य है? किसी घटना को समाचार का स्वरूप कैसे दिया जाता है? स्पष्ट कीजिए। (3)

(ग) आर्थिक पत्रकार के सम्मुख सबसे बड़ी चुनौती सामान्य पाठक तथा जानकार पाठक को संतुष्ट करना होती है। आर्थिक पत्रकारिता को किस बात का विशेष ध्यान रखना चाहिए? (3)

पाठ्य-पुस्तक आरोह भाग 2

10. *निम्नलिखित प्रश्नों को ध्यानपूर्वक पढ़कर दिए गए 3 प्रश्नों में से किन्हीं 2 प्रश्नों के लगभग 60 शब्दों में उत्तर दीजिए।* (3 × 2 = 6)

(क) एक अपाहिज व्यक्ति का साक्षात्कार लेना किस उद्देश्य से संभव है? स्पष्ट कीजिए। (3)

(ख) 'उषा' कविता के प्रतिपाद्य को स्पष्ट कीजिए। (3)

(ग) फ़िराक की रुबाइयों में उभरे घरेलू जीवन के बिंबों का सौंदर्य 'रुबाइयाँ' कविता के आधार पर स्पष्ट कीजिए। (3)

11. *निम्नलिखित प्रश्नों को ध्यानपूर्वक पढ़कर दिए गए 3 प्रश्नों में से किन्हीं 2 प्रश्नों के लगभग 40 शब्दों में उत्तर दीजिए।* (2 × 2 = 4)

(क) लक्ष्मण के वियोग का संभावित दुःख राम किस प्रकार प्रकट करते हैं? (2)

(ख) आकाश में उड़ती हुई पतंग बच्चों की बालसुलभ इच्छाओं का प्रतीक है, कैसे? स्पष्ट कीजिए। (2)

(ग) 'कविता के बहाने' में कवि के अनुसार कविता क्या है? (2)

12. *निम्नलिखित प्रश्नों को ध्यानपूर्वक पढ़कर दिए गए 3 प्रश्नों में से किन्हीं 2 प्रश्नों के लगभग 60 शब्दों में उत्तर दीजिए।* (3 × 2 = 6)

(क) शिरीष के वृक्ष को लेखक ने अन्य वृक्षों की तुलना में श्रेष्ठ बताया है, कैसे? (3)

(ख) 'पहलवान की ढोलक' पाठ में राजा के द्वारा 'लुट्टन सिंह' पुकारे जाने पर किस-किसने आपत्ति की और क्यों? तब राजा ने क्या किया? (3)

(ग) 'बाज़ार दर्शन' निबंध उपभोक्तावाद एवं बाज़ारवाद की अंतर्वस्तु को समझने में बेजोड़ है। उदाहरण देकर इस कथन पर अपने विचार प्रस्तुत कीजिए। (3)

13. *निम्नलिखित प्रश्नों को ध्यानपूर्वक पढ़कर दिए गए 3 प्रश्नों में से किन्हीं 2 प्रश्नों के लगभग 40 शब्दों में उत्तर दीजिए।* (2 × 2 = 4)

(क) पिता की मृत्यु का समाचार भक्तिन को पिता की मृत्यु के उपरांत बहुत समय तक नहीं मिला, क्यों? (2)

(ख) 'कैसी निर्मम बर्बादी है पानी की' काले मेघा पानी दे पाठ के आधार पर इस कथन का आशय स्पष्ट कीजिए। (2)

(ग) जाति-प्रथा के पोषक लोग क्या स्वीकार करने को तैयार हैं, इसके कारण लोगों में काम के प्रति अरुचि क्यों उत्पन्न हो गई? (2)

पूरक पाठ्य-पुस्तक वितान भाग 2

14. *निम्नलिखित प्रश्नों को ध्यानपूर्वक पढ़कर दिए गए 3 प्रश्नों में से किन्हीं 2 प्रश्नों के लगभग 40 शब्दों में उत्तर दीजिए।* (4 × 1 = 4)

यशोधर बाबू को ऐसा क्यों लगता है कि उनका बड़ा बेटा भूषण अपने पैसों के बारे में घर में कुछ ज़्यादा ही चर्चा करता है? (4)

अथवा

मुअनजोदड़ो की जल निकासी व्यवस्था की उत्कृष्टता पर टिप्पणी कीजिए।

व्याख्या सहित **उत्तर**

1. ***(क)*** *(i)* दूसरों को दोषी ठहराने के कारण
(ख) *(ii)* प्रकाश हो जाने की
(ग) *(ii)* इच्छाशक्ति की
(घ) *(iv)* ये सभी
(ङ) *(iii)* वे उसे लक्ष्य प्राप्ति का मार्ग दिखाएँ
(च) *(i)* हमारी चाह क्षणिक न हो
(छ) *(iii)* 1 और 2
(ज) *(iii)* बहुत धनवान नहीं थे
(झ) *(i)* कथन (A) और कारण (R) दोनों सही हैं तथा कारण (R) कथन (A) की सही व्याख्या करता है।
(ञ) *(iv)* दृढ़ इच्छाशक्ति पर

2. ***(क)*** *(ii)* क्योंकि धरती का पूर्ण निर्माण होने में अभी समय है
(ख) *(iv)* ये सभी
(ग) *(i)* अधूरे सृजन से निराश क्यों होना, जब स्वयं पूर्णता ही अधूरी है
(घ) *(i)* केवल 1
(ङ) *(ii)* 3 1 2

3. ***(क)*** *(i)* फ्रीलांसर पत्रकार
(ख) *(iii)* भाषा को
(ग) *(i)* नई सूचनाएँ प्रदान करना
(घ) *(iv)* ये सभी
(ङ) *(ii)* 3 4 1 2

4. ***(क)*** *(i)* सूर्योदय का
(ख) *(ii)* राख से लीपे हुए चौके की तरह
(ग) *(iv)* नमी
(घ) *(i)* कथन (A) सही है, परंतु कारण (R) गलत है।
(ङ) *(ii)* सूर्योदय से पहले का

5. ***(क)*** *(iii)* गतिशीलता
(ख) *(ii)* स्वयं की
(ग) *(i)* कथन (A) और कारण (R) दोनों सही हैं तथा कारण (R) कथन (A) की सही व्याख्या करता है।
(घ) *(i)* 2 3 1
(ङ) *(ii)* केवल 2

6. ***(क)*** *(i)* क्योंकि उनकी सोच में नए विचार निरर्थक हैं
(ख) *(ii)* यशोधर पंत की आयु सरकारी नौकरी के लिए कम थी
(ग) *(iv)* ये सभी
(घ) *(iv)* कथन (A) और कारण (R) दोनों सही हैं तथा कारण (R) कथन (A) की सही व्याख्या करता है।
(ङ) *(iii)* *(i)* और *(ii)* दोनों
(च) *(iv)* ये सभी
(छ) *(iv)* उपरोक्त सभी
(ज) *(iii)* दत्ता जी राव ने लेखक के पिता से लेखक को पढ़ने भेजने की प्रार्थना की
(झ) *(iii)* 2 और 3
(ञ) *(i)* जल मनुष्य के जीवन का आधार है

7. *(क)* **स्वप्न में की गई दूसरे ग्रह की यात्रा**

एक दिन कक्षा में अध्यापक ने दूसरे ग्रह के विषय में चर्चा की। उन्होंने इस विषय में सभी छात्रों के विचार जाने और अपने विचार भी प्रस्तुत किए। यह सब मुझे बहुत ही मनोरंजक लगा। विद्यालय से लौटते समय भी यही बातें मेरे मन में चल रही थीं। विद्यालय से लौटने के बाद मुझे नींद आ गई और मेरा मन पंख लगाकर स्वप्न लोक में घूमने लगा। स्वप्न में मैंने देखा कि मैं और मेरा मित्र मंगल ग्रह की यात्रा पर गए हैं। हम विमान में बैठकर अंतरिक्ष की ओर बढ़ रहे हैं। विमान से बाहर हमें अंधकार दिखाई दिया। कुछ समय बाद हमें भूख लगी, तो हमने कंप्यूटर में लगा बटन दबाया, जिससे हमें कैप्सूल मिला। हमने दो कैप्सूल पानी के साथ खा लिए और हमारी भूख शांत हो गई। अब हमारा विमान मंगल ग्रह के धरातल पर उतरा। हमने अंतरिक्ष के सूट और हेलमेट पहने हुए थे। शीघ्र ही हम मंगल ग्रह के वातावरण के अनुकूल ढल गए। हमने आस-पास के क्षेत्र का भ्रमण किया। अचानक ही हमें एक विशाल आकृति दिखाई दी। उसका चेहरा सपाट और अद्भुत था। उसका कद बहुत लंबा था। पहले तो हम भयभीत हो गए, किंतु बाद में उससे प्राप्त होने वाले संकेतों से हमें वह सही प्रवृत्ति का इंसान लगा। उसने हमें अपना घर दिखाया। उसका घर बहुत छोटा और उजाड़ था। उसके घर में अन्य सदस्य भी थे, जो उससे भी लंबे व पतले थे।

हमने मंगल पर अनेक छोटी-छोटी पहाड़ियाँ देखीं, जिन पर पहले कभी न देखी हुई सुंदर झाड़ियाँ, लताएँ उगी हुई थीं। अब समय हो गया था कि हम वापस अपने विमान से पृथ्वी की ओर चलें।

उसी समय मेरी नींद खुल गई। मेरी यह काल्पनिक यात्रा मेरे जीवन की सभी यात्राओं में सबसे अधिक सुखद रही। मैंने यह निश्चय किया है कि अब मैं मंगल ग्रह की तरह पृथ्वी को भी साफ-स्वच्छ बनाने का प्रयास करूँगा।

(ख) **यदि मैं विद्यालय का प्रधानाचार्य होता**

विद्यालय एक महत्त्वपूर्ण सामाजिक संस्था है, जहाँ विद्यार्थी के चरित्र के साथ-साथ भविष्य का भी निर्माण होता है। शिक्षा प्राप्त करके विद्यार्थी अफ़सर, लिपिक, प्रशासनिक अधिकारी, नेता, मंत्री, राज्यपाल या राष्ट्रपति आदि भी बन सकता है। विद्यार्थियों के जीवन निर्माण के लिए एक अच्छे अध्यापक की आवश्यकता होती है। उन्हें व्यवस्थित तथा उत्तम वातावरण देना प्रधानाचार्य का दायित्व होता है। विद्यार्थी अपने जीवन में आकाश में उड़ने, जल पर चलने एवं देश की रक्षा या समाज के विकास की कल्पना करता है, परंतु मेरी कल्पना थी—विद्यालय का प्रधानाचार्य बनने की।

यदि मैं विद्यालय का प्रधानाचार्य होता, तब सबसे पहले भवनों की सफ़ाई का निरीक्षण करके दिशा-निर्देश ज़ारी करता तथा स्वयं निरीक्षण करता। पुस्तकालय को समृद्धशाली बनाता। मैं विद्यार्थियों के सर्वांगीण विकास का हर संभव प्रयास करता। अनेक विषयों में वाद-विवाद, संगीत, चित्रकला आदि की प्रतियोगिताएँ कराता। प्रत्येक कक्षा को शैक्षिक भ्रमण पर ले जाता।

मैं शारीरिक शिक्षा के अध्यापक से मिलकर एक परामर्श समिति बनाता तथा तद्नुरूप खेलकूद तथा व्यायाम आदि की व्यवस्था कराता। विद्यालय में खाली पड़ी ज़मीन पर पुष्प वाटिका लगवाता। खेल के मैदान पर दूब लगवाकर उसे सुंदर बनवाता। विद्यार्थियों में विनय, नियम पालन, संयम, समयनिष्ठा तथा कर्त्तव्यनिष्ठा आदि सद्गुणों के विकास के लिए सदैव प्रयत्नशील रहता। मैं स्वयं अनुकरणीय आचरण करते हुए अध्यापकों एवं विद्यार्थियों के बीच आदर्श प्रस्तुत करता। कर्मचारियों तथा अध्यापकों को अच्छे कार्य हेतु पारितोषिक प्रदान करते हुए विद्यार्थियों को भी पुरस्कार प्रदान करता।

इस प्रकार, यदि मैं विद्यालय का प्रधानाध्यापक होता, तो अपने सभी कर्त्तव्यों का भली-भाँति निर्वाह करता।

(ग) **इंटरनेट वर्तमान युग की माँग ही नहीं, आवश्यकता भी बन गया है**

विज्ञान के कारण पहले कंप्यूटर का जन्म हुआ और फिर कंप्यूटर से इंटरनेट का। इंटरनेट न केवल मानव के लिए अति उपयोगी सिद्ध हुआ है, बल्कि संचार में गति एवं विविधता के माध्यम से इसने दुनिया को पूर्ण रूप से बदलकर रख दिया है। इंटरनेट ने भौगोलिक सीमाओं को समेट दिया है। भारत में इंटरनेट सेवा की शुरुआत बीएसएनएल ने वर्ष 1995 में की थी। अब एयरटेल, जियो आदि जैसी दूरसंचार कंपनियाँ भी इंटरनेट सेवा उपलब्ध कराती हैं। पूरे विश्व में इंटरनेट से जुड़ने वाले लोगों की संख्या में तेजी से वृद्धि हो रही है।

कंप्यूटर नेटवर्क का आविष्कार सूचनाओं को साझा करने के उद्देश्य से किया गया था। पहले इसके माध्यम से किसी भी प्रकार की सूचना को साझा करना संभव नहीं था, किंतु अब सूचना प्रौद्योगिकी के युग में दस्तावेजों एवं ध्वनि के साथ-साथ वीडियो का आदान-प्रदान करना भी संभव हो गया है। विदेश जाने के लिए हवाई जहाज का टिकट बुक कराना, किसी पर्यटन स्थल पर स्थित होटल का कोई कमरा बुक कराना, किसी किताब का ऑर्डर देना, अपने व्यापार को बढ़ाने के लिए विज्ञापन देना, अपने मित्रों से ऑनलाइन चैटिंग करना, डॉक्टरों से स्वास्थ्य संबंधी सलाह लेना या वकीलों से कानूनी सलाह लेना आदि सभी सुविधाएँ इंटरनेट पर उपलब्ध हैं। इंटरनेट के माध्यम से ऑनलाइन शिक्षा का प्रचलन भी बढ़ा है। इसके द्वारा शिक्षक घर बैठे इंटरनेट के माध्यम से देश के किसी भी कोने में बैठे विद्यार्थियों को पढ़ा सकते हैं। इससे शिक्षक और विद्यार्थी अपने अनुकूल समय का चुनाव कर इंटरनेट के द्वारा एक-दूसरे से जुड़ जाते हैं। वर्तमान समय में इंटरनेट शिक्षा की माँग बढ़ती जा रही है।

इंटरनेट के कई लाभ हैं, तो इसकी कई हानियाँ भी हैं। इसके माध्यम से मनुष्य तक अश्लील सामग्री की पहुँच आसान हो गई है। कई लोग इंटरनेट का दुरुपयोग अश्लील साइटों को देखने और सूचनाओं को चुराने में करते हैं। अतः इंटरनेट का प्रयोग करते समय आवश्यक सावधानी बरतनी चाहिए।

8. *(क)* कहानी में द्वंद्व के तत्त्व का होना आवश्यक है। द्वंद्व कथानक को आगे बढ़ाता है तथा कहानी में रोचकता बनाए रखता है। द्वंद्व दो विरोधी तत्त्वों का टकराव या किसी की खोज में आने वाली बाधाओं या अंतर्द्वंद्व के कारण पैदा होता है। कहानी की यह शर्त है कि वह नाटकीय ढंग से अपने उद्देश्य को पूर्ण करते हुए समाप्त हो जाए, यह द्वंद्व के कारण ही पूर्ण होता है। कहानीकार अपने कथानक में द्वंद्व के बिंदुओं को जितना स्पष्ट रखेगा कहानी भी उतनी ही सफलता से आगे बढ़ेगी। अतः स्पष्ट है कि कहानी में द्वंद्व का अत्यधिक महत्त्व है।

अथवा

नाटक साहित्य की वह सर्वोत्तम विधा है, जिसे पढ़ने, सुनने के साथ-साथ देखा भी जा सकता है। नाटक लिखित रूप में एक आयामी होता है। मंचन के पश्चात् ही उसमें संपूर्णता आती है। नाटक शब्द की उत्पत्ति 'नट्' धातु से मानी जाती है। 'नट्' शब्द का अर्थ अभिनय है, जो अभिनेता से जुड़ा हुआ है। इसे 'रूपक' भी कहा जाता है। भारतीय परंपरा में नाटक को दृश्य काव्य की संज्ञा दी गई है।

(ख) नए तथा अप्रत्याशित विषयों पर लेखन व्यक्ति की मौलिक अभिव्यक्ति है। वह व्यक्ति की रचनात्मकता को व्यक्त करती है। अकस्मात सामने आए हुए विषय के बारे में मस्तिष्क में विचार आना तथा भाषा के माध्यम से उन विचारों को अभिव्यक्त करना ही रचनात्मकता है। इसमें व्यक्ति आत्मनिर्भर होकर लिखता है। किसी अन्य व्यक्ति के विचारों की नकल करके नए विषयों पर लेख नहीं लिखा जा सकता। परंपरागत विषयों पर लेखन करते समय यह तो संभव है कि व्यक्ति दूसरे के विचारों की नकल कर ले, परंतु नए विषयों पर लेखन करते समय यह संभव नहीं है। अतः नए विषयों पर लेखन करना व्यक्ति की स्वयं की रचनात्मकता है।

अथवा

अखबारों के लिए समाचारों के अतिरिक्त खेल, अर्थ-व्यापार, सिनेमा या मनोरंजन आदि विभिन्न क्षेत्रों और विषयों से संबंधित घटनाओं, समस्याओं आदि का लेखन विशेष लेखन कहलाता है। इस प्रकार के लेखन की भाषा-शैली समाचारों की भाषा-शैली से अलग होती है।

विशेष लेखन किसी विशेष विषय पर या जटिल एवं तकनीकी क्षेत्र से जुड़े विषयों पर किया जाता है, जिसकी अपनी विशेष शब्दावली होती है। इस शब्दावली से संवाददाता को अवश्य परिचित होना चाहिए। उसे इस तरह लेखन करना चाहिए कि रिपोर्ट को समझने में कोई परेशानी न हो। उदाहरण के लिए, व्यापार से संबंधित कुछ शब्द हैं; जैसे– तेजड़िए, मंदड़िए, बिकवाली, मुद्रास्फीति, चाँदी लुढ़की, सोने में भारी उछाल आदि।

9. *(क)* **विज्ञापनों की लुभावनी दुनिया**

आज विज्ञापनों का बोलबाला है। हर बिजनेसमैन अपने उत्पाद को विज्ञापनों के लुभावने आवरण में पैक कर ऊँचे दामों पर बेचने की कला में निपुण हो चला है। जिधर देखो विभिन्न उत्पादों का प्रचार-प्रसार करते रंग-बिरंगे विज्ञापन दिखाई पड़ते हैं। अख़बार, टी.वी., रेडियो, पत्रिकाएँ, दीवार, गलियाँ, बाज़ार सब विज्ञापनों से भरे पड़े हैं। विज्ञापनों को नित्य आकर्षक बनाने के लिए होड़ लगी रहती है। बड़े-बड़े कलाकार भी अच्छे धन और प्रचार के लालच में घरेलू प्रयोग की वस्तुओं के विज्ञापन करते दिखाई पड़ते हैं। गोरा बनाने वाली क्रीमों, बाल घने, लंबे और मज़बूत करने के लिए शैंपू, बर्तन-कपड़े जल्दी धोने-चमकाने के लिए विभिन्न सर्फ-साबुन आदि के अनेक विज्ञापन हैं और उन्हें इतना लुभावना बनाकर प्रस्तुत किया जाता है कि ग्राहक असमंजस में पड़ जाता है कि क्या खरीदें और क्या न खरीदें? परंतु जब वह विज्ञापनों में दिखाए गए उत्पाद को खरीदकर लाता है, तो कई बार परिणाम उसकी अपेक्षा के विपरीत होता है। दर्शकों और उपभोक्ताओं को सावधान रहने की आवश्यकता है। वे इन लुभावने विज्ञापनों के मायाजाल में न फँसें। जिन वस्तुओं का वे प्रयोग कर रहे हैं, उनकी गुणवत्ता के विषय में अच्छे से जाँच कर लें तथा स्वयं भी और अपने परिवार को भी इस भ्रमजाल से निकालें।

(ख) समाचार के परिप्रेक्ष्य से तात्पर्य समाज, व्यक्ति, देश और विभिन्न प्रकार के संदर्भों से है, जिनका संबंध समकालीन काल में उसके महत्त्व से होता है। लोग सामान्यतः अनेक काम को मिल-जुलकर करते हैं। सुख-दुःख की घड़ी में वे एकसाथ होते हैं। मेलों और उत्सवों में वे साथ होते हैं। दुर्घटनाओं और विपदाओं के समय में भी वे साथ होते हैं। इन सब घटनाओं को हम समाचार के परिप्रेक्ष्य में देख सकते हैं। देश की संपूर्ण विविधताओं और चिंताओं के बावजूद किसी घटना का अपना एक समाचारीय महत्त्व होता है, जिसे अनेक कारक प्रभावित करते हैं। किसी घटना को एक समाचार का रूप प्रदान करने के लिए इसका समय पर समाचार कक्ष में पहुँचना आवश्यक होता है। सामान्यतः हम कह सकते हैं कि समाचार का समयानुकूल होना समाचार का परिप्रेक्ष्य है।

(ग) आर्थिक मामलों की पत्रकारिता सामान्य पत्रकारिता की अपेक्षा काफी जटिल होती है। जनसाधारण को इस क्षेत्र की शब्दावली का ज्ञान व उसका अभिप्राय ज्ञात नहीं होता।

आर्थिक पत्रकार के सामने सबसे बड़ी चुनौती यह होती है कि वह कैसे सामान्य पाठक तथा विषय के विशेषज्ञ पाठक को भली-भाँति संतुष्ट करें। किसी भी लेखन को विशिष्टता प्रदान करने के लिए सबसे महत्त्वपूर्ण है कि संवाददाता की बात पाठक श्रोता तक अपने वास्तविक अर्थ के साथ पहुँच रही है या नहीं तथा तथ्यों में तालमेल है या नहीं। एक आर्थिक पत्रकार को दोनों तरह के पाठकों की आवश्यकताओं को पूरा करना पड़ता है। अतः ध्यान रखा जाना चाहिए कि किस वर्ग के पाठक के लिए लिखा जा रहा है।

10. *(क)* टेलीविज़न के चैनल अपनी लोकप्रियता बढ़ाने के लिए तथाकथित सामाजिक सरोकार से संबंधित कार्यक्रम दिखाते हैं। कविता में ऐसे ही एक कार्यक्रम के दौरान अपाहिज व्यक्ति का साक्षात्कार लेने की प्रक्रिया को सामने रखा गया है। इस साक्षात्कार का मूल उद्देश्य सामाजिक कल्याण अथवा लोगों में करुणा की भावना जगाना कदापि नहीं है, बल्कि एक ऐसी प्रक्रिया तक साक्षात्कार को ले जाना है, जहाँ दर्शकों की भरपूर संवेदना प्राप्त कर चैनल की लोकप्रियता शिखर तक पहुँचाई जा सके।

(ख) 'उषा' कविता की रचना नई कविता के विशिष्ट कवि शमशेर बहादुर सिंह ने की है। उषा का सौंदर्य मोहक व आकर्षक होता है। इस समय की प्रकृति अपने रूपाकार को पल-पल परिवर्तित करती है, जिसे कवि ने अत्यंत आकर्षक तथा सजीव रूप में चित्रित किया है। उषाकाल का आकाश पवित्र, निर्मल तथा उज्ज्वल प्रतीत होता है।

यह समय सृष्टि की नवगति का संदेशवाहक है। कवि का बिंब तथा प्रतीकों के माध्यम से उषाकाल के प्राकृतिक सौंदर्य में परिवर्तन को रोचकता के साथ दर्शाना महत्त्वपूर्ण है। इस कविता में प्रकृति के साथ मानवीय चेतना को एकाकार किया गया है।

(ग) फ़िराक की रुबाइयों में घरेलू जीवन के अत्यंत सुन्दर चित्र उपस्थित हैं। इनमें चाँद का टुकड़ा, गोदभरी व बच्चे को हवा में झुलाती माँ, स्नान-जल, कंघी, वस्त्र, चीनी (शक्कर) के बने खिलौने, पुते-सजे घर, लावे, घरौंदे, दीये, दर्पण, बादल, बिजली, राखी जैसे दृश्य बिंबों की अधिकता है, जबकि आवश्यकता पड़ने पर खिलखिलाते बच्चे की हँसी जैसे श्रव्य बिंब का भी प्रयोग बड़ी सहजता के साथ किया गया है। ये सारे बिंब बड़े सार्थक और जीवंत बनकर कविता में उभरे हैं।

11. *(क)* लक्ष्मण के वियोग का संभावित दुःख प्रकट करते हुए राम कहते हैं कि हे भाई! मेरा हृदय अत्यंत कठोर एवं निष्ठुर है, जो तुम्हारी मृत्यु का शोक और अपने भाई के प्राणों की बलि लेने का अपयश, दोनों ही सहन करेगा। मैं वापस लौटकर अयोध्या जाने पर तुम्हारी माता को क्या उत्तर दूँगा, यह तुम उठकर मुझे क्यों नहीं समझाते।

(ख) पतंग बच्चों के सपनों, उनके अरमानों एवं आकांक्षाओं का प्रतीक है। जिस प्रकार पतंग उन्मुक्त आकाश में स्वच्छंद रूप से उड़ती हुई आगे बढ़ती जाती है, उसी प्रकार बच्चे भी स्वयं उड़ना चाहते हैं। उनकी आकांक्षाएँ, उनके सपने भी ऊँचाइयों को स्पर्श करते हैं। वे छतों पर उन्मुक्त रूप से दौड़ते हैं, परंतु उनकी नजरें आसमान में उड़ती हुई पतंगों पर होती हैं। उन्हें लगता है कि वे भी पतंगों के साथ-साथ उड़ रहे हों। वास्तव में, आकाश में उड़ती हुई पतंगें बच्चों के कोमल मन और उनकी उमंग भरी इच्छाओं का प्रतीक हैं।

(ग) 'कविता के बहाने' में कवि के अनुसार, कविता बच्चों के खेल की तरह है। जैसे बच्चा खिलौनों से खेलता है, वैसे ही कविता शब्दों से खेलती है। कविता देश-काल की सीमा में बँधकर नहीं रहती। वह तो दुनिया को एक कर देने की चेतना से परिपूर्ण होती है। बच्चों के खेल में भी इसी प्रकार का भाव पाया जाता है।

12. *(क)* लेखक ने शिरीष के वृक्ष को अन्य वृक्षों की तुलना में श्रेष्ठ बताया है। अन्य वृक्ष; जैसे—कनेर व अमलतास आदि ग्रीष्म ऋतु में फलते-फूलते हैं। ये बहुत कम समय तक ही पल्लवित रहते हैं, परंतु शिरीष के फूल बसंत से लेकर आषाढ़ तक खिले रहते हैं। इन पर लू या उमस का प्रभाव नहीं पड़ता। शिरीष का वृक्ष गर्मी, सर्दी में निर्विकार खड़ा रहता है। शिरीष के फल इतने मजबूत होते हैं कि नए फूलों के निकलने के पश्चात् भी वे अपना स्थान नहीं छोड़ते, जब तक कि नए फूल, फल व पत्ते मिलकर उन्हें अपना स्थान छोड़ने पर विवश नहीं कर देते। शिरीष के फल व वृक्ष की दीर्घकालीन स्थिरता के कारण ही कवि ने इसे अन्य वृक्षों से श्रेष्ठ बताया है।

(ख) श्यामनगर के दंगल में जब लुट्टन ने उस क्षेत्र के प्रसिद्ध पहलवान चाँद सिंह को परास्त कर दिया, तब राजा साहब ने उसे सम्मान देते हुए लुट्टन सिंह कहकर पुकारा। इस पर राज-पंडितों ने आपत्ति व्यक्त की, क्योंकि लुट्टन उच्च जाति कुल का सदस्य नहीं था, जिसे क्षत्रियों की उपाधि 'सिंह' उपनाम से पुकारा जाए। मैनेजर साहब, जो स्वयं क्षत्रिय थे, ने तो यहाँ तक कह दिया कि यह तो सरासर अन्याय है। राजा ने यह कहकर उनका प्रतिकार किया कि उसने (लुट्टन ने) क्षत्रिय का काम किया है। अतः उसे सिंह की उपाधि देना उचित है।

(ग) 'बाज़ार दर्शन' निबंध में उपभोक्तावाद और बाज़ारवाद की अंतर्वस्तु को बेहतर ढंग से स्पष्ट किया गया है। बाज़ार में दुकानदार किसी भी प्रकार से अपना सामान अधिक मात्रा में मनचाहे दाम पर बेचना चाहते हैं। वे ग्राहक को तरह-तरह से ललचाते हैं। ग्राहक बाज़ार में अनेक प्रकार की आकर्षक वस्तुएँ देखकर आकृष्ट हो जाता है और आवश्यकता न होने पर भी अनेक वस्तुएँ खरीद लेता है।

लेखक के शब्दों में, ''बाज़ार है कि शैतान का जाल है? ऐसा सजा-सजाकर माल रखते हैं कि बेहया हो, जो न फँसे।'' लेखक बाज़ारवाद को स्पष्ट करते हुए कहता है—''ऊँचे बाज़ार का आमंत्रण मूक होता है और उससे चाह जगती है। चाह मतलब इच्छा और यहाँ इसका अर्थ हुआ अभाव। चौक बाज़ार में खड़े होकर आदमी को लगने लगता है कि स्वयं उसके पास चीज़ें पर्याप्त मात्रा में नहीं हैं, और चाहिए, और चाहिए।''

13. *(क)* पिता अपनी बेटी लछमिन अर्थात् भक्तिन से बहुत प्रेम करते थे, किंतु उसकी सौतेली माँ ईर्ष्यालु स्वभाव की थी। इसी कारण उसे डर था कि कहीं भक्तिन के पिता अपनी सारी संपत्ति बेटी के नाम न कर दें। इसी डर से उसकी सौतेली माँ ने उसे न तो उनकी बीमारी की सूचना भेजी और न ही मृत्यु का संदेशा ही समय पर दिया। उसे अपने पिता की मृत्यु का समाचार मायके आकर ही मिला।

(ख) 'कैसी निर्मम बर्बादी है पानी की' कथन का आशय यह है कि पानी की कमी होने पर भी इंदर सेना के लड़कों की टोली पर बाल्टी भर-भर कर पानी फेंकना पानी की बर्बादी है। जहाँ एक ओर पानी की इतनी कमी है, वहीं लोग बड़ी कठिनाई से इकट्ठा किया हुआ पानी उन लड़कों पर फेंककर बर्बाद कर देते हैं, जबकि यह पानी उन्हें अपने उपयोग के लिए रखना चाहिए। यह मात्र एक अंधविश्वास है कि उन पर पानी फेंकने से इंद्र देव प्रसन्न होकर वर्षा करेंगे।

(ग) जाति-प्रथा के पोषक लोग यह स्वीकार करने को तैयार हैं कि व्यक्ति को जीवन, शरीर तथा संपत्ति की सुरक्षा तथा अधिकार की स्वतंत्रता मिलनी चाहिए, परंतु वे मनुष्य की क्षमता के प्रभावशाली उपयोग की स्वतंत्रता की छूट देने के लिए तैयार नहीं हैं। इसके कारण व्यक्ति विपरीत दशाओं में भी अपना व्यवसाय नहीं बदल सकता। इस कारण लोगों में काम के प्रति अरुचि उत्पन्न हो गई है तथा भारत में जाति-प्रथा काम के प्रति अरुचि उत्पन्न होने का एक मुख्य कारण बन गई।

14. यशोधर बाबू के बड़े बेटे भूषण का वेतन ₹ 1500 प्रतिमाह है। वह अन्य युवकों की तरह जल्दी-से-जल्दी अमीर बनना चाहता है। वह घर में किसी-न-किसी काम के बहाने अपने पैसों की बात बोल ही देता है; जैसे— नया गाउन मैं लाया हूँ या घर में नौकर रख लो, मैं उसका वेतन दे दूँगा इत्यादि। पंत जी चाहते हैं कि उनका बेटा अपना वेतन उन्हें लाकर दे या उनके साथ ज्वाइंट एकाउंट खुलवा लें, परंतु बेटा ऐसा नहीं करता है। वह अपने ढंग से अपना वेतन घर में खर्च कर रहा है। वह घर में सोफा, डनलपवाला डबल बैड, सिंगार मेज, टी.वी., फ्रिज आदि ला रहा है, लेकिन समय-समय पर सभी चीजों पर अपना एकाधिकार भी जता देता है। इसीलिए यशोधर बाबू को लगता है कि उनका बड़ा बेटा भूषण अपने पैसों के बारे में कुछ ज़्यादा ही चर्चा करता है और यह उन्हें अच्छा नहीं लगता।

अथवा

मुअनजो-दड़ो में पानी की निकासी का सुव्यवस्थित प्रबंध बहुत ही प्रशंसनीय है। घरों की नालियों में पक्की ईंटें होती थीं। ढकी हुई नालियाँ मुख्य सड़क के दोनों ओर समांतर दिखाई देती हैं। बस्ती के भीतर भी इनका यही रूप है। प्रत्येक घर में एक स्नानघर है। घरों के भीतर से पानी या मैल की नालियाँ बाहर हौदी तक आती हैं और फिर नालियों के जाल से जुड़ जाती हैं। कहीं-कहीं वे खुली हैं, पर ज़्यादातर बंद हैं।

स्वास्थ्य के प्रति मुअनजो-दड़ो के बाशिंदों के सरोकार का यह बेहतर उदाहरण है। इसलिए वहाँ की जल निकासी व्यवस्था अत्यधिक सुदृढ़ है। वर्तमान समय में भी इसी तकनीक को अपनाया गया है। बड़े-बड़े शहरों और महानगरों में जो सीवर व्यवस्था है, वह किसी रूप में मुअनजो-दड़ो की जल निकासी व्यवस्था से प्रभावित रही होगी। यही कारण है कि जिस प्रकार आज की नालियाँ और सीवर के होल ढके हुए होते हैं उसी प्रकार साफ़-सफ़ाई और स्वास्थ्य की दृष्टि से सभी छोटी-बड़ी नालियाँ ढकी होती थीं। अंततः कहा जा सकता है कि नगर की जल निकासी बेजोड़ तथा अद्भुत थी।

प्रतिदर्श प्रश्न–पत्र 8

हिंदी केंद्रिक कक्षा 12

समय : 3 घंटे पूर्णांक : 80

निर्देश

1. इस प्रश्न-पत्र में खंड 'अ' में वस्तुपरक तथा खंड 'ब' में वर्णनात्मक प्रश्न पूछे गए हैं।
2. खंड 'अ' में 40 वस्तुपरक प्रश्न पूछे गए हैं। सभी 40 प्रश्नों के उत्तर देने हैं।
3. खंड 'ब' में वर्णनात्मक प्रश्न पूछे गए हैं। प्रश्नों के उचित आंतरिक विकल्प दिए गए हैं।
4. दोनों खंडों के प्रश्नों के उत्तर देना अनिवार्य है।
5. यथासंभव दोनों खंडों के प्रश्नों के उत्तर क्रमशः लिखिए।

■ खंड 'अ' (वस्तुपरक प्रश्न)

खंड 'अ' में अपठित बोध, अभिव्यक्ति और माध्यम, पाठ्य–पुस्तक आरोह भाग–2 व पूरक पाठ्य पुस्तक वितान भाग–2 से संबंधित बहुविकल्पीय प्रश्न पूछे गए हैं। जिनमें प्रत्येक प्रश्न के लिए 1 अंक निर्धारित है।

अपठित बोध

1. *निम्नलिखित गद्यांश को ध्यानपूर्वक पढ़कर दिए गए प्रश्नों के सर्वाधिक उपयुक्त उत्तर वाले विकल्प को चुनकर लिखिए।* (1×10 = 10)

ईश्वर सच्चिदानंद स्वरूप है तथा उसकी सर्वोत्कृष्ट रचना है—मानव। कण-कण में व्याप्त होने के साथ ही वह सर्वाधिक निकट हमारे अंदर स्थित है, फिर भी मानव हताश, निराश, दु:खी तथा अशांत है। इसका कारण है—ईश्वरीय ज्ञान का अभाव। प्रश्न है उसे कैसे जाना जाए? ईश्वर से मिलन का सीधा-सरल तरीका है—ध्यान। ध्यान है देखना, पर इन बाहरी आँखों से नहीं, अंतर्दृष्टि से देखना। ध्यान के द्वारा मन को एकाग्र कर प्राण में, आत्मा में स्थिर किया जाता है। जैसे सूर्य की बिखरी किरणों को सूक्ष्मदर्शी यंत्र द्वारा एक बिंदु पर केंद्रित करने से अग्नि उत्पन्न होती है, वैसे ही ध्यान द्वारा चित्त की वृत्तियों के घनीभूत होने पर चैतन्य शक्ति का दिव्य प्रकाश, अमृतरस तथा अनहद संगीत के रूप में प्रकटीकरण होता है, जिसे आत्म–साक्षात्कार कहते हैं। ध्यान आत्मा का भोजन तथा मुक्ति का मार्ग है, जिससे परम तत्त्व परमात्मा के रहस्यों का उद्‌घाटन अंतरात्मा में होता है।

ध्यान सभी धर्मों का सार तथा सभी संतों एवं महापुरुषों द्वारा अपनाया गया मार्ग है। ध्यान के महत्त्व को समझे तथा किए बिना कोई भी व्यक्ति धार्मिक तथा अध्यात्मवादी नहीं हो सकता, क्योंकि ध्यान से चित्त का रूपांतरण होता है। पारलौकिक के साथ-साथ लौकिक रूप से भी ध्यान मानवोपयोगी है। मन के विकार शारीरिक व्याधियों के मूल हैं। इस साधना से श्वासों की गति नियमित होती है, जिससे व्याधिकारक चंचल मन शांत होता है और अनेक प्रकार की व्याधियों का शमन होता है।

ध्यान से मस्तिष्क की क्रियाशीलता बढ़ती है, बुद्धि कुशाग्र होती है तथा समय-समय पर आने वाले प्रश्नों की समस्याओं का समाधान आंतरिक शक्ति से होता है। साधना से निष्क्रिय दायाँ मस्तिष्क सक्रिय हो जाता है तथा मस्तिष्क की कार्यकुशलता और

शक्ति दस गुना बढ़ जाती है। ध्यान परमानंद का झरना है। इस प्रक्रिया में आनंद की रिमझिम वर्षा होती है, क्योंकि साधक के ध्यानस्थ होने पर मस्तिष्क में तरंगें उत्पन्न होती हैं, जो शांति तथा आनंद का कारण होती हैं, किंतु इस हेतु मन का शांत होना आवश्यक है। प्रसन्नता की प्राप्ति हेतु आनंद केंद्र पर ध्यान कर उसे जाग्रत किया जाता है, जिससे व्यक्ति कठिन-से-कठिन परिस्थिति में भी खिन्न व विचलित नहीं होता तथा सदैव प्रसन्न व तनावमुक्त जीवन व्यतीत करता है। ध्यान की प्रक्रिया सरल है, किंतु आवश्यकता है इसे जानने की। तत्त्वदृष्टा सद्गुरु से इसको जानकर इसका नित्य प्रति अभ्यास करना चाहिए। यह साधना शारीरिक, मानसिक एवं बौद्धिक विकारों को दूर कर सुख, समृद्धि, दीर्घायु तथा आनंद प्रदायक है। स्वयं के अतिरिक्त परिवार एवं विश्व में शांति व मंगल-भावना हेतु भी साधना आवश्यक है।

(क) गद्यांश के अनुसार शारीरिक व्याधियों का मूल किसे कहा गया है? (1)

(i) ध्यान को *(ii)* मन की शांति को
(iii) मन के विकार को *(iv)* चंचल मन को

(ख) कण-कण में ईश्वर व्याप्त है फिर भी मानव हताश, निराश और दुःखी क्यों रहता है? (1)

(i) स्वयं के कर्मों के कारण *(ii)* ईश्वर का ज्ञान न होने के कारण
(iii) बुद्धि के अभाव के कारण *(iv)* दूसरों के सुख के कारण

(ग) 'घनीभूत' शब्द का तात्पर्य है (1)

(i) प्रगाढ़ *(ii)* सघन *(iii)* केंद्रीभूत *(iv)* गहरा

(घ) गद्यांश के अनुसार आत्म साक्षात्कार से क्या तात्पर्य है? (1)

(i) स्वयं से परिचित होना *(ii)* स्वयं को तनावमुक्त रखना
(iii) हृदय में अंतर्द्वंद्व चलना *(iv)* ईश्वर प्राप्ति के लिए प्रेरित होना

(ङ) ध्यान करने से मनुष्य को क्या लाभ होता है? (1)

(i) बुद्धि कुशाग्र होती है *(ii)* मस्तिष्क की क्रियाशीलता बढ़ती है
(iii) समस्याओं का समाधान करने की आंतरिक शक्ति बढ़ती है *(iv)* ये सभी

(च) निम्नलिखित कथनों पर विचार कीजिए (1)

1. ध्यान के द्वारा मनुष्य को परमानंद की प्राप्ति होती है।
2. शांत मन से ही ध्यानस्थ होने पर साधक को आनंद की अनुभूति होती है।
3. ध्यान की प्रक्रिया बहुत क्लिष्ट है। इसे तत्त्वदृष्टा गुरु के माध्यम से ही जाना जा सकता है।

उपरोक्त कथनों में से कौन-सा/से कथन सही है/हैं?

(i) केवल 1 *(ii)* केवल 3 *(iii)* 1 और 2 *(iv)* 2 और 3

(छ) 'ध्यान परमानंद का झरना है।' लेखक इससे सिद्ध करना चाहते हैं कि (1)

(i) ध्यान लगाने से आनंद का झरना प्रवाहित होता है *(ii)* ध्यान लगाने से मस्तिष्क में तरंगें उत्पन्न होती हैं
(iii) ध्यान लगाने से शांति व आनंद की प्राप्ति होती है *(iv)* ध्यान लगाने से समस्याओं का समाधान स्वतः हो जाता है

(ज) निम्नलिखित कथन और कारण को ध्यानपूर्वक पढ़िए और सही विकल्प चुनकर लिखिए। (1)

कथन (A) ध्यान सभी संतों एवं महापुरुषों द्वारा अपनाया गया मार्ग है।
कारण (R) ध्यान से श्वासों की गति नियमित होती है तथा चंचल मन शांत होता है।

कूट

(i) कथन (A) और कारण (R) दोनों सही हैं तथा कारण (R) कथन (A) की सही व्याख्या करता है
(ii) कथन (A) गलत है, किंतु कारण (R) सही है
(iii) कथन (A) तथा कारण (R) दोनों गलत हैं
(iv) कथन (A) और कारण (R) दोनों सही हैं, लेकिन कारण (R) कथन (A) की सही व्याख्या नहीं करता है

(झ) ध्यान के महत्त्व को समझे बिना या किए बिना कोई भी व्यक्ति धार्मिक तथा अध्यात्मवादी क्यों नहीं हो सकता? (1)

(i) क्योंकि संतों द्वारा इसे अपनाया गया है *(ii)* क्योंकि ध्यान से चित्त का रूपांतरण होता है
(iii) क्योंकि ध्यान से व्यक्ति स्वार्थी होता है *(iv)* क्योंकि ध्यान सभी कष्टों का निवारण है

(ञ) प्रस्तुत गद्यांश किस विषयवस्तु पर आधारित है? (1)

(i) मन की शांति पर *(ii)* ध्यान के महत्त्व पर
(iii) आनंद प्राप्ति के साधन पर *(iv)* मस्तिष्क के विकास पर

2. *दिए गए पद्यांश पर आधारित प्रश्नों को ध्यानपूर्वक पढ़कर दिए गए प्रश्नों के सर्वाधिक उपयुक्त उत्तर वाले विकल्प को चुनकर लिखिए।* (1×5 = 5)

इन लहरों के टकराने पर, आता रह-रह कर प्यार मुझे।।
मैं हूँ अपने मन का राजा, इस पार रहूँ, उस पार चलूँ
मैं मस्त खिलाड़ी हूँ ऐसा जी चाहे जीतूँ, हार चलूँ।
मैं हूँ अबाध, अविराम अथक, बंधन मुझको स्वीकार नहीं।
मैं नहीं अरे ऐसा राही, जो बेबस-सा मन मार चलूँ।।
कब रोक सकी मुझको चितवन, मदमाते कजरारे घन की,
कब लुभा सकी मुझको बरबस, मधु-मस्त फुहारें सावन की।
जो मचल उठें अनजाने ही अरमान नहीं मेरे ऐसे—
राहों को समझा लेता हूँ सब बात सदा अपने मन की
इन उठती-गिरती लहरों का कर लेने दो शृंगार मुझे,
इन लहरों के टकराने पर आता रह-रह कर प्यार मुझे।।

(क) कवि को कौन नहीं रोक पाया? (1)
(i) हार के बदले मिली निराशा
(ii) किसी सुंदर प्रेयसी का आकर्षण
(iii) किसी का दु:ख
(iv) जीवन की बाधाएँ

(ख) इस पद्यांश से हमें क्या सीख मिलती है? (1)
(i) निर्भीक और स्वाभिमानी रहने की
(ii) हठी व सबल बनने की
(iii) निर्मम व क्रूर बनने की
(iv) नि:स्वार्थी व दृढ़ निश्चयी बनने की

(ग) निम्नलिखित कथनों पर विचार कीजिए (1)
1. कवि स्वतंत्रता का पुजारी है।
2. कवि को किसी प्रकार का बंधन स्वीकार नहीं है।
3. कवि सावन की फुहाररूपी प्रेयसी का शृंगार करना चाहता है।
उपरोक्त कथनों में से कौन-सा/से कथन सही है/हैं?
(i) केवल 1
(ii) केवल 2
(iii) 1 और 2
(iv) 1 और 3

(घ) 'कब लुभा सकी मुझको बरबस' में 'बरबस' शब्द का अर्थ है (1)
(i) निरर्थक
(ii) लाचार
(iii) व्यर्थ
(iv) बलपूर्वक

(ङ) कॉलम 1 को कॉलम 2 से सुमेलित कीजिए (1)

	कॉलम 1		कॉलम 2
A.	जीवन पथ पर चलते हुए	1.	कहीं भी रहने के लिए स्वतंत्र
B.	अपने मन का राजा	2.	किसी भी प्रकार का बंधन
C.	कवि को स्वीकार नहीं	3.	भयभीत न होने

कूट

	A	B	C
(i)	2	3	1
(ii)	1	3	2
(iii)	3	1	2
(iv)	1	2	3

अभिव्यक्ति और माध्यम

3. *निम्नलिखित प्रश्नों को ध्यानपूर्वक पढ़कर सर्वाधिक उपयुक्त उत्तर वाले विकल्प को चुनकर लिखिए।* (1×5 = 5)

(क) किसी घटना की सूचना देने और उसके दृश्य दिखाने के साथ प्रत्यक्षदर्शियों के कथन दिखा-सुनाकर समाचार को प्रामाणिकता के साथ प्रस्तुत करना क्या कहलाता है? (1)
(i) न्यूज रिपोर्टिंग (ii) एंकर बाइट (iii) बीट्स (iv) क्लॉस न्यूज

(ख) किसी बड़ी खबर को कम-से-कम शब्दों में दर्शकों तक तत्काल पहुँचाना क्या कहलाता है? (1)
(i) ड्राई एंकर
(ii) फ़ोन-इन
(iii) ब्रेकिंग न्यूज
(iv) लाइव

(ग) भारत में कौन-सा समाचार-पत्र इंटरनेट पर उपलब्ध है? (1)

(i) हिंदुस्तान टाइम्स *(ii)* हिंदू *(iii)* टाइम्स ऑफ इंडिया *(iv)* ये सभी

(घ) निम्न में से कौन-सा विशेष लेखन का क्षेत्र नहीं है? (1)

(i) अर्थ व्यापार *(ii)* खेल

(iii) आम व साधारण व्यक्ति *(iv)* फिल्म-मनोरंजन

(ङ) सूची I को सूची II से सुमेलित कीजिए (1)

सूची I	सूची II
A. हिंदी की सर्वश्रेष्ठ साइट	1. टेलीविजन
B. भारत की पहली साइट	2. एच टी एम एल
C. नई वेब भाषा	3. रीडिफ़
D. नेट साउंड	4. बी बी सी

कूट

	A	B	C	D
(i)	4	3	2	1
(ii)	2	3	4	1
(iii)	3	4	1	2
(iv)	1	4	2	3

पाठ्य-पुस्तक आरोह भाग 2

4. *निम्नलिखित पद्यांश के प्रश्नों को ध्यानपूर्वक पढ़कर सर्वाधिक उपयुक्त उत्तर वाले विकल्प को चुनकर लिखिए।* (1×5 = 5)

सोचिए
बताइए
आपको अपाहिज होकर कैसा लगता है
कैसा
यानी कैसा लगता है
(हम खुद इशारे से बताएँगे कि क्या ऐसा?)
सोचिए
बताइए
थोड़ी कोशिश करिए
(यह अवसर खो देंगे?)
आप जानते हैं कि कार्यक्रम रोचक बनाने के वास्ते
हम पूछ-पूछकर उसको रुला देंगे
इंतजार करते हैं आप भी उसके रो पड़ने का
करते हैं?
(यह प्रश्न पूछा नहीं जाएगा)

(क) अपाहिज व्यक्ति को बार-बार अपना दुःख बताने के लिए मजबूर करने के पीछे दूरदर्शन वालों का क्या उद्देश्य हो सकता है? (1)

(i) अपाहिज के प्रति संवेदनशीलता होना *(ii)* अपाहिज की स्थिति में सुधार हेतु प्रयास करना

(iii) अपने कार्यक्रम को व्यावसायिक रूप से सफल बनाना *(iv)* ये सभी

(ख) किसी के दुःख का प्रदर्शन करके कार्यक्रम को रोचक बनाना क्या है? (1)

(i) समय की माँग *(ii)* मानवता के विरुद्ध

(iii) अनिंदनीय कार्य *(iv)* दुःख की अभिव्यक्ति

(ग) 'हम पूछ-पूछकर रुला देंगे' पंक्ति में कौन-सा भाव निहित है? (1)

(i) क्रूरता का *(ii)* सामाजिक न्याय का

(iii) मानवीय करुणा का *(iv)* दुःख एवं संवेदनशीलता का

(घ) निम्नलिखित कथन और कारण को ध्यानपूर्वक पढ़िए और सही विकल्प चुनकर लिखिए। (1)

कथन (A) दूरदर्शन पर दर्शक उस अपंग व्यक्ति के रोने का इंतजार करते हैं।

कारण (R) दर्शक भी दूरदर्शन पर अपंग व्यक्ति के दुःख-दर्द को उसके मुख से सुनना चाहते हैं।

कूट

(i) कथन (A) सही है, परंतु कारण (R) गलत है

(ii) कथन (A) गलत है, परंतु कारण (R) सही है

(iii) कथन (A) और कारण (R) दोनों सही हैं, लेकिन कारण (R) कथन (A) की सही व्याख्या नहीं करता है

(iv) कथन (A) और कारण (R) दोनों सही हैं तथा कारण (R) कथन (A) की सही व्याख्या करता है

(ङ) अलंकार की दृष्टि से कौन-सा विकल्प सही है? (1)

(i) अपाहिज होकर—उत्प्रेक्षा अलंकार
(ii) कैसा लगता है—पुनरुक्ति अलंकार
(iii) रोचक बनाने के वास्ते—उपमा अलंकार
(iv) पूछ-पूछकर—अनुप्रास अलंकार

5. *निम्नलिखित गद्यांश के प्रश्नों को ध्यानपूर्वक पढ़कर उपयुक्त उत्तर वाले विकल्प को चुनकर लिखिए।* (1×5 = 5)

जाति-प्रथा पेशे का दोषपूर्ण पूर्व निर्धारण ही नहीं करती, बल्कि मनुष्य को जीवनभर के लिए एक पेशे से बाँध भी देती है। भले ही पेशा अनुपयुक्त या अपर्याप्त होने के कारण वह भूखा मर जाए। आधुनिक युग में यह स्थिति प्राय: आती है, क्योंकि उद्योग-धंधों की प्रक्रिया व तकनीक में निरंतर विकास और कभी-कभी अकस्मात् परिवर्तन हो जाता है, जिसके कारण मनुष्य को अपना पेशा बदलने की आवश्यकता पड़ सकती है और यदि प्रतिकूल परिस्थितियों में भी मनुष्य को अपना पेशा बदलने की स्वतंत्रता न हो, तो इसके लिए भूखा मरने के अतिरिक्त क्या चारा रह जाता है? हिंदू धर्म की जाति-प्रथा किसी भी व्यक्ति को ऐसा पेशा चुनने की अनुमति नहीं देती है, जो उसका पैतृक पेशा न हो, भले ही वह उसमें पारंगत हो। इस प्रकार, पेशा परिवर्तन की अनुमति न देकर जाति-प्रथा भारत में बेरोज़गारी का एक प्रमुख व प्रत्यक्ष कारण बनी हुई है।

(क) गद्यांश के अनुसार जाति-प्रथा में लेखक ने क्या दोष देखा है? (1)

(i) जाति-प्रथा जन्म से ही पेशा तय कर देती है
(ii) जीवनभर मनुष्य को एक पेशे में बाँध देती है
(iii) पेशा अनुपयुक्त या अपर्याप्त होने पर मनुष्य को भूखा मरना पड़ता है
(iv) उपरोक्त सभी

(ख) मनुष्य को अपना पेशा बदलने की आवश्यकता किस कारण पड़ती है? (1)

(i) उद्योग-धंधों की प्रक्रिया व तकनीक में निरंतर विकास के कारण
(ii) स्वयं को उच्च वर्ग में सम्मिलित करने के कारण
(iii) निम्न वर्ग को घृणा की दृष्टि से देखे जाने के कारण
(iv) प्रतिकूल परिस्थितियों के कारण

(ग) निम्नलिखित कथन और कारण को ध्यानपूर्वक पढ़िए और सही विकल्प चुनकर लिखिए। (1)

कथन (A) जाति-प्रथा बेरोजगारी का प्रत्यक्ष व प्रमुख कारण है।

कारण (R) जाति-प्रथा प्रतिकूल परिस्थितियों में भी व्यक्ति को पेशा बदलने की अनुमति नहीं देती।

कूट

(i) कथन (A) और कारण (R) दोनों सही हैं तथा कारण (R) कथन (A) की सही व्याख्या करता है
(ii) कथन (A) गलत है, किंतु कारण (R) सही है
(iii) कथन (A) तथा कारण (R) दोनों गलत हैं
(iv) कथन (A) और कारण (R) दोनों सही हैं, लेकिन कारण (R) कथन (A) की सही व्याख्या नहीं करता है

(घ) कॉलम 1 को कॉलम 2 से सुमेलित कीजिए (1)

	कॉलम 1		कॉलम 2
A.	जाति प्रथा की जटिल प्रक्रिया के तहत	1.	वह कार्य जीवनपर्यंत करना
B.	जिस जाति में जन्मे	2.	पेशा बदलने की छूट नहीं देती
C.	जाति प्रथा	3.	व्यक्ति का आधारभूत जीवन और कठिन हो गया

कूट

	A	B	C
(i)	2	3	1
(ii)	3	1	2
(iii)	1	2	3
(iv)	3	2	1

(ङ) निम्नलिखित कथनों पर विचार कीजिए (1)

1. जीवन-यापन न कर पाने की स्थिति में भी व्यक्ति जाति-प्रथा के कारण अपना व्यवसाय नहीं बदल सकता।
2. आधुनिक युग में जाति-प्रथा की सीमा में रहते हुए भी अपना मनचाहा पेशा अपना सकता है।
3. हिंदू धर्म की जाति-प्रथा में व्यक्ति को अपना पैतृक व्यवसाय ही करना आवश्यक है।

उपरोक्त कथनों में से कौन-सा/से कथन सही है/हैं?

(i) केवल 1
(ii) केवल 3
(iii) 1 और 2
(iv) 1 और 3

पूरक पाठ्य-पुस्तक वितान भाग 2

6. *निम्नलिखित प्रश्नों को ध्यानपूर्वक पढ़कर सर्वाधिक उपयुक्त उत्तर वाले विकल्प को चुनकर लिखिए।* (1×10 = 10)

(क) 'सिल्वर वैडिंग' कहानी में यशोधर बाबू के जीवन में किशनदा का महत्त्व किस रूप में है? (1)

(i) वे उन्हें अपना भाई मानते थे
(ii) वे उन्हें अपना गुरु मानते थे
(iii) वे उन्हें अपना सेवक मानते थे
(iv) वे उन्हें अपना बेटा मानते थे

(ख) यशोधर बाबू अपने बच्चों से क्या अपेक्षा रखते हैं? 'सिल्वर वैडिंग' कहानी के आधार पर सटीक विकल्प चुनिए। (1)

(i) उनके बच्चे अब घर की सभी जिम्मेदारियों का भार अपने ऊपर ले लें
(ii) उनके बच्चे रूढ़िवादी परंपराओं का पालन करें
(iii) उनके बच्चे पार्टी वगैरह न किया करें
(iv) उनके बच्चे आधुनिक विचारों को न अपनाएँ

(ग) यशोधर बाबू की पत्नी किस कारण उनसे विपरीत सोच रखती हैं? (1)

(i) घर से बाहर निकलकर नौकरी करने के कारण
(ii) आधुनिक जीवन मूल्यों को अपनाने के कारण
(iii) अपने पैरों पर खड़े होने के कारण
(iv) स्त्रियों के विषय में अच्छी सोच रखने के कारण

(घ) निम्नलिखित कथन और कारण को ध्यानपूर्वक पढ़िए और सही विकल्प चुनकर लिखिए। (1)

कथन (A) कुछ किसान बाद में गुड़ निकालने को ज्यादा बेहतर समझते थे।
कारण (R) देर तक खड़ी रहने वाली ईख के रस में गुड़ ज्यादा निकलता है।

कूट

(i) कथन (A) सही है, परंतु कारण (R) गलत है
(ii) कथन (A) गलत है, परंतु कारण (R) सही है
(iii) कथन (A) और कारण (R) दोनों सही हैं, लेकिन कारण (R) कथन (A) की सही व्याख्या नहीं करता है
(iv) कथन (A) और कारण (R) दोनों सही हैं तथा कारण (R) कथन (A) की सही व्याख्या करता है

(ङ) 'जूझ' कहानी में आनंदा जब पहले दिन पाठशाला गया, तो उसकी क्या प्रतिक्रिया थी? (1)

(i) उसकी खुशी का ठिकाना न रहा
(ii) वह अत्यंत उदास था
(iii) वह क्रोधित हुआ
(iv) उसने कोई प्रतिक्रिया व्यक्त नहीं की

(च) आनंदा और उसकी माँ ने दत्ता जी राव के पास जाने की क्यों सोची? 'जूझ' कहानी के आधार पर सटीक विकल्प चुनिए। (1)

(i) ताकि दत्ता जी राव उनका लगान माफ करा दें
(ii) ताकि दत्ता जी राव उनकी कुछ आर्थिक सहायता कर सकें
(iii) ताकि वे लेखक को पाठशाला भेजने के लिए दादा को समझाकर राजी कर सकें
(iv) ताकि वे खेती-बाड़ी में कुछ सहायता कर सकें

(छ) सिंधु घाटी सभ्यता की खोज की शुरुआत में वहाँ की खेती के संबंध में क्या समझा जाता था? (1)

(i) इस घाटी के लोग उन्नत किस्म की खेती करते थे
(ii) इस घाटी के लोग अन्न नहीं उगाते थे
(iii) इस घाटी के लोग केवल ज्वार की खेती करते थे
(iv) इस घाटी के लोग खेती में कोई रुचि नहीं रखते थे

(ज) सिंधु घाटी की सभ्यता दूसरी सभ्यताओं से किस प्रकार भिन्न थी? (1)

(i) यह सभ्यता पूर्णतः राजाश्रित सभ्यता थी
(ii) यह सभ्यता साधन संपन्न सभ्यता थी
(iii) इसमें किसी एक का प्रभुत्व नहीं था, बल्कि एकता व समृद्धि से परिपूर्ण सभ्यता थी
(iv) इसमें निम्न वर्ग पर विशेष ध्यान दिया गया, ताकि उनका विकास हो सके

(झ) यशोधर बाबू के परिवार के संबंध में कौन-सा कथन सही नहीं है? (1)

(i) यशोधर बाबू का परिवार आधुनिक विचारों का समर्थक है
(ii) यशोधर बाबू की पत्नी पुरानी परंपराओं को मानती थी
(iii) यशोधर बाबू को आधुनिक लोगों के विचार बिल्कुल पसंद नहीं थे
(iv) यशोधर बाबू का अपने परिवार के साथ मतभेद बना रहता था

(ञ) निम्नलिखित कथनों पर विचार कीजिए (1)

1. सिंधु सभ्यता समाज पोषित संस्था का समर्थन करती थी।
2. सिंधु सभ्यता में राजमहलों, मंदिरों व समाधियों के अनेक अवशेष मिलते हैं।
3. सिंधु सभ्यता के कोई भी भव्य व विशाल मूर्ति उपलब्ध नहीं हुई।
4. सिंधु सभ्यता में समाज में सौंदर्य बोध था, राजनीतिक या धार्मिक आडंबर नहीं।

उपरोक्त कथनों में से कौन-सा/से सही है/हैं?

(i) केवल 1 *(ii)* केवल 3
(iii) 1, 2 और 4 *(iv)* 1, 3 और 4

■ खंड 'ब' (वर्णनात्मक प्रश्न)

खंड 'ब' में जनसंचार और सृजनात्मक लेखन, पाठ्य-पुस्तक आरोह भाग-2 व पूरक पाठ्य-पुस्तक वितान भाग-2 से संबंधित वर्णनात्मक प्रश्न पूछे गए हैं, जिनके निर्धारित अंक प्रश्न के सामने अंकित हैं।

जनसंचार और सृजनात्मक लेखन

7. *निम्नलिखित दिए गए 3 विषयों में से किसी 1 विषय पर लगभग 120 शब्दों में रचनात्मक लेख लिखिए।* (6 × 1 = 6)

(क) रामचरितमानस की प्रासंगिकता (ख) देशप्रेम की भावना सर्वश्रेष्ठ भावना
(ग) सत्संगति का मानव जीवन में महत्त्व

8. *निम्नलिखित प्रश्नों को ध्यानपूर्वक पढ़कर लगभग 40 शब्दों में निर्देशानुसार उत्तर दीजिए।* (2 × 2 = 4)

(क) "कहानी लेखन हेतु पात्र एवं चरित्र-चित्रण अत्यंत महत्त्वपूर्ण तत्त्व हैं।" स्पष्ट कीजिए। (2)

अथवा

रेडियो नाटक एक श्रव्य विधा है। इसकी अवधि सीमित होती है। रेडियो नाटक में समय के अनुसार पात्रों की संख्या कितनी होनी चाहिए?

(ख) अप्रत्याशित विषय का क्या अर्थ है? अप्रत्याशित विषयों पर लेखन से कौन-कौन से लाभ हैं? (2)

अथवा

समाचार लेखन के विभिन्न चरणों में से शीर्षक तथा स्रोत पर प्रकाश डालिए।

9. *निम्नलिखित प्रश्नों को ध्यानपूर्वक पढ़कर दिए गए 3 प्रश्नों में से किन्हीं 2 प्रश्नों के लगभग 60 शब्दों में उत्तर दीजिए।* (3 × 2 = 6)

(क) 'हताशा में आशा की किरण, युवा' विषय पर एक आलेख लिखिए। (3)
(ख) समाचार लेखन के ककार किन्हें कहा जाता है? संक्षेप में बताइए। (3)
(ग) बीट रिपोर्टिंग विशेष लेखन का भाग है। बीट रिपोर्टिंग तथा विशेषीकृत रिपोर्टिंग में क्या अंतर है? स्पष्ट कीजिए। (3)

पाठ्य-पुस्तक आरोह भाग 2

10. *निम्नलिखित प्रश्नों को ध्यानपूर्वक पढ़कर दिए गए 3 प्रश्नों में से किन्हीं 2 प्रश्नों के लगभग 60 शब्दों में उत्तर दीजिए।* (3×2 = 6)

(क) 'आत्मपरिचय' में कवि के कथन "शीतल वाणी में आग लिए फिरता हूँ" का विरोधाभास स्पष्ट कीजिए। (3)
(ख) कवि ने सूर्योदय से पहले आकाश की भंगिमा में आए परिवर्तनों को किस रूप में देखा है? 'उषा' पाठ के आधार पर उत्तर दीजिए। (3)
(ग) कविता के संदर्भ में 'बिना मुरझाए महकने के माने' क्या होते हैं? (3)

11. *निम्नलिखित प्रश्नों को ध्यानपूर्वक पढ़कर दिए गए 3 प्रश्नों में से किन्हीं 2 प्रश्नों के लगभग 40 शब्दों में उत्तर दीजिए।* (2 × 2 = 4)

(क) अपंगता की पीड़ा दर्शाने के लिए दूरदर्शन वाले क्या करते हैं? (2)

(ख) 'पतंग' कविता के माध्यम से कवि ने बाल मनोविज्ञान का चित्रण किया है। कैसे? (2)

(ग) तुलसीदास ने समाज पर अपना क्षोभ किन शब्दों में व्यक्त किया है? (2)

12. *निम्नलिखित प्रश्नों को ध्यानपूर्वक पढ़कर दिए गए 3 प्रश्नों में से किन्हीं 2 प्रश्नों के लगभग 60 शब्दों में उत्तर दीजिए।* (3 × 2 = 6)

(क) 'बाजार दर्शन' पाठ के अनुसार, बाज़ार का जादू चढ़ने और उतरने पर मनुष्य पर क्या-क्या प्रभाव पड़ता है? (3)

(ख) लेखिका को किस घटना के बाद लगा कि भक्तिन उसका साथ नहीं छोड़ना चाहती? 'भक्तिन' पाठ के आधार पर बताइए। (3)

(ग) 'पहलवान की ढोलक' कहानी में दंगल में विजयी होने के पश्चात् लुट्टन सिंह की जीवन-शैली में क्या परिवर्तन आ गया था? (3)

13. *निम्नलिखित प्रश्नों को ध्यानपूर्वक पढ़कर दिए गए 3 प्रश्नों में से किन्हीं 2 प्रश्नों के लगभग 40 शब्दों में उत्तर दीजिए।* (2 × 2 = 4)

(क) भारत की जाति-प्रथा को आधुनिक समाज उचित नहीं मानता, क्यों? स्पष्ट कीजिए। (2)

(ख) "पहले स्वयं दो तब देवता तुम्हें चौगुना-आठ गुना करके लौटाएँगे" वाक्य भारतीय संस्कृति की किस विशेषता का परिचायक है? 'काले मेघा पानी दे' पाठ के आधार पर लिखिए। (2)

(ग) परिवर्तन प्रकृति का नियम है। इस परिवर्तनशील संसार में मनुष्य को समयानुसार परिवर्तन करते रहना चाहिए। इस तथ्य को शिरीष की पुरानी फलियों के माध्यम से कैसे प्रकट किया गया है? (2)

पूरक पाठ्य-पुस्तक वितान भाग 2

14. *निम्नलिखित प्रश्नों को ध्यानपूर्वक पढ़कर दिए गए 2 प्रश्नों में से किसी 1 प्रश्न का लगभग 60 शब्दों में उत्तर दीजिए।* (1 × 4 = 4)

मुअनजो-दड़ो से प्राप्त जानकारी के आधार पर सिंधु सभ्यता की सामाजिक एवं सांस्कृतिक विशेषताओं का वर्णन कीजिए। (4)

अथवा

'सिल्वर वैडिंग' कहानी के आधार पर यशोधर बाबू के मानसिक द्वंद्व की व्यंजक किन्हीं दो घटनाओं का उल्लेख कीजिए।

व्याख्या सहित **उत्तर**

1. *(क) (iii)* मन के विकार को
(ख) (ii) ईश्वर का ज्ञान न होने के कारण
(ग) (iii) केंद्रीभूत
(घ) (i) स्वयं से परिचित होना
(ङ) (iv) ये सभी
(च) (iii) 1 और 2
(छ) (iii) ध्यान लगाने से शांति व आनंद की प्राप्ति होती है
(ज) (i) कथन (A) और कारण (R) दोनों सही है, लेकिन कारण (R) कथन (A) की सही व्याख्या करता है।
(झ) (ii) क्योंकि ध्यान से चित्त का रूपांतरण होता है
(ञ) (ii) ध्यान के महत्त्व पर

2. *(क) (iv)* जीवन की बाधाएँ
(ख) (i) निर्भीक और स्वाभिमानी रहने की
(ग) (iii) 1 और 2
(घ) (iv) बलपूर्वक
(ङ) (iii) 3 1 2

3. *(क) (ii)* एंकर बाइट
(ख) (iii) ब्रेकिंग न्यूज
(ग) (iv) ये सभी
(घ) (iii) आम व साधारण व्यक्ति
(ङ) (i) 4 3 2 1

4. *(क) (iii)* अपने कार्यक्रम को व्यावसायिक रूप से सफल बनाना

(ख) *(ii)* मानवता के विरुद्ध *(ग)* *(i)* क्रूरता का

(घ) *(iv)* कथन (A) और कारण (R) दोनों सही हैं तथा कारण (R) कथन (A) की सही व्याख्या करता है।

(ङ) *(iv)* पूछ-पूछकर–अनुप्रास अलंकार

5. *(क)* *(iv)* उपरोक्त सभी *(ख)* *(i)* उद्योग-धंधों की प्रक्रिया व तकनीक में निरंतर विकास के कारण

(ग) *(i)* कथन (A) और कारण (R) दोनों सही हैं तथा कारण (R) कथन (A) की सही व्याख्या करता है

(घ) *(ii)* 3 1 2 *(ङ)* *(iv)* 1 और 3

6. *(क) (ii)* वे उन्हें अपना गुरु मानते थे *(ख)* *(i)* उनके बच्चे अब घर की सभी जिम्मेदारियों का भार अपने ऊपर ले लें

(ग) (ii) आधुनिक जीवन मूल्यों को अपनाने के कारण

(घ) *(iv)* कथन (A) और कारण (R) दोनों सही हैं तथा कारण (R) कथन (A) की सही व्याख्या करता है।

(ङ) (i) उसकी खुशी का ठिकाना न रहा

(च) (iii) ताकि वे लेखक को पाठशाला भेजने के लिए दादा को समझाकर राजी कर सकें

(छ) (ii) इस घाटी के लोग अन्न नहीं उगाते थे

(ज) (iii) इसमें किसी एक का प्रभुत्व नहीं था, बल्कि एकता व समृद्धि से परिपूर्ण सभ्यता थी

(झ) (ii) यशोधर बाबू की पत्नी पुरानी परंपराओं को मानती थी

(ञ) *(iv)* 1, 3 और 4

7. *(क)* **रामचरितमानस की प्रासंगिकता**

आज हर ओर मानवीय मूल्यों, आदर्शों एवं परंपराओं का ह्रास होता जा रहा है। वर्तमान पीढ़ी आज गुणों की अपेक्षा दुर्गुणों को अपनाती जा रही है। आज जन्म देने वाले माता-पिता का सम्मान दिन-प्रतिदिन कम होता जा रहा है, इसलिए पुनः रामचरितमानस में वर्णित आदर्शों, मान्यताओं और मर्यादाओं की रक्षा के लिए भावी पीढ़ी को रामचरितमानस का ज्ञान होना आवश्यक है। 'रामचरितमानस' मेरी सर्वाधिक प्रिय पुस्तक है। इसे हिंदू परिवारों में धर्म-ग्रंथ का दर्जा प्राप्त है, इसलिए 'रामचरितमानस' हिंदू संस्कृति का केंद्र है।

जॉर्ज ग्रियर्सन ने कहा है–''ईसाइयों में बाइबिल का जितना प्रचार है, उससे कहीं अधिक प्रचार और आदर हिंदुओं में रामचरितमानस का है।''

'रामचरितमानस' अवधी भाषा में रचा गया महाकाव्य है, इसकी रचना गोस्वामी तुलसीदास ने सोलहवीं सदी में की थी। इसमें भगवान राम के जीवन का वर्णन है। यह महर्षि वाल्मीकि द्वारा रचित संस्कृत के महाकाव्य 'रामायण' पर आधारित है। तुलसीदास ने इस महाकाव्य को सात कांडों में विभाजित किया है। इन सात कांडों के नाम हैं– 'बालकांड', 'अयोध्याकांड', 'अरण्यकांड', 'किष्किंधाकांड', 'सुंदरकांड', 'लंकाकांड' एवं 'उत्तरकांड'।

'रामचरितमानस' में मर्यादा पुरुषोत्तम श्रीरामचंद्र जी के उत्तम चरित्र का विषद् वर्णन है, जिसका अध्ययन पाश्चात्य सभ्यता की अंधी दौड़ में भटकती वर्तमान पीढ़ी को मर्यादित करने के लिए आवश्यक है, क्योंकि 'रामचरितमानस' में वर्णित रामचंद्र जी का संपूर्ण जीवन शिक्षाप्रद है। 'रामचरितमानस' में गुरु-शिष्य, माता-पिता, पति-पत्नी, भाई-बहन इत्यादि के आदर्शों को इस तरह से प्रस्तुत किया गया है कि ये आज भी भारतीय समाज के प्रेरणा स्रोत बने हुए हैं। यह तत्कालीन समाज को विभिन्न बुराइयों से मुक्त कर उसमें श्रेष्ठ गुण विकसित करने का मार्गदर्शन करती है।

काव्य-शिल्प एवं भाषा के दृष्टिकोण से भी 'रामचरितमानस' अति समृद्ध है। इसके छंद और चौपाइयाँ आज भी जन-जन में लोकप्रिय हैं। अधिकतर हिंदू घरों में इसका पावन पाठ किया जाता है। रामचरितमानस के समान अब तक कोई दूसरा काव्य नहीं रचा जा सका है, जिसका भारतीय जनमानस पर इतना गहरा प्रभाव पड़ा हो। इस ग्रंथ की सबसे बड़ी विशेषता इसकी सरलता एवं गेयता है, इसलिए इसे पढ़ने में आनंद आता है। जीवन के सभी संबंधों पर आधारित 'रामचरितमानस' के दोहे एवं चौपाइयाँ आमजन में अभी भी कहावतों की तरह लोकप्रिय हैं। 'रामचरितमानस' को भारत में सर्वाधिक पढ़ा जाने वाला ग्रंथ माना जाता है। विदेशी विद्वानों ने भी इसकी खूब प्रशंसा की है।

(ख) **देशप्रेम की भावना सर्वश्रेष्ठ भावना**

''जो भरा नहीं है भावों से, बहती जिसमें रसधार नहीं।
वह हृदय नहीं है, पत्थर है, जिसमें स्वदेश का प्यार नहीं।''

मैथिलीशरण गुप्त की इन काव्य पंक्तियों का अर्थ यह है कि देशप्रेम के अभाव में मनुष्य जीवित प्राणी नहीं, बल्कि पत्थर के ही समान कहा जाएगा। हम जिस देश या समाज में जन्म लेते हैं, उसकी उन्नति में समुचित सहयोग देना हमारा परम कर्त्तव्य है। स्वदेश के प्रति यही कर्त्तव्य भावना, इसके प्रति प्रेम अर्थात् स्वदेश-प्रेम ही देशभक्ति का मूल स्रोत है।

वास्तव में, देशप्रेम की भावना मनुष्य की सर्वश्रेष्ठ भावना है। इसके सामने किसी भी प्रकार के व्यक्तिगत लाभ का कोई महत्त्व नहीं होता। यह एक ऐसा पवित्र व सात्विक भाव है, जो मनुष्य को निरंतर त्याग की प्रेरणा देता है, इसलिए कहा गया है–''जननी जन्मभूमिश्च स्वर्गादपि गरीयसी'' अर्थात् जननी और जन्मभूमि स्वर्ग से भी बढ़कर हैं। यही कारण है कि मनुष्य जहाँ रहता है, अनेक कठिनाइयों के बावजूद उसके प्रति उसका मोह कभी खत्म नहीं होता।

स्वदेश-प्रेम को किसी विशेष क्षेत्र एवं सीमा में नहीं बाँधा जा सकता। हमारे जिस कार्य से देश की उन्नति हो, वही स्वदेश-प्रेम की सीमा में आता है। जाति-प्रथा, दहेज प्रथा, अंधविश्वास, छुआछूत इत्यादि कुरीतियाँ देश के विकास में बाधक हैं। हम इन्हें दूर करने में अपना योगदान कर देश-सेवा का फल प्राप्त कर सकते हैं। अशिक्षा, निर्धनता, बेरोजगारी, व्यभिचार एवं भ्रष्टाचार के विरुद्ध जंग छेड़कर हम अपने देश को प्रगति के पथ पर

अग्रसर कर सकते हैं। हम समय पर टैक्स का भुगतान कर देश की प्रगति में सहायक हो सकते हैं। इस प्रकार, किसान, मजदूर, शिक्षक, सरकारी कर्मचारी, चिकित्सक, सैनिक और अन्य सभी पेशेवर लोगों के साथ-साथ देश के हर नागरिक द्वारा अपने कर्त्तव्यों का समुचित रूप से पालन करना भी देशभक्ति ही है।

नागरिकों में स्वदेश-प्रेम का अभाव राष्ट्रीय एकता में सबसे बड़ी बाधा के रूप में कार्य करता है। अपनी स्वतंत्रता की रक्षा एवं राष्ट्र की उन्नति के लिए राष्ट्रीय एकता परम आवश्यक है और राष्ट्रीय एकता बनाए रखना तब ही संभव है, जब हम देश के प्रति अपने कर्त्तव्यों का पालन करेंगे।

(ग) **सत्संगति का मानव जीवन में महत्त्व**

परमात्मा की संपूर्ण सृष्टि में मानव ही श्रेष्ठ माना जाता है, क्योंकि मानव विवेकशील, विचारशील तथा चिंतनशील प्राणी है। परमात्मा ने केवल मानव को ही बुद्धि अर्थात् चिंतन शक्ति प्रदान की है। वह बुरा-भला सभी प्रकार का विचार करने में समर्थ है। समाज में उच्च स्थान प्राप्त करने के लिए मानव को नैतिक शिक्षा व सत्संगति की आवश्यकता पड़ती है। मानव को बाल्यावस्था से ही माता-पिता द्वारा अच्छे संस्कार प्राप्त होने चाहिए, क्योंकि बचपन के संस्कारों पर ही मानव का संपूर्ण जीवन निर्भर रहता है।

सत् + संगति अर्थात् अच्छे व्यक्तियों के साथ रहना, उनके आचार-विचार एवं व्यवहार का अनुशासन करना ही 'सत्संगति' कहलाता है। सत्संगति मानव को ही नहीं अपितु पशु-पक्षी एवं निरीह जानवरों को भी दुष्प्रवृत्ति छोड़कर सद्वृत्ति के लिए प्रेरित करती है।

मनुष्य एक सामाजिक प्राणी है। वह नित्य प्रति भिन्न-भिन्न प्रकृति के व्यक्तियों के संपर्क में आता है। वह जिस भी प्रकृति के व्यक्ति के संपर्क में आता है, उसी के गुण-दोषों तथा व्यवहार आदि को ग्रहण कर लेता है। अतः मानव को बुरे लोगों की संगति से बचना चाहिए तथा सत्संगति अपनानी चाहिए, क्योंकि सत्संगति ही मनुष्य को अच्छे संस्कार, उचित व्यवहार तथा उच्च विचार प्रदान करती है। यदि वह कुसंगति में पड़ गया, तो उसका संपूर्ण जीवन विनष्ट हो जाएगा। अतः सत्संगति की महती आवश्यकता है।

सत्संगति से मानव के आचार-विचार में परिवर्तन आता है और वह बुराई के मार्ग का त्याग कर सच्चे और अच्छे कर्मों में प्रवृत्त हो जाता है। सत्संगति ही उसके सच्चे मार्ग को प्रदर्शित करती है। उस पर चलता हुआ मानव देवताओं की श्रेणी में पहुँच जाता है। इस मार्ग पर चलने वाले के सामने धर्म रोड़ा बनकर नहीं आता है। अतः उसे किसी प्रकार के प्रलोभनों से विचलित नहीं होना चाहिए।

सत्संगति कुंदन है। इसके मिलने से काँच के समान मानव हीरे के समान चमक उठता है। अतः उन्नति का एकमात्र सोपान सत्संगति ही है। मानव को सज्जन पुरुषों के सत्संग में ही रहकर अपनी जीवन रूपी नौका समाज रूपी सागर से पार लगानी चाहिए। तभी वह आदर को प्राप्त कर सकता है तथा समस्त ऐश्वर्यों के सुख का उपभोग कर सकता है। इसीलिए कहा गया है ''जहाँ सुमति तहँ संपत्ति नाना।''

8. *(क)* कहानी का संचालन उसके पात्रों के द्वारा ही होता है। पात्रों के गुण-दोष को उनका चरित्र-चित्रण कहा जाता है। प्रत्येक पात्र का अपना स्वरूप, स्वभाव और उद्देश्य होता है। पात्रों का अध्ययन कहानी की एक बहुत महत्त्वपूर्ण और बुनियादी शर्त है। कहानीकार के सामने पात्रों का स्वरूप जितना स्पष्ट होगा, उतनी ही आसानी उसे पात्रों का चरित्र-चित्रण करने और उसके संवाद लिखने में होगी। पात्रों का चरित्र-चित्रण कहानीकार द्वारा पात्रों के गुणों का बखान तथा दूसरे पात्रों के संवाद के माध्यम से किया जा सकता है। अतः कहा जा सकता है कि ''कहानी लेखन हेतु पात्र एवं चरित्र-चित्रण अत्यंत महत्त्वपूर्ण तत्त्व हैं।''

अथवा

रेडियो नाटक में समय के अनुसार पात्रों की संख्या सीमित होनी चाहिए। 15 मिनट की अवधि वाले रेडियो नाटक में पात्रों की संख्या 5-6 हो सकती है। 30-40 मिनट की अवधि वाले नाटक में पात्रों की संख्या 8-12 हो सकती है। यदि एक घंटे या उससे अधिक की अवधि का रेडियो नाटक लिखना ही पड़ जाए, तो उसमें 15-20 भूमिकाएँ गढ़ी जा सकती हैं। एक महत्त्वपूर्ण तथ्य यह है कि जब हम इन संख्याओं की बात कर रहे हैं, तो ये प्रमुख और सहायक भूमिकाओं की संख्या होती है, छोटे-मोटे किरदारों की गिनती इसमें नहीं की जाती।

(ख) ऐसा विषय, जिस पर लेखन करने की कभी आशा न की गई हो, उस पर लेखन करना ही अप्रत्याशित विषयों पर लेखन कहलाता है। अप्रत्याशित विषयों पर लेखन के निम्नलिखित लाभ हैं

- अप्रत्याशित लेखन लेखक की मौलिक रचना होती है। यह किसी भी रचना की नकल नहीं होती।
- अप्रत्याशित लेखन से लेखन कौशल तथा अभिव्यक्ति कौशल का विकास होता है।
- इससे भाषा पर अच्छी पकड़ हो जाती है।
- इससे हम विषय को तार्किक रूप में सुसंबद्ध तरीके से लिख पाएँगे।

अथवा

1. **शीर्षक**

समाचार लेखन करते हुए सर्वप्रथम समाचार का शीर्षक देना चाहिए। शीर्षक में समाचार की मुख्य घटना (जिस घटना के संदर्भ में समाचार लिखा जा रहा है) का सांकेतिक उल्लेख रहना चाहिए। शीर्षक ऐसा होना चाहिए जो पाठक को सहज रूप से आकर्षित करे, समाचार का मूलभाव बताए और पाठक को अपनी रुचि के अनुसार समाचार खोजने में सहायक हो।

- शीर्षक संक्षिप्त, सरल, सार्थक एवं स्पष्ट होना चाहिए।
- शीर्षक को कभी भूतकाल में नहीं लिखना चाहिए।
- शीर्षक में यदि नाम दिया जाना ज़रूरी हो तो महत्त्वपूर्ण तथा विख्यात व्यक्ति का दिया जाना चाहिए।
- शीर्षक समाचार का 'प्रवेश द्वार' माना जाता है। शीर्षक की उपयुक्तता समाचार के महत्त्व को बढ़ाती है।

2. **स्रोत**

शीर्षक के पश्चात् समाचार के स्रोत का उल्लेख करना चाहिए; जैसे–

- हमारे विशेष प्रतिनिधि द्वारा

- व्यक्तिगत संवाददाता द्वारा
- समाचार प्रदाता एजेंसियाँ
- समाचार ब्यूरो

(स्रोत के अंतर्गत स्थान, व्यक्ति दोनों का उल्लेख करने से समाचार ज्यादा विश्वसनीय हो जाता है।)

9. *(क)* **हताशा में आशा की किरण**

वर्तमान समाज अन्याय, असमानता, ईर्ष्या, जातिभेद, वर्गभेद, वर्णभेद, सांप्रदायिकता, भ्रष्टाचार, नारी के विरुद्ध हिंसा आदि कई बुराइयों से ग्रस्त है। चारों ओर अव्यवस्था एवं अराजकता का माहौल व्याप्त है। समाज में शिक्षा एवं रोज़गार संबंधी इतनी विषम समस्याएँ मौजूद हैं कि चारों तरफ़ निराशा का वातावरण दिखाई देता है। लोग अपने जीवन एवं भविष्य को लेकर आशंकित हैं। समाज में भ्रष्टाचार, अशिक्षा, निर्धनता, असमानता, शोषण, सांप्रदायिकता आदि अनेक ऐसी चुनौतियाँ उपस्थित हैं, जिनका सक्षम तरीके से सामना किए बिना एक स्वस्थ नव-समाज की रचना संभव नहीं है।

इस नव-निर्माण की ज़िम्मेदारी केवल युवावर्ग ही उठा सकता है। सामाजिक मूल्यों को बनाए रखना तथा समाज में सकारात्मक दृष्टिकोण उत्पन्न करना युवावर्ग द्वारा ही संभव है। शिक्षित युवावर्ग ही संकीर्ण मानसिकता से ऊपर उठकर समाज को एक ऐसी दिशा प्रदान कर सकता है, जो सभी वर्गों के लोगों के लिए राहत पहुँचाने वाली हो। समाज के नव-निर्माण के कार्य में साहस एवं त्याग की आवश्यकता होगी, पग-पग पर भूलें होने की आशंका मौजूद रहेगी। अतः युवावर्ग को साहसी, त्याग के लिए तैयार, विवेकी, धैर्यवान एवं दूरदृष्टा होना पड़ेगा। यदि अपने लक्ष्य पर अपनी नज़रें जमाकर युवावर्ग ने अपने समुचित कर्त्तव्यों को निभाया, तो दुनिया की कोई भी शक्ति समाज के नव-निर्माण को नहीं रोक सकती। वर्तमान समय में व्याप्त हताशा के माहौल में वही एकमात्र आशा की किरण है।

(ख) किसी भी समाचार के छः आधारभूत सवाल होते हैं, जिन्हें हिंदी में छः ककार कहा जाता है तथा अंग्रेजी में पाँच डब्ल्यू (w) एवं एक एच (H) कहा जाता है। किसी भी समाचार में छः ककारों का होना सामान्यतया आवश्यक माना जाता है। *ये ककार निम्न हैं*

(i) क्या (What) अर्थात् क्या घटित हुआ?

(ii) कब (When) अर्थात् घटना कब घटी?

(iii) कहाँ (Where) अर्थात् घटना किस स्थान पर घटी यानी किस स्थान से संबंधित है?

(iv) कौन (Who) अर्थात् घटना किससे संबंधित है?

(v) क्यों (Why) अर्थात् घटना क्यों घटी?

(vi) कैसे (How) अर्थात् घटना कैसे घटित हुई?

(ग) बीट-रिपोर्टिंग व विशेषीकृत रिपोर्टिंग में मुख्य अंतर यह है कि अपनी बीट की रिपोर्टिंग के लिए संवाददाता को उस क्षेत्र के बारे में जानकारी और रुचि होना पर्याप्त होता है। बीट रिपोर्टर को सामान्यतया अपनी बीट से जुड़ी सामान्य खबरें ही लिखनी होती हैं। विशेषीकृत रिपोर्टिंग का तात्पर्य है कि संवाददाता सामान्य खबरों से आगे बढ़कर उस विशेष क्षेत्र या विषय से जुड़ी घटनाओं, मुद्दों और समस्याओं का सूक्ष्मता से विश्लेषण करें तथा पाठकों के समक्ष उनका अर्थ स्पष्ट करने का प्रयास करें। बीट कवर करने वाले रिपोर्टर को संवाददाता कहा जाता है, जबकि विशेषीकृत रिपोर्टिंग को विशेष संवाददाता कहा जाता है।

10. *(क)* कवि का यह कथन कि वह शीतल वाणी में आग लिए घूम रहा है, विरोधाभास की स्थिति को उत्पन्न करता है। इसके पीछे छिपा रहस्य यह है कि जब कवि अपने संघर्षों को कविता का रूप देता है, तो वह शीतल वाणी बन जाती है, जबकि उसका मन दु:खों की अग्नि में जल रहा होता है। वह अपने दु:खों एवं विरोधों को कोमल शब्दों के माध्यम से अपनी रचनाओं में व्यक्त करता है। इसीलिए उसकी शीतल वाणी में भी असंतोष एवं व्याकुलता की आग छिपी रहती है।

(ख) कवि ने प्रस्तुत कविता में प्रातःकालीन आकाश में होने वाले सूर्योदय का गतिशील चित्रण किया है। कवि आकाश में हो रहे परिवर्तनों को ग्रामीण उपमानों के द्वारा प्रस्तुत करता हुआ गतिशील शब्द-चित्र उपस्थित करता है। अंधकार के समाप्त होने पर भोर के नभ के नीले रंग में वैसी ही नमी होती है, जैसे राख से लीपा हुआ चौका (चूल्हा) अभी तक गीला हो। कालिमा के छँटने पर क्षितिज की लालिमा ऐसी लगती है, मानो किसी काली सिल (पत्थर) पर लाल केसर का लेप लगा दिया गया हो। इस प्रकार सूर्योदय से पहले का आकाश परिवर्तित हो रहा है।

(ग) कविता को फूल के बहाने से खिलने की प्रक्रिया से जोड़ा गया है। कविता के माध्यम से हमारी भावनाएँ, हमारे विचार, हमारी कल्पनाएँ विकसित होती हैं। फूल से कविता ने खिलना भले ही सीखा हो, लेकिन कविता का जो विकास-क्रम है, उसे फूल नहीं जानता। एक निश्चित समय तक महकने के बाद फूल तो अपनी विकसित जीवन-लीला समाप्त करके चले जाते हैं, लेकिन कविता का स्वरूप अनंत काल तक बना रहता है। अतः कविता बिना मुरझाए अनंत काल तक अपने काव्य रस से महकती रहती है।

यह निरंतर परत-दर-परत अर्थ की परतें खोलती रहती है। शब्दों के माध्यम से भावों की सुगंध एवं रस बिखेरती है, खिलकर अर्थाभिव्यक्ति कर जाती है। बिना मुरझाए खिलने के कारण ही कविता अनश्वर है। सभी अपने अर्थ के अनुसार कविता को पढ़ते, समझते हैं और अपनी चेतना का आधार बनाते हैं। जो कविता वस्तुतः निरंतर युगों-युगों तक विकास पाती रहती है और बिना मुरझाए खिलती रहती है, वही कविता सार्थक एवं महत्त्वपूर्ण है।

11. *(क)* अपंगता की पीड़ा दर्शाने के लिए दूरदर्शन वाले, दूरदर्शन के परदे पर एक फूली हुई आँख की बड़ी तस्वीर तथा अपाहिज व्यक्ति के होंठों की कसमसाहट अर्थात् कहने और न कहने की पीड़ा से उत्पन्न उस व्यक्ति के चेहरे की स्थिति को दिखाते हैं। वस्तुतः वे ऐसा पीड़ा को अधिक प्रदर्शित करने के लिए करते हैं।

(ख) 'पतंग' कविता में कवि ने बालसुलभ इच्छाओं तथा उमंगों का मनोरम चित्रण किया है। बच्चे अपनी पतंग की डोर के साथ-साथ स्वयं भी मानसिक रूप से आकाश की ऊँचाइयों तक पहुँच जाते हैं। उन्हें इस समय पूरी दुनिया सूक्ष्म प्रतीत होती है। कभी वे आकाश की ओर देखते-देखते ठोकर

खाकर गिर पड़ते हैं, परंतु तुरंत ही उठ जाते हैं। फिर भी उनकी दृष्टि आकाश में उड़ने वाली पतंग पर ही अटकी रहती है। कभी वे पतंग की डोर के साथ-साथ छत के किनारे तक आकर झुक जाते हैं। ऐसे में उनके शरीर का संगीत ही उनकी रक्षा करता है, उन्हें नीचे गिरने से बचाता है। इस प्रकार, कवि ने पतंग के माध्यम से बाल मनोविज्ञान का अद्‌भुत चित्रण किया है।

(ग) तुलसीदास ने समाज के प्रति अपना क्षोभ व्यक्त करते हुए कहा है कि चाहे कोई मुझे धूर्त कहे, अवधूत योगी कहे, राजपूत या जुलाहा कहे अर्थात् किसी भी वर्ग या जाति से जोड़कर देखे, मुझे उसकी कोई फिक्र नहीं है, क्योंकि न तो मुझे किसी की बेटी से अपने बेटे का विवाह करना है और न ही उसकी जाति-बिरादरी में शामिल होकर उसे बिगाड़ना है। वास्तव में, तुलसीदास यहाँ जाति-पाँति पर आधारित सामाजिक व्यवस्था के पोषकों पर गहरा व्यंग्य करते हैं।

12. *(क)* **बाज़ार का जादू चढ़ने पर प्रभाव** जिस प्रकार चुंबक लोहे को अपनी ओर आकर्षित करती है, उसी प्रकार बाज़ार का जादू चढ़ने पर मनुष्य उसकी ओर आकर्षित होता है। उसे लगता है कि यह सामान भी लूँ, वह सामान भी लूँ। उसे सभी वस्तुएँ अनिवार्य तथा आराम देने वाली लगती हैं।

बाज़ार का जादू उतरने पर प्रभाव मनुष्य पर बाज़ार का जादू उतरने का प्रभाव यह पड़ता है कि फैंसी चीज़ों की अधिकता उसके आराम में मदद नहीं करतीं, बल्कि व्यवधान ही डालती हैं। उसे लगने लगता है कि इससे थोड़ी देर के लिए गर्व अवश्य महसूस होता है, पर अंततः यह सुविधाजनक नहीं है। इससे उसके अभिमान की भावना को और बढ़ावा मिलता है।

(ख) युद्ध को देश की सीमा में बढ़ते हुए देखकर जब लोग परेशान हो उठे, तब भक्तिन के बेटी-दामाद उसके नाती को लेकर भक्तिन को बुलाने आए, तब भी वह लेखिका को छोड़ने का मन न बना पाई। वह उन सबकों देख आती है और रुपया भेज देती है, पर वह उनके साथ नहीं गई, क्योंकि उनके साथ जाने के लिए उसे लेखिका का साथ छोड़ना पड़ता, जो शायद भक्तिन के लिए जीवन के अंतिम समय तक संभव न था। इस घटना के बाद ही लेखिका को लगा कि भक्तिन उसका साथ नहीं छोड़ना चाहती।

(ग) दंगल में विजयी होने के पश्चात् लुट्टन सिंह को राज पहलवान की पदवी मिल गई तथा राजदरबार का सम्माननीय प्राणी बन गया। मेलों में वह घुटने तक लंबा चोला पहने, मतवाले हाथी की तरह झूमता हुआ घूमता। दुकानदार उससे चुहलबाज़ी करते रहते थे। उसकी बुद्धि बच्चों जैसी हो गई थी। सीटी बजाता, आँखों पर रंगीन चश्मा लगाए और खिलौने से खेलता हुआ वह राजदरबार में आता। राजा साहब उसका बहुत ध्यान रखते थे और किसी को भी उससे लड़ने की आज्ञा नहीं देते थे।

13. *(क)* भारत की जाति-प्रथा को आधुनिक समाज उचित नहीं मानता, क्योंकि भारत भी जाति-प्रथा श्रमिकों का अस्वाभाविक विभाजन करती है तथा विभाजित वर्गों को एक-दूसरे की अपेक्षा ऊँच-नीच का एहसास भी कराती है, यह सर्वथा अनुचित है। इससे देश में विषमता की भावना प्रबल होती है तथा भ्रष्टाचार फैलता है। ऐसा विश्व के किसी भी समाज में नहीं पाया जाता।

(ख) ''पहले स्वयं दो तब देवता तुम्हें चौगुना-आठ गुना करके लौटाएँगे'' वाक्य भारतीय संस्कृति की इस विशेषता का परिचायक है कि यहाँ लोग दान को धर्म का एक आवश्यक अंग मानते हैं। समाज में अनेक लोग अपाहिज तथा दरिद्र होते हैं। दान द्वारा ऐसे लोगों को सहायता मिल जाती है। इससे लाखों साधु-संत भी सहज रूप से जीवन-यापन करने में समर्थ होते हैं।

(ग) परिवर्तन प्रकृति का नियम है अतः मनुष्य को समयानुसार परिवर्तन करते रहना चाहिए। जो व्यक्ति समय के साथ चलते हैं, वे नए को स्वीकारते हुए जीवन पथ पर अग्रसर होते रहते हैं। वे समाज में अपनी पहचान बना पाते हैं। वे ही समाज में सम्मान प्राप्त करते हैं। इसके विपरीत जो व्यक्ति एक ही स्थान पर स्थिर रहते हैं, उन्हें दूसरे लोगों द्वारा धक्का दे दिया जाता है। ठीक उसी प्रकार जैसे पुराने शिरीष के फूलों को नए फूल व पत्ते मिलकर धक्का दे देते हैं तथा उस स्थान पर स्वयं उग जाते हैं। अतः व्यक्ति को वृद्धावस्था में आदर-सम्मान प्राप्त करने हेतु नई पीढ़ी के विचारों तथा नए युग के परिवर्तन के अनुसार स्वयं में परिवर्तन कर लेना चाहिए।

14. सामाजिक एवं सांस्कृतिक दृष्टि से सिंधु सभ्यता के सामाजिक वातावरण को बहुत अनुशासित होने का अनुमान लगाया गया है। वहाँ का अनुशासन ताकत के बल पर नहीं था। नगर योजना, वास्तुशिल्प, मुहर, पानी या साफ़-सफ़ाई जैसी सामाजिक व्यवस्था में एकरूपता से यह अनुशासन प्रकट होता है। सिंधु सभ्यता में सुनियोजित नगर थे, पानी की निकासी व्यवस्था अच्छी थी। सड़कें लंबी व चौड़ी थीं, कृषि भी की जाती थी, यातायात के साधन के रूप में बैलगाड़ी भी थी। हर नगर में मुद्रा, अनाज भंडार, स्नानगृह आदि थे तथा पक्की ईंटों का प्रयोग होता था। सिंधु सभ्यता में प्रदर्शन या दिखावे की प्रवृत्ति नहीं है। यही विशेषता इसको अलग सांस्कृतिक धरातल पर खड़ा करती है। यह धरातल संसार की दूसरी सभी सभ्यताओं से पृथक् है।

अथवा

'सिल्वर वैडिंग' के केंद्रीय पात्र यशोधर पंत रहते तो वर्तमान में हैं, परंतु वे अपने अतीत से बाहर नहीं निकल पाते। वे कहते हैं कि उनकी तो परंपरा ही ऐसी है। वह पत्नी से कहते हैं, ''जिस तरह तुमने बुढ़ियाकाल में यह बगैर बाँह का ब्लाउज़ पहनना, यह रसोई से बाहर दाल-भात खा लेना, यह ऊँची हील वाली सैंडल पहनना और ऐसे ही पचासों काम अपनी बेटी की सलाह पर शुरू कर दिए हैं, मुझे तो वे 'समहाउ इंप्रॉपर' ही मालूम होते हैं। एनीवे, मैं तुम्हें ऐसा करने से रोक नहीं रहा। देयरफोर, तुम लोगों को भी मेरे जीने के ढंग पर कोई एतराज़ नहीं होना चाहिए।

''चंद्रदत्त तिवारी द्वारा बेटे की प्रशंसा सुनने पर प्रफुल्लित हुए यशोधर बाबू की मानसिकता को प्रकट करते हुए लेखक लिखता है कि ''यशोधर बाबू ने बेटों की खरीदी हुई हर नई चीज़ के संदर्भ में यही टिप्पणी की हो कि ये क्या हुआ, समहाउ मेरी तो समझ में आता नहीं, इसकी क्या ज़रूरत थी। तथापि उन्हें कहीं इस बात से थोड़ी खुशी भी होती है कि इस चीज़ के आ जाने से उन्हें नए दौर के निश्चय ही गलत, मानकों के अनुसार बड़ा आदमी मान लिया जा रहा है'' वे चाहते हैं कि उनके बच्चे उनके व्यवहार और रहन-सहन का अनुकरण करें, परंतु उनकी संतानें उन्हें रूढ़िवादी समझती हैं।

वे घर में आधुनिक सुविधाओं की वस्तुएँ देखकर गर्व महसूस करते हैं, परंतु फिर भी उन्हें यह सब 'समहाउ इंप्रॉपर' लगता है। इन्हीं विपरीत परिस्थितियों में सामंजस्य स्थापित करने के प्रयास के कारण यशोधर बाबू के मन में अंतर्द्वंद्व चलता रहता है।

▶ स्टेज II प्रोफिशियंसी लेवल
(हल प्रश्न–पत्र के बाद)

प्रतिदर्श प्रश्न–पत्र 9

हिंदी केंद्रिक कक्षा 12

समय : **3 घंटे** पूर्णांक : **80**

निर्देश

1. इस प्रश्न-पत्र में खंड 'अ' में वस्तुपरक तथा खंड 'ब' में वर्णनात्मक प्रश्न पूछे गए हैं।
2. खंड 'अ' में 40 वस्तुपरक प्रश्न पूछे गए हैं। सभी 40 प्रश्नों के उत्तर देने हैं।
3. खंड 'ब' में वर्णनात्मक प्रश्न पूछे गए हैं। प्रश्नों के उचित आंतरिक विकल्प दिए गए हैं।
4. दोनों खंडों के प्रश्नों के उत्तर देना अनिवार्य है।
5. यथासंभव दोनों खंडों के प्रश्नों के उत्तर क्रमशः लिखिए।

■ खंड 'अ' (वस्तुपरक प्रश्न)

खंड 'अ' में अपठित बोध, अभिव्यक्ति और माध्यम, पाठ्य–पुस्तक आरोह भाग–2 व पूरक पाठ्य पुस्तक वितान भाग–2 से संबंधित बहुविकल्पीय प्रश्न पूछे गए हैं। जिनमें प्रत्येक प्रश्न के लिए 1 अंक निर्धारित है।

अपठित बोध

1. *निम्नलिखित गद्यांश को ध्यानपूर्वक पढ़कर दिए गए प्रश्नों के सर्वाधिक उपयुक्त उत्तर वाले विकल्प को चुनकर लिखिए।* $(1 \times 10 = 10)$

आजकल सबसे बड़ी समस्या पाश्चात्यीकरण को आधुनिकीकरण की प्रक्रिया समझने संबंधी भूल है। समाजशास्त्रीय दृष्टिकोण से पाश्चात्यीकरण एवं आधुनिकीकरण की प्रक्रियाएँ सिद्धांततः भिन्न हैं, लेकिन व्यावहारिक रूप में कुछ भिन्नता होने के बावजूद उनमें काफ़ी समानता है। सरल शब्दों में कहें तो भारत में आधुनिकीकरण की प्रक्रिया पश्चिमीकरण की प्रक्रिया द्वारा ही प्रारंभ होती है।

पश्चिमीकरण की प्रक्रिया में जहाँ पश्चिमी संस्कृति का अनुकरण किया जाता है, जिसमें आधुनिक मूल्यों के साथ–साथ कुछ रूढ़िवादी परंपराएँ भी शामिल रहती हैं, जबकि आधुनिकीकरण की प्रक्रिया एक मूल्य भारित अवधारणा है अर्थात् आधुनिक मूल्यों का अनुकरण करना एवं उनके अनुरूप व्यवहार करना आधुनिकीकरण है। इस तरह पश्चिमीकरण की प्रक्रिया के अंतर्गत आँखें मूँदकर पाश्चात्य देशों की संस्कृति का अनुकरण करना ही आधुनिकीकरण नहीं है। यही कारण है कि पश्चिमीकरण के अंतर्गत मौजूद आधुनिक मूल्यों का अनुकरण करना तो तार्किक एवं उपयुक्त लगता है, लेकिन पाश्चात्य संस्कृति के अन्य तत्त्वों का अंधानुकरण अनुचित। पाश्चात्य संस्कृति का अनुकरण करने की होड़ में हम अपनी भाषा, संस्कृति, वेशभूषा, कला, रहन- सहन, साहित्य आदि सभी को भूल गए हैं। आधुनिकता की इस दौड़ में हमने आर्थिक के साथ–साथ सांस्कृतिक क्षेत्र में भी अत्यंत प्रगति की है। शिक्षा का प्रसार, संचार साधनों का विकास, भौतिकवादी संस्कृति का प्रचार आदि कारकों ने रूढ़िग्रस्त परंपरागत भारतीय आदर्शों में अनेक सकारात्मक परिवर्तन किए हैं। रूढ़िग्रस्त, आडंबरपूर्ण एवं अतार्किक धर्म के प्रति लोगों का लगाव कम होता जा रहा है। अधिकांश लोग अब भाग्य की अपेक्षा कर्म पर विश्वास करने लगे हैं। आधुनिकता आज समय की माँग है।

(क) प्रस्तुत गद्यांश किस विषय-वस्तु पर आधारित है? (1)
(i) आधुनिकता का महत्त्व
(ii) पश्चिमीकरण का प्रभाव
(iii) भारत में आधुनिकता और पश्चिमीकरण का प्रभाव
(iv) पाश्चात्य संस्कृति की विशेषता

(ख) पाश्चात्यीकरण एवं आधुनिकीकरण की प्रक्रिया सिद्धांततः किस दृष्टिकोण से भिन्न मानी गई है? (1)
(i) सामाजिक दृष्टिकोण
(ii) राजनीतिक दृष्टिकोण
(iii) समाजशास्त्रीय दृष्टिकोण
(iv) धार्मिक दृष्टिकोण

(ग) भारत में आधुनिकीकरण की प्रक्रिया किसके कारण प्रारंभ होती है? (1)
(i) सांस्कृतिक दृष्टिकोण के
(ii) पश्चिमीकरण की प्रक्रिया के
(iii) रूढ़िवादी परंपराओं के
(iv) प्रगतिवादी दृष्टिकोण के

(घ) पश्चिमीकरण की प्रक्रिया में क्या शामिल रहता है? (1)
(i) रूढ़िवादी परंपराएँ
(ii) आधुनिक मूल्य
(iii) *(i)* और *(ii)* दोनों
(iv) समतामूलक समाज

(ङ) आधुनिकीकरण की प्रक्रिया में किसे आधुनिकीकरण नहीं माना गया है? (1)
(i) फैशन को अपनाना
(ii) नवीन मूल्यों को अपनाना
(iii) आँख मूँदकर अपने देश की संस्कृति का अनुकरण करना
(iv) पाश्चात्य संस्कृति का अंधानुकरण करना

(च) पश्चिमीकरण के अंतर्गत क्या करना तार्किक एवं उपयुक्त लगता है? (1)
(i) आधुनिक मूल्यों का अनुकरण करना
(ii) पश्चिमी संस्कृति का अनुकरण करना
(iii) रूढ़िवादी परंपरा का त्याग करना
(iv) पाश्चात्य संस्कृति के अन्य तत्त्वों का अंधानुकरण करना

(छ) पाश्चात्य संस्कृति का अनुकरण करने का क्या परिणाम सामने आया है? (1)
(i) अपनी संस्कृति को भूल गए
(ii) अपने साहित्य को भूल गए
(iii) अपनी वेशभूषा को भूल गए
(iv) ये सभी

(ज) निम्नलिखित कथनों पर विचार कीजिए (1)
1. आधुनिकता की दौड़ में हमने आर्थिक क्षेत्र में प्रगति की है।
2. आधुनिकीकरण में पश्चिमी संस्कृति का अंधानुकरण किया जाता है।
3. आधुनिकता से प्रभावित होकर लोग भाग्य की अपेक्षा कर्म पर विश्वास करने लगे हैं।
उपरोक्त कथनों में से कौन-सा/से सही है/हैं?
(i) केवल 1
(ii) केवल 3
(iii) 1 और 3
(iv) 2 और 3

(झ) 'आधुनिकता आज समय की माँग है' लेखक इससे सिद्ध करना चाहते हैं कि (1)
(i) आधुनिकता के कारण शिक्षा का प्रसार हुआ है
(ii) आधुनिकता के कारण भौतिकवादी संस्कृति का प्रसार हुआ है
(iii) आधुनिकता के कारण संचार के साधनों का प्रसार हुआ है
(iv) आधुनिकता के कारण आज लोगों ने समयोचित प्रगतिवादी दृष्टिकोण अपनाया है

(ञ) निम्नलिखित कथन और कारण को ध्यानपूर्वक पढ़िए और सही विकल्प चुनकर लिखिए। (1)
कथन (A) पाश्चात्यीकरण एवं आधुनिकीकरण की प्रक्रियाओं में काफी समानता है।
कारण (R) आधुनिकीकरण की प्रक्रिया पश्चिमीकरण की प्रक्रिया द्वारा ही आरंभ होती है।
कूट
(i) कथन (A) और कारण (R) दोनों सही हैं तथा कारण (R) कथन (A) की सही व्याख्या करता है
(ii) कथन (A) गलत है, परंतु कारण (R) सही है
(iii) कथन (A) तथा कारण (R) दोनों गलत हैं
(iv) कथन (A) और कारण (R) दोनों सही हैं, लेकिन कारण (R) कथन (A) की सही व्याख्या नहीं करता है

2. *दिए गए पद्यांश पर आधारित प्रश्नों को ध्यानपूर्वक पढ़कर दिए गए प्रश्नों के सर्वाधिक उपयुक्त उत्तर वाले विकल्प को चुनकर लिखिए।* (1×5 = 5)

हम जंग न होने देंगे!
विश्व–शांति के हम साधक हैं, जंग न होने देंगे!
कभी न खेतों में फिर खूनी खाद फलेगी,
खलिहानों में नहीं मौत की फसल खिलेगी
आसमान फिर कभी न अंगारे उगलेगा,
एटम में नागासाकी फिर नहीं जलेगी,
युद्धविहीन विश्व का सपना भंग न होने देंगे।
जंग न होने देंगे।
हथियारों के ढेरों पर जिनका है डेरा,
मुँह में शांति, बगल में बम, धोखे का फेरा
कफन बेचने वालों से कह दो चिल्लाकर
दुनिया जान गई है उनका असली चेहरा
कामयाब हो उनकी चालें, ढंग न होने देंगे।
जंग न होने देंगे।
हमें चाहिए शांति, जिंदगी हमको प्यारी
हमें चाहिए शांति, सृजन की है तैयारी
हमने छेड़ी जंग भूख से, बीमारी से
आगे आकर हाथ बटाए दुनिया सारी।
हरी–भरी धरती को खूनी रंग न लेने देंगे।
जंग न होने देंगे।

(क) कवि किस स्वप्न को टूटने नहीं देना चाहता है? (1)
(i) पारस्परिक श्रेष्ठता का स्वप्न
(ii) संसार की संपन्नता का स्वप्न
(iii) विश्वशांति का स्वप्न
(iv) युद्धरहित संसार का स्वप्न

(ख) 'खलिहानों में नहीं मौत की फसल खिलेगी' पंक्ति का क्या तात्पर्य है? (1)
(i) युद्ध के कारण फसल नष्ट नहीं होगी
(ii) खेतों में मृत व्यक्तियों के शव नहीं दिखाई देंगे
(iii) खेती करने वाला मौत का शिकार नहीं बनेगा
(iv) युद्ध अपार जनसंहार का कारण नहीं बनेगा

(ग) इस पद्यांश से हमें क्या सीख मिलती है? (1)
(i) यहाँ कवि चाहता है कि एटम बमों का प्रयोग किया जाए
(ii) यहाँ कवि चाहता है कि सारा विश्व मिलकर परस्पर युद्ध करें
(iii) यहाँ कवि चाहता है कि विश्व की हरी–भरी धरती सूखने न पाए
(iv) यहाँ कवि ने विश्व से युद्ध करने तथा शांति रखने की अपील की है

(घ) निम्नलिखित कथनों पर विचार कीजिए (1)
1. कवि विश्व को सर्वनाश से बचाने के लिए युद्ध के पक्ष में है।
2. कवि नागासाकी का दोबारा विनाश नहीं चाहता है।
3. जंग हथियारों से नहीं अपितु भूख से, बीमारी से होनी चाहिए।
उपरोक्त कथनों में से कौन-सा/से कथन सही है/हैं?
(i) केवल 1
(ii) केवल 3
(iii) 1 और 2
(iv) 2 और 3

(ङ) कॉलम 1 को कॉलम 2 से सुमेलित कीजिए (1)

	कॉलम-1		कॉलम-2
A.	खूनी खाद नही फैलेगी	1	एटम में
B.	जंग छेडी	2.	खेतों में
C.	नागासाकी फिर नहीं जलेगी	3.	भूख, बीमारी

कूट

	A	B	C
(i)	3	2	1
(ii)	1	3	2
(iii)	2	1	3
(iv)	2	3	1

अभिव्यक्ति और माध्यम

3. *निम्नलिखित प्रश्नों को ध्यानपूर्वक पढ़कर सर्वाधिक उपयुक्त उत्तर वाले विकल्प को चुनकर लिखिए।* (1×5 = 5)

(क) आजादी से पूर्व का प्रमुख समाचार-पत्र कौन-सा है? (1)

(i) कर्मवीर *(ii)* प्रताप *(iii)* विशाल भारत *(iv)* ये सभी

(ख) भारत में रंगीन दूरदर्शन का प्रारंभ कब हुआ? (1)

(i) 15 अगस्त, 1965 *(ii)* 15 अगस्त, 1952 *(iii)* 15 अक्टूबर, 1968 *(iv)* 15 नवंबर, 1970

(ग) प्रसार भारती का गठन किस समिति की अनुशंसा पर किया गया था? (1)

(i) गायडर समिति *(ii)* वर्गीज समिति *(iii)* मेहता समिति *(iv)* नरीमन समिति

(घ) विशेष संवाददाता किसे कहते हैं? (1)

(i) जो सामान्य रिपोर्टिंग करते हैं
(ii) जो विशेष प्रकार की रिपोर्टिंग करते हैं
(iii) जो आर्थिक क्षेत्र में रिपोर्टिंग करते हैं
(iv) जो खेल से संबंधित रिपोर्टिंग करते हैं

(ङ) सूची I को सूची II से सुमेलित कीजिए (1)

सूची I		सूची II	
A.	कहानी का केंद्र बिंदु	1.	अभिनेता
B.	कहानी के पात्रों द्वारा विचारों की अभिव्यक्ति	2.	भाषा
C.	नाटक का मंच पर प्रस्तुतीकरण	3.	कथानक
D.	नाटक का प्राण तत्त्व	4.	कथोपकथन

कूट

	A	B	C	D
(i)	2	3	4	1
(ii)	3	4	1	2
(iii)	4	1	2	3
(iv)	1	2	3	4

पाठ्य-पुस्तक आरोह भाग 2

4. *निम्नलिखित पद्यांश के प्रश्नों को ध्यानपूर्वक पढ़कर सर्वाधिक उपयुक्त उत्तर वाले विकल्प को चुनकर लिखिए।* (1×5 = 5)

किसबी, किसान-कुल, बनिक, भिखारी, भाट,
चाकर, चपल नट, चोर, चार, चेटकी।
पेट को पढ़त, गुन गढ़त, चढ़त गिरि,
अटत गहन-गन अहन अखेटकी।।
ऊँचे-नीचे करम, धरम-अधरम करि,
पेट ही को पचत, बेचत बेटा-बेटकी।
'तुलसी' बुझाइ एक राम-घनस्याम ही तें,
आगि बड़वागितें बड़ी है आगि पेटकी।।

(क) प्रस्तुत पद्यांश में वर्णित भूख से उत्पन्न स्थितियों में सर्वाधिक मार्मिक स्थिति कौन-सी है? (1)

(i) पेट भरने के लिए पर्वतों पर आजीविका खोजना
(ii) पेट भरने के लिए बेटा-बेटी को भी बेचना
(iii) पेट भरने के लिए दिनभर धूप में शिकार खोजना
(iv) पेट भरने के लिए नीच कर्म करना

(ख) पेट की आग को कैसे शांत किया जा सकता है? (1)

(i) अनुचित कर्म करके
(ii) ईश्वर कृपा से
(iii) निम्न कार्य करके
(iv) कुछ भी कार्य न करके

(ग) 'पेट की आग' मनुष्य को क्या करने पर मज़बूर कर देती है? (1)

(i) धर्म-अधर्म करने पर
(ii) सुकर्म करने पर
(iii) नौकरी करने पर
(iv) भजन करने पर

(घ) निम्नलिखित कथन और कारण को ध्यानपूर्वक पढ़िए और सही विकल्प चुनकर लिखिए। (1)

कथन (A) जन-सामान्य कोई भी बुरा-से-बुरा काम करने के लिए विवश है।

कारण (R) लोगों की विषम आर्थिक परिस्थिति थीं।

कूट

(a) कथन (A) सही है, परंतु कारण (R) गलत है
(b) कथन (A) गलत है, परंतु कारण (R) सही है
(c) कथन (A) और कारण (R) दोनों सही हैं, लेकिन कारण (R) कथन (A) की सही व्याख्या नहीं करता है
(d) कथन (A) और कारण (R) दोनों सही हैं तथा कारण (R) कथन (A) की सही व्याख्या करता है

(ङ) इस पद्यांश में कवि ने समाज का कौन-सा चित्र प्रस्तुत किया है? (1)

(i) मार्मिक *(ii)* दयनीय *(iii)* भयावह *(iv)* घृणापूर्ण

5. *निम्नलिखित गद्यांश के प्रश्नों को ध्यानपूर्वक पढ़कर उपयुक्त उत्तर वाले विकल्प को चुनकर लिखिए।* (1×5 = 5)

पैसे की व्यंग्य-शक्ति की सुनिए। वह दारुण है। मैं पैदल चल रहा हूँ कि पास ही धूल उड़ाती निकल गई मोटर। वह क्या निकली मेरे कलेजे को कौंधती एक कठिन व्यंग्य की लीक ही आर-से-पार हो गई। जैसे किसी ने आँखों में उँगली देकर दिखा दिया हो कि देखो, उसका नाम है मोटर और तुम उससे वंचित हो! यह मुझे अपनी ऐसी विडंबना मालूम होती है कि बस पूछिए नहीं। मैं सोचने को हो आता हूँ कि हाय, ये ही माँ-बाप रह गए थे, जिनके यहाँ मैं जन्म लेने को था! क्यों न मैं मोटरवालों के यहाँ हुआ! उस व्यंग्य में इतनी शक्ति है कि ज़रा में मुझे अपने सगों के प्रति कृतघ्न कर सकती है। लेकिन क्या लोक-वैभव की यह व्यंग्य-शक्ति उस चूरन वाले अकिंचित्कर मनुष्य के आगे चूर-चूर होकर ही नहीं रह जाती? चूर-चूर क्यों, कहो पानी-पानी। तो वह क्या बल है, जो इस तीखे व्यंग्य के आगे अजेय ही नहीं रहता, बल्कि मानो उस व्यंग्य की क्रूरता को ही पिघला देता है?

(क) लेखक के अनुसार वह कौन-सी शक्ति है, जो अपने सगों के प्रति कृतघ्न कर सकती है? (1)

(i) बल की शक्ति *(ii)* बौद्धिक शक्ति *(iii)* पैसे की व्यंग्य-शक्ति *(iv)* मोटर साइकिल की शक्ति

(ख) पैसे की व्यंग्य-शक्ति किस शक्ति के आगे चूर-चूर हो जाती है? (1)

(i) नैतिक सबलता *(ii)* धार्मिक विश्वास *(iii)* आध्यात्मिकता *(iv)* ये सभी

(ग) निम्नलिखित कथन और कारण को ध्यानपूर्वक पढ़िए और सही विकल्प चुनकर लिखिए। (1)

कथन (A) धूल उड़ाती मोटर को आँखों के सामने से निकलता हुआ देखकर लेखक को विडंबना महसूस होती है।

कारण (R) लेखक के पास सुंदर मोटर नहीं थी।

कूट

(i) कथन (A) और कारण (R) दोनों सही हैं तथा कारण (R) कथन (A) की सही व्याख्या करता है
(ii) कथन (A) गलत है, परंतु कारण (R) सही है
(iii) कथन (A) तथा कारण (R) दोनों गलत हैं
(iv) कथन (A) और कारण (R) दोनों सही हैं, लेकिन कारण (R) कथन (A) की सही व्याख्या नहीं करता है

(घ) कॉलम 1 को कॉलम 2 से सुमेलित कीजिए (1)

कॉलम-1	**कॉलम-2**
A. पैसे की व्यंग्य शक्ति का	1. विडंबना होती है
B. मोटर साइकिल से वंचित होने से	2. व्यक्ति स्वयं को श्रेष्ठ मानता है।
C. पैसे की अधिकता में	3. मनुष्य की चेतना पर प्रभाव पड़ता है।

कूट

	A	B	C
(i)	1	2	3
(ii)	3	1	2
(iii)	2	3	1
(iv)	1	2	3

(ङ) निम्नलिखित कथनों पर विचार कीजिए (1)

1. लेखक अपने माँ-बाप के घर स्वयं का जन्म होने को धन्य मानता है।
2. लेखक मोटर साइकिल पर चल रहा था जब उसके सामने से मोटर निकली।
3. लोक-वैभव की व्यंग्य-शक्ति चूरन वाले के समक्ष अर्थहीन थी।

उपरोक्त कथनों में से कौन-सा/से कथन सही है/हैं?

(i) केवल 1 *(ii)* केवल 3 *(iii)* 1 और 2 *(iv)* 2 और 3

पूरक पाठ्य-पुस्तक वितान भाग 2

6. *निम्नलिखित प्रश्नों को ध्यानपूर्वक पढ़कर सर्वाधिक उपयुक्त उत्तर वाले विकल्प को चुनकर लिखिए।* (1×10 = 10)

(क) 'सिल्वर वैडिंग' पाठ के अनुसार, पश्चिमी सभ्यता के अंधानुकरण के कारण क्या समाप्त होता जा रहा है? (1)

(i) मानवीय मूल्य *(ii)* बड़े-बुजुर्गों के प्रति समान भाव
(iii) अपनों के प्रति आत्मीयता *(iv)* ये सभी

(ख) यशोधर बाबू की सालगिरह के दिन आँख क्यों भर आई थी? 'सिल्वर वैडिंग' कहानी के आधार पर सही विकल्प चुनिए। (1)

(i) क्योंकि उनके परिवार ने उन्हें पार्टी के संबंध में कुछ नहीं बताया था
(ii) क्योंकि उनके परिवार ने उनसे आत्मीय व्यवहार किया था
(iii) क्योंकि उनके बेटे ने ऊनी गाउन देते हुए सुबह दूध लाने की जिम्मेदारी दे दी थी
(iv) क्योंकि उनके बेटे ने उन्हें यह नहीं कहा कि दूध मैं ला दिया करूँगा आप ठंड में बाहर नहीं जाइएगा

(ग) यशोधर बाबू द्वारा विपरीत परिस्थितियों से सामंजस्य स्थापित करने के प्रयास का क्या परिणाम होता है? (1)

(i) उनके मन में अंतर्द्वंद्व चलता रहता है *(ii)* उनका मन प्रसन्न रहता है
(iii) उनका किसी काम में मन नहीं लगता *(iv)* वे उन परिस्थितियों को सहज स्वीकार कर लेते हैं

(घ) निम्नलिखित कथन और कारण को ध्यानपूर्वक पढ़िए और सही विकल्प चुनकर लिखिए। (1)

कथन (A) आनंदा अपने पढ़ने की बात अपने दादा से नहीं कर पाता था।
कारण (R) लेखक के पिता अत्यधिक गुस्से वाले व्यक्ति थे।
कूट

(i) कथन (A) सही है, परंतु कारण (R) गलत है
(ii) कथन (A) गलत है, परंतु कारण (R) सही है
(iii) कथन (A) और कारण (R) दोनों सही हैं, लेकिन कारण (R) कथन (A) की सही व्याख्या नहीं करता है
(iv) कथन (A) और कारण (R) दोनों सही हैं तथा कारण (R) कथन (A) की सही व्याख्या करता है

(ङ) 'जूझ' कहानी में आनंदा ने किस विषय पर कविता लिखना आरंभ किया? (1)

(i) अपनी माँ और परिवार के विषय में *(ii)* गाँव, खेती और आस-पास के दृश्य पर
(iii) अपने अध्यापक सौंदलगेकर के व्यक्तित्व पर *(iv)* भैंस, गाय और उनके जीवन के संबंध में

(च) 'जूझ' कहानी में आनंदा के उच्च स्तर के कवि तक का सफर किस बात का प्रमाण है? (1)

(i) उसके परिश्रम व लगनशीलता की प्रवृत्ति का *(ii)* उसके झूठ बोलकर पढ़ाई करने का
(iii) पिता की बात को महत्त्व न देने का *(iv)* केवल अपने मन की करने का

(छ) सिंधु घाटी के नगर नियोजन, वास्तुकला, शिल्पकला, सड़क निर्माण आदि से क्या ज्ञात होता है? (1)

(i) ये केवल खंडहर ही थे *(ii)* ये खंडहर के प्रमाण नहीं हैं
(iii) ये केवल बाह्य आडंबर थे *(iv)* ये किसी समाज को व्याख्यायित नहीं करते हैं

(ज) यशोधर बाबू की पत्नी तथा उनके विचारों में समानता नहीं थी। इसका क्या कारण था? (1)

(i) वह घर से बाहर निकलकर नौकरी करना चाहती थी *(ii)* वह आधुनिक जीवन मूल्यों को अपनाना चाहती थी
(iii) उसकी सोच स्त्रियों के विषय में आधुनिक थी *(iv)* उसका व्यक्तित्व अत्यंत संकुचित था

(झ) सिंधु घाटी की सभ्यता के महाकुंड के संबंध में कौन-सा कथन सही नहीं है? (1)

(i) यह पक्की ईंटों से बना हुआ था *(ii)* यह सामूहिक स्नान व अनुष्ठान का एक अंग था
(iii) यह दस फीट चौड़ा तथा पच्चीस फीट गहरा था *(iv)* यह वास्तुकला का एक श्रेष्ठ नमूना था

(ञ) निम्नलिखित कथनों पर विचार कीजिए (1)

1. मोहनजोदड़ो की सभ्यता लो-प्रोफाइल सभ्यता थी।
2. सिंधु घाटी सभ्यता से प्राप्त चित्रलिपि से इस सभ्यता की जानकारी प्राप्त होती है।
3. सिंधु घाटी सभ्यता की खूबी उसका सौंदर्य बोध है।
4. सिंधु घाटी सभ्यता में पत्थर और ताँबे के औजार ही खेती में प्रयुक्त होते थे।

उपरोक्त कथनों में से कौन-सा/से कथन सही है/हैं?

(i) केवल 1 *(ii)* केवल 3 *(iii)* 1, 2 और 3 *(iv)* 1, 3 और 4

■ खंड 'ब' (वर्णनात्मक प्रश्न)

खंड 'ब' में जनसंचार और सृजनात्मक लेखन, पाठ्य-पुस्तक आरोह भाग-2 व पूरक पाठ्य-पुस्तक वितान भाग-2 से संबंधित वर्णनात्मक प्रश्न पूछे गए हैं। जिनके निर्धारित अंक प्रश्न के सामने अंकित हैं।

जनसंचार और सृजनात्मक लेखन

7. *निम्नलिखित दिए गए 3 विषयों में से किसी 1 विषय पर लगभग 120 शब्दों में रचनात्मक लेख लिखिए।* (6 × 1 = 6)

(क) किसी पुस्तक का वर्णन-पुस्तक में आपको क्या अच्छा लगा?

(ख) कन्या भ्रूण हत्या : एक अपराध

(ग) फिल्मों की समाज में भूमिका

8. *निम्नलिखित प्रश्नों को ध्यानपूर्वक पढ़कर लगभग 40 शब्दों में निर्देशानुसार उत्तर दीजिए।* (2 × 2 = 4)

(क) 'नाटक साहित्य की सर्वोत्तम विधा है, जिसे पढ़ने, सुनने के साथ देखा भी जा सकता है।' नाटक का अभिप्राय स्पष्ट करते हुए इसके अंगों पर प्रकाश डालिए। (2)

अथवा

कहानी का सबसे आवश्यक तत्त्व क्या है? वर्णन कीजिए।

(ख) आत्मनिर्भर होकर लेखन करना ही अप्रत्याशित लेखन की कुशलता का आधार है, कैसे? स्पष्ट कीजिए। (2)

अथवा

मुद्रित माध्यमों के लिए लिखते समय किन बातों का ध्यान रखना आवश्यक है?

9. *निम्नलिखित प्रश्नों को ध्यानपूर्वक पढ़कर दिए गए 3 प्रश्नों में से किन्हीं 2 प्रश्नों के लगभग 60 शब्दों में उत्तर दीजिए।* (3 × 2 = 6)

(क) आपके क्षेत्र में आयोजित होने वाले रक्तदान शिविर पर एक फ़ीचर लिखिए। (3)

(ख) समाचार के लिए प्रभाव क्षेत्र की क्या भूमिका होती है? स्पष्ट कीजिए। (3)

(ग) रिपोर्ट किसी घटना, मुद्दे या समस्या के बारे में लिखी जाती है। रिपोर्ट लेखन के विभिन्न प्रकारों को स्पष्ट कीजिए। (3)

पाठ्य-पुस्तक आरोह भाग 2

10. *निम्नलिखित प्रश्नों को ध्यानपूर्वक पढ़कर दिए गए 3 प्रश्नों में से किन्हीं 2 प्रश्नों के लगभग 60 शब्दों में उत्तर दीजिए।* (3 × 2 = 6)

(क) 'कैमरे में बंद अपाहिज' कविता में दूरदर्शन वाले कैमरे के सामने किसी दुर्बल को क्यों लाते हैं? (3)

(ख) "पेट की आग का शमन ईश्वर (राम) भक्ति का मेघ ही कर सकता है" तुलसी का यह काव्य-सत्य क्या आधुनिक समय का भी सत्य है? तर्कसंगत उत्तर दीजिए। (3)

(ग) रक्षाबंधन की तैयारी का वर्णन शायर द्वारा किस प्रकार किया गया है? 'रुबाइयाँ' के आधार पर स्पष्ट कीजिए। (3)

11. *निम्नलिखित प्रश्नों को ध्यानपूर्वक पढ़कर दिए गए 3 प्रश्नों में से किन्हीं 2 प्रश्नों के लगभग 40 शब्दों में उत्तर दीजिए।* (2 × 2 = 4)

(क) 'दिन जल्दी-जल्दी ढलता है' में प्रेम की अभिव्यक्ति हुई है, सिद्ध कीजिए। (2)

(ख) बच्चों के झुंड में कवि को क्या सर्वाधिक आकर्षित करता है? 'पतंग' कविता के आधार पर बताइए। (2)

(ग) विप्लव के बादल की घोर गर्जना सुनकर धनी वर्ग किस आशंका से ग्रस्त हो जाता है व क्यों? 'बादल राग' कविता के आधार पर बताइए। (2)

12. *निम्नलिखित प्रश्नों को ध्यानपूर्वक पढ़कर दिए गए 3 प्रश्नों में से किन्हीं 2 प्रश्नों के लगभग 60 शब्दों में उत्तर दीजिए।* (3 × 2 = 6)

(क) भक्तिन के शास्त्रार्थ को स्वीकार करना किसी तर्क शिरोमणि के लिए भी संभव नहीं था। इस कथन के आलोक में भक्तिन की तर्कशक्ति की प्रखरता को सिद्ध कीजिए। (3)

(ख) सभी पर बाज़ार का जादू क्यों नहीं चल सकता है? भगत जी का उदाहरण देकर इस कथन की पुष्टि कीजिए। (3)

(ग) 'काले मेघा पानी दे' कहानी में इंदर सेना का अन्य नाम क्या था? (3)

13. *निम्नलिखित प्रश्नों को ध्यानपूर्वक पढ़कर दिए गए 3 प्रश्नों में से किन्हीं 2 प्रश्नों के लगभग 40 शब्दों में उत्तर दीजिए।* (2 × 2 = 4)

(क) 'पहलवान की ढोलक' पाठ में महामारी फैलने के बाद गाँव में सूर्योदय और सूर्यास्त के दृश्य में क्या अंतर होता था? (2)

(ख) शिरीष के माध्यम से लेखक ने कोलाहल तथा संघर्ष में अविचल रहकर जिजीवषु बने रहने की प्रेरणा दी है। कैसे? स्पष्ट कीजिए। (2)

(ग) जाति-प्रथा आर्थिक विकास के लिए हानिकारक कैसे है? 'जाति-प्रथा और श्रम विभाजन' पाठ के आधार पर स्पष्ट कीजिए। (2)

पूरक पाठ्य-पुस्तक वितान भाग 2

14. *निम्नलिखित प्रश्नों को ध्यानपूर्वक पढ़कर दिए गए 2 प्रश्नों में से किसी 1 प्रश्न का लगभग 60 शब्दों में उत्तर दीजिए।* (4 × 1 = 4)

"सिल्वर वैडिंग वर्तमान युग में बदलते जीवन-मूल्यों की कहानी है।" सोदाहरण सिद्ध कीजिए। (4)

अथवा

"सिंधु सभ्यता की खूबी उसका सौंदर्य है, जो राज-पोषित या धर्म-पोषित न होकर समाज-पोषित था" ऐसा क्यों कहा गया?

व्याख्या सहित **उत्तर**

1. *(क) (iii)* भारत में आधुनिकता और पश्चिमीकरण का प्रभाव *(ख) (iii)* समाजशास्त्रीय दृष्टिकोण
(ग) (ii) पश्चिमीकरण की प्रक्रिया के *(घ) (iii) (i)* और *(ii)* दोनों
(ङ) (iv) पाश्चात्य संस्कृति का अंधानुकरण करना *(च) (i)* आधुनिक मूल्यों का अनुकरण करना
(छ) (iv) ये सभी *(ज) (iii)* 1 और 3
(झ) (iv) आधुनिकता के कारण आज लोगों ने समयोचित प्रगतिवादी दृष्टिकोण अपनाया है
(ञ) (i) कथन (A) और कारण (R) दोनों सही हैं तथा कारण (R) कथन (A) की सही व्याख्या करता है।

2. *(क) (iv)* युद्धरहित संसार का स्वप्न *(ख) (iv)* युद्ध अपार जनसंहार का कारण नहीं बनेगा
(ग) (iv) यहाँ कवि ने विश्व से युद्ध करने तथा शांति रखने की अपील की है
(घ) (iv) 2 और 3 *(ङ) (iv)* 2 3 1

3. *(क) (iv)* ये सभी *(ख) (iv)* 15 नवम्बर, 1970
(ग) (ii) वर्गीज समिति *(घ) (ii)* जो विशेष प्रकार की रिपोर्टिंग करते हैं
(ङ) (ii) 3 4 1 2

4. *(क) (ii)* पेट भरने के लिए बेटा-बेटी को भी बेचना
(ख) (ii) ईश्वर कृपा से *(ग) (i)* धर्म-अधर्म करने पर
(घ) (iv) कथन (A) और कारण (R) दोनों सही हैं तथा कारण (R) कथन (A) की सही व्याख्या करता है।
(ङ) (i) मार्मिक

5. *(क) (iii)* पैसे की व्यंग्य-शक्ति *(ख) (i)* नैतिक सबलता
(ग) (iv) कथन (A) और कारण (R) दोनों सही हैं, लेकिन कारण (R) कथन (A) की सही व्याख्या नहीं करता है।
(घ) (ii) 3 1 2 *(ङ) (ii)* केवल 3

6. *(क) (iv)* ये सभी

(ख) (iv) क्योंकि उनके बेटे ने उन्हें यह नहीं कहा कि दूध मैं ला दिया करूँगा आप ठंड में बाहर नहीं जाइएगा।

(ग) (i) उनके मन में अंतर्द्वंद्व चलता रहता है।

(घ) (iv) कथन (A) और कारण (R) दोनों सही हैं, तथा कारण (R) कथन (A) की सही व्याख्या करता है।

(ङ) (ii) गाँव, खेती और आस-पास के दृश्य पर।

(च) (i) उसके परिश्रम व लगनशीलता की प्रवृत्ति का।

(छ) (ii) ये खंडहर के प्रमाण नहीं हैं।

(ज) (ii) वह आधुनिक जीवन मूल्यों को अपनाना चाहती थी।

(झ) (iii) यह दस फीट चौड़ा तथा पच्चीस फीट गहरा था।

(ञ) (iv) 1, 3 और 4

7. *(क)* **रामचरितमानस**

पुस्तकें मनुष्य की सबसे अच्छी मित्र होती हैं। वे हमें सही मार्ग दिखाती हैं और हमें चरित्रवान बनने में सहायता करती हैं। मैंने बहुत-सी पुस्तकें पढ़ी हैं, लेकिन रामचरितमानस मेरी प्रिय पुस्तक है। यह गोस्वामी तुलसीदास जी द्वारा रचित है। इसमें मुख्य पात्र दशरथ पुत्र श्रीराम हैं, जिन्हें लोग भगवान् का अवतार मानते हैं। इस पुस्तक में श्रीराम के पूर्ण जीवन की व्याख्या की गई है। उनके बचपन से लेकर वनवास जाने तक और रावण का वध कर अयोध्या लौट आने तक सभी बातों का संपूर्ण वर्णन किया गया है।

यह पुस्तक बुराई पर अच्छाई की जीत को दर्शाती है और साथ ही हमें श्रीराम की भाँति आदर्श जीवन जीने की प्रेरणा देती है। यह हमें प्रेम से मिलकर रहने और एक-दूसरे की खुशी के लिए त्याग भावना रखना सिखाती है। एक ओर राम ने भरत के लिए वनवास लिया, वहीं दूसरी ओर भरत ने राम का दास बनकर राजकाज को सँभाला था। हनुमान जी के भक्तिभाव की बात ही निराली है। मुझे 'रामचरितमानस' को पढ़कर अत्यंत शांति मिलती है और इसलिए मैं इसे रोज पढ़ता हूँ। इसमें मनुष्य के जीवन से जुड़ी सभी समस्याओं का समाधान मिलता है और इसमें प्रयोग हुए दोहे और चौपाई इसके सौंदर्य को बढ़ाते हैं।

(ख) **कन्या भ्रूण हत्याः एक अपराध**

अल्ट्रासाउंड स्कैन जैसी लिंग परीक्षण जाँच से माँ के गर्भ से लड़की के भ्रूण को समाप्त करने के लिए गर्भपात की प्रक्रिया को कन्या भ्रूण-हत्या कहते हैं। भ्रूण का कोई भी लिंग परीक्षण भारत में गैर-कानूनी है। यह उन अभिभावकों के लिए शर्म की बात है, जो केवल बालक शिशु ही चाहते हैं, साथ ही उनके लिए भी, जो चिकित्सक गर्भपात कराने में सहायता करते हैं। कन्या भ्रूण-हत्या भारत में शताब्दियों से चली आ रही है, विशेष रूप से उन परिवारों में, जो केवल पुत्र ही चाहते हैं। उसके पीछे विभिन्न धार्मिक, सामाजिक, आर्थिक और भावनात्मक कारण भी हैं। सामान्यतः माता-पिता बालिका शिशु नहीं चाहते हैं, क्योंकि उन्हें लड़की की शादी में दहेज के रूप में एक बड़ी कीमत चुकानी होती है।

लोगों की ऐसी मान्यता है कि लड़कियाँ हमेशा उपभोक्ता होती हैं और लड़के उत्पादक होते हैं। अभिभावक समझते हैं कि लड़का उनके लिए जीवन भर कमाएगा और उनका ध्यान रखेगा, जबकि लड़की शादी के बाद दूसरे घर चली जाएगी। ऐसा मिथक है कि भविष्य में पुत्र ही परिवार का नाम आगे बढ़ाएगा, जबकि लड़कियाँ पति के घर के नाम को आगे बढ़ाती हैं। कन्या भ्रूण-हत्या को रोकने के लिए सरकार द्वारा अनेक कानून बनाए गए हैं। इसके पश्चात् भी वर्तमान समय में कन्या भ्रूण-हत्या भारतीय समाज में प्रचलित है। यह एक अपराध है। यह एक सामाजिक कलंक है। इसे समाप्त करने के लिए सरकार को कठोर से कठोर कदम उठाने की आवश्यकता है।

(ग) **फिल्मों की समाज में भूमिका**

आधुनिक समाज मे फिल्म मनोरंजन का मुख्य साधन है। समाज का एक बड़ा वर्ग इससे प्रभावित होता है। अधिकतर लोग कलाकारों की अभिनेयता को अपने जीवन में उतारने का प्रयास करते हैं। अतः फिल्मों का सामाजिक उत्तरदायित्व और भी बढ़ जाता है। समाज की बुराइयों को दूर करने में फिल्में अहम भूमिका निभाती हैं। ये समाज में स्वस्थ वातावरण का निर्माण करने में सहायक हैं। इस संदर्भ में अनेक फिल्मों का उदाहरण दिया जा सकता है; जैसे-'प्यासा' और 'प्रभात' जैसी फिल्मों को देखकर अनेक नारियों ने वैश्यावृत्ति को त्यागकर स्वस्थ जीवन जीने की राह अपनाई। 'पा' जैसी फिल्म ने असमय वृद्ध होने वाले बच्चों की कठिनाइयों को प्रदर्शित किया।

वर्तमान समय में आधुनिक समाज श्रेष्ठ साहित्यिक कृतियों से दूर होता जा रहा है। इस दूरी को कम करने में फिल्मों की भूमिका महत्त्वपूर्ण है। 'आँधी' और 'मौसम' फिल्में कमलेश्वर की साहित्यिक कृतियों पर आधारित हैं। फिल्मों के गीत भी व्यक्ति के एकाकीपन, निराशा व दुःख को कम करते हैं तथा मन में नई आशा का संचार करते हैं। यद्यपि फिल्मों के सकारात्मक रूप के साथ-साथ उनका एक नकारात्मक रूप भी है। आज के अनेक युवा फिल्मों को देखकर गुमराह हो जाते हैं, लेकिन यदि फिल्मों में समाज की समस्याओं को सकारात्मक ढंग से प्रस्तुत किया जाए तथा फिल्मों की व्यावसायिकता को नजर अंदाज कर दिया जाए, तो फिल्में समाज को नई दिशा दिखा सकती हैं। ये समाज का नव-निर्माण कर सकती हैं।

8. *(क)* नाटक साहित्य की वह सर्वोत्तम विधा है, जिसे पढ़ने, सुनने के साथ देखा भी जा सकता है। नाटक शब्द की उत्पत्ति 'नट्' धातु से मानी जाती है। 'नट्' शब्द का अर्थ अभिनय है, जो अभिनेता से जुड़ा हुआ है। इसे 'रूपक' भी कहा जाता है। भारतीय परंपरा में नाटक को दृश्यकाव्य की संज्ञा दी गई है।

नाटक के मुख्य अंग निम्नलिखित हैं

1. **समय का बंधन** नाटक का प्रथम अंग समय का बंधन है। समय का यह बंधन नाटक की रचना पर अपना पूरा प्रभाव डालता है, इसलिए नाटक को शुरुआत से लेकर अंत तक एक निश्चित समय-सीमा के अंदर ही पूरा होना होता है।

2. **शब्द** नाटक का दूसरा महत्त्वपूर्ण अंग शब्द है। नाटक में शब्द अपनी एक नई, निजी और अलग अस्मिता ग्रहण करता है। शब्द को 'नाटक का शरीर' कहा गया है।

अथवा

कथानक कथानक कहानी का आवश्यक तत्त्व एवं केंद्रीय बिंदु होता है, जिसमें प्रारंभ से अंत तक कहानी की सभी घटनाओं और पात्रों का उल्लेख होता है। सरल शब्दों में, कहानी की रचना को 'कथानक' कहा जाता है। प्रत्येक कहानी के लिए कथावस्तु का होना अनिवार्य है, क्योंकि इसके अभाव में किसी कहानी की रचना की कल्पना भी नहीं की जा सकती। कथानक को कहानी का प्रारंभिक नक्शा भी माना जा सकता है। कहानी का कथानक कहानीकार के मन में किसी घटना, जानकारी, अनुभव या कल्पना के कारण आता है। कहानीकार एक कल्पना का विकास करते हुए परिवेश, पात्र और समस्या को आकार देता है। इस प्रकार, वह एक ऐसा काल्पनिक ढाँचा (बनावट) तैयार करता है, जो कोरी कल्पना न होकर संभावित हो तथा लेखक के उद्देश्य से मिलती हो।

(ख) आत्मनिर्भर होकर लेखन करना ही अप्रत्याशित लेखन की कुशलता का आधार है, क्योंकि जो लोग आत्मनिर्भर होकर लिखित रूप में अभिव्यक्ति का अभ्यास नहीं करते उन्हें अप्रत्याशित विषयों कर लिखना एक चुनौती के समान लगता है। रटने की बुरी आदत हमें अभ्यास का अवसर नहीं देती और हम दूसरों द्वारा तैयार की गई सामग्री को ज्यों का त्यों प्रस्तुत कर देते हैं। यह निर्भरता हमारे मौलिक अभ्यास को बाधित करती है और हमारी लिखित अभिव्यक्ति की क्षमता को विकसित नहीं होने देती। अतः आवश्यक है कि हमें निबंध के परंपरागत विषयों को छोड़कर नए प्रकार के विषयों पर लिखने का अभ्यास करना चाहिए।

अथवा

मुद्रित माध्यमों के लिए लिखते समय निम्नलिखित बातों का ध्यान रखना आवश्यक है

(i) मुद्रित माध्यमों के लिए लेखन करते समय अपने पाठकों के भाषा-ज्ञान व उनकी रुचियों तथा जरूरतों का भी पूरा ध्यान रखना पड़ता है।

(ii) मुद्रित माध्यमों के लेखकों और पत्रकारों को प्रकाशन की समय-सीमा का पूरा ध्यान रखना पड़ता है।

(iii) मुद्रित माध्यमों में लेखक को स्पेस का भी पूरा ध्यान रखना पड़ता है, जैसे-किसी अखबार या पत्रिका के संपादक ने यदि आपको 250 शब्दों में रिपोर्ट या फीचर लिखने के लिए कहा है, तो आपको उस शब्द सीमा का ध्यान रखना पड़ेगा।

(iv) मुद्रित माध्यम के लेखक या पत्रकार को इस बात का भी ध्यान रखना पड़ता है कि छपने से पहले आलेख में मौजूद सभी गलतियों और अशुद्धियों को दूर कर दिया जाए।

9. *(क)* **रक्तदान शिविर**

रक्तदान महादान होता है, क्योंकि इसके द्वारा अनेक लोगों को नया जीवन प्राप्त होता है। हमारे क्षेत्र में भी नर्सिंग कॉलेज द्वारा रक्तदान शिविर का आयोजन किया गया, जिसमें लगभग 500 लोगों द्वारा रक्तदान किया गया, जिसमें हमारे क्षेत्र के विधायक द्वारा भी रक्तदान किया गया। विधायक ने कहा है कि किसी के जीवन को बचाने के लिए रक्तदान करना सबसे महत्त्वपूर्ण दान है। इसलिए जो लोग सक्षम हैं तथा स्वस्थ हैं, उन्हें रक्तदान अवश्य करना चाहिए। इन्होंने नर्सिंग कॉलेज की इस पहल की प्रशंसा करते हुए कहा की रक्तदान शिविरों के माध्यम से हम प्रत्यक्ष-अप्रत्यक्ष रूप से लोगों के जीवन को बचाने का कार्य करते हैं। रक्तदान के लाभ और मानवता के लिए इसकी आवश्यकता के विषय में अधिक-से-अधिक लोग जागरूक हों इसके लिए रक्तदान शिविरों के आयोजन होने चाहिए तथा इसके लिए लोगों को भी बढ़-चढ़कर हिस्सा लेना चाहिए। साथ ही दूसरे लोगों को भी जागरूक करना चाहिए। कुछ लोगों के मन में रक्तदान को लेकर कुछ गलत आशंकाएँ होती हैं; जैसे-रक्तदान से खून की कमी हो जाती है, स्वास्थ्य खराब हो जाता है आदि। ऐसे लोगों को समझाना चाहिए तथा इसके बारे में पूर्व जानकारी देनी चाहिए, जिससे वह भी रक्तदान करके पुण्य कमा सके।

(ख) जिस घटना का प्रभाव व्यक्ति के जीवन पर सीधा पड़ता है, उस घटना के समाचार बनने की संभावना अधिक होती है। जो घटना अथवा समस्या पाठक, दर्शक, श्रोता के आस-पास के क्षेत्र एवं जीवन से संबंध रखती है तथा उसके जीवन पर सीधा प्रभाव डालती हो उससे संबंधित जानकारी को प्राप्त करने की उसकी स्वाभाविक इच्छा होती है। सरकार का कोई निर्णय यदि सीमित लोगों को प्रभावित एवं लाभान्वित करता है, तो यह बड़ा समाचार नहीं होगा।

(ग) अखबारों और पत्रिकाओं में किसी घटना, समस्या या मुद्दे की गहरी छानबीन, विश्लेषण और व्याख्या की जाती है, इसे ही विशेष रिपोर्ट कहा जाता है।

विशेष रिपोर्ट निम्नलिखित प्रकार की होती हैं

(i) **खोजी** (इन्वेस्टिगेटिव) **रिपोर्ट** इस रिपोर्ट में रिपोर्टर मौलिक शोध और छानबीन के माध्यम से ऐसी सूचनाएँ या तथ्य सामने लाता है, जो सार्वजनिक तौर पर पहले से उपलब्ध नहीं थीं। खोजी रिपोर्ट का प्रयोग प्रायः भ्रष्टाचार, अनियमितताओं और गड़बड़ियों को उजागर करने के लिए किया जाता है।

(ii) **इन-डेप्थ रिपोर्ट** इस रिपोर्ट में सार्वजनिक तौर पर उपलब्ध तथ्यों, सूचनाओं और आँकड़ों की गहरी छानबीन की जाती है तथा उसके आधार पर किसी घटना, समस्या, मुद्दों से जुड़े महत्त्वपूर्ण पहलुओं को सामने लाया जाता है।

(iii) **विश्लेषणात्मक रिपोर्ट** इस रिपोर्ट में किसी घटना या समस्या से तथ्यों का विश्लेषण या व्याख्या की जाती है।

(iv) **विवरणात्मक रिपोर्ट** इस रिपोर्ट में किसी घटना या समस्या के विवरण को सूक्ष्म या विस्तृत रूप से प्रस्तुत करने का प्रयास किया जाता है।

10. *(क)* दूरदर्शन वाले समर्थ और शक्तिशाली होते हैं। वे किसी दुर्बल या अपाहिज को इसलिए कैमरे के सामने लाते हैं, जिससे वह उनकी करुणा व दुर्बलता दिखाकर पैसा कमा सके, क्योंकि वे जानते हैं कि समाज में कमजोर व अशक्त लोगों के प्रति करुणा का भाव होता है। लोग दूसरे के दुःख को जानने के इच्छुक होते हैं, जिससे उन्हें सहानुभूति मिलती हैं, साथ ही दूरदर्शन वालों की टी.आर.पी बढ़ती है। मीडिया वाले इसी भावना का लाभ उठाना चाहते हैं और अपने लाभ व स्वार्थ के लिए ऐसे कार्यक्रम बनाते हैं।

(ख) तुलसीदास ने 'कवितावली' के एक पद में माना है कि 'पेट की आग' रामभक्ति रूपी मेघ ही बुझा सकते हैं। कवि का मानना है कि कर्म-फल ईश्वर के अधीन है। ईश्वर को 'पेट की आग' का शमन करने वाला बताना सिर्फ़ आस्था का विषय है।

बिना कर्म के किसी फल की प्राप्ति संभव नहीं है। ईश्वर को पेट की आग बुझाने वाला मानना न तो तुलसी का युग-सत्य था और न ही आज का युग सत्य है। जो मनुष्य परिश्रम करता है, वह आगे बढ़ता है। वर्तमान आर्थिक युग में ईश्वर कृपा की जगह श्रम की महत्ता को स्थान दिया जाता है। ईश्वर के भरोसे रह जाने वाला जीवन, जगत में पीछे छूट जाता है।

(ग) रक्षाबंधन के दिन सुबह-सुबह जब आकाश पर काले बादल छाए होते हैं, तो एक नन्ही-सी बच्ची अपने भाई की कलाई पर राखी बाँधने को तैयार होती है। वह नन्ही-सी बच्ची बड़े उत्साह में है। वह उमंग के साथ हाथ में राखी लेकर खड़ी है। राखी के लच्छे में बिजली-सी चमक है। ऐसी ही चमक उस बच्ची के चेहरे पर भी है।

11. (क) 'दिन जल्दी-जल्दी ढलता है' कविता में कवि ने समय बीत जाने के अहसास का वर्णन किया है। समय के साथ हमें लक्ष्य को प्राप्त कर लेना चाहिए। इसमें कवि ने प्रेम की अभिव्यक्ति करते हुए कहा है कि जब चिड़िया अपने बच्चों के लिए सुबह भोजन की तलाश में निकल जाती है, तब बच्चे घोंसले से बाहर झाँक-झाँककर अपनी माँ का इंतजार कर रहे होते हैं। बच्चे और माँ एक-दूसरे से प्रेम करते हैं। अतः यहाँ चिड़िया और उसके बच्चे के प्रेम को दर्शाया गया है।

(ख) बच्चों के झुंड में बच्चों का बेसुध होकर लक्ष्य की ओर भागना, कवि को सर्वाधिक आकर्षित करता है। इसी आकर्षण के कारण उसने इसी बिंब का चुनाव किया है। बच्चे अपने लक्ष्य की ओर प्रयास करते हुए दौड़ पड़ते हैं। उन्हें छत की कठोरता और गिरने का भय भी याद नहीं रहता। अपने लक्ष्य को प्राप्त करने के लिए वे किसी भी तरह प्रयासरत् रहते हैं।

(ग) समाज का धनी वर्ग प्रभुत्वशाली है। यह वर्ग पूँजीवादी तथा सामंती है। इसे किसी भी प्रकार के सामाजिक परिवर्तन से भय होता है। यह वर्ग शोषण की बुनियाद पर टिका होता है। कमज़ोर, वंचित तथा पिछड़े लोग इसके शिकार बनते हैं, लेकिन जब दबी-कुचली जनता अपनी शक्ति का प्रदर्शन करने लगती है, तो शोषक वर्ग भयभीत हो जाता है।

विप्लव के बादल जब घोर गर्जना करते हैं, तो धनी वर्ग अपने विनाश, मृत्यु तथा लुटने की आशंका से ग्रस्त हो जाता है। ऐसा धनी वर्ग अपने महल के शयनकक्ष में भी भयभीत दिखता है। उसे अपने अस्तित्व तथा शोषण की प्रक्रिया के अंत का बोध काँपने के लिए विवश कर देता है।

12. (क) भक्तिन की तर्कशक्ति बहुत अच्छी थी। वह जिस बात को मानती थी, उसे पूरी शक्ति से कहती थी। जब उससे पूछा गया कि वह घर में इधर-उधर रखे पैसों को मटकी में क्यों डालती है? यह तो चोरी है, तो इसका प्रत्युत्तर देते हुए भक्तिन ने कहा कि यह तो पैसा सँभालकर रखने का एक तरीका है और इसके लिए वह तर्क करने को भी तैयार थी। वह शास्त्रों के तर्कों द्वारा दूसरों को अपने मन के अनुकूल बना लेने में भी निपुण थी। इस प्रकार कहा जा सकता है कि भक्तिन के शास्त्रार्थ को स्वीकार करना किसी तर्क शिरोमणि के लिए भी संभव नहीं था।

(ख) लेखक के अनुसार, सभी लोगों पर बाजार का जादू नहीं चलता था अर्थात् जिन लोगों की क्रय-शक्ति होने पर भी मन भरा हुआ हो, उसमें किसी चीज को लेने का निश्चित लक्ष्य हो तथा अन्य किसी सामान की लालसा न हो, ऐसे लोगों पर बाजार का जादू नहीं चलता है। भगत जी भी उन्हीं लोगों में से एक थे। इनका चूरन प्रसिद्ध था वे एक दिन में छः आने से अधिक नहीं कमाते थे और इतनी कमाई होती कि वह बाकी चूरन बच्चों में मुफ्त बाँट देते थे। वे बाजार से काला नमक और जीरा खरीदने जाते, तो सीधे पंसारी के पास जाकर खरीद लाते थे। उन पर चौक बाजार का न कोई आकर्षण रहता था और न कोई लालच। बाजार की चकाचौंध से मुक्त रहने से ही उन पर उसका जादू नहीं चलता था।

(ग) 'काले मेघा पानी दे' कहानी में इंदर सेना का अन्य नाम 'मेंढक मंडली' था। गाँव के कुछ लोगों को लड़कों का नंग-धड़ंग होकर कीचड़ में लथपथ होना अच्छा नहीं लगता था। वे उनके अंधविश्वास एवं ढोंग से चिढ़ते थे। इस कारण वे उन लड़कों की टोली से चिढ़ने के कारण उन्हें 'मेंढक मंडली' नाम से पुकारते थे।

13. (क) गाँव में फैली बीमारी ने अब महामारी का रूप ले लिया था। इसने इस तरह गाँव में हाहाकार मचा दिया था कि सभी के चेहरे पर रुदन के अलावा अन्य कोई भी चिह्न यदा-कदा ही दृष्टिगोचर होता था।

सूर्य निकलने के साथ ही लोग काँपते-कराहते घरों से निकलकर अपने आत्मीयजनों तथा मित्रों को समय बलवान होना समझाकर ढाँढस बँधाते थे और कहते थे कि समय परिवर्तित होता रहता है, बुरा समय भी जल्दी समाप्त हो जाएगा। लोग सूर्य के अस्त होने के साथ ही अपनी-अपनी झोंपड़ियों में चले जाते और उनकी चूँ तक की आवाज़ भी नहीं आती। उनकी बोलने की शक्ति भी बिल्कुल समाप्त हो जाती। केवल रुग्ण गाँववासियों के रोने-कराहने और बच्चों की माँ-माँ करने की आवाज़ें ही आतीं।

(ख) 'शिरीष के फूल' द्विवेदी जी का उत्कृष्ट निबंध है। इसके माध्यम से लेखक यह बताना चाहता है कि जिस प्रकार शिरीष का फूल; लू, गर्मी, आँधी और शुष्क मौसम में भी खिलकर अपना सौंदर्य बिखेरता रहता है, उसी प्रकार हमें भी जीवन के संघर्षों का सामना करते हुए प्रसन्नतापूर्वक जीवन जीना चाहिए। हमारी जिजीविषा भी ऐसी होनी चाहिए कि जब हमें कहीं से भी पोषण और नमी न मिल सके, तब हम अपनी आत्मा से बल अर्थात् पोषण पा सकें, जिससे हम विकट समय में भी सुकोमल सौंदर्यमयी जीवन को बनाने में अपने आपको सक्षम पाएँ।

(ग) जाति प्रथा के कारण अपना व्यवसाय करने में रुचि, क्षमता और प्रशिक्षण आदि का कोई योगदान नहीं रहता है। व्यवसाय को मजबूरी में अपनाने से वह जीवन भर के लिए उससे बँध जाता है। जिससे उसकी कार्य कुशलता कमजोर पड़ जाती हैं और आर्थिक लाभ भी नहीं मिलता एवं न ही अपने व्यवसाय के प्रति ईमानदार रह पाता है। कभी-कभी वह इस प्रथा के कारण भूख से मरने की स्थिति में भी पहुँच जाता है जिस कारण समाज एवं व्यक्ति को आर्थिक हानि उठानी पड़ती है।

14. 'सिल्वर वैडिंग' यथार्थ में वर्तमान युग के बदलते जीवन-मूल्यों की कहानी है। कहानी के केंद्रीय चरित्र यशोधर बाबू पाश्चात्य सभ्यता से विरक्ति रखते हैं। उनका व्यवहार अपनी पत्नी एवं बच्चों के प्रति उनके विरोध की भावना को दर्शाता है, क्योंकि वे पुराने विचारों का समर्थन करते हैं, जबकि उनका परिवार आधुनिक विचारों के पक्ष में रहता है।

वर्तमान समय पूरी तरह अर्थ पर आधारित हो गया है। आजकल परिवार में धन की अधिकता रहने पर ही पारिवारिक संबंध ठीक से निभ पाते हैं, अन्यथा परिवार को बिखरते देर नहीं लगती। यशोधर बाबू को धन से विशेष लगाव नहीं है। इसलिए वे अधिक कमाने पर ध्यान नहीं देते। उनका बड़ा बेटा भूषण विज्ञापन कंपनी में ₹ 1500 प्रतिमाह पर काम करता है और उसमें अमीर व्यक्ति बनने की आकांक्षा है। वह यशोधर बाबू के विचारों के विपरीत सामाजिक संबंधों की मर्यादा को नकारता है।

इसी कारण वह अपनी बुआ को पैसे नहीं भेजता। उसे न अपने माता-पिता की इच्छा की परवाह है और न रिश्तेदारी की। बदलते जीवन-मूल्य के साथ आज की पीढ़ी सामाजिक परंपराओं को दकियानूसी मानकर छोड़ रही है।

पुरानी पीढ़ी निस्तेज होकर हाशिए पर लाचार खड़ी नज़र आती है। नई और पुरानी पीढ़ी के बीच वैचारिक अंतर बहुत गहरा हो गया है। अतः कहा जा सकता है कि 'सिल्वर वैडिंग' वर्तमान युग में हो रहे पारिवारिक मूल्यों के विघटन का यथार्थ चित्रण है।

अथवा

मुअनजो-दड़ो की सभ्यता साधन संपन्न थी। यहाँ के लोगों की रुचि कला से जुड़ी होती थी। यहाँ पर पत्थर की मूर्तियाँ, मृद्भांड, पशु-पक्षियों की छवियाँ, सुनिर्मित मुहरें, खिलौने, केश विन्यास, आभूषण इत्यादि सिंधु सभ्यता को तकनीकी रूप से अधिक सिद्ध होने की अपेक्षा उसके कला प्रेम को अधिक दर्शाते हैं। यह सभ्यता धर्म तंत्र या राज तंत्र की ताकत का प्रदर्शन करने वाले महलों, उपासना स्थलों आदि का निर्माण नहीं करती थी। सिंधु सभ्यता समाज पोषित संस्था का समर्थन करती थी। सभ्यता में आडंबर को स्थान नहीं दिया गया था, अपितु चारों ओर से सुंदरता ही दिखाई देती थी। समाज में सौंदर्य बोध था, न कि कोई राजनीतिक या धार्मिक आडंबर। सभ्यता के केंद्र में समाज को प्रथम स्थान दिया गया है। इसमें न किसी राजा का प्रभाव था और न ही किसी धर्म विशेष का। इतना अवश्य है कि कोई-न-कोई राजा अवश्य रहा होगा, लेकिन यह सभ्यता राजा पर आश्रित नहीं थी। इन्हीं बातों के आधार पर हम कह सकते हैं कि ''सिंधु सभ्यता राज-पोषित या धर्म-पोषित न होकर पूरी तरह से समाज-पोषित थी।''

प्रतिदर्श प्रश्न–पत्र 10

हिंदी केंद्रिक कक्षा 12

समय : **3 घंटे** पूर्णांक : **80**

निर्देश

1. इस प्रश्न-पत्र में खंड 'अ' में वस्तुपरक तथा खंड 'ब' में वर्णनात्मक प्रश्न पूछे गए हैं।
2. खंड 'अ' में 40 वस्तुपरक प्रश्न पूछे गए हैं। सभी 40 प्रश्नों के उत्तर देने हैं।
3. खंड 'ब' में वर्णनात्मक प्रश्न पूछे गए हैं। प्रश्नों के उचित आंतरिक विकल्प दिए गए हैं।
4. दोनों खंडों के प्रश्नों के उत्तर देना अनिवार्य है।
5. यथासंभव दोनों खंडों के प्रश्नों के उत्तर क्रमशः लिखिए।

■ खंड 'अ' (वस्तुपरक प्रश्न)

खंड 'अ' में अपठित बोध, अभिव्यक्ति और माध्यम, पाठ्य–पुस्तक आरोह भाग–2 व पूरक पाठ्य पुस्तक वितान भाग–2 से संबंधित बहुविकल्पीय प्रश्न पूछे गए हैं, जिनमें प्रत्येक प्रश्न के लिए 1 अंक निर्धारित है।

अपठित बोध

1. *निम्नलिखित गद्यांश को ध्यानपूर्वक पढ़कर दिए गए प्रश्नों के सर्वाधिक उपयुक्त उत्तर वाले विकल्प को चुनकर लिखिए।* (1×10 = 10)

भाषा का एक प्रमुख गुण है—सृजनशीलता। हिंदी में सृजनशीलता का अद्भुत गुण है, अद्भुत क्षमता है, जिससे वह निरंतर प्रवाहमान है। हिंदी ही ऐसी भाषा है, जिसमें समायोजन की पर्याप्त और जादुई शक्ति है। अन्य भाषाओं और संस्कृतियों के शब्दों को हिंदी जिस अधिकार और सहजता से ग्रहण करती है, उससे हिंदी की संभावनाएँ प्रशस्त होती हैं। हिंदी के लचीलेपन ने अनेक भाषाओं के शब्दों को ही नहीं, उनके सांस्कृतिक तेवरों को भी अपने में समेट लिया है। यही कारण है कि हिंदी सामाजिक संस्कृति तथा विविध भाषा–भाषियों और धर्मावलंबियों की प्रमुख पहचान बन गई है। अरबी, फ़ारसी, तुर्की, अंग्रेज़ी आदि के शब्द हिंदी की शब्द–संपदा में ऐसे मिल गए हैं, जैसे वे जन्म से ही इसी भाषा परिवार के सदस्य हों। यह समाहार उसकी जीवंतता का प्रमाण है।

आज हम परहेज़ी होकर, शुद्धतावाद की जड़ मानसिकता में क़ैद होकर नहीं रह सकते। सूचना–क्रांति, तकनीकी–विकास और वैज्ञानिक आविष्कारों के दबाव ने हमें सबसे संवाद करने के अवसर दिए हैं। विश्व–ग्राम की संकल्पना से हिंदी को निरंतर चलना होगा। इसके लिए आवश्यक है—आधुनिक प्रयोजनों के अनुरूप विकास और भाषा एवं लिपि से संबंधित यांत्रिक साधनों का विकास। इंटरनेट से लेकर बाज़ार तक, राजकाज से लेकर शिक्षा और न्याय के मंदिरों तक हिंदी को उपयोगी और कार्यक्षम बनाने के लिए उसका सरल–सहज होना आवश्यक है और उसकी ध्वनि, लिपि, शब्द–वर्तनी, वाक्य–रचना आदि का मानकीकृत होना भी आवश्यक है। यदि सरकार की तत्परता के साथ हम जनता की दृढ़ इच्छाशक्ति, सजगता और सचेष्टता को जोड़ दें, तो वह दिन दूर नहीं, जब हिंदी अंतर्राष्ट्रीय सरहदों में भारत का प्रतिनिधित्व करेगी।

(क) हिंदी की संभावनाएँ कैसे प्रशस्त होती गई हैं? (1)

(i) अन्य भाषाओं के शब्दों को सहजता से ग्रहण करने से
(ii) अपने सांस्कृतिक स्वरूप से
(iii) अपनी तटस्थता से
(iv) अन्य भाषाओं को तुच्छ समझकर

(ख) हिंदी ने लचीलेपन के कारण क्या किया? (1)

(i) केवल अन्य भाषा के शब्दों को ग्रहण किया
(ii) अन्य भाषाओं के शब्दों व सांस्कृतिक तेवरों को अपने में समेट लिया
(iii) अपनी सामाजिक पहचान को बनाए रखा
(iv) दूसरी भाषाओं को अधिक महत्त्व दिया

(ग) 'संकल्पना' शब्द का तात्पर्य है (1)

(i) समता
(ii) सहजता
(iii) अवधारणा
(iv) संभावना

(घ) हिंदी भाषा के संदर्भ में शुद्धतावादी होने से क्या तात्पर्य है? (1)

(i) गैर-हिंदी भाषाओं के शब्दों को ग्रहण करना
(ii) हिंदी की बोलियों और उनके शब्दों को प्रधानता देकर हिंदी का विकास करना
(iii) (i) और (ii) दोनों
(iv) केवल हिंदी को महत्त्व देना

(ङ) आधुनिक प्रयोजनों के अनुरूप विकास तथा भाषा एवं लिपि से संबंधित यांत्रिक साधनों का विकास करने से क्या लाभ होगा? (1)

(i) विश्व ग्राम की संकल्पना साकार हो जाएगी
(ii) हिंदी की उन्नति अवरुद्ध हो जाएगी
(iii) मनुष्य यंत्रवत प्राणी बनकर रह जाएगा
(iv) तकनीकी उन्नति होगी

(च) हिंदी अंतर्राष्ट्रीय सीमाओं में भारत का प्रतिनिधित्व कब करेगी? (1)

(i) जब सरकार की तत्परता होगी
(ii) जब जनता की इच्छाशक्ति होगी
(iii) जब सरकार की तत्परता के साथ जनता की दृढ़ इच्छाशक्ति को हिंदी से जोड़ देंगे
(iv) जब हिंदी को अधिक महत्त्व मिलने लगेगा

(छ) निम्नलिखित कथनों पर विचार कीजिए (1)

1. हिंदी भाषा एवं लिपि से संबंधित साधनों का विकास आधुनिक युग की आवश्यकताओं के अनुरूप होना चाहिए।
2. केवल सरकार की तत्परता व सजगता ही हिंदी भाषा को अंतर्राष्ट्रीय महत्त्व प्रदान करवा सकती है।
3. सभी क्षेत्रों में हिंदी की उपयोगिता तथा महत्त्व स्थापित करने हेतु हिंदी भाषा का सरल व सहज होना आवश्यक है।

उपरोक्त कथनों में से कौन-सा/से सही है/हैं?

(i) केवल 1
(ii) केवल 3
(iii) 1 और 2
(iv) 1 और 3

(ज) हिंदी ने अन्य भाषाओं के शब्दों को स्वयं में समाहित करते हुए अपना स्वरूप निर्मित करके क्या किया? (1)

(i) भारत की भौगोलिक स्थिति में परिवर्तन किया
(ii) भारत की सामाजिक संस्कृति की पहचान बन गई
(iii) हिंदी के स्वरूपों को आच्छादित किया
(iv) हिंदी के विकास को रोक दिया

(झ) निम्नलिखित कथन और कारण को ध्यानपूर्वक पढ़िए और सही विकल्प चुनकर लिखिए। (1)

कथन (A) हिंदी भाषा विविध भाषा बोलने वाले व्यक्तियों तथा विविध धर्मावलंबियों की प्रमुख पहचान बन गई है।
कारण (R) हिंदी में भाषा में सृजनशीलता तथा समायोजनशीलता का अद्‌भुत गुण है।

कूट

(i) कथन (A) और कारण (R) दोनों सही हैं तथा कारण (R) कथन (A) की सही व्याख्या करता है
(ii) कथन (A) गलत है, परंतु कारण (R) सही है
(iii) कथन (A) तथा कारण (R) दोनों गलत हैं
(iv) कथन (A) और कारण (R) दोनों सही हैं, लेकिन कारण (R) कथन (A) की सही व्याख्या नहीं करता है

(ञ) प्रस्तुत गद्यांश किस विषय-वस्तु पर आधारित है? (1)

(i) हिंदी भाषा पर
(ii) हिंदी भाषा और अन्य भाषा पर
(iii) हिंदी भाषा और तकनीकी युग पर
(iv) हिंदी के विकास पर

2. *दिए गए पद्यांश पर आधारित प्रश्नों को ध्यानपूर्वक पढ़कर दिए गए प्रश्नों के सर्वाधिक उपयुक्त उत्तर वाले विकल्प को चुनकर लिखिए।* (1×5 = 5)

आज जीत की रात
पहरुए, सावधान रहना।
खुले देश के द्वारा
अचल दीपक समान रहना।
प्रथम चरण है नए स्वर्ग का
है मंजिल का छोर
इस जनमंथन से उठ आई
पहली रत्न हिलोर,
अभी शेष है पूरी होना
जीवन मुक्ता डोर
क्योंकि नहीं मिट पाई दु:ख की
विगत साँवली कोर।
ले युग की पतवार
बने अंबुधि महान रहना
पहरुए, सावधान रहना।
विषम शृंखलाएँ टूटी हैं
खुली समस्त दिशाएँ
आज प्रभंजन बनकर चलतीं
युग बंदिनी हवाएँ,
प्रश्न चिह्न बन खड़ी हो गईं
ये सिमटी सीमाएँ
आज पुराने सिंहासन की
टूट रहीं प्रतिमाएँ।
उठता है तूफ़ान, इंदु तम
दीप्तिमान रहना।
पहरुए, सावधान रहना!
ऊँची हुई मशाल हमारी
आगे कठिन डगर है
शत्रु हट गया, लेकिन उसकी
छायाओं का डर है
शोषण से मृत है समाज
कमज़ोर हमारा घर है
किंतु, आ रही नई ज़िंदगी
यह विश्वास अमर है।
जनगंगा में ज्वार
लहर तुम प्रवाहमान रहना
पहरुए, सावधान रहना।

(क) प्रस्तुत पद्यांश किससे संबंधित है? (1)

(i) देश की स्वाधीनता से
(ii) देशवासियों तथा सैनिकों से
(iii) स्वाधीनता के पश्चात् आने वाली कठिनाइयों से
(iv) देश के शत्रु व उसकी छाया से

(ख) पद्यांश के अनुसार, अभी क्या पूरा होना शेष रह गया है? (1)

(i) जीवन मुक्ता डोर
(ii) अंतिम अभिलाषा
(iii) स्वतंत्रता प्राप्त होना
(iv) सत्ता प्राप्त होना

(ग) निम्नलिखित कथनों पर विचार कीजिए (1)

1. स्वतंत्रता की प्रथम रात्रि में देश के रक्षकों को निश्चिंत नहीं रहना चाहिए।
2. स्वतंत्रता के बाद का रास्ता कठिन है।
3. विदेशी शोषण के पश्चात् भी हम कमजोर नहीं हैं।

उपरोक्त कथनों में से कौन-सा/से सही कथन है/हैं?

(i) केवल 1
(ii) केवल 3
(iii) 1 और 2
(iv) 1 और 3

(घ) कवि को किसकी छायाओं का डर बना हुआ है? (1)

(i) अंधकार की छायाओं का
(ii) शत्रुओं की छायाओं का
(iii) कुंठित समाज की कुंठाग्रस्त कुरीतियों की छायाओं का
(iv) स्वार्थी व्यक्ति के स्वार्थ की छायाओं का

(ङ) कॉलम 1 को कॉलम 2 से सुमेलित कीजिए (1)

	कॉलम - 1		**कॉलम - 2**
A.	स्वतंत्रता प्राप्ति के कारण	1.	रत्न से भरी जल तरंग
B.	प्रगति के तूफान को	2.	चन्द्रमा की तरह दीप्तिमान होकर आगे बढ़ाओ
C.	जनता के आंदोलन से यह सुनहरा अवसर	3.	देश के बंद दरवाजे खुल गए

कूट

	A	B	C
(i)	3	2	1
(ii)	1	3	2
(iii)	2	1	3
(iv)	1	2	3

अभिव्यक्ति और माध्यम

3. *निम्नलिखित प्रश्नों को ध्यानपूर्वक पढ़कर सर्वाधिक उपयुक्त उत्तर वाले विकल्प को चुनकर लिखिए।* (1×5 = 5)

(क) जनमानस द्वारा प्रयोग में लाए जाने वाले जनसंचार के आधुनिक माध्यमों में सबसे प्राचीन माध्यम है (1)

(i) मुद्रित माध्यम *(ii)* रेडियो
(iii) टेलीविजन *(iv)* इंटरनेट

(ख) निम्न में से कौन-सा गुण संवाददाताओं में पाया जाना अपेक्षित होता है? (1)

(i) पैनी दृष्टि *(ii)* निर्भीकता
(iii) सत्यनिष्ठा *(iv)* ये सभी

(ग) किसी भी समाचार-पत्र के लेखन तथा संपादन से जुड़ा व्यक्ति क्या कहलाता है? (1)

(i) संपादक *(ii)* पत्रकार
(iii) उपसंपादक *(iv)* मुख्य संवाददाता

(घ) सूची I को सूची II से सुमेलित कीजिए (1)

सूची I	सूची II
A. पाठक के विचार व समस्याएँ	1. साक्षात्कार
B. विशेष क्षेत्र से जुड़ी घटनाएँ व समस्याएँ	2. सहायक संपादक
C. पत्रकारीय लेखन के लिए कच्चा माल	3. संपादकीय पृष्ठ
D. संपादकीय लेखन	4. विशेषीकृत रिपोर्टिंग

कूट

	A	B	C	D
(i)	4	3	2	1
(ii)	1	2	3	4
(iii)	3	4	1	2
(iv)	2	3	4	1

(ङ) पाठकों की व्यापक रुचियों को ध्यान में रखते हुए उनकी जिज्ञासा शांत करते हुए मनोरंजन करने हेतु किया जाता है (1)

(i) सामान्य लेखन *(ii)* विशेष लेखन
(iii) समाचार लेखन *(iv)* कहानी लेखन

पाठ्य-पुस्तक आरोह भाग 2

4. *निम्नलिखित पद्यांश के प्रश्नों को ध्यानपूर्वक पढ़कर सर्वाधिक उपयुक्त उत्तर वाले विकल्प को चुनकर लिखिए।* (1×5 = 5)

तब प्रताप उर राखि प्रभु जैहऊँ नाथ तुरंत।
अस कहि आयसु पाई पद बंदि चलेउ हनुमंत।।
भरत बाहु बल सील गुन प्रभु पद प्रीति अपार।
मन महुँ जात सराहत पुनि पुनि पवन कुमार।।

(क) 'मन महुँ जात सराहत पुनि पुनि पवन कुमार' पंक्ति में किसके प्रति भक्ति-भावना का भाव है? (1)

(i) भरत के प्रति *(ii)* राम के प्रति
(iii) लक्ष्मण के प्रति *(iv)* शत्रुघ्न के प्रति

(ख) उपरोक्त पद्यांश के अनुसार हनुमान जी भरत के किन गुणों से प्रभावित हुए? (1)

(i) भरत की निष्क्रियता *(ii)* भरत की राज्य के प्रति सेवा भावना
(iii) भरत के बाहु बल व शील गुण *(iv)* ये सभी

(ग) हनुमान जी क्या हृदय में रखकर तुरंत स्वामी के पास जाने की बात कह रहे हैं? (1)

(i) राम का यश *(ii)* भरत का यश
(iii) स्वयं की वीरता *(iv)* राम के प्रति भक्ति

(घ) निम्नलिखित कथन और कारण को ध्यानपूर्वक पढ़िए और सही विकल्प चुनकर लिखिए। (1)

कथन (A) हनुमान जी आज्ञा पाकर भरत के चरणों की वंदना करके चले गए।

कारण (R) हनुमान जी को अत्यधिक थकावट लग रही थी।

कूट

(i) कथन (A) सही है, परंतु कारण (R) गलत है

(ii) कथन (A) गलत है, परंतु कारण (R) सही है

(iii) कथन (A) और कारण (R) दोनों सही हैं, लेकिन कारण (R) कथन (A) की सही व्याख्या नहीं करता है

(iv) कथन (A) और कारण (R) दोनों सही हैं तथा कारण (R) कथन (A) की सही व्याख्या करता है

(ङ) कवि द्वारा भरत बाहु बल सील गुन प्रभु पद प्रीति अपार कहना प्रतिपादित करता है कि हनुमान (1)

(i) भरत के गुणों व राम के प्रति उनकी अपार भक्ति की प्रशंसा कर रहे हैं

(ii) भरत के चरणों की वंदना कर रहे हैं

(iii) भरत के भ्रातृ प्रेम की प्रशंसा कर रहे हैं

(iv) भरत की कर्त्तव्यनिष्ठा की प्रशंसा कर रहे हैं

5. *निम्नलिखित गद्यांश के प्रश्नों को ध्यानपूर्वक पढ़कर उपयुक्त उत्तर वाले विकल्प को चुनकर लिखिए।* (1×5 = 5)

रात्रि की विभीषिका को केवल पहलवान की ढोलक ही ललकारकर चुनौती देती रहती थी। पहलवान संध्या से सुबह तक, चाहे जिस ख्याल से ढोलक बजाता हो, किंतु गाँव के अर्द्धमृत, औषधि-उपचार पथ्य-विहीन प्राणियों में यह संजीवनी शक्ति ही भरती थी। बूढ़े, बच्चे, जवानों की शक्तिहीन आँखों के आगे दंगल का दृश्य नाचने लगता था। स्पंदन-शक्ति-शून्य, स्नायुओं में भी बिजली दौड़ जाती थी। अवश्य ही ढोलक की आवाज में न तो बुखार हटाने का कोई गुण था और न महामारी की सर्वनाश शक्ति को रोकने की शक्ति ही, पर इसमें संदेह नहीं कि मरते हुए प्राणियों को आँख मूँदते समय कोई तकलीफ नहीं होती थी, मृत्यु से वे डरते नहीं थे।

(क) गाँव के बच्चे, बूढ़े, जवानों को पहलवान की ढोलक की आवाज़ सुनते ही क्या याद आ जाता था? (1)

(i) दंगल का दृश्य *(ii)* मृत्यु का भय

(iii) राजा की दयालुता *(iv)* रात्रि का अंधकार

(ख) ढोलक की आवाज़ को सुनकर बिना किसी तकलीफ के अपने प्राण कौन त्याग देता था? (1)

(i) लुट्टन सिंह *(ii)* चाँद सिंह

(iii) मरता हुआ व्यक्ति *(iv)* स्वस्थ व्यक्ति

(ग) निम्नलिखित कथन और कारण को ध्यानपूर्वक पढ़िए और सही विकल्प चुनकर लिखिए।

कथन (A) पहलवान की ढोलक की आवाज सुनकर महामारी से तड़पते हुए लोगों को मृत्यु का भय नहीं लगता था। (1)

कारण (R) पहलवान की ढोलक में संजीवनी शक्ति थी।

कूट

(i) कथन (A) और कारण (R) दोनों सही हैं तथा कारण (R) कथन (A) की सही व्याख्या करता है

(ii) कथन (A) सही है, परंतु कारण (R) गलत है

(iii) कथन (A) तथा कारण (R) दोनों गलत हैं

(iv) कथन (A) और कारण (R) दोनों सही हैं, लेकिन कारण (R) कथन (A) की गलत व्याख्या करता है

(घ) कॉलम 1 को कॉलम 2 से सुमेलित कीजिए (1)

	कॉलम 1		कॉलम 2
A.	सब डर कर अपने घरों में छिप जाते	1.	पहलवान की ढोलक
B.	तेज आवाज में चुनौती देती	2.	रात्रि का भय
C.	बिजली की सी तेजी दौड़ने लगती	3.	चेतना शून्य शरीर की नसों

कूट

	A	B	C
(i)	2	3	1
(ii)	3	2	1
(iii)	2	1	3
(iv)	1	2	3

(ङ) गद्यांश के आधार पर निम्नलिखित कथनों पर विचार कीजिए (1)

1. पहलवान की ढोलक की आवाज सुनकर गाँव के पीड़ित लोगों के सामने दंगल का दृश्य आ जाता था।
2. पहलवान की ढोलक रात्रि की भयावहता को कम कर देती थी।
3. पहलवान की ढोलक की आवाज पीड़ितों का उपचार करती थी। (1)

उपरोक्त कथनों में से कौन-सा/से कथन सही है/हैं?

(i) केवल 1 *(ii)* केवल 2 *(iii)* 1 और 2 *(iv)* 1 और 3

पूरक पाठ्य-पुस्तक वितान भाग 2

6. *निम्नलिखित प्रश्नों को ध्यानपूर्वक पढ़कर सर्वाधिक उपयुक्त उत्तर वाले विकल्प को चुनकर लिखिए।* (1×10 = 10)

(क) 'यशोधर बाबू' द्वारा प्रयुक्त 'समहाउ इंप्रॉपर' वाक्यांश से उनके व्यक्तित्व के संबंध में क्या पता चलता है? (1)

(i) वे आधुनिक विचारों के पक्ष में हैं *(ii)* वे आधुनिक विचारों के पक्ष में नहीं हैं
(iii) वे रूढ़िवादी विचारों का निषेध करते हैं *(iv)* वे परंपरा पालन को अपना कर्त्तव्य नहीं मानते हैं

(ख) 'सिल्वर वैडिंग' कहानी में यशोधर बाबू विचारों के मतभेद का दंश भोगने के लिए मजबूर हैं, क्योंकि (1)

(i) पुरानी पीढ़ी नई पीढ़ी की तरह आधुनिक बनना चाहती है *(ii)* नई पीढ़ी का पुरानी पीढ़ी से अटूट लगाव है
(iii) पीढ़ी का अंतराल बड़ी ही तीव्रता से बढ़ रहा है *(iv)* दोनों पीढ़ियाँ एक-दूसरे को समझने लगी हैं

(ग) यशोधर बाबू के परिवार के संदर्भ में सटीक विकल्प का चयन कीजिए। (1)

(i) उनका परिवार पुराने विचारों का समर्थक था *(ii)* उनका परिवार रूढ़िवादी विचारों का समर्थक था
(iii) उनका परिवार आधुनिक विचारों का समर्थक था *(iv)* उनका परिवार भारतीय एवं पाश्चात्य दोनों विचारों का समर्थक था

(घ) निम्नलिखित कथन और कारण को ध्यानपूर्वक पढ़िए और सही विकल्प चुनकर लिखिए। (1)

कथन (A) लेखक को पाँचवीं कक्षा में दोबारा बैठना पड़ा।
कारण (R) वसंत पाटिल नाम का होशियार लड़का लेखक का मित्र था।

कूट

(i) कथन (A) सही है, परंतु कारण (R) गलत है
(ii) कथन (A) गलत है, परंतु कारण (R) सही है
(iii) कथन (A) और कारण (R) दोनों सही हैं, लेकिन कारण (R) कथन (A) की सही व्याख्या नहीं करता है
(iv) कथन (A) और कारण (R) दोनों सही हैं तथा कारण (R) कथन (A) की सही व्याख्या करता है।

(ङ) आनंदा पर सौंदलगेकर जी का क्या प्रभाव पड़ा? 'जूझ' कहानी के आधार पर सटीक विकल्प चुनिए। (1)

(i) वह गणित में रुचि लेने लगा *(ii)* आनंदा की कविता में रुचि बढ़ गई
(iii) वह खेतों के काम में रुचि लेने लगा *(iv)* वह अपने माता-पिता का आदर करने लगा

(च) 'जूझ' कहानी में आनंदा की माँ के कथन "अब तू ही बता, मैं क्या करूँ" में किस भाव का चित्रण हुआ है? (1)

(i) आनंदा को पढ़ाई करने से रोकने का *(ii)* अपनी असमर्थता का बोध कराने का
(iii) अपनी अज्ञानता से परिचित कराने का *(iv)* आनंदा को स्वयं उपाय खोजने देने का

(छ) 'अतीत में दबे पाँव' पाठ में मुअनजो-दड़ो के बारे में क्या धारणा थी? (1)

(i) अपने दौर में यह घाटी की सभ्यता का केंद्र रहा होगा *(ii)* अपने दौर में यह सबसे कम प्रसिद्ध क्षेत्र रहा होगा
(iii) अपने दौर में यह सीमित जनसंख्या वाला क्षेत्र रहा होगा *(iv)* अपने दौर में यह केवल मुर्दों का टीला रहा होगा

(ज) 'पूरब की बस्ती रईसों की बस्ती है' 'अतीत के दबे पाँव' पाठ की पंक्ति के संदर्भ में बताइए कि आज के युग में पूरब की बस्ती किसे माना जाता है? (1)

(i) आज के युग में पूरब की बस्ती गरीबों की बस्ती मानी जाती है
(ii) आज के युग में पूरब की बस्ती उच्च शासनाधिकारी की बस्ती मानी जाती है
(iii) आज के युग में पूरब की बस्ती समृद्ध बस्ती मानी जाती है
(iv) आज के युग में पूरब की बस्ती पश्चिमी देशों को माना जाता है

(झ) 'जूझ' कहानी के संदर्भ में कौन-सा कथन सही नहीं है? (1)

(i) 'जूझ' कहानी आनंदा के जीवन के संघर्ष की कहानी है
(ii) आनंदा का मन शहर जाने के लिए तड़पता था
(iii) आनंदा के पिता को उसका पाठशाला जाना अच्छा नहीं लगता था
(iv) आनंदा ने अपनी माँ को अपनी पढ़ाई के बारे में दत्ता जी राव की सहायता लेने को कहा

(ञ) निम्नलिखित कथनों पर विचार कीजिए (1)

1. मुअनजो-दड़ो तथा हड़प्पा शहर पाकिस्तान में स्थित हैं।
2. मुअनजो-दड़ो सिंधु घाटी की सभ्यता का केंद्र नहीं था। यह एक साधारण शहर था।
3. मुअनजो-दड़ो पूर्णतः नियोजित शहर था।
4. भारत की सिंधु घाटी सभ्यता सबसे प्राचीन सभ्यता है।

निम्नलिखित कथनों में से कौन-सा/से कथन सही है/हैं?

(*i*) केवल 1 (*ii*) केवल 3 (*iii*) 1, 2 और 3 (*iv*) 1, 3 और 4

खंड 'ब' (वर्णनात्मक प्रश्न)

खंड 'ब' में जनसंचार और सृजनात्मक लेखन, पाठ्य–पुस्तक आरोह भाग–2 व पूरक पाठ्य–पुस्तक वितान भाग–2 से संबंधित वर्णनात्मक प्रश्न पूछे गए हैं। जिनके निर्धारित अंक प्रश्न के सामने अंकित हैं।

जनसंचार और सृजनात्मक लेखन

7. *निम्नलिखित दिए गए 3 विषयों में से किसी 1 विषय पर लगभग 120 शब्दों में रचनात्मक लेख लिखिए।* (6×1 = 6)

(क) काश! मैं प्रधानमंत्री होता (ख) वर्तमान युग में रिश्ते-नातों की कम होती अहमियत

(ग) लड़का-लड़की एकसमान

8. *निम्नलिखित प्रश्नों को ध्यानपूर्वक पढ़कर लगभग 40 शब्दों में निर्देशानुसार उत्तर दीजिए।* (2 × 2 = 4)

(क) "नाटक का प्रथम अंग समय का बंधन है।" इस कथन की पुष्टि कीजिए। (2)

अथवा

चरमोत्कर्ष किसे कहते हैं? कहानी में चरमोत्कर्ष का चित्रण किस प्रकार करना चाहिए और क्यों?

(ख) मौलिक प्रयास एवं अभ्यास से ही व्यक्ति के अंदर लिखित अभिव्यक्ति की क्षमता विकसित होती है। इस कथन के संदर्भ में अप्रत्याशित लेखन के चरणों पर प्रकाश डालिए। (2)

अथवा

रेडियो के सन्दर्भ में श्रव्य माध्यमों की दो सीमाएँ बताइए? किसी एक सीमा से पार पाने का उपाय भी बताइए।

9. *निम्नलिखित प्रश्नों को ध्यानपूर्वक पढ़कर दिए गए 3 प्रश्नों में से किन्हीं 2 प्रश्नों के लगभग 60 शब्दों में उत्तर दीजिए।* (3 × 2 = 6)

(क) 'कोरोना वायरस महामारी' विषय पर एक आलेख लिखिए। (3)

(ख) उल्टा पिरामिड शैली में समाचार लेखन की प्रक्रिया पर प्रकाश डालिए। (3)

(ग) पत्रकारिता विशेषज्ञता में आपका अनुभव ही महत्त्वपूर्ण है। पत्रकारीय विशेषज्ञता कैसी होती है? स्पष्ट कीजिए। (3)

पाठ्य–पुस्तक आरोह भाग 2

10. *निम्नलिखित प्रश्नों को ध्यानपूर्वक पढ़कर दिए गए 3 प्रश्नों में से किन्हीं 2 प्रश्नों के लगभग 60 शब्दों में उत्तर दीजिए।* (3 × 2 = 6)

(क) 'कविता के बहाने' कविता के संदर्भ में चिड़िया एवं कविता के बीच के संबंध का आधार स्पष्ट कीजिए। (3)

(ख) 'कैमरे में बंद अपाहिज' कविता में कार्यक्रम के प्रस्तुतकर्ता का वास्तविक उद्देश्य अपने कार्यक्रम को सफल बनाना है। इस कविता में निहित व्यंग्य पर टिप्पणी कीजिए। (3)

(ग) 'उषा' कविता में कवि ने उषाकाल के दौरान होने वाले सूर्योदय का चित्रण किया है। इसमें प्रातःकाल के नभ के लिए किन प्रतीकों का उपयोग किया है? स्पष्ट कीजिए। (3)

11. *निम्नलिखित प्रश्नों को ध्यानपूर्वक पढ़कर दिए गए 3 प्रश्नों में से किन्हीं 2 प्रश्नों के लगभग 40 शब्दों में उत्तर दीजिए।* (2×2 = 4)

(क) 'कवितावली' में तुलसी की वाणी में लोगों के प्रति उलाहने और तिरस्कार का भाव है। इसका क्या कारण रहा होगा? स्पष्ट कीजिए। (2)

(ख) बालक द्वारा चाँद माँगने की ज़िद पर माँ क्या करती है? 'रुबाइयाँ' शीर्षक के आधार पर अपने शब्दों में उत्तर दीजिए। (2)

(ग) 'दिन जल्दी-जल्दी ढलता है' कविता में बच्चों की प्रत्याशा को कवि ने किस प्रकार प्रस्तुत किया है? (2)

12. *निम्नलिखित प्रश्नों को ध्यानपूर्वक पढ़कर दिए गए 3 प्रश्नों में से किन्हीं 2 प्रश्नों के लगभग 60 शब्दों में उत्तर दीजिए।* (3×2 = 6)

(क) भक्तिन लेखिका का हर समय ध्यान रखती थी। वह लेखिका के कार्यों में किस प्रकार से सहायता करती थी? स्पष्ट कीजिए। (3)

(ख) दिनों-दिन गहराते पानी के संकट से निपटने के लिए क्या आज का युवावर्ग 'काले मेघा पानी दे' की इंदर सेना की तर्ज़ पर कोई सामूहिक आंदोलन प्रारंभ कर सकता है? अपने विचार लिखिए। (3)

(ग) 'बाज़ार दर्शन' पाठ के आधार पर स्पष्ट कीजिए कि भूमंडलीकरण के इस दौर में भगत जी जैसे लोग क्या प्रेरणा देते हैं? (3)

13. *निम्नलिखित प्रश्नों को ध्यानपूर्वक पढ़कर दिए गए 3 प्रश्नों में से किन्हीं 2 प्रश्नों के लगभग 40 शब्दों में उत्तर दीजिए।* (2×2 = 4)

(क) ढोलक की आवाज़ अपने गुण और शक्ति की दृष्टि से कहीं कम प्रभावकारी थी और कहीं अधिक, ऐसा क्यों? (2)

(ख) भारत में अधिकार लिप्सा की भावना बहुत प्रबल है। लेखक ने शिरीष के फूलों से इसकी समानता कैसे व्यक्त की है? (2)

(ग) सदस्यों की क्षमता का अधिकतम उपयोग करने के लिए समाज को क्या करना चाहिए? (2)

पूरक पाठ्य-पुस्तक वितान भाग 2

14. *निम्नलिखित प्रश्नों को ध्यानपूर्वक पढ़कर दिए गए 2 प्रश्नों में से किसी 1 प्रश्न का लगभग 60 शब्दों में उत्तर दीजिए।* (1×4 = 4)

क्या आप ऐसा मानते हैं कि यशोधर पंत की आँखों में नमी आने का कारण उनके बड़े बेटे भूषण का व्यवहार था? (4)

अथवा

मुअनजो-दड़ो में किस प्रकार के घर बने हुए थे? उन घरों का वर्णन कीजिए।

व्याख्या सहित **उत्तर**

1. ***(क)*** *(i)* अन्य भाषाओं के शब्दों को सहजता से ग्रहण करने से
(ख) *(ii)* अन्य भाषाओं के शब्दों व सांस्कृतिक तेवरों को अपने में समेट लिया
(ग) *(iii)* अवधारणा
(घ) *(i)* गैर-हिंदी भाषाओं के शब्दों को ग्रहण करना
(ङ) *(i)* विश्व ग्राम की संकल्पना साकार हो जाएगी
(च) *(iii)* जब सरकार की तत्परता के साथ जनता की दृढ़ इच्छाशक्ति को हिंदी से जोड़ देंगे
(छ) *(iv)* 1 और 3
(ज) *(ii)* भारत की सामाजिक संस्कृति की पहचान बन गई
(झ) *(i)* कथन (A) और कारण (R) दोनों सही हैं तथा कारण (R) कथन (A) की सही व्याख्या करता है।
(ञ) *(iii)* हिंदी भाषा और तकनीकी युग पर

2. ***(क)*** *(iii)* स्वाधीनता के पश्चात् आने वाली कठिनाइयों से
(ख) *(i)* जीवन मुक्ता डोर
(ग) *(iii)* 1 और 2
(घ) *(ii)* शत्रुओं की छायाओं का
(ङ) *(i)* 3 2 1

3. *(क) (i)* मुद्रित माध्यम *(ख) (iv)* ये सभी
(ग) (ii) पत्रकार *(घ) (iii)* 3 4 1 2
(ङ) (ii) विशेष लेखन

4. *(क) (i)* भरत के प्रति
(ख) (iii) भरत के बाहु बल व शील गुण
(ग) (ii) भरत का यश
(घ) (i) कथन (A) सही है, परंतु कारण (R) गलत है।
(ङ) (i) भरत के गुणों व राम के प्रति उनकी अपार भक्ति की प्रशंसा कर रहे हैं

5. *(क) (i)* दंगल का दृश्य *(ख) (iii)* मरता हुआ व्यक्ति
(ग) (ii) कथन (A) सही है, परंतु कारण (R) गलत है। *(घ) (iii)* 2 1 3
(ङ) (iii) 1 और 2

6. *(क) (ii)* वे आधुनिक विचारों के पक्ष में नहीं हैं
(ख) (iii) पीढ़ी का अंतराल बड़ी ही तीव्रता से बढ़ रहा है
(ग) (iii) उनका परिवार आधुनिक विचारों का समर्थक था
(घ) (iii) कथन (A) और कारण (R) दोनों सही हैं, लेकिन कारण (R) कथन (A) की सही व्याख्या नहीं करता है।
(ङ) (ii) आनंदा की कविता में रुचि बढ़ गई
(च) (ii) अपनी असमर्थता का बोध कराने का
(छ) (i) अपने दौर में यह घाटी की सभ्यता का केंद्र रहा होगा
(ज) (i) आज के युग में पूरब की बस्ती गरीबों की बस्ती मानी जाती है
(झ) (ii) आनंदा का मन शहर जाने के लिए तड़पता था
(ञ) (iv) 1, 3 और 4

7. *(क)* **काश! मैं प्रधानमंत्री होता**

भारत में प्रधानमंत्री का पद अति महत्त्वपूर्ण है। प्रधानमंत्री के पद पर सुशोभित होना निश्चय ही गौरव का विषय है। यह पद जितना महत्त्वपूर्ण है, उतना ही अधिक ज़िम्मेदारीपूर्ण भी है। मेरा मन भी इस पद के लिए लालायित रहता है।

यदि मैं भारत का प्रधानमंत्री होता, तो *भारत के प्रधानमंत्री के रूप में मेरी प्राथमिकताएँ निम्न होतीं*

- **शिक्षा का प्रसार** सर्वप्रथम मैं शिक्षा के उचित प्रसार पर ध्यान देता तथा इस बात का भी ध्यान रखता कि शिक्षा में विज्ञान, प्रौद्योगिकी, व्यावसायिकता आदि के साथ-साथ नैतिक मूल्यों का भी समावेश हो, जिससे सही अर्थों में शिक्षित नागरिक तैयार हो सकें।
- **आतंकवाद की समाप्ति** आतंकवाद से जहाँ एक ओर नागरिकों में असुरक्षा की भावना जन्म लेती है, वहीं दूसरी ओर इसका देश की आर्थिक गतिविधियों पर भी नकारात्मक प्रभाव पड़ता है। आतंकवाद को समूल नष्ट करने हेतु मैं जल, थल और वायु तीनों सेनाओं की सामरिक शक्ति में बढ़ोतरी करता, जिससे कोई भी हमारे देश की ओर आँख उठाकर देखने की चेष्टा न कर सके।
- **भ्रष्टाचार उन्मूलन** भ्रष्टाचार से राष्ट्र को आर्थिक क्षति के साथ-साथ, नैतिक तथा चारित्रिक आघात भी सहना पड़ता है, इसलिए मैं अपने चरित्र को भी शुद्ध रखता तथा दूसरों के चरित्र को भी शुद्ध करने के लिए कठोर नियमों को लागू करता।
- **आर्थिक चुनौतियों का समाधान** वर्तमान समय में आर्थिक विषमता, महँगाई, गरीबी, बेरोज़गारी, औद्योगीकरण की मंद प्रक्रिया आदि भारत के आर्थिक विकास की कुछ मुख्य चुनौतियाँ हैं। प्रधानमंत्री के रूप में मैं इन चुनौतियों का समाधान करने की कोशिश करता।

अतः मैं भारत के प्रधानमंत्री के रूप में भारत को खुशहाल देश बनाने का प्रयत्न करता।

(ख) **वर्तमान युग मे रिश्ते-नातों की कम होती अहमियत**

मानव जीवन में रिश्ते-नातों का बहुत महत्त्व है। इसके अभाव में तो जीवन की कल्पना भी नहीं की जा सकती। प्राचीनकाल से संयुक्त परिवारों का चलन रहा है, जिससे इंसान में अपनापन, प्रेम, त्याग, भ्रातृत्व, सहयोग की भावना विद्यमान रहती थी। इन रिश्तों के द्वारा ही इंसान सामाजिक जीवन जी पाता है तथा यही मानव जीवन में महत्त्वपूर्ण भी हैं।

समय के साथ संयुक्त परिवार की परंपरा समाप्त होती जा रही है। आज के युवाओं में यह मानसिकता पनपती जा रही है कि यदि आप अलग रहोगे, तो अपनी जिंदगी अपने ढंग से जी सकते हो। वे अपनी ही दुनिया में मस्त रहना चाहते हैं, किसी प्रकार की रोक-टोक उन्हें पसंद नहीं होती। आज के समय में स्वार्थ और धन-लालसा इतनी बढ़ गई है कि इनके वशीभूत होकर व्यक्ति रिश्ते-नातों का गला घोंटने से भी पीछे नहीं हटता। परस्पर बढ़ती ईर्ष्या की भावना के कारण भी रिश्ते-नाते समाप्त होते जा रहे हैं।

रिश्तों को मज़बूत बनाने के लिए व्यक्ति को कुछ समय रिश्तेदारों के लिए निकालना ही होगा। एक कहावत भी है कि ''रिश्ते-नातों के विकास के लिए मेल-जोल, अपनापन आवश्यक है। बिना पानी के तो पौधे तक सूख जाते हैं।'' इंसान को अपने अहंकार को त्यागकर, प्रेम तथा मेल-जोल की भावना का विकास करना होगा, तभी ये रिश्ते-नाते बच पाएँगे।

अतः अपने मानसिक सुख के लिए व्यक्ति को रिश्तों को निभाना अत्यंत आवश्यक है। रिश्ते-नातों को निभाते हुए हम भारतीयों को संपूर्ण विश्व को 'वसुधैव कुटुंबकम्' का संदेश देना चाहिए।

(ग) **लड़का-लड़की एक समान**

लड़का व लड़की एक ही सिक्के के दो पहलू हैं। नर-नारी का जीवन एक-दूसरे के बिना अधूरा है। सृष्टि के अस्तित्व के लिए दोनों की महत्ता अनिवार्य है। नर व नारी के अपने-अपने कार्यक्षेत्र, कर्त्तव्य व दायित्व हैं, जहाँ पुरुष धन अर्जन करता है, वहीं नारी घर-परिवार के दायित्व को सँभालती है, यहाँ तक कि आज नारी भी पुरुषों के साथ कंधे-से-कंधा मिलाकर जीवन के प्रत्येक क्षेत्र में अपना योगदान दे रही है, परंतु फिर भी लड़का व लड़की को समान नहीं समझा जाता, नारियों पर अत्याचार होता है। ग्रामीण स्त्रियाँ इस शोषण का अधिक शिकार होती हैं। आज भी लड़के की चाहत में भ्रूण-हत्या जैसी समस्याएँ हमारे समाज में व्याप्त हैं।

नर व नारी दोनों समाज के आधारभूत स्तंभ हैं। समाज के विकास, उन्नति, प्रगति में दोनों की समान भूमिका है। लड़का व लड़की में भेदभाव करने का कारण अनेक सामाजिक रूढ़ियाँ हैं; जैसे– यह मान लेना कि पुत्र ही वंश को चलाता है, दहेज-प्रथा आदि। ये रूढ़ियाँ ही लड़की के आकाशरूपी जीवन में धूमकेतु बनकर छा जाती हैं। यद्यपि शिक्षा के द्वारा नारी की स्थिति में सुधार हुआ है। लोगों में जागरूकता आई है तथा लोगों की मानसिकता में परिवर्तन हुआ है।

प्राचीनकाल से ही इस देश की धरती पर सीता, गार्गी, भारती जैसी नारियों को पूजनीय माना जाता रहा है। आज के युग में नारी भी अंतरिक्ष तक पहुँच गई है, इसलिए नारी की उपेक्षा न कर उसको समान महत्त्व दिया जाना चाहिए। संविधान में लड़का-लड़की को समान माना गया है, दोनों के समान अधिकार हैं, इसलिए समाज के विकास के लिए जीवनरूपी दोनों पहियों (लड़का व लड़की) को समान महत्त्व देकर विश्व को विकास के पथ पर ले जाना चाहिए। समानता एक अवधारणा नहीं है, यह एक आवश्यकता है।

8. *(क)* नाटक का प्रथम अंग समय का बंधन है अर्थात् नाटक की समय-सीमा निर्धारित होती है। इसे सीमा से अधिक नहीं बढ़ाया जा सकता। नाटक को निर्धारित समय-सीमा के अंदर ही पूरा करना होता है। समय का यह बंधन नाटक की रचना पर अपना पूरा प्रभाव डालता है। नाटक का विषय भूतकाल हो या भविष्यकाल इन दोनों ही स्थितियों में यह वर्तमानकाल में संयोजित होता है। यही कारण है कि नाटक के मंच निर्देश सदैव वर्तमानकाल में लिखे जाते हैं। चाहे काल कोई भी हो उसे एक समय में, एक स्थान विशेष पर वर्तमानकाल में ही घटित होना होता है। समय को लेकर एक और महत्त्वपूर्ण तथ्य यह है कि साहित्य की अन्य विधाओं; जैसे–उपन्यास, कहानी, कविता को हम वाचन या श्रवण करते हुए बीच में रोक भी सकते हैं और कुछ समय बाद पुनः वहीं से पढ़ और सुन सकते हैं, जबकि नाटक के साथ ऐसा कर पाना संभव नहीं है।

अथवा

जब कहानी पढ़ते-पढ़ते पाठक कौतूहल (जिज्ञासा) की पराकाष्ठा पर पहुँच जाए, तब उसे कहानी का चरमोत्कर्ष या चरम स्थिति कहते हैं। किसी भी साहित्यिक रचना का सबसे महत्त्वपूर्ण तत्त्व चरमोत्कर्ष है। किसी भी स्थिति में कहानी के पाठक के लिए चरमोत्कर्ष सदैव एक महत्त्वपूर्ण भूमिका निभाता है। उसी को जानने की लालसा में वह प्रारंभ से अंत तक जुड़ा रहता है।

कथानक के अनुसार, कहानी चरमोत्कर्ष (क्लाइमेक्स) की ओर बढ़ती है। कहानी का चरमोत्कर्ष पाठक को स्वयं सोचने और लेखकीय पक्षधर की ओर आने के लिए प्रेरित करने वाला होना चाहिए। पाठक को यह भी लगना चाहिए कि उसे स्वतंत्रता दी गई है और उसने जो निष्कर्ष निकाले हैं, वह उसके अपने हैं।

कहानीकार को कहानी के चरमोत्कर्ष का चित्रण अत्यंत सावधानीपूर्वक करना चाहिए, क्योंकि भावों या पात्रों के अतिरिक्त अभिव्यक्ति चरम उत्कर्ष के प्रभाव को कम कर सकती है।

(ख) मौलिक प्रयास एवं अभ्यास से ही व्यक्ति के अंदर अभिव्यक्ति की क्षमता विकसित होती है और उसमें रचनात्मकता आती है। वह किसी भी नए तथा अप्रत्याशित विषय पर लिखने में तथा अपने विचार अभिव्यक्त करने में समर्थ होता है। इसके लिए सर्वप्रथम हमें अप्रत्याशित विषय पर लिखने से पूर्व दो-तीन मिनट तक सोच-विचार करना चाहिए। मन में यह निश्चित करना चाहिए कि विषय से संबंधित किन बिंदुओं पर हमें विस्तार देना चाहिए तथा किन बिंदुओं पर संक्षेप में लिखना चाहिए। जब हमारे मस्तिष्क में विषय से संबंधित तथ्यों की रूपरेखा होगी, तब हम अपने विचारों को सुसंबद्ध व सुसंगत रूप से अभिव्यक्त कर पाएँगे।

अथवा

रेडियो संचार का एक तरफा माध्यम है, इसलिए संदेशों के सम्बन्ध में कोई प्रतिक्रिया प्राप्त नहीं की जा सकती है, चूँकि श्रोता का ध्यान केवल ध्वनि पर होता है, इसलिए रेडियों के माध्यम से संचारित सन्देश केवल उन लोगों तक पहुँच सकते हैं, जो ध्यानपूर्वक और बुद्धिमानी से सुनते हैं। रेडियो से सन्देश प्राप्त करने के लिए बहुत चौकस रहना पड़ता है अन्यथा सन्देश का कुछ एक हिस्सा ही याद रहता है।

रेडियो में टेलीविजन द्वारा प्रदान की गई चित्रात्मक गुणवत्ता का अभाव है। प्रतिक्रिया तंत्र की कमी को निम्नलिखित तरीके से दूर किया जा सकता है–नेटवर्किंग में रेडियो के उपयोग को मजबूत करने के लिए संस्थागत और सामुदायिक स्तर पर श्रोता मंच स्थापित किए जा सकते हैं, जो लोगों की विभिन्न कार्यक्रमों पर प्रतिक्रियाएँ लेकर श्रोताओं पर अनुसंधान के लिए डाटा प्रदान कर सकते हैं और प्रोग्रामिंग को और अधिक सार्थक बना सकते हैं। प्रतिक्रियाओं का विश्लेषण करने और क्षेत्र-आधारित विकास कार्यक्रमों के उत्पादन में सहायता करने के लिए विशेषज्ञों को रेडियो स्टेशनों से संबद्ध किया जा सकता है।

9. *(क)* **कोरोना वायरस महामारी**

कोरोना वायरस को 'कोविड-19' के नाम से भी जाना जाता है। विश्व स्वास्थ्य संगठन (WHO) ने 11 मार्च, 2020 को कोरोना वायरस को महामारी घोषित कर दिया था। कोरोना वायरस बहुत सूक्ष्म, लेकिन प्रभावी वायरस है। इस वायरस का संक्रमण दिसंबर, 2019 में चीन के वुहान शहर में शुरू हुआ था। इसके पश्चात् यह वायरस संपूर्ण विश्व में फैल गया। यह वायरस एक व्यक्ति से दूसरे व्यक्ति में फैलता है। कोरोना वायरस के गंभीर मामलों में निमोनिया, साँस लेने में ज्यादा परेशानी आदि बीमारियाँ आती हैं और यहाँ तक कि मरीज की मौत भी हो सकती है।

यह भयावह कोरोना वायरस किसी कोरोना संक्रमित व्यक्ति को छूने या उसके आस-पास रहने से फैलता है। यदि कोरोना संक्रमित व्यक्ति ने किसी चीज को छुआ और उसके बाद उसी चीज़ को किसी दूसरे व्यक्ति ने छू लिया, तो वह भी संक्रमित हो जाता है। कोरोना के संक्रमण से बचने

के लिए बहुत सावधानी अपनानी चाहिए। बार-बार अपने हाथ को साबुन से धोना चाहिए, खाँसते व छींकते समय टिशु पेपर का उपयोग करना चाहिए और प्रयोग के बाद उसे कूड़ेदान में फेंककर हाथ को साबुन से धो लेना चाहिए, इसके अतिरिक्त मास्क का प्रयोग भी करना चाहिए।

कोरोना वायरस को महामारी घोषित करने के बाद पूरी दुनिया के वैज्ञानिकों द्वारा इस पर शोध करके वैक्सीन बनाई गई। भारत द्वारा वैक्सीन का निर्माण किया गया। कोविशील्ड वैक्सीन, जिसका उत्पादन भारत में सीरम इंस्टीट्यूट द्वारा किया जा रहा है तथा दूसरी कोवैक्सीन, जिसका उत्पादन भारत बायोटेक द्वारा किया जा रहा है। भारत में सभी युवावर्ग व बूढ़े लोगों को वैक्सीन की दो डोज लग चुकी हैं तथा बूस्टर डोज भी लगाई जा चुकी है। वर्तमान में भी इस बीमारी पर शोध जारी है, परंतु भारत में अब इसकी भयानकता कम हो गई है।

(ख) समाचार लेखन की उल्टी पिरामिड शैली के अंतर्गत लिखे गए समाचारों को सुविधा की दृष्टि से निम्न तीन भागों में विभाजित किया जाता है

(i) **इंट्रो या मुखड़ा** समाचार अथवा खबरें एक विशेष शैली में लिखी जाती हैं, जिसके अंतर्गत सबसे महत्त्वपूर्ण तथ्यों, सूचनाओं एवं जानकारी को सबसे पहले अर्थात् प्रारंभ के अनुच्छेद में लिखा जाता है। इस प्रकार, प्रथम पैराग्राफ़ में दी जा रही जानकारी को इंट्रो या मुखड़ा कहा जाता है। इंट्रो में समाचार के संबंध में क्या, कहाँ, कब और कौन चार प्रश्नों के उत्तर देना आवश्यक होता है।

(ii) **बॉडी या कलेवर** समाचार के बाद दूसरे पैराग्राफ़ में कम महत्त्वपूर्ण जानकारी, सूचना या तथ्यों को बताया जाता है। इसे बॉडी या समाचार का कलेवर (Body of the Story) कहा जाता है। समाचार के इस भाग में छः ककारों में से दो ककारों–क्यों और कैसे का जवाब देने का प्रयास किया जाता है।

(iii) **समापन** समाचार का समापन करते समय न केवल यह ध्यान रखना चाहिए कि उस समाचार के प्रमुख तथ्य आ गए हैं या नहीं, बल्कि समाचार के मुखड़े और समापन के बीच एक तारतम्यता भी होनी चाहिए। समाचार में तथ्यों तथा उसके विभिन्न पहलुओं को इस प्रकार पेश करना चाहिए कि उससे पाठक को किसी निर्णय या निष्कर्ष पर पहुँचने में सहायता मिले।

(ग) पत्रकारीय विशेषज्ञता से तात्पर्य यह है कि किसी भी विषय में व्यावसायिक अर्थात् प्रोफेशनल रूप से प्रशिक्षण प्राप्त न करने के बावजूद भी उस विषय या क्षेत्र के बारे में इतनी जानकारी व अनुभव एकत्र करना, जिससे उस विषय या क्षेत्र से संबंधित होने वाली घटनाओं या खबरों को आम जनता या पाठकों को बड़ी सहजता व सरलता से समझाया जा सके। कहने का अर्थ यह है कि पत्रकारिता में आपको यह आवश्यक नहीं है कि आपके पास रिपोर्टिंग करने वाले विषय से संबंधित कोई प्रोफेशनल दस्तावेज हों, उसके लिए केवल आपका अनुभव व जानकारी ही आपका उस विषय में विशेषज्ञ होना प्रमाणित करता है।

10. *(क)* 'कविता के बहाने' कविता में, कविता के लिए चिड़िया के बहाने उड़ान भरने जैसी विशेषता को रेखांकित किया गया है। इसका आधार यह है कि उड़ान मूल रूप में चिड़िया के द्वारा ही भरी जाती है। यह एक क्रिया है, जो चिड़िया के उन्मुक्त नैसर्गिक स्वभाव का परिचय देती है, परंतु कवि ने इसे कल्पना के रूप में मानसिक उड़ान मानकर कविता से जोड़ दिया है। चिड़िया की उड़ान का वर्णन कविता कर सकती है, लेकिन कविता की उड़ान को चिड़िया नहीं जान सकती। इस प्रकार, चिड़िया और कविता को एक-दूसरे से जोड़कर कविता की उड़ान को श्रेष्ठ सिद्ध किया गया है।

(ख) 'कैमरे में बंद अपाहिज' कविता के माध्यम से कवि कहता है कि मीडिया वाले समर्थ एवं सशक्त होते हैं। वे किसी की करुणा को भी खरीद-बेच सकते हैं। वे कमज़ोर एवं अशक्त व्यक्तियों को समाज के सामने लाकर लोगों की सहानुभूति एवं आर्थिक लाभ लेना चाहते हैं। इससे उनकी लोकप्रियता एवं आय दोनों में वृद्धि होती है। इस कविता के माध्यम से कवि ने मीडिया के व्यावसायिक दृष्टिकोण एवं समाज के हाशिए पर खड़े लोगों के प्रति उनकी तुच्छ मनोवृत्ति पर व्यंग्य किया है।

(ग) 'ऊषा' कविता में कवि ने भोर के नभ की पवित्रता, निर्मलता तथा उज्ज्वलता को विविध बिंबों एवं प्रतीकों के माध्यम से दर्शाया है। कवि ने प्रातःकाल के नभ के लिए 'राख से लीपा हुआ चौका', 'नीला शंख', 'बहुत काली सिल ज़रा से लाल केसर से जैसे धुल गई हो' तथा 'स्लेट पर लाल खड़िया चाक मल दी हो' जैसे प्रतीकों का उपयोग किया है। इन बिंबों के माध्यम से अंधकार के समाप्त होते प्रकृति में पल-पल आ रहे परिवर्तनों को दृष्टिगत किया गया है। आकाश के लिए इन प्रतीकों में जल तथा रंग को महत्त्व दिया गया है। ये प्रतीक नवीन तथा मौलिक हैं।

11. *(क)* तुलसी अपने समय के बहुत लोकप्रिय कवि थे। उन्होंने जाति-पाँति और रक्त-गोत्र की शुद्धता को आधार बनाकर समाज में व्यक्ति का स्थान निर्धारित करने वाले धर्म के ठेकेदारों को समाज की प्रगति में सबसे बड़ा बाधक बताया। उनकी इस बात से तथा उनकी राम-भक्ति, कथा बाँचने की कुशलता और लोकप्रियता के कारण बहुत-से लोग उनसे ईर्ष्या करते थे। वे तुलसी के जन्म, धर्म और कर्म को लेकर बातें भी बनाते थे। ऐसे ही निंदकों से परेशान होकर तुलसी ने उनका तिरस्कार किया होगा।

(ख) बालक ज़िद करके अपनी माँ से चाँद के खिलौने की माँग करता है। वह मचल रहा है और ठुनक रहा है। माँ उसे अन्य खिलौनों से बहलाने की कोशिश करती है, पर बालक चाँद का खिलौना ही चाहता है। माँ घर के अंदर से आइना ले आती है। वह आइने में बच्चे को उसका चेहरा दिखाती हुई कहती है कि लो, अब चाँद धरती पर उतर आया है।

(ग) इस कविता में चिड़िया संध्या के समय अपने नीड़ में लौट जाना चाहती है। उसके पंख थक चुके हैं, मगर वह उड़ रही है। जैसे ही उसे यह ध्यान आता है कि उसके नन्हें बच्चे नीड़ों से झाँक रहे होंगे, तो चिड़िया के पंखों में थकान की जगह तेज़ी आ जाती है और वह और अधिक तीव्र गति से उड़ने लगती है। वह चाहती है कि अपने बच्चों की इच्छा को पूरा करूँ, उनके मुँह में दाना डालूँ, उन्हें स्नेह से अपने पंखों में छिपा लूँ अर्थात् कवि बच्चों की प्रत्याशा को जीवन की गति और आशा की किरण मानता है।

12. *(क)* भक्तिन लेखिका के कार्यों में हर प्रकार से सहायता करती थी। वह लेखिका के खान-पान, रहन-सहन इत्यादि का ध्यान रखती थी। वह उसकी पुस्तकों का भी ध्यान रखती थी और कभी-कभी छात्रावास के बच्चों की भी देखभाल कर लिया करती थी। वह लेखिका के इधर-उधर रखे रुपयों को भी मटकी में सँभालकर रख देती थी। अतः वह लेखिका की सहायता के लिए छाया बनकर उसके साथ रहती थी।

(ख) हाँ, पानी के गहराते संकट से निपटने के लिए आज का युवावर्ग बहुत कुछ कर सकता है। वह गाँव-गाँव में नए तालाब खुदवा सकता है। वर्षा के पानी को संरक्षित करने के नए-नए उपाय खोज सकता है एवं विद्यमान प्रणालियों को सही ढंग से क्रियान्वित करा सकता है। वह घर-घर जाकर पानी के महत्त्व को समझाकर पानी की एक-एक बूँद का सदुपयोग करना सिखा सकता है तथा जल संरक्षण के विभिन्न उपायों को सार्थक ढंग से लागू करवा सकता है।

(ग) भूमंडलीकरण के इस दौर में भगत जी जैसे लोग प्रेरणादायी हैं, जो मार्गदर्शक के रूप में कार्य करते हैं। भगत जी का अपने मन पर पूर्ण नियंत्रण है। बाज़ार का जादू उनके मन पर प्रभाव नहीं डाल पाता। बाज़ार में उनकी आँखें खुली रहती थीं, पर मन भरा होने के कारण उनका मन अनावश्यक चीज़ें खरीदने के लिए नहीं मचलता था। भगत जी जैसे व्यक्ति ही बाज़ार को सार्थकता प्रदान करते हैं। भगत जी के आचरण से प्रभावित होकर लोग अनावश्यक स्पर्द्धा में नहीं पड़ेंगे। वे व्यर्थ की वस्तुएँ खरीदने बाज़ार नहीं जाएँगे और इससे आपसी झगड़ों में कमी आएगी और समाज में शांति का वातावरण स्थापित हो जाएगा।

13. *(क)* लुट्टन की ढोलक गाँववालों में असीमित उत्साह का संचार कर देती थी। इस असीम उत्साह के बल पर विषम-से-विषम परिस्थितियों से भी वे लड़ सकते थे, इस अर्थ में ढोलक की आवाज प्रभावकारी थी। परंतु मलेरिया या हैजे जैसी किसी भी महामारी को ढोलक की थाप अपनी बुलंद आवाज़ से समाप्त नहीं कर सकती थी। वह इस महामारी को समाप्त न कर, केवल उससे लड़ने की शक्ति प्रदान करती थी। इस दृष्टि से ढोलक की आवाज बहुत कम प्रभावकारी थी।

(ख) लेखक के अनुसार, भारत में अधिकांश लोग; जैसे—राजनीतिक नेता आदि अपनी सत्ता नहीं छोड़ना चाहते। वे नई पीढ़ी को आगे आने से रोकना चाहते हैं। उनमें अपने पद व कुर्सी का आकर्षण बहुत अधिक है। बीमार व अशक्त होने की स्थिति में भी वे अपने पद पर बने रहना चाहते हैं। इसी प्रकार शिरीष के फूल बहुत कठोर होते हैं। वे नए फूल आने पर भी अपना स्थान नहीं छोड़ते। अतः शिरीष के फूल राजनीतिक लोगों के अधिकार लिप्सा के प्रतीक हैं।

(ग) समाज को प्रारंभ से ही सभी सदस्यों को समान अवसर और समान व्यवहार उपलब्ध कराना चाहिए, तभी समाज अपने सदस्यों की क्षमता का अधिकतम उपयोग कर सकता है। यदि सदस्यों को समाज में उनका उचित स्थान मिलेगा, तभी वे मन लगाकर काम कर पाएँगे, अपनी प्रतिभा व क्षमता का अधिकाधिक उपयोग कर पाएँगे और समाज को भी भरपूर लाभ दे पाएँगे।

14. यशोधर बाबू यह चाहते थे कि अब उनके बच्चे घर-गृहस्थी की ज़िम्मेदारी ले लें, परंतु ऐसा होता नहीं है। उनके बड़े बेटे भूषण ने उन्हें उनकी शादी की पच्चीसवीं सालगिरह पर ड्रेसिंग ऊनी गाउन तो भेंट की, पर साथ-ही-साथ यह भी कहा कि सुबह दूध लेने जब जाएँ, तो इसे अवश्य पहनकर जाएँ। भूषण ने यह नहीं कहा कि दूध मैं ही ले आऊँगा, आप ठंड में बाहर नहीं जाना। इसी कारण यशोधर बाबू की आँखों में नमी आ गई। इसके साथ ही, उन्हें यह लग रहा था कि उनके अंगों में किशनदा उतर आए हैं, जिनकी मौत 'जो हुआ होगा' जैसी सोच से जुड़ी हुई थी। संभवतः वे यह सोच रहे हों कि उनका अंतिम समय भी किशनदा जैसा हो सकता है।

अथवा

मुअनजो-दड़ो के घरों की पीठ सड़क की ओर होती थी अर्थात् किसी घर का दरवाज़ा सड़क की ओर नहीं खुलता था। घरों के अंदर से पानी या मैल की नालियाँ बाहर हौदी तक आती थी और फिर नालियों के जाल से जुड़ जाती थीं। कहीं-कहीं वे खुली थीं, पर अधिकतर बंद थी। हर घर में एक स्नानघर था। बस्ती के भीतर छोटी सड़कें थीं और उनसे छोटी गलियाँ भी बनी हुई थीं। छोटी सड़कें नौ से बारह फुट तक चौड़ी थे। इन घरों की दीवारें ऊँची और मोटी थीं मोटी दीवार का अर्थ यह लगाया जाता है कि उस पर दूसरी मंज़िल भी रही होगी। सभी घर ईंट के बने थे। एक ही आकार की ईंटें 1:2:4 के अनुपात की थीं। इन घरों में एक दिलचस्प बात यह थी कि सामने की दीवार में केवल प्रवेश द्वार बना होता था, जिसमें कोई खिड़की नहीं होती थी। वर्तमान में सभी घर खंडहर हैं और दिखाई देने वाली चीज़ों से हम सिर्फ़ अनुमान लगा सकते हैं।

▶ स्टेज III एक्सीलेंस लेवल
(प्रश्न-पत्र हल रहित)

प्रतिदर्श प्रश्न-पत्र 11

हिंदी केंद्रिक कक्षा 12

समय : 3 घंटे पूर्णांक : 80

निर्देश

1. इस प्रश्न-पत्र में खंड 'अ' में वस्तुपरक तथा खंड 'ब' में वर्णनात्मक प्रश्न पूछे गए हैं।
2. खंड 'अ' में 40 वस्तुपरक प्रश्न पूछे गए हैं। सभी 40 प्रश्नों के उत्तर देने हैं।
3. खंड 'ब' में वर्णनात्मक प्रश्न पूछे गए हैं। प्रश्नों के उचित आंतरिक विकल्प दिए गए हैं।
4. दोनों खंडों के प्रश्नों के उत्तर देना अनिवार्य है।
5. यथासंभव दोनों खंडों के प्रश्नों के उत्तर क्रमशः लिखिए।

■ खंड 'अ' (वस्तुपरक प्रश्न)

खंड 'अ' में अपठित बोध, अभिव्यक्ति और माध्यम, पाठ्य-पुस्तक आरोह भाग-2 व पूरक पाठ्य पुस्तक वितान भाग-2 से संबंधित बहुविकल्पीय प्रश्न पूछे गए हैं। जिनमें प्रत्येक प्रश्न के लिए 1 अंक निर्धारित है।

अपठित बोध

1. *निम्नलिखित गद्यांश को ध्यानपूर्वक पढ़कर दिए गए प्रश्नों के सर्वाधिक उपयुक्त उत्तर वाले विकल्प को चुनकर लिखिए।* $(1 \times 10 = 10)$

आज किसी भी व्यक्ति का सबसे अलग एक टापू की तरह जीना संभव नहीं रह गया है। मानव समाज में विभिन्न पंथों और विविध मत-मतांतरों के लोग साथ-साथ रह रहे हैं। ऐसे में यह अधिक आवश्यक हो गया है कि लोग एक-दूसरे को जानें; उनकी आवश्यकताओं को, उनकी इच्छाओं-आकांक्षाओं को समझें; उन्हें वरीयता दें और उनके धार्मिक विश्वासों, पद्धतियों, अनुष्ठानों को सम्मान दें। भारत जैसे देश में यह और भी अधिक आवश्यक है, क्योंकि यह देश किसी एक धर्म, मत या विचारधारा का नहीं है। स्वामी विवेकानंद इस बात को समझते थे और अपने आचार-विचार में वे अपने समय से बहुत आगे थे। उन्होंने धर्म को मनुष्य की सेवा के केंद्र में रखकर ही आध्यात्मिक चिंतन किया था। उन्होंने यह विद्रोही बयान दिया कि इस देश के तैंतीस करोड़ भूखे, दरिद्र और कुपोषण के शिकार लोगों को देवी-देवताओं की तरह मंदिरों में स्थापित कर दिया जाए और मंदिरों से देवी-देवताओं की मूर्तियों को हटा दिया जाए।

उनका दृढ़ मत था कि विभिन्न धर्मों-संप्रदायों के बीच संवाद होना ही चाहिए। वे विभिन्न संप्रदायों की अनेकरूपता को उचित और स्वाभाविक मानते थे। स्वामी जी विभिन्न धार्मिक आस्थाओं के बीच सामंजस्य स्थापित करने के पक्षधर थे और सभी को एक ही धर्म का अनुयायी बनाने के विरुद्ध थे। वे कहा करते थे—"यदि सभी मानव एक ही धर्म को मानने लगें, एक ही पूजा-पद्धति को अपना लें और एक-सी नैतिकता का अनुपालन करने लगें, तो यह सबसे दुर्भाग्यपूर्ण बात होगी, क्योंकि यह सब हमारे धार्मिक और आध्यात्मिक विकास के लिए प्राणघातक होगा तथा हमें हमारी सांस्कृतिक जड़ों से काट देगा।"

(क) 'टापू की तरह' जीने से लेखक का क्या अभिप्राय है? (1)

(i) घमंड में रहना
(ii) समाज से अलग रहना
(iii) समाज से जुड़कर रहना
(iv) विनम्र बनकर रहना

(ख) भारत जैसे देश में क्या आवश्यक हो गया है? (1)

(i) धार्मिक स्वतंत्रता
(ii) एक-दूसरे के विपरीत रहना
(iii) एक-दूसरे से मिलकर रहना
(iv) अपने-अपने घर में रहना

(ग) विभिन्न पंथों और मत-मतांतरों के लोग मिलकर नहीं रहेंगे, तो उसका क्या परिणाम होगा? (1)

(i) समाज में शांति स्थापित होगी
(ii) धार्मिक संस्थानों में विवाद नहीं होगा
(iii) सभी का जीवन और अधिक कठिन हो जाएगा
(iv) सभी का जीवन सुखमय हो जाएगा

(घ) स्वामी विवेकानंद किस बात को समझते थे? (1)

(i) भारत देश किसी एक धर्म, मत या विचारधारा का नहीं है
(ii) भारत में विभिन्न धर्मों, संप्रदायों के बीच संवाद नहीं होना चाहिए
(iii) भारत में सभी धर्मों को स्थान देना उचित नहीं है
(iv) भारत में धार्मिक अनुष्ठानों को महत्त्व नहीं देना चाहिए

(ङ) विभिन्न धर्मों-संप्रदायों के बीच संवाद होना ही चाहिए। लेखक विवेकानंद स्वामी के इस कथन से सिद्ध करना चाहते हैं कि विवेकानंद स्वामी (1)

(i) विभिन्न संप्रदायों की अनेकरूपता को उचित व स्वाभाविक मानते थे
(ii) विभिन्न संप्रदायों की एकरूपता में विश्वास रखते थे
(iii) देवी-देवताओं की पूजा करना व्यर्थ मानते थे
(iv) मूर्ति पूजा के विरोधी थे

(च) विभिन्न धर्म संप्रदायों के बीच संवाद होने से क्या होगा? (1)

(i) विवादों का अंत करने के लिए मार्ग मिलेगा
(ii) विभिन्न संप्रदायों की अनेकरूपता से सभी धार्मिक आस्थाओं के लोगों के विचारों का पता चलेगा
(iii) विभिन्न धार्मिक संस्थाओं व उनके मतों का भेद पता चलेगा
(iv) सभी विवादों की जड़ का पता चलेगा

(छ) निम्नलिखित कथनों पर विचार कीजिए (1)

1. भारत देश में विभिन्न पंथों तथा विविध मत-मतांतरों के लोगों को एकसाथ रहना चाहिए।
2. स्वामी विवेकानंद सभी लोगों को एक ही धर्म के अनुयायी बनाना चाहते थे।
3. स्वामी विवेकानंद सभी लोगों द्वारा समान पूजा-पद्धति अपनाना उचित नहीं मानते थे।

उपरोक्त कथनों में से कौन-सा/से कथन सही है/हैं?

(i) केवल 1
(ii) केवल 3
(iii) 1 और 2
(iv) 1 और 3

(ज) निम्नलिखित कथन और कारण को ध्यानपूर्वक पढ़िए और सही विकल्प चुनकर लिखिए। (1)

कथन (A) स्वामी विवेकानंद मंदिरों में से देवी-देवताओं की मूर्तियों को हटा देना चाहते थे।

कारण (R) स्वामी विवेकानंद भूखे, दरिद्र तथा कुपोषण के शिकार लोगों को मंदिरों में देवी-देवताओं की जगह स्थापित करना चाहते थे।

कूट

(i) कथन (A) और कारण (R) दोनों सही हैं तथा कारण (R) कथन (A) की सही व्याख्या करता है
(ii) कथन (A) गलत है, परंतु कारण (R) सही है
(iii) कथन (A) तथा कारण (R) दोनों गलत हैं
(iv) कथन (A) और कारण (R) दोनों सही हैं, लेकिन कारण (R) कथन (A) की गलत व्याख्या करता है

(झ) गद्यांश में किसकी आवश्यकताओं तथा इच्छाओं का सम्मान करने की बात कही गई है? (1)

(i) विवेकानंद जी की
(ii) विभिन्न मतों को मानने वाले लोगों की
(iii) उच्च वर्ग के लोगों की
(iv) निम्न वर्ग के लोगों की

(ञ) प्रस्तुत गद्यांश किस विषय-वस्तु पर आधारित है? (1)

(i) अनेकता में एकता पर
(ii) धर्म आधारित समाज पर
(iii) संप्रदाय मतभेद पर
(iv) समाज व्यवस्था पर

2. *दिए गए पद्यांश पर आधारित प्रश्नों को ध्यानपूर्वक पढ़कर दिए गए प्रश्नों के सर्वाधिक उपयुक्त उत्तर वाले विकल्प को चुनकर लिखिए।* (1×5 = 5)

आज की शाम
जो बाज़ार जा रहे हैं
उनसे मेरा अनुरोध है
एक छोटा-सा अनुरोध
क्यों न ऐसा हो कि आज शाम
हम अपने थैले और डोलचियाँ
रख दें एक तरफ़
और सीधे धान की मंजरियों तक चलें
चावल ज़रूरी है
ज़रूरी है आटा दाल नमक पुदीना
पर क्यों न ऐसा हो कि आज शाम
हम सीधे वहीं पहुँचें
एक दम वहीं
जहाँ चावल
दाना बनने से पहले
सुगंध की पीड़ा से छटपटा रहा हो
उचित यही होगा
कि हम शुरू में ही
आमने-सामने
बिना दुभाषिये के
सीधे उस सुगंध से
बातचीत करें
यह रक्त के लिए अच्छा है
अच्छा है भूख के लिए
नींद के लिए
कैसा रहे
बाज़ार न आए बीच में।

(क) प्रस्तुत पद्यांश में कवि क्या अनुरोध कर रहा है? (1)

(i) बाज़ार में जाने का
(ii) बाज़ार से वस्तुएँ खरीदने का
(iii) सीधे किसान से वस्तुएँ खरीदने का
(iv) बाज़ार के जाल में न फँसने का

(ख) कवि सीधे कहाँ पहुँचने के लिए कह रहा है? (1)

(i) दुकानों पर
(ii) किसानों के खेतों पर
(iii) सड़कों पर
(iv) गाँवों के घरों पर

(ग) निम्नलिखित कथनों पर विचार कीजिए (1)

1. चावल बाजार से नहीं सीधे किसान से खरीदना चाहिए।
2. चावल के उत्पादन की प्रक्रिया से हमें अवगत होना चाहिए।
3. हमें केवल अपने भोजन हेतु सामग्री खरीदने पर ही अपना ध्यान रखना चाहिए।

उपरोक्त कथनों में से कौन-सा/से कथन सही है/हैं?

(i) केवल 1
(ii) केवल 2
(iii) 1 और 2
(iv) 2 और 3

(घ) कॉलम 1 को कॉलम 2 से सुमेलित कीजिए (1)

	कॉलम- 1		**कॉलम- 2**
A.	अपनी आवश्यकता की वस्तुएँ	1.	बाजार
B.	बिना दुभाषिये के	2.	किसान
C.	सुगंध से बातचीत	3.	सीधे उत्पादन करने वालों से

कूट

	A	B	C
(i)	3	1	2
(ii)	2	1	3
(iii)	1	2	3
(iv)	2	3	1

(ङ) 'बाज़ार न आए बीच में' पंक्ति का क्या आशय है? (1)

(i) कभी बाज़ार न जाना
(ii) बाज़ार जाना पर कुछ खरीदकर न लाना
(iii) ग्राहक और उत्पादक के बीच में बाज़ार का न आना
(iv) बाज़ार का अस्तित्व समाप्त करना

अभिव्यक्ति और माध्यम

3. *निम्नलिखित प्रश्नों को ध्यानपूर्वक पढ़कर सर्वाधिक उपयुक्त उत्तर वाले विकल्प को चुनकर लिखिए।* (1×5 = 5)

(क) सनसनी फैलाने के लिए अफवाहों, व्यक्तिगत आरोप-प्रत्यारोपों आदि को महत्त्व देकर प्रकाशित करने वाली पत्रकारिता क्या कहलाती है? (1)

(i) पीत पत्रकारिता *(ii)* खोजी पत्रकारिता *(iii)* विशेषीकृत पत्रकारिता *(iv)* वैकल्पिक पत्रकारिता

(ख) कहानी के पात्रों द्वारा अपने विचारों को अभिव्यक्त करने को क्या कहा जाता है? (1)

(i) विश्लेषण *(ii)* उद्देश्य *(iii)* कथोपकथन *(iv)* भाषा-शैली

(ग) समाचार का प्रवेशद्वार किसे माना जाता है? (1)

(i) इंट्रो *(ii)* बॉडी *(iii)* शीर्षक *(iv)* समापन

(घ) रिपोर्टर की रुचि यदि खेल में होती है, तो उसे कौन-सी बीट मिल सकती है? (1)

(i) खेल बीट *(ii)* आर्थिक बीट *(iii)* पर्यावरण बीट *(iv)* निवेश बीट

(ङ) सूची I को सूची II से सुमेलित कीजिए (1)

सूची I	सूची II
A. तेजड़िया, मंदड़िया	1. बीट
B. आर्द्रता, ग्लोबल वार्मिंग	2. विशेष संवाददाता
C. उल्टी पिरामिड शैली	3. व्यापार संबंधी लेख
D. विशेष रिपोर्टिंग	4. पर्यावरण संबंधी लेख

कूट

	A	B	C	D
(i)	1	2	3	4
(ii)	3	4	1	2
(iii)	4	3	2	1
(iv)	2	3	4	1

पाठ्य-पुस्तक आरोह भाग 2

4. *निम्नलिखित पद्यांश के प्रश्नों को ध्यानपूर्वक पढ़कर सर्वाधिक उपयुक्त उत्तर वाले विकल्प को चुनकर लिखिए।* (1×5 = 5)

कविता एक उड़ान है चिड़िया के बहाने
कविता की उड़ान भला चिड़िया क्या जाने
बाहर-भीतर
इस घर, उस घर
कविता के पंख लगा उड़ने के माने
चिड़िया क्या जाने?

(क) प्रस्तुत पद्यांश किससे संबंधित है? (1)

(i) कविता और चिड़िया से *(ii)* चिड़िया की उड़ान से *(iii)* कविता के महत्त्व से *(iv)* चिड़िया की यात्रा से

(ख) प्रस्तुत पद्यांश में कवि किसकी यात्रा के बारे में बता रहा है? (1)

(i) स्वयं की *(ii)* कविता की *(iii)* सैनिकों की *(iv)* भाषा की

(ग) कवि ने कविता को किसकी उड़ान माना है? (1)

(i) कल्पना की *(ii)* शब्द की *(iii)* सीमाओं की *(iv)* प्रश्नों की

(घ) निम्नलिखित कथन और कारण को ध्यानपूर्वक पढ़िए और सही विकल्प चुनकर लिखिए। (1)

कथन (A) कविता की उड़ान चिड़िया की उड़ान से भिन्न है।

कारण (R) चिड़िया की उड़ान की एक निश्चित सीमा है।

कूट

(i) कथन (A) सही है, परंतु कारण (R) गलत है
(ii) कथन (A) गलत है, परंतु कारण (R) सही है
(iii) कथन (A) और कारण (R) दोनों सही हैं, लेकिन कारण (R) कथन (A) सही व्याख्या नहीं करता है
(iv) कथन (A) और कारण (R) दोनों सही हैं तथा कारण (R) कथन (A) की सही व्याख्या करता है

(ङ) "कविता की उड़ान भला चिड़िया क्या जाने" पंक्ति का आशय क्या है? (1)

(i) कविता की उड़ान चिड़िया की उड़ान से कम होती है
(ii) कविता की उड़ान असीमित है, इसे चिड़िया नहीं समझ पाती है
(iii) कविता और चिड़िया दोनों की उड़ान अनंत है
(iv) कविता की उड़ान से चिड़िया भली-भाँति परिचित है

5. *निम्नलिखित गद्यांश के प्रश्नों को ध्यानपूर्वक पढ़कर उपयुक्त उत्तर वाले विकल्प को चुनकर लिखिए।* (1 × 5 = 5)

सेवक-धर्म में हनुमान जी से स्पर्द्धा करने वाली भक्तिन किसी अंजना की पुत्री न होकर एक अनामधन्या गोपालिका की कन्या है—नाम है लछमिन अर्थात् लक्ष्मी, पर जैसे मेरे नाम की विशालता मेरे लिए दुर्वह है, वैसे ही लक्ष्मी की समृद्धि भक्तिन के कपाल की कुंचित रेखाओं में नहीं बँध सकी। वैसे तो जीवन में प्राय: सभी को अपने-अपने नाम का विरोधाभास लेकर जीना पड़ता है, पर भक्तिन बहुत समझदार है, क्योंकि वह अपना समृद्धि-सूचक नाम किसी को बताती नहीं। केवल जब नौकरी की खोज में आई थी, तब ईमानदारी का परिचय देने के लिए उसने शेष इतिवृत्त के साथ यह भी बता दिया, पर इस प्रार्थना के साथ कि मैं कभी नाम का उपयोग न करूँ।

(क) किसकी दशा अपने नाम से बिल्कुल मेल नहीं खाती थी? (1)

(i) लेखिका की *(ii)* भक्तिन की *(iii)* जेठानी की *(iv)* सास की

(ख) 'अनामधन्या गोपालिका की कन्या' संबोधन किसके लिए प्रयोग किया गया है? (1)

(i) धन की देवी *(ii)* महादेवी *(iii)* भक्तिन *(iv)* लेखिका

(ग) निम्नलिखित कथन और कारण को ध्यानपूर्वक पढ़िए और सही विकल्प चुनकर लिखिए। (1)

कथन (A) भक्तिन अपना असली नाम किसी को नहीं बताती थी।

कारण (R) भक्तिन का नाम समृद्धि-सूचक था।

कूट

(i) कथन (A) और कारण (R) दोनों सही हैं तथा कारण (R) कथन (A) की सही व्याख्या करता है
(ii) कथन (A) गलत है, परंतु कारण (R) सही है
(iii) कथन (A) तथा कारण (R) दोनों गलत हैं
(iv) कथन (A) और कारण (R) दोनों सही हैं, लेकिन कारण (R) कथन (A) की सही व्याख्या नहीं करता है

(घ) कॉलम 1 को कॉलम 2 से सुमेलित कीजिए (1)

	कॉलम- 1		**कॉलम- 2**
A.	गोपालिका की बेटी	1.	हनुमान जी से होड़
B.	भक्तिन सेवा धर्म पालन	2.	भक्तिन
C.	लक्ष्मी की धर्म संपदा	3.	भक्तिन भाग्य-रेखाओं में बंध नहीं सकी

	A	B	C		A	B	C
(i)	2	3	1	*(ii)*	1	2	3
(iii)	3	1	2	*(iv)*	2	1	3

(ङ) गद्यांश के आधार पर निम्नलिखित कथनों पर विचार कीजिए (1)

1. लक्ष्मी के जीवन में उसके नाम का विरोधाभास था।
2. भक्तिन ने लेखिका को अपना असली नाम कभी नहीं बताया।
3. भक्तिन ने लेखिका से उसे वास्तविक नाम से न पुकारने की प्रार्थना की।

उपरोक्त कथनों में से कौन-सा/से सही है/हैं?

(i) केवल 1 *(ii)* केवल 2
(iii) 1 और 2 *(iv)* 1 और 3

पूरक पाठ्य-पुस्तक वितान भाग 2

6. *निम्नलिखित प्रश्नों को ध्यानपूर्वक पढ़कर सर्वाधिक उपयुक्त उत्तर वाले विकल्प को चुनकर लिखिए।* (1×10 = 10)

(क) 'सिल्वर वैडिंग' कहानी के अनुसार यशोधर बाबू शादी की सालगिरह मनाने के पक्ष में क्यों नहीं थे? (1)

(i) क्योंकि इससे पैसों की बर्बादी होती थी
(ii) क्योंकि ऐसा करना उनके हित में नहीं था
(iii) क्योंकि वे इसे पश्चिम की नकल मानते थे
(iv) क्योंकि वे रूढ़िवादी विचारधारा को नहीं मानते थे

(ख) यशोधर बाबू को सरकारी नौकरी किस प्रकार मिली? 'सिल्वर वैडिंग' कहानी के आधार पर सही विकल्प चुनिए। (1)

(i) उनकी पत्नी के व्रत और प्रार्थना से
(ii) उनकी स्वयं की लगन और मेहनत से
(iii) उनके मित्र किशनदा की सहायता से
(iv) उनके द्वारा रिश्वत दिए जाने पर

(ग) 'जूझ' पाठ के आधार पर बताइए कि आनंदा की खुशी का ठिकाना कब न रहा? (1)

(i) खेत जाने पर
(ii) पहले दिन पाठशाला जाने पर
(iii) पहले दिन घर का काम करने पर
(iv) मित्रों के साथ खेलने जाने पर

(घ) निम्नलिखित कथन और कारण को ध्यानपूर्वक पढ़िए और सही विकल्प चुनकर लिखिए। (1)

कथन (A) सिंधु सभ्यता में जल निकासी की अच्छी व्यवस्था थी।
कारण (R) सिंधु सभ्यता के लोग मूलतः खेती करते थे तथा पशुपालक थे।

कूट

(i) कथन (A) सही है, परंतु कारण (R) गलत है
(ii) कथन (A) गलत है, परंतु कारण (R) सही है
(iii) कथन (A) और कारण (R) दोनों सही हैं, लेकिन कारण (R) कथन (A) की सही व्याख्या नहीं करता है
(iv) कथन (A) और कारण (R) दोनों सही हैं तथा कारण (R) कथन (A) की सही व्याख्या करता है

(ङ) लेखक की पढ़ाई के संबंध में दत्ता जी राव का रवैया सही था, क्यों? 'जूझ' कहानी के आधार पर सही विकल्प चुनिए। (1)

(i) वे लेखक को पढ़ाने के पक्ष में थे
(ii) वे खेती-बाड़ी कराने के पक्ष में थे
(iii) वे जीवन में श्रम को महत्त्व देते थे
(iv) वे स्वार्थी स्वभाव के व्यक्ति थे

(च) 'टूटे-फूटे खंडहर सभ्यता और संस्कृति के इतिहास के साथ-साथ धड़कती जिंदगियों के अनछुए समयों का भी दस्तावेज होते हैं' कथन का भाव क्या है? 'अतीत के दबे पाँव' पाठ के आधार पर सटीक विकल्प चुनिए। (1)

(i) खंडहरों के आधार पर वहाँ के लोगों के रहने-सहने के ढंग और सोच के तरीकों की कल्पना की जा सकती है
(ii) खंडहरों से कोई भी जानकारी प्राप्त नहीं की जा सकती है
(iii) खंडहरों के आधार पर प्राप्त की गई जानकारी सदैव अप्रामाणिक होती है
(iv) खंडहर किसी सभ्यता का केवल इतिहास होते हैं

(छ) 'अतीत के दबे पाँव' पाठ के आधार पर बताइए कि आधुनिक योजनाएँ, जो आजकल के शहरों को व्यवस्थित करने के लिए बनाई जाती हैं वे ....। (1)

(i) सिंधु सभ्यता के शहरों के बराबर हैं
(ii) सिंधु सभ्यता के शहरों के बराबर नहीं हैं
(iii) सिंधु सभ्यता के शहरों से भी उत्कृष्ट हैं
(iv) सिंधु सभ्यता के शहरों से निम्न हैं

(ज) 'कला की दृष्टि से सिंधु सभ्यता समृद्ध थी', इस सभ्यता की समृद्धि का क्या प्रमाण था? 'अतीत के दबे पाँव' पाठ के आधार पर सटीक विकल्प चुनिए। (1)

(i) वहाँ की वास्तुकला एवं नियोजन तथा धातु एवं पत्थर की मूर्तियाँ
(ii) वहाँ के भव्य महल या समाधियों के अवशेष
(iii) वहाँ के सड़क मार्ग
(iv) वहाँ के कुएँ और नालियाँ

(झ) निम्नलिखित कथनों पर विचार कीजिए (1)

1. यशोधर बाबू अपने दफ्तर की घड़ी की गति को सुस्त मानते थे।
2. यशोधर बाबू किशनदा को अपना गुरु मानते थे।
3. किशनदा का वास्तविक नाम किशन पांडे था।
4. यशोधर बाबू ने मैट्रिक की परीक्षा इंफैट्री स्कूल, वाराणसी से पास की थी।

उपरोक्त कथनों में से कौन-सा/से कथन सही है/हैं?

(i) केवल 1 *(ii)* केवल 2 *(iii)* 1 और 2 *(iv)* 1, 2 और 4

(ञ) 'जूझ' कहानी के माध्यम से किसके संघर्ष की अभिव्यक्ति की गई है? (1)

(i) खेतीहर मजदूर के संघर्ष की *(ii)* गरीब माँ के संघर्ष की
(iii) आनंदा के जीवन के संघर्ष की *(iv)* अय्याश पिता के संघर्ष की

■ खंड 'ब' (वर्णनात्मक प्रश्न)

खंड 'ब' में जनसंचार और सृजनात्मक लेखन, पाठ्य-पुस्तक आरोह भाग-2 व पूरक पाठ्य-पुस्तक वितान भाग-2 से संबंधित वर्णनात्मक प्रश्न पूछे गए हैं, जिनके निर्धारित अंक प्रश्न के सामने अंकित हैं।

जनसंचार और सृजनात्मक लेखन

7. *निम्नलिखित दिए गए 3 विषयों में से किसी 1 विषय पर लगभग 120 शब्दों में रचनात्मक लेख लिखिए।* (6 × 1 = 6)

(क) विश्वासपात्र मित्र जीवन की औषधि

(ख) जीवन की एक हास्यास्पद घटना

(ग) पाश्चात्य संस्कृति का बढ़ता प्रभाव

8. *निम्नलिखित प्रश्नों को ध्यानपूर्वक पढ़कर लगभग 40 शब्दों में निर्देशानुसार उत्तर दीजिए।* (2 × 2 = 4)

(क) नाटक का अर्थ स्पष्ट करते हुए बताइए कि नाटक साहित्य की अन्य विधाओं से किस प्रकार भिन्न है? (2)

अथवा

कहानी की मौखिक परंपरा पर अपने विचार व्यक्त कीजिए। कहानी को आकर्षक बनाने हेतु प्रभावशाली तत्त्वों का वर्णन कीजिए।

(ख) 'अप्रत्याशित विषयों पर लेखन एक चुनौती है' कैसे? लेखक इस चुनौती का सामना कैसे करता है? (2)

अथवा

'संपादक के नाम पत्र' कॉलम से आप क्या समझते हैं? समाचार-पत्रों में इसकी क्या उपयोगिता है?

9. *निम्नलिखित प्रश्नों को ध्यानपूर्वक पढ़कर दिए गए 3 प्रश्नों में से किन्हीं 2 प्रश्नों के लगभग 60 शब्दों में उत्तर दीजिए।* (3 × 2 = 6)

(क) 'मैली हो गई गंगा' पर फीचर लिखिए। (3)

(ख) समाचार लेखन में इंट्रो किसे कहते हैं? इंट्रो लिखते समय किन-किन बातों का ध्यान रखना चाहिए? (3)

(ग) किसी भी क्षेत्र में सामान्य लेखन से हटकर किया जाने वाला लेखन विशेष लेखन कहलाता है। विशेष लेखन की भाषा-शैली कैसी होती है? (3)

पाठ्य-पुस्तक आरोह भाग 2

10. *निम्नलिखित प्रश्नों को ध्यानपूर्वक पढ़कर दिए गए 3 प्रश्नों में से किन्हीं 2 प्रश्नों के लगभग 60 शब्दों में उत्तर दीजिए।* (3 × 2 = 6)

(क) कवि ने भोर के नभ की पवित्रता, निर्मलता और उज्ज्वलता को किन रूपों में उभारा है? 'उषा' कविता के आधार पर अपने शब्दों में बताइए। (3)

(ख) 'कवितावली' पाठ में तुलसी के संकलित कवित्तों में चित्रित तत्कालीन आर्थिक विषमताओं पर टिप्पणी कीजिए। (3)

(ग) दिवाली की रात माँ के वात्सल्य का चित्रण कवि ने किस प्रकार किया है? दिवाली के उल्लास के समय वातावरण का चित्रण करते हुए बताइए। (3)

11. *निम्नलिखित प्रश्नों को ध्यानपूर्वक पढ़कर दिए गए 3 प्रश्नों में से किन्हीं 2 प्रश्नों के लगभग 40 शब्दों में उत्तर दीजिए।* (2 × 2 = 4)

(क) 'परदे पर वक्त की कीमत है' यह कथन किस बात की ओर इशारा करता है? (2)

(ख) 'दिन जल्दी-जल्दी ढलता है' में पक्षी तो लौटने को विकल हैं, पर कवि में उत्साह नहीं है। ऐसा क्यों? (2)

(ग) 'उषा' कविता में 'भोर के नभ' की तुलना किससे की गई है और क्यों? (2)

12. *निम्नलिखित प्रश्नों को ध्यानपूर्वक पढ़कर दिए गए 3 प्रश्नों में से किन्हीं 2 प्रश्नों के लगभग 60 शब्दों में उत्तर दीजिए।* (3 × 2 = 6)

(क) 'पानी दे गुड़धानी दे' कहकर मेघों से पानी के साथ-साथ गुड़धानी की माँग क्यों की जा रही है? (3)

(ख) पहलवानी की आवश्यकता व उचित खान-पान की व्यवस्था के चलते लुट्टन सिंह सुडौल व मांसल देह वाला पहलवान बन गया था। लुट्टन पहलवान का बचपन कैसा था? (3)

(ग) शिरीष का फूल विपरीत परिस्थितियों में भी स्थिर बना रहता है। 'शिरीष के फूल' पाठ के माध्यम से लेखक क्या संदेश देना चाहता है? (3)

13. *निम्नलिखित प्रश्नों को ध्यानपूर्वक पढ़कर दिए गए 3 प्रश्नों में से किन्हीं 2 प्रश्नों के लगभग 40 शब्दों में उत्तर दीजिए।* (2 × 2 = 4)

(क) भारत की जाति-प्रथा को आधुनिक समाज उचित नहीं मानता। भारत की जाति-प्रथा क्या-क्या काम करती है? (2)

(ख) 'काले मेघा पानी दे' पाठ में लेखक अंधविश्वास को न मानते हुए भी जीजी की खुशी के लिए किन-किन कामों को करता था? (2)

(ग) 'बाज़ार दर्शन' पाठ में लेखक ने पैसे को ही पावर कहा है। इस पाठ के आधार पर स्पष्ट कीजिए। (2)

पूरक पाठ्य-पुस्तक वितान भाग 2

14. *निम्नलिखित प्रश्नों को ध्यानपूर्वक पढ़कर दिए गए 2 प्रश्नों में से किसी 1 प्रश्न का लगभग 60 शब्दों में उत्तर दीजिए।* (1 × 4 = 4)

आपके अनुसार आनंदा का आत्मविश्वास कक्षा में किस प्रकार बढ़ा होगा? (4)

अथवा

'अतीत में दबे पाँव' पाठ के आधार पर सिंधु घाटी सभ्यता की विशेषताओं का उल्लेख कीजिए।

इस प्रश्न-पत्र के उत्तर प्राप्त करने के लिए इस QR Code को अपने मोबाइल फोन से Scan करें।

स्टेज III एक्सीलेंस लेवल
(प्रश्न-पत्र हल रहित)

प्रतिदर्श प्रश्न-पत्र 12

हिंदी केंद्रिक कक्षा 12

समय : 3 घंटे पूर्णांक : 80

निर्देश
1. इस प्रश्न-पत्र में खंड 'अ' में वस्तुपरक तथा खंड 'ब' में वर्णनात्मक प्रश्न पूछे गए हैं।
2. खंड 'अ' में 40 वस्तुपरक प्रश्न पूछे गए हैं। सभी 40 प्रश्नों के उत्तर देने हैं।
3. खंड 'ब' में वर्णनात्मक प्रश्न पूछे गए हैं। प्रश्नों के उचित आंतरिक विकल्प दिए गए हैं।
4. दोनों खंडों के प्रश्नों के उत्तर देना अनिवार्य है।
5. यथासंभव दोनों खंडों के प्रश्नों के उत्तर क्रमशः लिखिए।

■ खंड 'अ' (वस्तुपरक प्रश्न)

खंड 'अ' में अपठित बोध, अभिव्यक्ति और माध्यम, पाठ्य-पुस्तक आरोह भाग-2 व पूरक पाठ्य पुस्तक वितान भाग-2 से संबंधित बहुविकल्पीय प्रश्न पूछे गए हैं। जिनमें प्रत्येक प्रश्न के लिए 1 अंक निर्धारित है।

अपठित बोध

1. *निम्नलिखित गद्यांश को ध्यानपूर्वक पढ़कर दिए गए प्रश्नों के सर्वाधिक उपयुक्त उत्तर वाले विकल्प को चुनकर लिखिए।* (1 ×10 = 10)

जिस प्रकार हमारे शरीर के लिए भोजन आवश्यक है, उसी प्रकार हमारे मस्तिष्क को भी भोजन की आवश्यकता होती है। मस्तिष्क का सर्वोत्तम भोजन पुस्तकें हैं। इनका अपना ही आनंद है, जो किसी अन्य वस्तु से नहीं मिल सकता। अध्ययन करते समय हम जीवन की चिंताओं और दुःखों को भूल जाते हैं।

अध्ययन कई प्रकार का होता है। पहला प्रकार, हल्का-फुल्का अध्ययन अर्थात् समाचार-पत्रों, पत्र-पत्रिकाओं आदि की पढ़ाई करना होता है, जिनसे वर्तमान की घटनाओं के विषय में विस्तृत ज्ञान प्राप्त होता है। इनके द्वारा हमें विश्व के प्रत्येक भाग की घटनाओं और क्रियाकलापों के विषय में सब कुछ पता चलता रहता है। आज के युग में हम इस प्रकार के हल्के-फुल्के अध्ययन से अलग नहीं रह सकते। बिना समाचार-पत्रों के हम कुएँ के मेंढक के समान हो जाएँगे। इसलिए ऐसे अध्ययन को, जो आनंदमय है और शिक्षाप्रद भी, अनदेखा नहीं किया जा सकता। इसके बाद दूसरा प्रकार यात्रा और साहसिक कार्यों से संबद्ध पुस्तकों का अध्ययन है। सामान्यतया व्यक्ति दैनिक जीवन की कठोर वास्तविकताओं से दूर भागना चाहता है, किंतु साहसिक कार्य करने की भावना मानव के रक्त में होती है। यात्रा और साहसिक कार्यों का वर्णन करने वाली पुस्तकें हमारे मन में भी साहस और निर्भीकता की भावना पैदा करती हैं। खाली समय को आनंद से बिताने का सबसे अच्छा साधन है—उपन्यास। शाम के समय अथवा गाड़ी में

यात्रा करते समय उपन्यास पढ़ने से बेहतर कोई मनोरंजन नहीं है। कुछ समय के लिए पाठक अपने व्यक्तित्व और सत्ता को ही भूल जाता है। वह उपन्यास के किसी चरित्र के साथ एकाकार हो जाता है।

इससे उसे अपार सुख मिलता है। इनके अतिरिक्त गंभीर अध्ययन की पुस्तकें होती हैं, जिनमें साहित्य, इतिहास, दर्शन आदि की पुस्तकें भी आती हैं, जो सभी काल में पढ़ी जाने योग्य कृतियाँ होती हैं। ऐसी पुस्तकें गंभीर और विचारशील व्यक्तियों के लिए होती हैं। साहित्य का विद्यार्थी सभी युगों के सर्वोत्कृष्ट विद्वानों के संपर्क में आता है और अपने चिंतन के लिए उपयोगी आहार प्राप्त करता है। वे उसे जीवन के आध्यात्मिक मूल्यों की पूरी जानकारी देते हैं। इस प्रकार, वह अपने जीवन को श्रेष्ठ और महान बना सकता है। उसका दृष्टिकोण व्यापक हो जाता है और मानव के प्रति उसकी सहानुभूति बढ़ जाती है।

बेकन ने कहा था कि "कुछ पुस्तकों का केवल स्वाद चखना चाहिए, कुछ को निगल जाना चाहिए और कुछ को अच्छी प्रकार से चबाकर पचा लेना चाहिए।" किसी पुस्तक को पाठ्य-पुस्तक के रूप में पढ़ने से अनिवार्यता की भावना आ जाती है। यह अनिवार्यता उपयोगी हो सकती है, परंतु उससे रुचि का हनन हो जाता है। पुस्तकों का वास्तविक प्रेमी तो हर समय इनकी संगति में आनंद का अनुभव करता है। पढ़ने की आदत मनुष्य के सभ्य होने का चिह्न है। यह मनोरंजन का अच्छा साधन है और खाली समय को व्यतीत करने का सबसे अच्छा उपाय है। पुस्तकों का खज़ाना किसी भी राजा के खज़ाने से बड़ा होता है। पुस्तकें कला, साहित्य, विज्ञान और ज्ञानरूपी सोने की खानें हैं।

(क) साहित्य, इतिहास, दर्शन आदि से संबंधित पुस्तकें किस श्रेणी में आती हैं? (1)

(i) सामान्य अध्ययन | *(ii)* गंभीर अध्ययन
(iii) साहसिक कार्यों से संबद्ध अध्ययन | *(iv)* मनोरंजन से संबद्ध अध्ययन

(ख) समाचार-पत्रों के अभाव में मनुष्य की दशा कैसी हो सकती है? (1)

(i) स्वाभाविक | *(ii)* निर्भीक जीव के समान
(iii) आनंदमय | *(iv)* कुएँ के मेंढक के समान

(ग) व्यक्ति के मन में साहस और निर्भीकता की भावना कब पैदा होती है? (1)

(i) यात्राएँ करके | *(ii)* तर्क-वितर्क करके
(iii) साहसिक पुस्तकें पढ़कर | *(iv)* गंभीर चिंतन करके

(घ) लेखक के अनुसार खाली समय को आनंद के साथ बिताने का सबसे अच्छा साधन क्या है? (1)

(i) विद्वानों के विचार सुनना | *(ii)* यात्राएँ करना
(iii) उपन्यास पढ़ना | *(iv)* समाचार-पत्र पढ़ना

(ङ) मनुष्य के सभ्य होने का चिह्न किसे माना गया है? (1)

(i) आदर सहित बात करना | *(ii)* पढ़ने की आदत
(iii) सभी को समान समझना | *(iv)* खाली समय व्यतीत करना

(च) गंभीर अध्ययन की पुस्तकें किनका मनोरंजन करती हैं? (1)

(i) सामान्य जन का | *(ii)* विचारशील व्यक्तियों का
(iii) साहित्य के विद्यार्थियों का | *(iv)* उच्च वर्ग के व्यक्तियों का

(छ) निम्नलिखित कथनों पर विचार कीजिए (1)

1. पुस्तकों का प्रेमी पुस्तकों की संगति में हर समय आनंद का अनुभव करता है।
2. समाचार-पत्रों का अध्ययन आनंदमय तथा शिक्षाप्रद होता है।
3. साहसिक कार्यों की पुस्तकों से हमारे मन में भय उत्पन्न हो जाता है।

उपरोक्त कथनों में से कौन-सा/से कथन सही है/हैं?

(i) केवल 1 | *(ii)* केवल 2
(iii) 1 और 2 | *(iv)* 2 और 3

(ज) 'कुछ समय के लिए पाठक अपने व्यक्तित्व और सत्ता को ही भूल जाता है' लेखक इस कथन से स्पष्ट करना चाहते हैं कि (1)

(i) उपन्यास पढ़ने से मनोरंजन होता है।
(ii) उपन्यास पढ़ते समय व्यक्ति अपने अस्तित्व को ही भूल जाता है।
(iii) उपन्यास पढ़ने में व्यक्ति को अपार सुख मिलता है।
(iv) व्यक्ति उपन्यास के पात्रों के बारे में चिंतन करने लगता है।

(झ) निम्नलिखित कथन और कारण को ध्यानपूर्वक पढ़िए और सही विकल्प चुनकर लिखिए। (1)

कथन (A) पुस्तकें कला, साहित्य, विज्ञान और ज्ञानरूपी सोने की खानें हैं।

कारण (R) पुस्तकों के अध्ययन से व्यक्ति श्रेष्ठ, महान, सभ्य तथा विद्वान बन जाता है।

कूट

(i) कथन (A) और कारण (R) दोनों सही हैं, लेकिन कारण (R) कथन (A) की सही व्याख्या करता है

(ii) कथन (A) गलत है, परंतु कारण (R) सही है

(iii) कथन (A) तथा कारण (R) दोनों गलत हैं

(iv) कथन (A) और कारण (R) दोनों सही हैं, लेकिन कारण (R) कथन (A) की सही व्याख्या करता है

(ञ) प्रस्तुत गद्यांश का सर्वाधिक उपयुक्त शीर्षक क्या होगा? (1)

(i) पुस्तकों का महत्त्व
(ii) यात्रा का महत्त्व
(iii) पाश्चात्य विचारकों का महत्त्व
(iv) समाचार-पत्रों का महत्त्व

2. *दिए गए पद्यांश पर आधारित प्रश्नों को ध्यानपूर्वक पढ़कर दिए गए प्रश्नों के सर्वाधिक उपयुक्त उत्तर वाले विकल्प को चुनकर लिखिए।* (1×5 = 5)

मैं फिर जन्म लूँगा
फिर मैं
इसी जगह आऊँगा
उचटती निगाहों की भीड़ में
अभावों के बीच
लोगों की क्षत-विक्षत पीठ सहलाऊँगा
लँगड़ाकर चलते हुए पाँवों को
कंधा दूँगा
गिरी हुई पद-मर्दित पराजित विवशता को
बाहों में उठाऊँगा।
इस समय में
इस अनगिनत अचीन्ही आवाज़ों में
कोई दर्द है!
कोई नहीं सुनता
पर इन आवाज़ों को
और इन कराहों को
दुनिया सुने, मैं ये चाहूँगा!
मेरी तो आदत है
रोशनी जहाँ भी हो
उसे खोज लाऊँगा
कातरता, चुप्पी या चीखें
जहाँ भी मिलेगी
उन्हें प्यार के सितार पर बजाऊँगा।
जीवन ने कई बार उकसाकर
मुझे अनलंघ्य सागरों में फेंका है
अगन-भट्ठियों में झोंका है
मैंने वहाँ भी
ज्योति की मशाल प्राप्त करने के यत्न किए
बचने के नहीं,
तो क्या इन टटकी बंदूकों से डर जाऊँगा?
तुम मुझको दोषी ठहराओ
मैंने तुम्हारे सुनसान का गला घोंटा है
पर मैं गाऊँगा
चाहे इस प्रार्थना सभा में
तुम सब मुझ पर गोलियाँ चलाओ
मैं मर जाऊँगा
लेकिन मैं कल फिर जन्म लूँगा
कल फिर आऊँगा।

(क) प्रस्तुत पद्यांश में किसके पुनः जन्म लेने की बात कही गई है? (1)

(i) कवि के
(ii) महात्मा गाँधी के
(iii) सर्वहारा वर्ग के
(iv) शोषित वर्ग के

(ख) निम्नलिखित कथनों पर विचार कीजिए (1)

1. पुन: जन्म लेने वाले व्यक्ति ने अपने जीवन में अपार कष्ट झेला था।
2. पुन: जन्म लेकर व्यक्ति प्रकाश की खोज करना चाहता है।
3. पुन: जन्म लेकर व्यक्ति सितार वादन करना चाहता है।

उपरोक्त कथनों में से कौन-सा/से कथन सही है/हैं?

(i) केवल 1
(ii) केवल 3
(iii) 1 और 2
(iv) 2 और 3

(ग) वे किन लोगों की सहायता के लिए पुनः जन्म लेंगे? (1)

(i) जीवन से निराश हुए लोगों की
(ii) असहाय लोगों की
(iii) पराजित और विवश लोगों की
(iv) ये सभी

(घ) 'सुनसान का गला घोंटा है' पंक्ति का क्या आशय है? (1)

(i) शांति में विघ्न डालना
(ii) अशांति को समाप्त करना
(iii) दोषी ठहराना
(iv) अनुचित कार्य करना

(ङ) कॉलम 1 को कॉलम 2 से सुमेलित कीजिए (1)

	कॉलम 1		कॉलम 2
A.	पुनः जन्म लेकर	1.	महात्मा गाँधी के ऊपर गोलियाँ चलाई
B.	प्रार्थना सभा	2.	अभावग्रस्त लोगों के बीच जाना
C.	प्यार के सितार पर बजाऊँगा	3.	प्रेम के संगीत से लोगों की पीड़ा और निराशा को दूर करना

कूट

	A	B	C
(i)	2	3	1
(ii)	3	1	2
(iii)	2	1	3
(iv)	3	2	1

अभिव्यक्ति और माध्यम

3. *निम्नलिखित प्रश्नों को ध्यानपूर्वक पढ़कर सर्वाधिक उपयुक्त उत्तर वाले विकल्प को चुनकर लिखिए।* (1×5 = 5)

(क) महत्त्वपूर्ण लेखकों के लेखों की नियमित श्रृंखला को क्या कहते हैं? (1)

(i) टिप्पणियाँ
(ii) स्तंभ लेखन
(iii) विशेष लेखन
(iv) बीट

(ख) फ़ीचर लेखन में सत्य एवं तथ्य के साथ किसका समावेश होता है? (1)

(i) कल्पना
(ii) रचनात्मकता
(iii) शीर्षक
(iv) प्रासंगिकता

(ग) नाटक लेखन का दूसरा महत्त्वपूर्ण तत्त्व किसे माना जाता है? (1)

(i) बिंब
(ii) छंद
(iii) शब्द
(iv) भाषा

(घ) सूची I को सूची II से सुमेलित कीजिए (1)

	सूची I		सूची II
A.	कम शब्दों में बड़ी खबर तुरंत दर्शकों तक पहुँचाना	1.	रेडियो
B.	घटना स्थल पर रिपोर्टर का उपस्थित होना	2.	टेलीविजन
C.	श्रव्य माध्यम	3.	फोन-इन
D.	दृश्य-श्रव्य माध्यम	4.	ब्रेकिंग-इन

कूट

	A	B	C	D
(i)	4	3	1	2
(ii)	1	2	3	4
(iii)	2	3	4	1
(iv)	3	4	1	2

(ङ) किसी विशेष क्षेत्र; जैसे-खेल, फिल्म आदि के लिए लिखने वाले पत्रकार को क्या कहा जाता है? (1)

(i) बीट रिपोर्टर
(ii) विशेष रिपोर्टर
(iii) एंकर रिपोर्टर
(iv) फील्ड रिपोर्टर

पाठ्य-पुस्तक आरोह भाग 2

4. *निम्नलिखित पद्यांश के प्रश्नों को ध्यानपूर्वक पढ़कर सर्वाधिक उपयुक्त उत्तर वाले विकल्प को चुनकर लिखिए।* (1×5 = 5)

आँगन में लिए चाँद के टुकड़े को खड़ी
हाथों पे झुलाती है उसे गोद-भरी
रह-रह के हवा में जो लोका देती है
गूँज उठती है खिलखिलाते बच्चे की हँसी।

(क) प्रस्तुत कविता के कवि का क्या नाम है? (1)

(i) शमशेर बहादुर सिंह *(ii)* गोस्वामी तुलसीदास *(iii)* फिराक गोरखपुरी *(iv)* कुँवर नारायण

(ख) पद्यांश में 'चाँद के टुकड़े' उपमान का प्रयोग किसके लिए किया गया है? (1)

(i) माँ के लिए *(ii)* बच्चे के लिए *(iii)* परिवार के लिए *(iv)* ये सभी

(ग) 'आँगन में लिए चाँद के टुकड़े को खड़ी' पंक्ति में कौन-सा भाव है? (1)

(i) माँ का वात्सल्य भाव *(ii)* मनोहर वातावरण का भाव
(iii) चाँद की सुंदरता का भाव *(iv)* स्त्री के रूप का भाव

(घ) निम्नलिखित कथन और कारण को ध्यानपूर्वक पढ़िए और सही विकल्प चुनकर लिखिए। (1)

कथन (A) बच्चा खिलखिलाकर हँस पड़ता है।

कारण (R) बच्चे को आइसक्रीम मिल जाती है।

कूट

(i) कथन (A) सही है, परंतु कारण (R) गलत है
(ii) कथन (A) गलत है, परंतु कारण (R) सही है
(iii) कथन (A) और कारण (R) दोनों सही हैं, लेकिन कारण (R) कथन (A) की सही व्याख्या नहीं करता है
(iv) कथन (A) और कारण (R) दोनों सही हैं तथा कारण (R) कथन (A) की सही व्याख्या करता है

(ङ) अलंकार की दृष्टि से कौन-सा विकल्प सही है?

(i) आँगन में लिए चाँद के टुकड़े को खड़ी — रूपक अलंकार
(ii) हाथों पे झुलाती है उसे गोद-भरी — उपमा अलंकार
(iii) रह-रह के हवा में — उत्प्रेक्षा अलंकार
(iv) खिलखिलाते बच्चे की हँसी — अन्योक्ति अलंकार

5. *निम्नलिखित गद्यांश के प्रश्नों को ध्यानपूर्वक पढ़कर उपयुक्त उत्तर वाले विकल्प को चुनकर लिखिए।* (1×5 = 5)

जीवन के दूसरे परिच्छेद में भी सुख की अपेक्षा दु:ख ही अधिक है। जब उसने गेहुँए रंग और बटिया जैसे मुख वाली पहली कन्या के दो संस्करण और कर डाले तब सास और जिठानियों ने होंठ बिचकाकर उपेक्षा प्रकट की। उचित भी था, क्योंकि सास तीन-तीन कमाऊ वीरों की विधात्री बनकर मचिया के ऊपर विराजमान पुरखिन के पद पर अभिषिक्त हो चुकी थी और दोनों जिठानियाँ काक-भुशंडी जैसे काले लालों की क्रमबद्ध सृष्टि करके इस पद के लिए उम्मीदवार थीं। छोटी बहू के लीक छोड़कर चलने के कारण उसे दंड मिलना आवश्यक हो गया।

(क) 'जीवन के दूसरे परिच्छेद' से क्या आशय है? (1)

(i) वैवाहिक जीवन *(ii)* अवैवाहिक जीवन *(iii)* संन्यासी जीवन *(iv)* मिश्रित जीवन

(ख) भक्तिन ने कितनी लड़कियों को जन्म दिया था? (1)

(i) पाँच *(ii)* दो *(iii)* चार *(iv)* तीन

(ग) निम्नलिखित कथन और कारण को ध्यानपूर्वक पढ़िए और सही विकल्प चुनकर लिखिए। (1)

कथन (A) भक्तिन पुत्र-महिमा में अंधी अपनी जिठानी व सास की घृणा तथा उपेक्षा का पात्र बनी।

कारण (R) भक्तिन ने तीन कन्याओं को जन्म दिया था।

कूट

(i) कथन (A) और कारण (R) दोनों सही हैं तथा कारण (R) कथन (A) की सही व्याख्या करता है
(ii) कथन (A) सही है, परंतु कारण (R) गलत है

(iii) कथन (A) तथा कारण (R) दोनों गलत हैं
(iv) कथन (A) और कारण (R) दोनों सही हैं, लेकिन कारण (R) कथन (A) की सही व्याख्या नहीं करता है

(घ) कॉलम 1 को कॉलम 2 से सुमेलित कीजिए (1)

कॉलम 1	कॉलम 2
A. जीवन का दूसरा भाग	1. उपेक्षा प्रकट
B. सास और जेठानियों ने बेटी जन्म	2. समाज में उत्तम
C. पुत्र जन्म	3. ससुराल में

कूट

	A	B	C
(i)	1	2	3
(ii)	2	3	1
(iii)	3	1	2
(iv)	2	1	3

(ङ) निम्नलिखित कथनों पर विचार कीजिए (1)

1. भक्तिन को ससुराल में भी पीहर की भाँति दुःख ही मिला।
2. भक्तिन की जिठानियों के सुंदर पुत्र उत्पन्न हुए थे।
3. भक्तिन ने एक सुंदर बेटी को जन्म दिया था, जो परिवार की परंपरा थी।

उपरोक्त कथनों में से कौन-सा/से कथन सही है/हैं?

(i) केवल 1
(ii) केवल 3
(iii) 1 और 2
(iv) 2 और 3

पूरक पाठ्य-पुस्तक वितान भाग 2

6. *निम्नलिखित प्रश्नों को ध्यानपूर्वक पढ़कर सर्वाधिक उपयुक्त उत्तर वाले विकल्प को चुनकर लिखिए।* (1×10 = 10)

(क) 'सिल्वर वैडिंग' कहानी की मूल संवेदना पीढ़ी का अंतराल है, क्योंकि (1)

(i) सिद्धांतवादियों की कमी के कारण समाज बदल रहा है
(ii) पश्चिम के अंधानुकरण के कारण मानवीय मूल्य समाप्त होते जा रहे हैं
(iii) पारिवारिक संबंधों में आत्मीयता का समावेश हो रहा है
(iv) नई पीढ़ी पुरानी पीढ़ी को महत्त्व देती आ रही है

(ख) गाँव से अकेले दिल्ली आने के पश्चात् किशनदा के घर पर कई लोगों के साथ मिलकर रहने का गुण यशोधर बाबू की किस विशेषता को प्रकट करता है? (1)

(i) यशोधर बाबू पलायनवादी व्यक्ति हैं
(ii) यशोधर बाबू आधुनिक परंपरा के वाहक हैं
(iii) यशोधर बाबू एक मिलनसार व्यक्ति हैं
(iv) यशोधर बाबू हाशिए पर जीने वाले व्यक्ति हैं

(ग) स्वयं कविता लिख देने का आत्मविश्वास लेखक के मन में कैसे उत्पन्न हुआ? (1)

(i) अपनी माँ द्वारा दी गई प्रेरणा द्वारा
(ii) अपने जीवन संघर्ष को अभिव्यक्त करने हेतु
(iii) मराठी अध्यापक की प्रेरणा द्वारा
(iv) अपने मित्र की संगति के प्रभाव द्वारा

(घ) निम्नलिखित कथन और कारण को ध्यानपूर्वक पढ़िए और सही विकल्प चुनकर लिखिए। (1)

कथन (A) लेखक का मन पढ़ाई में खूब लगने लगा।

कारण (R) लेखक शिक्षक के अपनेपन व्यवहार और वसंत पाटिल की मित्रता से प्रसन्न था।

कूट

(i) कथन (A) सही है, परंतु कारण (R) गलत है
(ii) कथन (A) गलत है, परंतु कारण (R) सही है
(iii) कथन (A) और कारण (R) दोनों सही हैं, लेकिन कारण (R) कथन (A) की सही व्याख्या नहीं करता है
(iv) कथन (A) और कारण (R) दोनों सही हैं तथा कारण (R) कथन (A) की सही व्याख्या करता है

(ङ) 'जूझ' कहानी के लेखक को पाठशाला भेजने के लिए दादा ने क्या शर्त रखी? (1)

(i) सुबह ग्यारह बजे तक खेत में काम करना होगा *(ii)* छुट्टी के बाद घंटा भर पशुओं को चराना होगा
(iii) काम की अधिकता पर पाठशाला से छुट्टी लेनी होगी *(iv)* ये सभी

(च) 'सिंधु सभ्यता की खूबी उसका सौंदर्य है, जो राज-पोषित या धर्म-पोषित न होकर समाज-पोषित था' कथन का क्या तात्पर्य है? (1)

(i) इस सभ्यता के केंद्र में समाज को प्रथम स्थान दिया गया है *(ii)* इस सभ्यता में कोई राजा नहीं था
(iii) इस सभ्यता में केवल सौंदर्य बोध से पूर्ण वस्तुएँ हैं *(iv)* इस सभ्यता में आडंबर अधिक हैं

(छ) मुअनजो-दड़ो की खुदाई का काम किस कारण बंद कर दिया गया? (1)

(i) मजदूरों की कमी के कारण *(ii)* बहुत अधिक समय बर्बाद होने के कारण
(iii) सिंधु के पानी के रिसाव के कारण *(iv)* साधनों के अभाव के कारण

(ज) निम्नलिखित कथनों पर विचार कीजिए (1)

1. यशोधर बाबू पाश्चात्य सभ्यता से विरक्ति रखते थे।
2. यशोधर बाबू पुराने विचारों के पक्षधर होते हुए भी अपनी पत्नी व बच्चों के विचारों से सहमत थे।
3. यशोधर बाबू का बड़ा बेटा सामाजिक संबंधों की मर्यादा को नकारता है।
4. 'सिल्वर वैडिंग' वर्तमान युग में हो रहे पारिवारिक मूल्यों के विघटन का यथार्थ चित्रण है।

उपरोक्त कथनों में से कौन-सा/से कथन सही है/हैं?

(i) केवल 1 *(ii)* केवल 2 *(iii)* 1, 3 और 4 *(iv)* 1, 2 और 4

(झ) 'सिल्वर वैडिंग' कहानी में बुजुर्गों के प्रति कम होती सम्मान की भावना क्या व्यक्त करती है? (1)

(i) नई पीढ़ी की नई सोच को *(ii)* बुजुर्गों के प्रति उनके दायित्व बोध को
(iii) हाशिए पर जाते मानवीय मूल्यों को *(iv)* समाज के नवीन पक्ष को

(ञ) भारत की जाति-प्रथा के संबंध में कौन-सा कथन सही नहीं है? (1)

(i) जाति-प्रथा श्रमिकों का अस्वाभाविक विभाजन करती है।
(ii) जाति-प्रथा बेरोजगारी का प्रमुख व प्रत्यक्ष कारण नहीं है।
(iii) जाति-प्रथा के आधार पर विभक्ति वर्गों को एक-दूसरे की अपेक्षा ऊँच-नीच का करार दिया जाता है।
(iv) जाति-प्रथा के कारण व्यक्ति अपनी रुचि के अनुसार पेशा नहीं चुन सकते।

■ खंड 'ब' (वर्णनात्मक प्रश्न)

खंड 'ब' में जनसंचार और सृजनात्मक लेखन, पाठ्य-पुस्तक आरोह भाग-2 व पूरक पाठ्य-पुस्तक वितान भाग-2 से संबंधित वर्णनात्मक प्रश्न पूछे गए हैं। जिनके निर्धारित अंक प्रश्न के सामने अंकित हैं।

जनसंचार और सृजनात्मक लेखन

7. *निम्नलिखित दिए गए 3 विषयों में से किसी 1 विषय पर लगभग 120 शब्दों में रचनात्मक लेख लिखिए।* $(6 \times 1 = 6)$

(क) साहित्य और समाज का संबंध

(ख) जीवन संघर्ष है, स्वप्न नहीं

(ग) मीठी वाणी का महत्त्व

8. *निम्नलिखित प्रश्नों को ध्यानपूर्वक पढ़कर लगभग 40 शब्दों में निर्देशानुसार उत्तर दीजिए।* $(2 \times 2 = 4)$

(क) संवाद किसे कहते हैं? कहानी लेखन में संवाद का क्या योगदान होता है? (2)

अथवा

"नाटक के लिए उसका कथ्य जरूरी होता है।" इस कथन के आलोक में कथ्य पर प्रकाश डालिए।

(ख) किसी ज्वलंत सामाजिक, सांस्कृतिक विषय पर लिखते समय किस पद्धति का अनुसरण किया जाता है? (2)

अथवा

संवाद से जुड़ा वह कौन-सा तथ्य है, जो रेडियो नाटक पर विशेष रूप से लागू होता है और क्यों?

9. *निम्नलिखित प्रश्नों को ध्यानपूर्वक पढ़कर दिए गए 3 प्रश्नों में से किन्हीं 2 प्रश्नों के लगभग 60 शब्दों में उत्तर दीजिए।* (3 × 2 = 6)

(क) आलेख क्या है? आलेख लिखते समय किन-किन बातों का ध्यान रखना चाहिए? स्पष्ट कीजिए। (3)

(ख) समाचार का अर्थ बताते हुए समाचार के लिए जनरुचि का क्या महत्त्व होता है? स्पष्ट कीजिए। (3)

(ग) विशेष लेखन के किसी भी विषय में विशेषज्ञता कैसे प्राप्त की जा सकती है? (3)

पाठ्य-पुस्तक आरोह भाग 2

10. *निम्नलिखित प्रश्नों को ध्यानपूर्वक पढ़कर दिए गए 3 प्रश्नों में से किन्हीं 2 प्रश्नों के लगभग 60 शब्दों में उत्तर दीजिए।* (3 × 2 = 6)

(क) 'उषा' कविता में गाँव की सुबह का अत्यंत सुंदर वर्णन किया गया है। इस सुबह के वर्णन को अपने शब्दों में लिखिए। (3)

(ख) तुलसीदास की संकलित 'चौपाइयों' के आधार पर लक्ष्मण के प्रति राम के स्नेह संबंधों पर प्रकाश डालिए। (3)

(ग) 'कविता के बहाने' कविता में कवि ने कविता तथा बच्चों के खेलों में समानता को प्रदर्शित किया है। कैसे? (3)

11. *निम्नलिखित प्रश्नों को ध्यानपूर्वक पढ़कर दिए गए 3 प्रश्नों में से किन्हीं 2 प्रश्नों के लगभग 40 शब्दों में उत्तर दीजिए।* (2 × 2 = 4)

(क) पतंग लूटने की प्रक्रिया बच्चों को निडर बना देती है तथा उनके आत्मविश्वास को दृढ़ करती है, कैसे? (2)

(ख) अपाहिज व्यक्ति को बार-बार अपना दुःख बताने के लिए मज़बूर करने के पीछे दूरदर्शन वालों का क्या उद्देश्य हो सकता है? (2)

(ग) 'विप्लव-रव से छोटे ही शोभा पाते हैं' पंक्ति का भाव स्पष्ट करते हुए बताइए कि क्रांति के समय शोषित वर्ग ही लाभान्वित कैसे होता है? (2)

12. *निम्नलिखित प्रश्नों को ध्यानपूर्वक पढ़कर दिए गए 3 प्रश्नों में से किन्हीं 2 प्रश्नों के लगभग 60 शब्दों में उत्तर दीजिए।* (3 × 2 = 6)

(क) जाति-प्रथा श्रम विभाजन का ही एक रूप है, इस कथन को न मानने के पीछे डॉ. आंबेडकर के क्या तर्क हैं? (3)

(ख) 'गगरी फूटी बैल पियासा' इंदर सेना के इस खेल गीत में बैलों के प्यासा रहने की बात क्यों मुखरित हुई है? (3)

(ग) भक्तिन के माध्यम से लेखिका ने एक भारतीय नारी का रोचक, संवेदनशील चित्रण किया है। भक्तिन की चारित्रिक विशेषताओं का वर्णन अपने शब्दों में कीजिए। (3)

13. *निम्नलिखित प्रश्नों को ध्यानपूर्वक पढ़कर दिए गए 3 प्रश्नों में से किन्हीं 2 प्रश्नों के लगभग 40 शब्दों में उत्तर दीजिए।* (2 × 2 = 4)

(क) बाज़ार दर्शन से आप क्या समझते हैं? पाठ के आधार पर स्पष्ट कीजिए। (2)

(ख) लुट्टन सिंह ने पहलवानी के शौक को क्यों अपनाया था? (2)

(ग) कालिदास ने शिरीष को कोमल पुष्प की संज्ञा दी है, जबकि द्विवेदी जी ने इसे कठोर पुष्प कहा है। 'शिरीष के फूल' पाठ के आधार पर स्पष्ट कीजिए। (2)

पूरक पाठ्य-पुस्तक वितान भाग 2

14. *निम्नलिखित प्रश्नों को ध्यानपूर्वक पढ़कर दिए गए 2 प्रश्नों में से किसी 1 प्रश्न का लगभग 60 शब्दों में उत्तर दीजिए।* (1 × 4 = 4)

'सिल्वर वैडिंग' कहानी के आधार पर यशोधर बाबू के व्यक्तित्व की प्रमुख विशेषताओं पर प्रकाश डालिए। (4)

अथवा

'जूझ' कहानी प्रतिकूल परिस्थितियों से संघर्ष करने की प्रेरक कथा है। इस कथन की सोदाहरण समीक्षा कीजिए।

इस प्रश्न-पत्र के उत्तर प्राप्त करने के लिए इस QR Code को अपने मोबाइल फोन से Scan करें।

▶ स्टेज III एक्सीलेंस लेवल
(प्रश्न-पत्र हल रहित)

प्रतिदर्श प्रश्न-पत्र 13

हिंदी केंद्रिक कक्षा 12

समय : 3 घंटे पूर्णांक : 80

निर्देश

1. इस प्रश्न-पत्र में खंड 'अ' में वस्तुपरक तथा खंड 'ब' में वर्णनात्मक प्रश्न पूछे गए हैं।
2. खंड 'अ' में 40 वस्तुपरक प्रश्न पूछे गए हैं। सभी 40 प्रश्नों के उत्तर देने हैं।
3. खंड 'ब' में वर्णनात्मक प्रश्न पूछे गए हैं। प्रश्नों के उचित आंतरिक विकल्प दिए गए हैं।
4. दोनों खंडों के प्रश्नों के उत्तर देना अनिवार्य है।
5. यथासंभव दोनों खंडों के प्रश्नों के उत्तर क्रमशः लिखिए।

■ खंड 'अ' (वस्तुपरक प्रश्न)

खंड 'अ' में अपठित बोध, अभिव्यक्ति और माध्यम, पाठ्य-पुस्तक आरोह भाग-2 व पूरक पाठ्य पुस्तक वितान भाग-2 से संबंधित बहुविकल्पीय प्रश्न पूछे गए हैं। जिनमें प्रत्येक प्रश्न के लिए 1 अंक निर्धारित है।

अपठित बोध

1. *निम्नलिखित गद्यांश को ध्यानपूर्वक पढ़कर दिए गए प्रश्नों के सर्वाधिक उपयुक्त उत्तर वाले विकल्प को चुनकर लिखिए।* $(1 \times 10 = 10)$

कवियों, शायरों तथा आम आदमी को सम्मोहित करने वाला 'पलाश' आज संकट में है। वैज्ञानिकों ने चेतावनी दी है कि यदि इसी प्रकार पलाश का विनाश जारी रहा, तो यह 'ढाक के तीन पात' वाली कहावत में ही बचेगा। अरावली और सतपुड़ा पर्वत शृंखलाओं में जब पलाश वृक्ष चैत्र (वसंत) में फूलता था, तो लगता था कि वन में आग लग गई हो अथवा अग्नि देव फूलों के रूप में खिल उठे हों। पलाश पर एक-दो दिन में ही संकट नहीं आ गया है। पिछले तीस-चालीस वर्षों में दोना-पत्तल बनाने वाले कारखाने बढ़ने, गाँव-गाँव में चकबंदी होने तथा वन माफियाओं द्वारा अंधाधुंध कटान करने के कारण उत्तर प्रदेश, मध्य प्रदेश, बिहार, पश्चिम बंगाल, पंजाब, हरियाणा, राजस्थान, कर्नाटक, महाराष्ट्र आदि प्रांतों में पलाश के वन घटकर 10% से भी कम रह गए हैं। वैज्ञानिकों ने पलाश वनों को बचाने के लिए ऊतक संवर्द्धन (टिशू कल्चर) द्वारा परखनली में पलाश के पौधों को विकसित कर एक अभियान चलाकर पलाश वन रोपने की योजना प्रस्तुत की है। हरियाणा तथा पुणे में ऐसी दो प्रयोगशालाएँ भी खोली गई हैं। एक समय था, जब बंगाल का पलाशी का मैदान तथा अरावली की पर्वत-मालाएँ टेसू के फूलों के लिए दुनियाभर में मशहूर थीं। विदेशों से लोग पलाश के रक्तिम वर्ण के फूल देखने आते थे।

महाकवि पद्माकर ने छंद—"कहैं पद्माकर परागन में, पौन हूँ में, पानन में, पिक में, पलासन पगंत है।" लिखकर पलाश की महिमा का वर्णन किया था। ब्रज, अवधी, बुंदेलखंडी, राजस्थानी, हरियाणवी, पंजाबी लोक गीतों में पलाश के गुण गाए गए हैं। कबीर ने तो 'खांखर भया पलाश' कहकर पलाश की तुलना एक ऐसे सुंदर-सजीले नवयुवक से की है, जो अपनी जवानी में तो सबको आकर्षित कर लेता है, किंतु बुढ़ापे में अकेला रह जाता है। वसंत व ग्रीष्म ऋतु में जब तक टेसू में फूल व हरे-भरे पत्ते रहते हैं, उसे सभी निहारते हैं, किंतु शेष आठ महीने वह पतझड़ का शिकार होकर झाड़-झंखाड़ की तरह रह जाता है। पर्यावरण के लिए प्लास्टिक-पॉलिथीन पर रोक लगने के बाद पलाश की उपयोगिता महसूस की गई, जिसके पत्ते दोने, थैले, पत्तल, थाली, गिलास सहित न जाने कितने उपयोग में आ सकते हैं। पिछले तीस-चालीस वर्षों में 90% वन नष्ट कर दिए गए। बिना पानी के बंजर, ऊसर तक में उग आने वाले इस पेड़ की नई पीढ़ी तैयार नहीं हुई। यदि यही स्थिति रही और समाज जागरूक न हुआ, तो पलाश विलुप्त वृक्ष हो जाएगा।

(क) गद्यांश में लेखक की चिंता का क्या कारण है? (1)

(*i*) पलाश के वृक्षों का घटता स्तर (*ii*) ऊतक संवर्द्धन की कमी
(*iii*) पर्यावरण की सुरक्षा (*iv*) जीवन का संघर्ष

(ख) अरावली और सतपुड़ा में पलाश के वृक्ष कैसे लगते थे? (1)

(*i*) वन में लगी आग के समान (*ii*) ढाक के तीन पात के समान
(*iii*) वर्षा ऋतु में इंद्रधनुष के समान (*iv*) गाँव में खिले टेसू के फूल के समान

(ग) 'अंधाधुंध' शब्द का तात्पर्य है (1)

(*i*) बेतहाशा (*ii*) लगातार (*iii*) बेहिसाब (*iv*) अँधेर

(घ) पलाश के वृक्षों को बचाने के लिए क्या किया जा रहा है? (1)

(*i*) लोगों में जागरूकता लाकर नए पलाश लगाना (*ii*) अभियान चलाकर पलाश वन रोपने की योजना प्रस्तुत करना
(*iii*) पलाश के महत्त्व से वंचित रखकर अन्य को महत्त्व देना (*iv*) ये सभी

(ङ) निम्नलिखित कथनों पर विचार कीजिए (1)

1. कबीर ने पलाश की सुंदरता को जवानी में आकर्षित करने वाले युवक के समान बताया है।
2. टेसू में फूल व हरे-भरे पत्ते पूरे वर्ष लगे रहते हैं।
3. पलाश का उपयोग पत्ते, दोने, थाली, गिलास आदि बनाने में किया जाता है।

उपरोक्त कथनों में से कौन-सा/से कथन सही है/हैं?

(*i*) केवल 1 (*ii*) केवल 3 (*iii*) 1 और 3 (*iv*) 2 और 3

(च) "कहैं पद्माकर परागन में, पौन हूँ में, पानन में, पिक में, पलासन पगंत है।" महाकवि पद्माकर ने इन पंक्तियों के माध्यम से सिद्ध किया है कि पलाश (1)

(*i*) एक महत्त्वपूर्ण पुष्प है (*ii*) सभी स्थानों पर उत्पन्न होता है
(*iii*) वर्ष भर हरा-भरा पल्लवित रहता है (*iv*) संकट में है

(छ) पलाश की उपयोगिता कब महसूस की गई? (1)

(*i*) प्लास्टिक-पॉलिथीन की थैलियों पर रोक लगने के बाद (*ii*) कवियों द्वारा तिरस्कृत होने के बाद
(*iii*) इतिहास द्वारा विस्मृत होने के बाद (*iv*) अन्य वृक्षों का महत्त्व कम होने के बाद

(ज) कवियों, शायरों और आम आदमी को सम्मोहित करने वाला पलाश आज संकट से गुजर रहा है (1)

(*i*) नव-निर्माण के भय के (*ii*) विलुप्त होने के भय के
(*iii*) महत्त्वहीन होने के भय के (*iv*) अपनेपन के भय के

(झ) निम्नलिखित कथन और कारण को ध्यानपूर्वक पढ़िए और सही विकल्प चुनकर लिखिए। (1)

कथन (A) कबीर ने पलाश के बारे में 'खांखर भया पलाश' कहा है।

कारण (R) टेसू में फूल व हरे-भरे पत्ते रहने पर यह सबके आकर्षण का केंद्र रहता है, परंतु पतझड़ में कोई इसकी ओर देखता तक नहीं है।

कूट

(*i*) कथन (A) और कारण (R) दोनों सही हैं तथा कारण (R) कथन (A) की सही व्याख्या करता है
(*ii*) कथन (A) गलत है, किंतु कारण (R) सही है
(*iii*) कथन (A) तथा कारण (R) दोनों गलत हैं
(*iv*) कथन (A) सही है, किंतु कारण (R) गलत है

(ञ) प्रस्तुत गद्यांश किस विषय-वस्तु पर आधारित है? (1)

(*i*) प्रकृति वर्णन पर
(*ii*) पलाश के संकट पर
(*iii*) पर्यावरण सुरक्षा पर
(*iv*) साहित्य और पलाश पर

2. *दिए गए पद्यांश पर आधारित प्रश्नों को ध्यानपूर्वक पढ़कर दिए गए प्रश्नों के सर्वाधिक उपयुक्त उत्तर वाले विकल्प को चुनकर लिखिए।* (1×5 = 5)

मैं उनके धूप अँधियारों में
सूरज की किरणें भर दूँगा,
जिनकी बुझी हुई आँखों में शबन हैं, शृंगार नहीं है।
आज सत्य के गोरे मुख पर राजनीति की चेचक फूटी।
लक्ष्मी का दर्शन करते ही
पंडित से रामायण छूटी।
मैं तो अपने मन-मंदिर में उनकी चरण-धूल पूजूँगा,
मानवता की सेवा जिनका मजहब है, व्यापार नहीं है।
आज ज़िंदगी डूब रही है,
स्वार्थों की गहरी दलदल में।
मानवता की लाश रखी है,
आदर्शों के ताजमहल में।
मैं उनकी ज़िंदगी के लिए स्वयं मृत्यु से जूझ पड़ूँगा,
जिनको साँस मिली है, लेकिन जीने का अधिकार नहीं है।
श्रम की दुल्हन भटक रही है
नंगे तन पर चिथड़े पहने।
पर बदचलन तिजोरी ने हैं
सजा रखे कंचन के गहने।
मैं उनके गुमनाम लहू से यश की रामायण लिख दूँगा,
जिन्हें भूख से मरना प्रिय है, भीख मगर स्वीकार नहीं है।
अगर कहीं कवि जन्म न लेता,
धरती पर स्याही रह जाती।
हर आँसू अनाथ कहलाता,
पीड़ा अन-ब्याही रह जाती।
मैं उनकी स्मृति में कविता का अनुपम ताजमहल रच दूँगा,
जिनकी लाश उठा चलने को कोई भी तैयार नहीं है।

(क) प्रस्तुत पद्यांश में कवि ने किसके जीवन में सूर्य की किरणें भरने की बात कही है? (1)

(*i*) दीन-हीन और असहाय लोगों के
(*ii*) समाज द्वारा स्वीकृत लोगों के
(*iii*) मानवता के पुजारी के
(*iv*) राजनीति के भ्रष्ट लोगों के

(ख) निम्नलिखित कथनों पर विचार कीजिए (1)

1. मानवता की सेवा करने वाले व्यक्तियों की चरण रज पूजनीय है।
2. पंडितों के लिए धर्म के सामने धन का महत्त्व तुच्छ है।
3. कवियों के अभाव में पीड़ित-लोगों की व्यथा का जिक्र कोई नहीं करता।

उपरोक्त कथनों में से कौन-सा/से कथन सही है/हैं?

(*i*) केवल 1
(*ii*) केवल 2
(*iii*) 1 और 3
(*iv*) 1 और 2

(ग) 'श्रम की दुल्हन भटक रही है' पंक्ति का क्या आशय है? (1)

(*i*) लोग परिश्रम करना भूल गए हैं
(*ii*) परिश्रमी भूख के कारण इधर-उधर भटक रहे हैं
(*iii*) लोग श्रम करके बेईमान हो गए हैं
(*iv*) परिश्रम न करना पड़े इसलिए लोग इधर-उधर घूम रहे हैं

(घ) कवि द्वारा जन्म न लेने पर क्या होता है? (1)

(*i*) धरती पर स्याही बाकी नहीं रह जाती है
(*ii*) पीड़ित व व्यथित लोगों की कथा अनकही ही रह जाती है
(*iii*) मनुष्य जीवन धन्य हो जाता है
(*iv*) समाज का स्वरूप अत्यंत व्यापक होता जाता है

(ङ) कॉलम 1 को कॉलम 2 से सुमेलित कीजिए (1)

कॉलम 1	कॉलम 2
A. जिंदगी डूब रही है।	1. आदर्शों के ताजमहल
B. मानवता की लाश रखी	2. कवि के जन्म न लेने
C. आँसू अनाथ कहलाता	3. स्वार्थों की दलदल

कूट

	A	B	C
(*i*)	3	1	2
(*ii*)	2	1	3
(*iii*)	1	2	3
(*iv*)	3	2	1

अभिव्यक्ति और माध्यम

3. *निम्नलिखित प्रश्नों को ध्यानपूर्वक पढ़कर सर्वाधिक उपयुक्त उत्तर वाले विकल्प को चुनकर लिखिए।* (1×5 = 5)

(क) निम्नलिखित में से आधुनिक जनसंचार का माध्यम कौन-सा है? (1)

(*i*) टेलीविजन (*ii*) इंटरनेट (*iii*) फिल्म (*iv*) ये सभी

(ख) भारत में टेलीविजन प्रसारण कब प्रारंभ हुआ? (1)

(*i*) 10 मार्च, 1960 को (*ii*) 12 फरवरी, 1958 को
(*iii*) 15 सितंबर, 1959 को (*iv*) 8 अप्रैल, 1957 को

(ग) रेडियो समाचार की भाषा कैसी होनी चाहिए? (1)

(*i*) व्याकरण शुद्धि से युक्त (*ii*) उच्चारण और श्रवण शुद्धि से युक्त
(*iii*) तत्सम शब्दावली से युक्त (*iv*) परिनिष्ठित और क्लिष्ट

(घ) कहानी में वास्तविकता का पुट लाने के लिए निम्नलिखित में से किसका प्रयोग किया जाता है? (1)

(*i*) पात्रों का (*ii*) द्वंद्व का
(*iii*) देशकाल एवं वातावरण का (*iv*) चरमोत्कर्ष का

(ङ) सूची I को सूची II से सुमेलित कीजिए (1)

सूची I	सूची II
A. ज्ञानवर्धन करना	1. फीचर लेखन का गुण
B. निष्कर्षपरक	2. फीचर लेखन का तत्त्व
C. कल्पना	3. आलेख की समाप्ति
D. विश्वसनीयता	4. फीचर का उद्देश्य

कूट

	A	B	C	D
(*i*)	4	3	2	1
(*ii*)	1	2	3	4
(*iii*)	2	3	4	1
(*iv*)	3	4	1	2

पाठ्य-पुस्तक आरोह भाग 2

4. *निम्नलिखित पद्यांश के प्रश्नों को ध्यानपूर्वक पढ़कर सर्वाधिक उपयुक्त उत्तर वाले विकल्प को चुनकर लिखिए।* (1×5 = 5)

छोटा-सा मेरा खेत चौकोना
कागज का एक पन्ना
कोई अंधड़ कहीं से आया
क्षण का बीज वहाँ से बोया गया।

(क) 'छोटा-सा मेरा खेत चौकोना' में कवि ने किस खेत की बात कही है? (1)

(*i*) मनरूपी खेत की (*ii*) प्रेमरूपी खेत की
(*iii*) कागजरूपी खेत की (*iv*) हरियालीरूपी खेत की

(ख) कवि ने अभिव्यक्तिरूपी बीज कहाँ बोया था? (1)

(*i*) घर के आँगन में (*ii*) कागज के पृष्ठ पर (*iii*) खेत में (*iv*) छत पर

(ग) 'छोटा-सा मेरा खेत चौकोना' में कौन-सा भाव है? (1)

(*i*) रचना कार्य का (*ii*) खेती के कार्य का
(*iii*) गायन का (*iv*) समानता का

(घ) निम्नलिखित कथन और कारण को ध्यानपूर्वक पढ़िए और सही विकल्प चुनकर लिखिए। (1)

कथन (A) कवि काव्य-रचना में प्रवृत्त होता है।
कारण (R) कृषि कार्यों से कवि ऊब चुका था।

कूट

(i) कथन (A) सही है, परंतु कारण (R) गलत है
(ii) कथन (A) गलत है, परंतु कारण (R) सही है
(iii) कथन (A) और कारण (R) दोनों सही हैं, लेकिन कारण (R) कथन (A) की सही व्याख्या नहीं करता है
(iv) कथन (A) और कारण (R) दोनों सही हैं तथा कारण (R) कथन (A) की सही व्याख्या करता है

(ङ) 'कोई अंधड़ कहीं से आया' पंक्ति में 'अंधड़' शब्द किसके लिए प्रयुक्त हुआ है? (1)

(i) कवि के मन के भावों के लिए (ii) अनजान व्यक्ति के लिए
(iii) विरोधी व्यक्ति के लिए (iv) आँधी के लिए

5. *निम्नलिखित गद्यांश के प्रश्नों को ध्यानपूर्वक पढ़कर उपयुक्त उत्तर वाले विकल्प को चुनकर लिखिए।* (1×5 = 5)

उछलते-कूदते, एक-दूसरे को धकियाते ये लोग गली में किसी दुमहले मकान के सामने रुक जाते, "पानी दे मैया, इंदर सेना आई है।" और जिन घरों में आखिर जेठ या शुरू आषाढ़ के उन सूखे दिनों में पानी की कमी भी होती थी, जिन घरों के कुएँ भी सूखे होते थे, उन घरों से भी सहेजकर रखे हुए पानी में से बाल्टी या घड़े भर-भरकर इन बच्चों को सर से पैर तक तर कर दिया जाता था। ये भीगे बदन मिट्टी में लोट लगाते थे, पानी फेंकने से पैदा हुए कीचड़ में लथपथ हो जाते थे। हाथ, पाँव, बदन, मुँह, पेट सब पर गंदा कीचड़ मलकर फिर हाँक लगाते हैं "बोल गंगा मैया की जय" और फिर मंडली बाँधकर उछलते-कूदते अगले घर की ओर चल पड़ते बादलों को टेरते, "काले मेघा पानी दे।"

(क) किसी दुमहले मकान के सामने कौन रुकता था? (1)

(i) मुसाफ़िर (ii) इंदर सेना
(iii) प्यासे लोग (iv) जल से भीगे लोग

(ख) किन-किन महीनों में पानी माँगा जाता था? (1)

(i) सावन-भादो में (ii) माघ-ज्येष्ठ में (iii) जेठ-आषाढ़ में (iv) आषाढ़-पौष में

(ग) निम्नलिखित कथन और कारण को ध्यानपूर्वक पढ़िए और सही विकल्प चुनकर लिखिए। (1)

कथन (A) पानी की कमी होते हुए भी इंदर सेना पर घरों में सहेजकर रखा हुआ पानी बहुतायत से डाला जाता था।
कारण (R) इंदर सेना के बालक पसीने में तर-बतर हो जाते थे।

कूट

(i) कथन (A) और कारण (R) दोनों सही हैं तथा कारण (R) कथन (A) की सही व्याख्या करता है
(ii) कथन (A) सही है, किंतु कारण (R) गलत है
(iii) कथन (A) तथा कारण (R) दोनों गलत हैं
(iv) कथन (A) और कारण (R) दोनों सही हैं, लेकिन कारण (R) कथन (A) की गलत व्याख्या करता है

(घ) कॉलम 1 को कॉलम 2 से सुमेलित कीजिए और सही विकल्प चुनकर लिखिए। (1)

कॉलम 1	कॉलम 2
A. इंदर सेना हॉक लगाते	1. जेठ व आषाढ़ के दिनों
B. पानी की कमी	2. मंडली को तर करना
C. सहेज कर रखे पानी	3. गंगा मैया की जय

कूट

	A	B	C
(i)	2	1	3
(ii)	3	1	2
(iii)	3	2	1
(iv)	1	3	2

(ङ) निम्नलिखित कथनों पर विचार कीजिए (1)

1. पानी की कमी होने के बावजूद इंदर सेना पर पानी फेंकना लोक-प्रचलित विश्वास है।
2. गाँव में सूखा पड़ने पर बालकों की टोली कीचड़ में लथपथ होकर लोगों का मनोरंजन करती है।
3. लेखक ने इंदर सेना के कार्यक्रमों को अंधविश्वास का नाम दिया है।

उपरोक्त कथनों में से कौन-सा/से कथन सही है/हैं?

(i) केवल 1 (ii) केवल 3 (iii) 1 और 3 (iv) 2 और 3

पूरक पाठ्य-पुस्तक वितान भाग 2

6. *निम्नलिखित प्रश्नों को ध्यानपूर्वक पढ़कर सर्वाधिक उपयुक्त उत्तर वाले विकल्प को चुनकर लिखिए।* (1×10 = 10)

(क) 'सिल्वर वैडिंग' कहानी में यशोधर बाबू को बेटे भूषण द्वारा उपहार में ऊनी गाउन किस उद्देश्य से दिया गया? (1)

(i) पिता की आवश्यकता को पूर्ण करने के लिए
(ii) दूध लाने की जिम्मेदारी उन्हीं के कंधों पर डालने के लिए
(iii) अपनी माँ की इच्छा पूर्ति के लिए
(iv) पिता को सर्दी से बचाने के लिए

(ख) ऑफिस के अधीनस्थ बाबू चड्ढा और मनेन, यशोधर बाबू से पार्टी की माँग किस कारण कर रहे थे? (1)

(i) यशोधर बाबू का प्रमोशन होने के उपलक्ष्य में
(ii) यशोधर बाबू के बेटे की सरकारी नौकरी लगने के उपलक्ष्य में
(iii) उनकी पत्नी के जन्मदिवस के उपलक्ष्य में
(iv) उनकी शादी की सालगिरह के उपलक्ष्य में

(ग) 'सिल्वर वैडिंग कहानी का मुख्य पात्र वर्तमान में रहता है, किंतु अतीत को आदर्श मानता है। इस कथन से क्या स्पष्ट होता है? (1)

(i) किशनदा के सिद्धांतों को यशोधर बाबू ने अपने जीवन का लक्ष्य बना लिया है
(ii) यशोधर बाबू अपने परिवार को समझ नहीं पाते हैं
(iii) यशोधर बाबू आधुनिक युग में जीते हुए भी अपने पुराने सिद्धांतों को मानते हैं
(iv) भूतकाल की यादें ही यशोधर बाबू के जीवन की पूँजी है

(घ) निम्नलिखित कथन और कारण को ध्यानपूर्वक पढ़िए और सही विकल्प चुनकर लिखिए। (1)

कथन (A) गणित के अध्यापक छात्रों की पिटाई करते थे।
कारण (R) छात्र कक्षा में शरारत करते रहते थे।

कूट

(i) कथन (A) सही है, परंतु कारण (R) गलत है
(ii) कथन (A) गलत है, परंतु कारण (R) सही है
(iii) कथन (A) और कारण (R) दोनों सही हैं, लेकिन कारण (R) कथन (A) की सही व्याख्या नहीं करता है
(iv) कथन (A) और कारण (R) दोनों सही हैं तथा कारण (R) कथन (A) की सही व्याख्या करता है

(ङ) आनंदा को वसंत पाटिल के संपर्क में आने से क्या लाभ हुआ? (1)

(i) उसका पढ़ाई में मन लगने लगा
(ii) उसका ध्यान खेलकूद में अधिक लगने लगा
(iii) उसका पढ़ाई से नाता टूट गया
(iv) उसका कविता लिखने का मन करने लगा

(च) सिंधु घाटी की सभ्यता की वास्तुकला, मूर्तियाँ, केश-विन्यास, आभूषण आदि क्या प्रमाणित करते हैं? (1)

(i) यहाँ के लोगों के जीवन के खालीपन को
(ii) यहाँ के लोगों के सौंदर्यबोध और उनकी कलात्मक रुचि को
(iii) समाज में निम्न वर्ग की स्थिति को
(iv) उच्च वर्ग की कला और संस्कृति को

(छ) "शक्ति से सिंधु सभ्यता का कोई संबंध नहीं है", इस तथ्य को कौन-सा कथन सत्य सिद्ध करता है? (1)

(i) किसी युद्ध का वर्णन न मिलना
(ii) कहीं भी हथियार के दर्शन न होना
(iii) किसी औजार का उल्लेख न होना
(iv) राजव्यवस्था का न होना

(ज) मुअनजो-दड़ो के महाकुंड से क्या प्रदर्शित होता है? 'अतीत के दबे पाँव' पाठ के आधार पर सटीक विकल्प चुनिए। (1)

(i) यह सामुदायिक भेदभाव को प्रदर्शित करता है
(ii) यह वहाँ के लोगों की आस्था को प्रदर्शित करता है
(iii) इससे सभ्यता की प्रामाणिकता पर प्रश्नचिह्न लगता है
(iv) यह सामुदायिक एकता को प्रदर्शित करता है

(झ) सिंधु घाटी की जल व्यवस्था के संबंध में कौन-सा कथन सही नहीं है? (1)

(i) सिंधु घाटी सभ्यता में कुओं का प्रबंध आवश्यकतानुसार उचित रूप से किया गया था
(ii) कुओं की संख्या लगभग चार सौ थी
(iii) सभी कुएँ पकी हुई एक ही आकार की ईंटों के बने हुए थे
(iv) कुएँ खोदकर भू-जल तक पहुँचने वाली सिंधु घाटी सभ्यता संसार में पहली सभ्यता है

(ञ) निम्नलिखित कथनों पर विचार कीजिए (1)

1. झूठ का सहारा लेने के कारण ही लेखक अपनी आगे की पढ़ाई जारी रख सका।
2. पढ़ाई-लिखाई के संबंध में दत्ता जी राव तथा लेखक के विचार एकसमान थे।
3. लेखक के पिता तो उसे पढ़ाना चाहते थे, किंतु लेखक की पढ़ने में रुचि नहीं थी।
4. लेखक को पढ़ने भेजने में लेखक के पिता के ऐशो-आराम में कमी आ जाती।

उपरोक्त कथनों में से कौन-सा/से कथन सही है/हैं?

(i) केवल 1
(ii) केवल 3
(iii) 1, 2 और 3
(iv) 1, 2 और 4

■ खंड 'ब' (वर्णनात्मक प्रश्न)

खंड 'ब' में जनसंचार और सृजनात्मक लेखन, पाठ्य-पुस्तक आरोह भाग-2 व पूरक पाठ्य-पुस्तक वितान भाग-2 से संबंधित वर्णनात्मक प्रश्न पूछे गए हैं, जिनके निर्धारित अंक प्रश्न के सामने अंकित हैं।

जनसंचार और सृजनात्मक लेखन

7. *निम्नलिखित दिए गए 3 विषयों में से किसी 1 विषय पर लगभग 120 शब्दों में रचनात्मक लेख लिखिए।* (6×1 = 6)

(क) परोपकार की भावना व्यक्ति को मनुष्य बनाती है

(ख) असफलताएँ : जीवन प्रक्रिया का स्वाभाविक अंग

(ग) अनुशासन : सफलता की कुंजी

8. *निम्नलिखित प्रश्नों को ध्यानपूर्वक पढ़कर लगभग 40 शब्दों में निर्देशानुसार उत्तर दीजिए।* (2×2 = 4)

(क) 'नाटक स्वयं में एक जीवंत माध्यम है।' इस कथन के आलोक में नाटक में स्वीकार तथा अस्वीकार की अवधारणा पर प्रकाश डालिए। (2)

अथवा

"कहानी लेखन हेतु कथानक प्रमुख तत्त्व होता है।" इस कथन के आलोक में कहानी के कथानक पर प्रकाश डालिए।

(ख) विशेष रिपोर्ट किससे संबंधित होती है? विशेष रिपोर्ट कितने प्रकार की होती है? स्पष्ट कीजिए। (2)

अथवा

टीवी खबरों के विभिन्न चरणों के बारे में समझाइए।

9. *निम्नलिखित प्रश्नों को ध्यानपूर्वक पढ़कर दिए गए 3 प्रश्नों में से किन्हीं 2 प्रश्नों के लगभग 60 शब्दों में उत्तर दीजिए।* (3×2 = 6)

(क) 'भोजन पर सबका अधिकार' विषय पर फ़ीचर लिखिए। (3)

(ख) समाचार लेखन एक विशिष्ट कला है। समाचार मुख्य रूप से कितने प्रकार के होते हैं? संक्षेप में बताइए। (3)

(ग) जनसंचार के आधुनिक माध्यमों में मुद्रित सबसे प्राचीन माध्यम है। मुद्रित माध्यम की विशेषताएँ लिखिए। (3)

पाठ्य-पुस्तक आरोह भाग 2

10. *निम्नलिखित प्रश्नों को ध्यानपूर्वक पढ़कर दिए गए 3 प्रश्नों में से किन्हीं 2 प्रश्नों के लगभग 60 शब्दों में उत्तर दीजिए।* (3×2 = 6)

(क) 'कविता के बहाने' कविता में कवि ने कविता के अस्तित्व से जुड़े कुछ महत्त्वपूर्ण प्रश्न किए हैं। इस कविता का प्रतिपाद्य अपने शब्दों में व्यक्त कीजिए। (3)

(ख) 'दिन जल्दी-जल्दी ढलता है' कविता के आधार पर उन स्थितियों को स्पष्ट कीजिए, जिनके कारण पथिक जल्दी चलता है। (3)

(ग) "तुलसीदास को अपने समय की समस्याओं की अच्छी समझ थी।" कथन के आलोक में उनके समय की आर्थिक-सामाजिक समस्याओं का वर्णन कीजिए। (3)

11. *निम्नलिखित प्रश्नों को ध्यानपूर्वक पढ़कर दिए गए 3 प्रश्नों में से किन्हीं 2 प्रश्नों के लगभग 40 शब्दों में उत्तर दीजिए।* (2×2 = 4)

(क) बालक द्वारा चाँद माँगने की ज़िद पर माँ क्या करती है? फिराक की रुबाइयों के आधार पर उत्तर दीजिए। (2)

(ख) आपकी राय में अपंगों के प्रति कैसा व्यवहार होना चाहिए? 'कैमरे में बंद अपाहिज' कविता के आधार पर लिखिए। (2)

(ग) 'बादल राग' कविता में कवि ने पूँजीपति वर्ग के महलों को 'आतंक भवन' कहा है, क्यों? (2)

12. *निम्नलिखित प्रश्नों को ध्यानपूर्वक पढ़कर दिए गए 3 प्रश्नों में से किन्हीं 2 प्रश्नों के लगभग 60 शब्दों में उत्तर दीजिए।* (3×2 = 6)

(क) 'बाज़ार का जादू' किस प्रकार हमें आकर्षित करता है? इसकी जकड़ से बचने का सीधा-सा उपाय क्या है? (3)

(ख) डॉ. आंबेडकर के जीवन का क्या उद्देश्य था? 'श्रम विभाजन और जाति प्रथा' पाठ के आधार पर स्पष्ट कीजिए। (3)

(ग) इंदर सेना के बारे में लेखक और जीजी की राय में क्या अंतर था? आप किसके विचारों से सहमत हैं? (3)

13. *निम्नलिखित प्रश्नों को ध्यानपूर्वक पढ़कर दिए गए 3 प्रश्नों में से किन्हीं 2 प्रश्नों के लगभग 40 शब्दों में उत्तर दीजिए।* (2 × 2 = 4)

(क) शिरीष का फूल भयंकर गर्मी में भी सरस बना रहता है। वनस्पतिशास्त्री ने लेखक को इसका क्या कारण बताया? (2)

(ख) 'पहलवान की ढोलक' पाठ के आधार पर बताइए कि 'शेर के बच्चे' के नाम से कौन और क्यों प्रसिद्ध था? (2)

(ग) कैसे कहा जा सकता है कि भक्तिन को गाँव के जीवन और कामकाज की विशेष जानकारी थी? (2)

पूरक पाठ्य-पुस्तक वितान भाग 2

14. *निम्नलिखित प्रश्नों को ध्यानपूर्वक पढ़कर दिए गए 2 प्रश्नों में से किसी 1 प्रश्न का लगभग 60 शब्दों में उत्तर दीजिए।* (1 × 4 = 4)

"सिंधु घाटी की सभ्यता केवल अवशेषों के आधार पर बनाई गई एक धारणा है।" इस विचार के पक्ष या विपक्ष में अपने विचार प्रस्तुत कीजिए। (4)

अथवा

भूषण के द्वारा ऊनी ड्रेसिंग गाउन देने पर यशोधर पंत के मन में उत्साह का अभाव किन जीवन मूल्यों की उपेक्षा के कारण दिखाई देता है? बुजुर्ग पीढ़ी हमसे क्या अपेक्षा करती है?

इस प्रश्न-पत्र के उत्तर प्राप्त करने के लिए इस QR Code को अपने मोबाइल फोन से Scan करें।

स्टेज III एक्सीलेंस लेवल
(प्रश्न–पत्र हल रहित)

प्रतिदर्श **प्रश्न–पत्र 14**

हिंदी केंद्रिक कक्षा 12

समय : **3 घंटे** पूर्णांक : **80**

निर्देश

1. इस प्रश्न-पत्र में खंड 'अ' में वस्तुपरक तथा खंड 'ब' में वर्णनात्मक प्रश्न पूछे गए हैं।
2. खंड 'अ' में 40 वस्तुपरक प्रश्न पूछे गए हैं। सभी 40 प्रश्नों के उत्तर देने हैं।
3. खंड 'ब' में वर्णनात्मक प्रश्न पूछे गए हैं। प्रश्नों के उचित आंतरिक विकल्प दिए गए हैं।
4. दोनों खंडों के प्रश्नों के उत्तर देना अनिवार्य है।
5. यथासंभव दोनों खंडों के प्रश्नों के उत्तर क्रमशः लिखिए।

■ खंड 'अ' (वस्तुपरक प्रश्न)

खंड 'अ' में अपठित बोध, अभिव्यक्ति और माध्यम, पाठ्य-पुस्तक आरोह भाग-2 व पूरक पाठ्य पुस्तक वितान भाग-2 से संबंधित बहुविकल्पीय प्रश्न पूछे गए हैं। जिनमें प्रत्येक प्रश्न के लिए 1 अंक निर्धारित है।

अपठित बोध

1. *निम्नलिखित गद्यांश को ध्यानपूर्वक पढ़कर दिए गए प्रश्नों के सर्वाधिक उपयुक्त उत्तर वाले विकल्प को चुनकर लिखिए।* (1 ×10 = 10)

आज हम एक ऐसी दुनिया में रह रहे हैं, जहाँ परफेक्शन का बोलबाला है। इसमें से प्रत्येक किसी-न-किसी के प्रति किसी हद तक जवाबदेह है। ऐसे परिदृश्य में सबसे कठिन हो जाता है अपनी आलोचना को स्वीकार कर पाना। हालाँकि यह भी सच है कि कैसी भी आलोचना स्वीकारना मुश्किल ही होता है, भले ही वह हमारी भलाई के लिए ही क्यों न हो। आलोचना एक दोधारी तलवार की तरह होती है। एक ओर आप इसके आधार पर अपने झूठे अहं को दरकिनार कर गहरी समझ विकसित कर सकते हैं, तो एक ओर आलोचना को दिल पर लेकर संबंधित शख्स से अपने संबंध बिगाड़ सकते हैं। कह सकते हैं कि यह व्यक्ति विशेष पर निर्भर करता है कि वह आलोचना को किस तरह लेता है। उससे अपना विकास करता है या झूठे अहं में पड़ अपने को ही सही मानता रहता है। भले ही आलोचना कितनी ही चोट क्यों न पहुँचाए, लेकिन दूसरे को पूरे ध्यान व गंभीरता के साथ सुनें।

आलोचना रूपी सलाह को सिरे से खारिज़ करने से बेहतर होगा कि जो सही हो, उसे आत्मसात् करें। उसे स्वीकार कर स्वयं का विकास करें। इस क्रम में अपनी निर्णायक क्षमता का बेहतर प्रयोग कर वही बातें स्वीकार करें, जो आप पर लागू होती हैं। ऐसा न हो कि आलोचना का वह हिस्सा भी मान लें, जो आप पर लागू ही न होता हो।

भले ही आप कितने ही सफ़ल क्यों न हो जाएँ, लेकिन यह ध्यान रखें कि सुधार की संभावना हमेशा रहती है। इसे मान लेने से सकारात्मक आलोचना अपने हित में लेने की आदत हो जाती है। इसके लिए दिमाग हमेशा खुला रखने की आवश्यकता है। किसी ने कोई बात की, जो आलोचना है, तो तुरंत ही किसी निर्णय पर पहुँचने के बजाय उस बात पर गंभीरता से मनन करें। ईमानदारी से विचार करें कि कही गई बात में कहीं भी कोई रत्तीभर भी सच्चाई है। आलोचनात्मक टिप्पणी की सारगर्भिता का सही आकलन परिपक्वता और विकास की दिशा में उठा पहला कदम होता है। बात भले आचार-व्यवहार, जीवन-शैली में बदलाव की हो या फिर कार्यशैली में परिवर्तन की।

हमें हमेशा जागरूक रहना होगा कि हम कैसे इन क्षेत्रों में अपनी शक्ति बढ़ा सकते हैं। आलोचना दो तरह की होती है। एक का मकसद आपकी कमियों को सामने लाकर उसे दूर करना होता है, जबकि एक महज ईर्ष्यावश या पूर्वाग्रह से ग्रसित होती है। आवश्यकता इसके अंतर को समझने की है। कमियों को इंगित करती यानी सकारात्मक आलोचना को अंगीकार करने की आवश्यकता है, जबकि नकारात्मक आलोचना और उसे करने वाले से दूरी बनाने में ही भलाई निहित है।

(क) "आलोचना एक दोधारी तलवार की तरह होती है" पंक्ति का क्या आशय है? (1)

(i) आलोचना के माध्यम से व्यक्ति अपने अहंकार को दूर कर गहरी समझ विकसित कर सकता है
(ii) आलोचना को दिल पर लेकर संबंधित व्यक्ति से अपने संबंध बिगाड़ सकता है
(iii) *(i)* और *(ii)* दोनों
(iv) आलोचना के द्वारा व्यक्ति अपना सर्वस्व अस्तित्व समाप्त कर लेता है

(ख) अपने झूठे अहंकार को एक ओर रखकर गहरी समझ किसके माध्यम से विकसित कर सकते हैं? (1)

(i) व्यक्ति विशेष के *(ii)* परफेक्शन के
(iii) आलोचना के *(iv)* ध्यान के

(ग) आलोचना को आत्मसात् करके क्या किया जा सकता है? (1)

(i) दूसरों की बुराई *(ii)* स्वयं की निंदा
(iii) स्वयं का विकास *(iv)* संबंधों को खराब

(घ) 'दरकिनार' शब्द का तात्पर्य है (1)

(i) एक ओर *(ii)* उपेक्षा *(iii)* पृथक् *(iv)* अलग

(ङ) किस बात को मान लेने से सकारात्मक आलोचना अपने हित में लेने की आदत हो जाती है? (1)

(i) दूसरों की कही प्रत्येक बात *(ii)* मनुष्य गलतियों का पुतला है
(iii) सामाजिक संबंध सर्वोपरि हैं *(iv)* सुधार की संभावना हमेशा रहती है

(च) आलोचना को स्वीकारना कठिन क्यों होता है? (1)

(i) क्योंकि वर्तमान समय में इसे बुराई का पर्याय माना जाता है *(ii)* क्योंकि इसमें सत्य निहित होता है
(iii) क्योंकि यह केवल कमियों की ओर इशारा करती है *(iv)* क्योंकि इसमें केवल असत्य का भाव निहित होता है

(छ) निम्नलिखित कथनों पर विचार कीजिए (1)

1. आलोचना रूपी सलाह को अस्वीकार करने की बजाय उसे स्वीकार करने में ही भलाई है।
2. आलोचना को ज्यों का त्यों ही स्वीकार कर लेना चाहिए।
3. पूर्णतया सफल व्यक्ति में भी सुधार की संभावना रहती है।

उपरोक्त कथनों में से कौन-सा/से सही कथन है/हैं?

(i) केवल 1 *(ii)* केवल 3 *(iii)* 1 और 2 *(iv)* 1 और 3

(ज) 'आलोचनात्मक टिप्पणी की सारगर्भिता का सही आकलन परिपक्वता और विकास की दिशा में उठा पहला कदम होता है' लेखक की इस बात का अभिप्राय है कि (1)

(i) आलोचना के सारगर्भित हिस्से को स्वीकार कर स्वयं का विकास करना चाहिए
(ii) आलोचना को गंभीरतापूर्वक सुनना चाहिए
(iii) संपूर्ण आलोचना को स्वीकार कर लेना चाहिए
(iv) आलोचना का वह हिस्सा भी मान लेना चाहिए जो स्वयं पर लागू ही न होता हो

(झ) निम्नलिखित कथन और कारण को ध्यानपूर्वक पढ़िए और सही विकल्प चुनकर लिखिए। (1)

कथन (A) आलोचना एक दोधारी तलवार की तरह होती है।

कारण (R) आलोचना के सकारात्मक व नकारात्मक दोनों पहलू होते हैं।

(i) कथन (A) और कारण (R) दोनों सही हैं, लेकिन कारण (R) कथन (A) की सही व्याख्या नहीं करता है
(ii) कथन (A) गलत है, किंतु कारण (R) सही है
(iii) कथन (A) तथा कारण (R) दोनों गलत हैं
(iv) कथन (A) और कारण (R) दोनों सही हैं तथा कारण (R) कथन (A) की सही व्याख्या करता है

(ञ) प्रस्तुत गद्यांश किस विषय-वस्तु पर आधारित है? (1)

(i) आलोचक के गुण पर
(ii) व्यक्ति विशेष की मन:स्थिति पर
(iii) व्यक्ति की कमियों पर
(iv) आलोचना के महत्त्व पर

2. *दिए गए पद्यांश पर आधारित प्रश्नों को ध्यानपूर्वक पढ़कर दिए गए प्रश्नों के सर्वाधिक उपयुक्त उत्तर वाले विकल्प को चुनकर लिखिए।* (1× 5= 5)

ग्राम, नगर या कुछ लोगों का
नाम नहीं होता है देश।
संसद, सड़कों, आयोगों का
नाम नहीं होता है देश।
देश नहीं होता है केवल
सीमाओं से घिरा मकान।
देश नहीं होता है कोई
सजी हुई ऊँची दुकान।
देश नहीं क्लब जिसमें बैठे
करते रहें सदा हम मौज।
देश नहीं होता बंदूकें
देश नहीं होता है फ़ौज।
जहाँ प्रेम के दीपक जलते
वहीं हुआ करता है देश।
जहाँ इरादे नहीं बदलते
वहीं हुआ करता है देश।
हर दिल में अरमान मचलते,
वहीं हुआ करता है देश।
सज्जन सीना ताने चलते,
वहीं हुआ करता है देश।
देश वहीं होता जो सचमुच,
आगे बढ़ता कदम-कदम।
धर्म, जाति, सीमाएँ जिसका,
ऊँचा रखते हैं परचम।
पहले हम खुद को पहचानें,
फिर पहचानें अपना देश
एक दमकता सत्य बनेगा,
नहीं रहेगा सपना देश।

(क) प्रस्तुत पद्यांश में कवि ने देश किसे नहीं माना है? (1)

(i) सीमाओं से घिरे मकान को
(ii) सजी हुई दुकान को
(iii) क्लब को
(iv) ये सभी

(ख) निम्नलिखित कथनों पर विचार कीजिए (1)

1. संसद, सड़कों, मकानों व सीमाओं से घिरा हुआ भू-भाग देश कहलाता है।
2. देश की पहचान उसमें रहने वाले देशवासियों से होती है।
3. स्वयं के धर्म, जाति व हितों से देश का हित ऊँचा होता है।

उपरोक्त कथनों में से कौन-सा/से कथन सही है/हैं?

(i) केवल 1 *(ii)* केवल 2 *(iii)* 1 और 2 *(iv)* 2 और 3

(ग) देश का मस्तक ऊँचा कैसे रखा जा सकता है? (1)

(i) धर्म और जाति की दीवारों को गिराकर
(ii) अपने धर्म का प्रचार करके
(iii) प्रेम के दीप जलाकर
(iv) सदा मौज-मस्ती में रहकर

(घ) पद्यांश के अनुसार वास्तव में देश किसे कहा गया है? (1)

(i) जो स्वयं की प्रगति को महत्त्व न दे
(ii) जो व्यक्ति को महत्त्व दे
(iii) जो कदम-कदम पर आगे बढ़ते रहें
(iv) जो धर्म को माने

(ङ) कॉलम 1 को कॉलम 2 से सुमेलित कीजिए (1)

	कॉलम 1		कॉलम 2
A.	परचम	1.	राज्य सभा लोकसभा का संयुक्त रूप
B.	संसद	2.	आतुर
C.	मचलना	3.	झंडा

कूट

	A	B	C
(i)	3	2	1
(ii)	1	2	3
(iii)	3	1	2
(iv)	2	1	3

अभिव्यक्ति और माध्यम

3. *निम्नलिखित प्रश्नों को ध्यानपूर्वक पढ़कर सर्वाधिक उपयुक्त उत्तर वाले विकल्प को चुनकर लिखिए।* (1×5 = 5)

(क) विश्व में घटित घटनाओं को जानने की जिज्ञासा शांत करने के लिए पत्रकारिता का विकास हुआ। पत्रकारिता का आरंभ कहाँ हुआ था? (1)

(i) भारत *(ii)* रूस *(iii)* जापान *(iv)* अमेरिका

(ख) निम्न में से कौन-सा पत्रकारिता का भेद नहीं है? (1)

(i) एडवोकेसी पत्रकारिता *(ii)* फार्मेसी पत्रकारिता
(iii) सनसनीखेज पत्रकारिता *(iv)* वैकल्पिक पत्रकारिता

(ग) फीचर एक विशेष पत्रकारीय लेखन होता है। निम्नलिखित में से कौन फीचर लेखन का चरण नहीं है? (1)

(i) शीर्षक *(ii)* चरमोत्कर्ष *(iii)* आमुख *(iv)* समापन

(घ) निम्नलिखित में से किसके अभाव में कहानी की रचना नहीं की जा सकती है? (1)

(i) पात्र *(ii)* भाषा *(iii)* कथानक *(iv)* उद्देश्य

(ङ) सूची I को सूची II से सुमेलित कीजिए (1)

सूची I	सूची II
A. उल्टी पिरामिड शैली	1. संवाददाता
B. समाचार लिखने वाले पत्रकार	2. समाचार लेखन
C. विषय के चुनाव की स्वतंत्रता	3. संपादकीय पृष्ठ
D. संपादक के नाम पत्र	4. स्तंभ लेखन

कूट

	A	B	C	D
(i)	2	1	4	3
(ii)	4	3	2	1
(iii)	3	4	1	2
(iv)	1	4	2	3

पाठ्य-पुस्तक आरोह भाग 2

4. *निम्नलिखित पद्यांश के प्रश्नों को ध्यानपूर्वक पढ़कर सर्वाधिक उपयुक्त उत्तर वाले विकल्प को चुनकर लिखिए।* (1×5 = 5)

खेती न किसान को, भिखारी को न भीख, बलि,
बनिक को बनिज, न चाकर को चाकरी।
जीविका विहीन लोग सीद्यमान सोच बस,
कहैं एक-एकन सों 'कहाँ जाई, का करी?'
बेदहूँ पुरान कही, लोकहूँ बिलोकिअत,
साँकरे सबै पै, राम! रावरें कृपा करी
दारिद-दसानन दबाई दुनी, दीनबंधु!
दुरित-दहन देखि तुलसी हहा करी।।

(क) कवि द्वारा 'दारिद-दसानन दबाई दुनी' कहना प्रतिपादित करता है कि दुनिया (1)

(i) दरिद्र हो गई है *(ii)* को दरिद्रता रूपी रावण ने दबा लिया है
(iii) रावण से लड़ते-लड़ते थक गई है *(iv)* में हाहाकार मचा हुआ है

(ख) पद्यांश में लोग किस कारण से दुःखी हैं? (1)

(i) जीविका विहीन हो जाने से *(ii)* राम के वनवास चले जाने से
(iii) सीता-हरण हो जाने से *(iv)* फसल खराब हो जाने से

(ग) 'दुरित-दहन देखि तुलसी हहा करी' में कौन-सा भाव है? (1)

(i) दीनता का *(ii)* कातरता का *(iii)* हीनता का *(iv)* सहजता का

(घ) निम्नलिखित कथन और कारण को ध्यानपूर्वक पढ़िए और सही विकल्प चुनकर लिखिए। (1)
कथन (A) सभी लोग दुःखी एवं शोक के वश में होकर एक-दूसरे से कहते हैं कहाँ जाएँ, क्या करें? कोई राह या उपाय नहीं सूझता है।
कारण (R) वर्तमान समय में चारों ओर आर्थिक स्थिति काफी दयनीय है।

(i) कथन (A) सही है, परंतु कारण (R) गलत है
(ii) कथन (A) गलत है, परंतु कारण (R) सही है
(iii) कथन (A) और कारण (R) दोनों सही हैं, लेकिन कारण (R) कथन (A) की सही व्याख्या नहीं करता है
(iv) कथन (A) और कारण (R) दोनों सही हैं तथा कारण (R) कथन (A) की सही व्याख्या करता है

(ङ) निम्नलिखित में से किसके द्वारा संकटपूर्ण स्थिति से उभरा जा सकता है? (1)

(i) कवि द्वारा *(ii)* दान–दक्षिणा द्वारा *(iii)* नए व्यापार द्वारा *(iv)* राम भक्ति द्वारा

5. *निम्नलिखित गद्यांश के प्रश्नों को ध्यानपूर्वक पढ़कर उपयुक्त उत्तर वाले विकल्प को चुनकर लिखिए।* (1×5 = 5)

भक्तिन अच्छी है, यह कहना कठिन होगा, क्योंकि उसमें दुर्गुणों का अभाव नहीं। वह सत्यवादी हरिश्चंद्र नहीं बन सकती, पर 'नरो वा कुंजरो वा' कहने में भी विश्वास नहीं करती। मेरे इधर–उधर पड़े रुपये–पैसे, भंडार–घर की किसी मटकी में कैसे अंतरहित हो जाते हैं, यह रहस्य भी भक्तिन जानती है। पर उस संबंध में किसी के संकेत करते ही वह उसे शास्त्रार्थ के लिए चुनौती दे डालती है, जिसको स्वीकार कर लेना किसी तर्क–शिरोमणि के लिए संभव नहीं। यह उसका अपना घर ठहरा, रुपया–पैसा जो इधर–उधर पड़ा देखा, सँभालकर रख लिया। यह क्या चोरी है। उसके जीवन का परम कर्त्तव्य मुझे प्रसन्न रखना है। जिस बात से मुझे क्रोध आ सकता है, उसे बदलकर इधर–उधर करके बताना, क्या झूठ है। इतनी चोरी और इतना झूठ तो धर्मराज महाराज में भी होगा, नहीं तो वे भगवान जी को कैसे प्रसन्न रख सकते और संसार को कैसे चला सकते।

(क) लेखिका ने 'नरो वा कुंजरो वा' वाक्यांश किस संदर्भ में कहा था? (1)

(i) महाभारत का प्रसंग बताने के लिए
(ii) भक्तिन के चरित्र के विषय में बताने के लिए
(iii) नर और कुंजर का अर्थ स्पष्ट करने के लिए
(iv) मनुष्य और देवता में अंतर बताने के लिए

(ख) भक्तिन द्वारा भंडार घर की मटकी में छिपाकर रखे रुपयों को चोरी न मानने के पीछे क्या तर्क दिया गया? (1)

(i) यह रुपयों का एक स्थान पर संचयन करना है
(ii) यह रुपयों के अपव्यय को रोकना है
(iii) यह आपातकाल के लिए बचाई गई राशि है
(iv) यह भक्तिन की स्वयं की कमाई है

(ग) निम्नलिखित कथन और कारण को ध्यानपूर्वक पढ़िए और सही विकल्प चुनकर लिखिए। (1)

कथन (A) लेखिका के क्रोध से बचने के लिए भक्तिन बात को इधर-उधर करके बताती है।

कारण (R) भक्तिन के जीवन का परम कर्त्तव्य लेखिका को प्रसन्न रखना है।

कूट

(i) कथन (A) और कारण (R) दोनों सही हैं तथा कारण (R) कथन (A) की सही व्याख्या करता है
(ii) कथन (A) गलत है, किंतु कारण (R) सही है
(iii) कथन (A) तथा कारण (R) दोनों गलत हैं
(iv) कथन (A) और कारण (R) दोनों सही हैं, लेकिन कारण (R) कथन (A) की गलत व्याख्या करता है

(घ) कॉलम 1 को कॉलम 2 से सुमेलित कीजिए (1)

	कॉलम 1		कॉलम 2
A.	भक्तिन के शास्त्रार्थ को स्वीकार करना संभव नहीं	1.	अनेक मानवीय अवगुण भरे
B.	भक्तिन को अच्छी कहना मुश्किल	2.	महाभारत की प्रसिद्ध उक्ति
C.	नरो वा कुंजरो वा	3.	तर्क शिरोमणि के लिए

	A	B	C
(i)	2	1	3
(ii)	3	1	2
(iii)	1	2	3
(iv)	3	2	1

(ङ) निम्नलिखित कथनों पर विचार कीजिए (1)

1. भक्तिन केवल सद्गुणों से भरपूर थी।
2. भक्तिन चोरी के उद्देश्य से रुपये-पैसों को छिपाकर रख लेती थी।
3. भक्तिन किसी भी प्रकार से लेखिका का दिल नहीं दुखाना चाहती थी।

उपरोक्त कथनों में से कौन-सा/से कथन सही है/हैं?

(i) केवल 1 *(ii)* केवल 3 *(iii)* 1 और 2 *(iv)* 1 और 3

पूरक पाठ्य-पुस्तक वितान भाग 2

6. *निम्नलिखित प्रश्नों को ध्यानपूर्वक पढ़कर सर्वाधिक उपयुक्त उत्तर वाले विकल्प को चुनकर लिखिए।* (1×10 = 10)

(क) यशोधर बाबू को किशनदा के संदर्भ में किस बात का दुःख था? (1)

(i) उनका विवाह न होना *(ii)* उनका बुढ़ापा सुखी न होना
(iii) उनका कोई पुत्र न होना *(iv)* उनकी पत्नी का रूढ़िवादी होना

(ख) 'जूझ' कहानी के पात्र सौंदलगेकर की विशेषता क्या थी? (1)

(i) उन्हें मराठी और अंग्रेजी की बहुत-सी कविताएँ कंठस्थ थीं *(ii)* उन्हें छंद और लय का ज्ञान था
(iii) वे स्वयं भी कविता करते थे *(iv)* ये सभी

(ग) यशोधर बाबू ने केक न खाने के लिए क्या तर्क दिया? (1)

(i) उसमें अंडा होता है *(ii)* केक बच्चे खाते हैं
(iii) उसका स्वाद उन्हें पसंद नहीं है *(iv)* केक खाने की चीज़ नहीं है

(घ) निम्नलिखित कथन और कारण को ध्यानपूर्वक पढ़िए और सही विकल्प चुनकर लिखिए। (1)

कथन (A) यशोधर बाबू शादी की सालगिरह मनाने के पक्ष में नहीं थे।
कारण (R) यशोधर बाबू अत्यंत निर्धन परिवार के थे।

कूट

(i) कथन (A) सही है, परंतु कारण (R) गलत है
(ii) कथन (A) गलत है, परंतु कारण (R) सही है
(iii) कथन (A) और कारण (R) दोनों सही हैं, लेकिन कारण (R) कथन (A) की सही व्याख्या नहीं करता है
(iv) कथन (A) और कारण (R) दोनों सही हैं तथा कारण (R) कथन (A) की सही व्याख्या करता है।

(ङ) 'जूझ' कहानी के लेखक पर कविताओं का क्या प्रभाव पड़ा? (1)

(i) वह अपने आपमें मस्त रहने लगा *(ii)* अब उसे अकेलापन महसूस नहीं होता था
(iii) उसे एकांत अच्छा लगने लगा *(iv)* ये सभी

(च) सिंधु घाटी की सभ्यता, मिस्र और मेसोपोटामिया की सभ्यता के अनुरूप किस आधार पर आँकी गई? (1)

(i) राजनीतिक संबंध उथल-पुथल के आधार पर *(ii)* वैज्ञानिक आधार पाए जाने पर
(iii) धार्मिक आधार से जोड़े जाने पर *(iv)* खुदाई के दौरान मिली वस्तुओं के आधार पर

(छ) "सिंधु सभ्यता साधन संपन्न थी, पर उसमें भव्यता का आडंबर नहीं था" पंक्ति के आधार पर आडंबर का अभिप्राय क्या हो सकता है? (1)

(i) साधनों का दिखावा करना *(ii)* धार्मिक अनुष्ठानों को न मानना
(iii) बनावटीपन का थोड़ा भी प्रदर्शन न होना *(iv)* आपसी मतभेद न होना

(ज) मुअनजो-दड़ो और हड़प्पा जैसे सिंधु घाटी सभ्यता के स्थलों के अवशेष जीर्ण-शीर्ण स्थिति में हैं, परंतु फिर भी ………। (1)

(i) वे अपने इतिहास का परिचय अवश्य देते हैं *(ii)* वे अत्यंत मजबूत और स्थायी हैं
(iii) वे अपने सौंदर्य को प्रदर्शित करते हैं *(iv)* वे जीवंत दिखाई देते हैं

(झ) आनंदा के संबंध में कौन-सा कथन सही नहीं है? (1)

(i) आनंदा अपने पशुओं की पीठ पर लिखकर लेखन का अभ्यास करता था
(ii) आनंदा जब पहले दिन पाठशाला गया तो वह बहुत उदास था
(iii) लेखक आनंदा के पिता नहीं चाहते थे कि वह आगे की पढ़ाई करे
(iv) सौंदलगेकर कक्षा में कविता गाकर सुनाते थे

(ञ) निम्नलिखित कथनों पर विचार कीजिए (1)

1. यशोधर बाबू ने दफ्तर की घड़ी को सुस्त कहा।
2. किशनदा यशोधर बाबू के आदर्श थे।
3. 'सिल्वर वैडिंग' से तात्पर्य चाँदी की घड़ी से है।
4. यशोधर बाबू के बच्चों को उनके पिता का साइकिल से आना-जाना अच्छा नहीं लगता था।

उपरोक्त कथनों में से कौन-सा/से कथन सही है/हैं?

(i) केवल 1 *(ii)* केवल 3 *(iii)* 1, 2 और 3 *(iv)* 1, 2 और 4

खंड 'ब' (वर्णनात्मक प्रश्न)

खंड 'ब' में जनसंचार और सृजनात्मक लेखन, पाठ्य–पुस्तक आरोह भाग–2 व पूरक पाठ्य–पुस्तक वितान भाग–2 से संबंधित वर्णनात्मक प्रश्न पूछे गए हैं। जिनके निर्धारित अंक प्रश्न के सामने अंकित हैं।

जनसंचार और सृजनात्मक लेखन

7. *निम्नलिखित दिए गए 3 विषयों में से किसी 1 विषय पर लगभग 120 शब्दों में रचनात्मक लेख लिखिए।* (6 × 1 = 6)

(क) मातृभूमि के प्रति हमारे कर्त्तव्य और दायित्व

(ख) बचत का महत्त्व

(ग) स्वच्छता की आवश्यकता

8. *निम्नलिखित प्रश्नों को ध्यानपूर्वक पढ़कर लगभग 40 शब्दों में निर्देशानुसार उत्तर दीजिए।* (3 × 2 = 6)

(क) कहानी का अर्थ स्पष्ट करते हुए उसके इतिहास पर प्रकाश डालिए। (2)

अथवा

रेडियो नाटक के लिए कहानी का चुनाव बहुत सोच-समझकर करना चाहिए। रेडियो नाटक के लिए कहानी के चयन में किन बातों का ध्यान रखना आवश्यक है?

(ख) पत्र-पत्रिकाओं में खेल संबंधी लेखन को बहुत महत्त्व दिया जाता है। खेल संबंधी आवश्यक बातें कौन-सी हैं? (2)

अथवा

रेडियो समाचार की संरचना कैसी होती है?

9. *निम्नलिखित प्रश्नों को ध्यानपूर्वक पढ़कर दिए गए 3 प्रश्नों में से किन्हीं 2 प्रश्नों के लगभग 60 शब्दों में उत्तर दीजिए।* (3 × 2 = 6)

(क) 'गाँवों से शहरों की ओर बढ़ रहा पलायन' विषय पर आलेख लिखिए। (3)

(ख) समाचार लेखन के लिए नवीनता का क्या महत्त्व है? स्पष्ट कीजिए। (3)

(ग) इंटरनेट जनसंचार का नवीन तथा तेजी से लोकप्रिय होता माध्यम है। इंटरनेट पर पत्रकारिता के कौन-से रूप हैं? स्पष्ट कीजिए। (3)

पाठ्य–पुस्तक आरोह भाग 2

10. *निम्नलिखित प्रश्नों को ध्यानपूर्वक पढ़कर दिए गए 3 प्रश्नों में से किन्हीं 2 प्रश्नों के लगभग 60 शब्दों में उत्तर दीजिए।* (3 × 2 = 6)

(क) 'दिन जल्दी-जल्दी ढलता है' की आवृत्ति से कविता में क्या संकेत किया जा रहा है? (3)

(ख) 'कविता के बहाने' कविता में कवि ने कविता के विकास क्रम को फूल के खिलने की प्रक्रिया से जोड़ा है, कैसे? स्पष्ट कीजिए। (3)

(ग) दूरदर्शन के स्टूडियो में अपाहिज से क्या प्रश्न पूछे गए और क्यों? (3)

11. *निम्नलिखित प्रश्नों को ध्यानपूर्वक पढ़कर दिए गए 3 प्रश्नों में से किन्हीं 2 प्रश्नों के लगभग 40 शब्दों में उत्तर दीजिए।* (2 × 2 = 4)

(क) तुलसीदास राम के कैसे भक्त हैं? 'कवितावली' के आधार पर स्पष्ट कीजिए। (2)

(ख) 'उषा' कविता गाँव की सुबह का गतिशील शब्दचित्र है। 'उषा' कविता के किन उपमानों के आधार पर यह कहा जा सकता है? स्पष्ट कीजिए। (2)

(ग) चाँद को देखकर बच्चा उसे खिलौना मानकर अपने हाथों में लेने के लिए मचलता है। बालक द्वारा चाँद माँगने की जिद पर माँ क्या करती है? (2)

12. *निम्नलिखित प्रश्नों को ध्यानपूर्वक पढ़कर दिए गए 3 प्रश्नों में से किन्हीं 2 प्रश्नों के लगभग 60 शब्दों में उत्तर दीजिए।* $(3 \times 2 = 6)$

(क) 'काले मेघा पानी दे' पाठ के आधार पर जल और वर्षा के अभाव में गाँव की दशा का वर्णन कीजिए। (3)

(ख) लुट्टन पहलवान ने ऐसा क्यों कहा होगा कि मेरा गुरु कोई पहलवान नहीं, यही ढोल है? 'पहलवान की ढोलक' पाठ के संदर्भ में उत्तर लिखिए। (3)

(ग) आधुनिक समाज में कौन-सी समस्या सामने आ खड़ी हुई है? डॉ. आंबेडकर द्वारा मानवीय दृष्टि के तहत जातिवाद के उन्मूलन के लिए क्या उपाय बताए गए हैं? (3)

13. *निम्नलिखित प्रश्नों को ध्यानपूर्वक पढ़कर दिए गए 3 प्रश्नों में से किन्हीं 2 प्रश्नों के लगभग 40 शब्दों में उत्तर दीजिए।* $(2 \times 2 = 4)$

(क) 'शिरीष के फूल' पाठ में लेखक ने कालिदास कृत शकुंतला के सौंदर्य को महत्त्व देकर नारी के सौंदर्य को मूल्यवान माना है, कैसे? स्पष्ट कीजिए। (2)

(ख) 'भक्तिन' पाठ के आधार पर बताइए कि महादेवी और भक्तिन के संबंधों की तुलना किनसे की गई है और क्यों? (2)

(ग) ''तप की राह रेगिस्तान को जाती होगी, मोक्ष की राह वह नहीं है'' पंक्ति से लेखक का क्या आशय है? 'बाज़ार दर्शन' पाठ के आधार पर स्पष्ट कीजिए। (2)

पूरक पाठ्य-पुस्तक वितान भाग 2

14. *निम्नलिखित प्रश्नों को ध्यानपूर्वक पढ़कर दिए गए 2 प्रश्नों में से किसी 1 प्रश्न का लगभग 60 शब्दों में उत्तर दीजिए।* $(1 \times 4 = 4)$

मुअनजो-दड़ो की नगर योजना आज की सेक्टर-मार्का कॉलोनियों के नीरस नियोजन की अपेक्षा ज़्यादा रचनात्मक है–टिप्पणी कीजिए। (4)

अथवा

'जूझ' कहानी के लेखक के जीवन-संघर्ष के उन बिंदुओं पर प्रकाश डालिए, जो हमारे लिए प्रेरणादायक हैं।

इस प्रश्न-पत्र के उत्तर प्राप्त करने के लिए इस QR Code को अपने मोबाइल फोन से Scan करें।

स्टेज III एक्सीलेंस लेवल
(प्रश्न–पत्र हल रहित)

प्रतिदर्श प्रश्न–पत्र 15

हिंदी केंद्रिक कक्षा 12

समय : 3 घंटे पूर्णांक : 80

निर्देश
1. इस प्रश्न-पत्र में खंड 'अ' में वस्तुपरक तथा खंड 'ब' में वर्णनात्मक प्रश्न पूछे गए हैं।
2. खंड 'अ' में 40 वस्तुपरक प्रश्न पूछे गए हैं। सभी 40 प्रश्नों के उत्तर देने हैं।
3. खंड 'ब' में वर्णनात्मक प्रश्न पूछे गए हैं। प्रश्नों के उचित आंतरिक विकल्प दिए गए हैं।
4. दोनों खंडों के प्रश्नों के उत्तर देना अनिवार्य है।
5. यथासंभव दोनों खंडों के प्रश्नों के उत्तर क्रमशः लिखिए।

■ खंड 'अ' (वस्तुपरक प्रश्न)

खंड 'अ' में अपठित बोध, अभिव्यक्ति और माध्यम, पाठ्य-पुस्तक आरोह भाग-2 व पूरक पाठ्य पुस्तक वितान भाग-2 से संबंधित बहुविकल्पीय प्रश्न पूछे गए हैं, जिनमें प्रत्येक प्रश्न के लिए 1 अंक निर्धारित है।

अपठित बोध

1. *निम्नलिखित गद्यांश को ध्यानपूर्वक पढ़कर दिए गए प्रश्नों के सर्वाधिक उपयुक्त उत्तर वाले विकल्प को चुनकर लिखिए।* $(1 \times 10 = 10)$

आधुनिक समाज में मनुष्य की सोच मात्र स्वयं तक ही सीमित हो गई है। नैतिकता मात्र दूसरों को उपदेश देने की वस्तु बनकर रह गई है। आज मनुष्य स्वयं को लाभ पहुँचाने के लिए सभी प्रकार के छल-प्रपंचों का सहारा लेता है। दैनिक जीवन में मानवीय व्यवहार के अंतर्गत एक अत्यधिक महत्त्वपूर्ण गुण सत्य बोलने संबंधी है, जिससे सामाजिक व्यवस्था एवं मानवीय संबंध निर्बाध रूप से निरंतर प्रगतिशील रह सकें। लेकिन एक समय अपनी सत्यवादिता को निभाने वाले राजा हरिश्चंद्र के अतुलनीय त्याग की कल्पना करना भी अब दुर्लभ है, वैसा वास्तविक व्यवहार तो असंभव है। हमारे समाज के निर्माताओं ने सामाजिक मूल्यों में सत्य बोलने को इतना महत्त्व इसलिए प्रदान किया, ताकि मनुष्य अंत:क्रिया करने वाले दूसरे मनुष्यों के साथ छल-कपट न कर सके, समाज के अन्य सदस्य यथार्थ से वंचित एवं भ्रम के शिकार न रहें। यह सामाजिक व्यवस्था को न केवल सुचारु ढंग से परिचालित करने में सहायक है, बल्कि इन सामाजिक मूल्यों के माध्यम से समाज अपने सदस्यों को त्याग करने एवं परहित को ध्यान में रखने की भी सीख देता है। यह सामाजिक मूल्यों को और उच्च स्तरीय बनाने एवं गरिमा प्रदान करने का भी कार्य करता है। कहा जा सकता है कि सत्य बोलना एक कुंजी अर्थात् आधारभूत सामाजिक मूल्य है, जिससे अन्य सामाजिक मूल्य अंतर्संबंधित हैं। इसके ठीक विपरीत झूठ बोलना सबसे बड़ा व्यक्तिगत एवं सामाजिक दुर्गुण है। झूठ बोलना एक प्रकार की चोरी है, जिसमें किसी की

दृष्टि से तथ्यों को छिपाया जाता है। यह लोगों को न केवल वास्तविकता से दूर रखता है, बल्कि भावी परिणाम के प्रति भी सतर्क होने से वंचित करता है, जिसके परिणामस्वरूप व्यापक स्तर पर समाज एवं दूसरे सदस्यों को क्षति होती है।

यह व्यक्ति एवं सामाजिक दोनों स्तरों पर अत्यधिक नुकसानदायक एवं कष्टदायी होता है। यह सामाजिक स्तर पर किया जाने वाला सर्वाधिक नकारात्मक व्यवहार है, क्योंकि इसका प्रभाव वर्तमान के साथ-साथ भविष्य पर भी अत्यंत गंभीर रूप से पड़ता है। झूठ बोलने के कारण व्यक्ति कभी भी वास्तविकता से परिचित नहीं हो पाता, परिणामस्वरूप वह न तो उसे परिवर्तित करने के लिए कोई प्रयास कर पाता है और न ही संभावित दुष्परिणामों के प्रति सतर्क हो पाता है।

इसलिए कहा गया है कि झूठ बोलने से बड़ा कोई पाप नहीं है। 'पाप' इस अर्थ में कि यह हमें दिग्भ्रमित करके वांछित कर्त्तव्यों से वंचित रखता है। झूठ या असत्य कथन ही बुराइयों की जड़ है। दुनिया में आने वाले किसी बच्चे द्वारा सबसे पहला गलत कार्य झूठ बोलना ही है और यहीं से उसमें भावी अनैतिकताओं एवं अपराधों की नींव पड़ती है, इसलिए कहा जाता है कि झूठ बोलना सभी पापों का मूल है।

(क) वर्तमान समय में मनुष्य स्वयं के लाभ के लिए किसका सहारा लेता है? (1)

(*i*) झूठ का (*ii*) अनैतिकता का
(*iii*) भ्रम का (*iv*) सभी प्रकार के छल-प्रपंच का

(ख) 'सत्य बोलना एक कुंजी है' यहाँ 'कुंजी' शब्द का अभिप्राय है (1)

(*i*) सामाजिक गुण (*ii*) सामाजिक अवगुण (*iii*) नैतिकता (*iv*) सामाजिक मूल्य

(ग) भावी अनैतिकता एवं अपराधों की नींव पड़ती है (1)

(*i*) बच्चे द्वारा झूठ बोलना आरंभ करने से (*ii*) बचपन में पारिवारिक परिवेश से मिले गलत मार्गदर्शन से
(*iii*) असामाजिक कार्यों में सहयोग देने से (*iv*) पाप कर्म में संलग्न रहने से

(घ) सामाजिक मूल्यों को और उच्च स्तरीय बनाने एवं गरिमा प्रदान करने का कार्य कौन करता है? (1)

(*i*) सामाजिक कार्यकर्ता (*ii*) समाज निर्माता
(*iii*) भावी नैतिकता (*iv*) सत्य बोलना

(ङ) 'सत्य बोलना आधारभूत सामाजिक मूल्य है, जिससे अन्य सामाजिक मूल्य अंतर्संबंधित हैं' लेखक इससे सिद्ध करना चाहते हैं कि (1)

(*i*) सत्य सामाजिक व्यवस्था को सुचारु रूप से संचालित करता है
(*ii*) सत्य बोलना महत्त्वपूर्ण है
(*iii*) सत्य बोलने से छल-कपट दूर होता है
(*iv*) सत्य बोलने से परहित होता है

(च) निम्नलिखित में से किससे समाज के सदस्यों के बीच किसी तरह के भ्रम या अनिश्चय की स्थिति नहीं रहती है? (1)

(*i*) छल-कपट करने से (*ii*) सत्य बोलने से (*iii*) झूठ बोलने से (*iv*) अपराध न करने से

(छ) निम्नलिखित कथनों पर विचार कीजिए (1)

1. मानव को अपने दैनिक जीवन में सत्य का अवलंबन करना चाहिए।
2. वास्तविक जीवन में सत्यवादी हरिश्चंद्र जैसा व्यवहार दुर्लभ है।
3. सत्य बोलने का समाज में त्याग व परहित से कोई सरोकार नहीं है।

उपरोक्त कथनों में से कौन-सा/से कथन सही है/हैं?

(*i*) केवल 1 (*ii*) केवल 3 (*iii*) 1 और 2 (*iv*) 2 और 3

(ज) निम्नलिखित कथन और कारण को ध्यानपूर्वक पढ़िए और सही विकल्प चुनकर लिखिए। (1)

कथन (A) प्राणी को अपनी इच्छाओं को दृढ़ रखना चाहिए।

कारण (R) जीवन में पूर्ण मेहनत से कर्त्तव्य पथ पर चलने से सफलता अवश्य मिलती है।

कूट

(*i*) कथन (A) और कारण (R) दोनों सही हैं तथा कारण (R) कथन (A) की सही व्याख्या करता है
(*ii*) कथन (A) गलत है, परंतु कारण (R) सही है
(*iii*) कथन (A) तथा कारण (R) दोनों गलत हैं
(*iv*) कथन (A) और कारण (R) दोनों सही हैं, लेकिन कारण (R) कथन (A) की सही व्याख्या नहीं करता है

(झ) 'झूठ बोलने से बड़ा कोई पाप नहीं है', ऐसा कहने का कारण हो सकता है (1)

(*i*) झूठ व्यक्ति अपने हित के लिए बोलता है (*ii*) झूठ हमें दिग्भ्रमित करके वांछित कर्त्तव्यों से वंचित रखता है
(*iii*) झूठ सामाजिक बुराइयों को जड़ से समाप्त करता है (*iv*) झूठ से वास्तविकता से पर्दा हटाया जा सकता है

(ञ) झूठ बोलना एक प्रकार की चोरी है, जिसमें (1)

(*i*) तथ्यों को छिपाया जाता है (*ii*) लोगों को वास्तविकता से अवगत कराया जाता है
(*iii*) भावी परिणाम के प्रति सचेत किया जाता है (*iv*) व्यक्तिगत व सामाजिक अति नहीं होती

2. *दिए गए पद्यांश पर आधारित प्रश्नों को ध्यानपूर्वक पढ़कर दिए गए प्रश्नों के सर्वाधिक उपयुक्त उत्तर वाले विकल्प को चुनकर लिखिए।* (1×5 = 5)

जिसमें स्वदेश का मान भरा
आज़ादी का अभिमान भरा
जो निर्भय पथ पर बढ़ आए
जो महाप्रलय में मुस्काए
जो अंतिम दम तक रहे डटे
दे दिए प्राण, पर नहीं हटे
जो देश-राष्ट्र की वेदी पर
देकर मस्तक हो गए अमर
ये रक्त-तिलक-भारत-ललाट!
उनको मेरा पहला प्रणाम!

फिर वे जो आँधी बन भीषण
कर रहे आज दुश्मन से रण
बाणों के पवि-संधान बने
जो ज्वालामुख-हिमवान बने
हैं टूट रहे रिपु के गढ़ पर
बाधाओं के पर्वत चढ़कर
जो न्याय-नीति को अर्पित हैं
भारत के लिए समर्पित हैं
कीर्तित जिससे यह धरा धाम
उन वीरों को मेरा प्रणाम

श्रद्धानत कवि का नमस्कार
दुर्लभ है छंद-प्रसून हार
इसको बस वे ही पाते हैं
जो चढ़े काल पर आते हैं
हुंकृति से विश्व कँपाते हैं
पर्वत का दिल दहलाते हैं
रण में त्रिपुरांतक बने शर्व
कर ले जो रिपु का गर्व खर्च
जो अग्नि-पुत्र, त्यागी, अकाम
उनको अर्पित मेरा प्रणाम!

(क) प्रस्तुत पद्यांश से हमें क्या सीख मिलती है? (1)

(*i*) मातृभूमि को नमन करने की (*ii*) पूर्वजों के प्रति आदर भाव व्यक्त करने की
(*iii*) वीर सैनिकों को नमन करने की (*iv*) हिमालय को प्रणाम करने की

(ख) 'कीर्तित जिससे यह धरा धाम' में कीर्तित शब्द का अर्थ है (1)

(*i*) प्रतिष्ठित (*ii*) कीर्ति (*iii*) यश (*iv*) प्रतिष्ठा

(ग) रिपु के गढ़ टूटते हुए कब प्रतीत होते हैं? (1)

(*i*) पर्वतों के हिलने पर
(*ii*) भयंकर आँधी-तूफान द्वारा तबाही मचाने पर
(*iii*) ज्वालामुखी और हिमखंड बनने पर
(*iv*) वीर सैनिकों द्वारा दुश्मनों पर आँधी की तरह भीषण वार करने पर

(घ) निम्नलिखित कथनों पर विचार कीजिए (1)

1. राष्ट्र के लिए अपने प्राणों का बलिदान करने वाले शूरवीर भारत के माथे पर लाल तिलक हैं।
2. भारत भूमि का यश बढ़ाने वाले वीरों को प्रणाम करना चाहिए।
3. शूरवीरों की हुँकार विश्व को कंपित नहीं करती है।

उपरोक्त कथनों में से कौन-सा/से कथन सही है/हैं?

(*i*) केवल 1 (*ii*) केवल 3 (*iii*) 1 और 2 (*iv*) 2 और 3

(ङ) कॉलम 1 को कॉलम 2 से सुमेलित कीजिए (1)

कॉलम - 1	कॉलम - 2
A. महाप्रलय में मुस्काए	1. अंतिम साँस तक देश के लिए संघर्ष करना है
B. वीरों की विशेषता	2. पथ पर आगे बढ़ रहे
C. निर्भय होकर	3. वीर सैनिक

कूट

	A	B	C
(*i*)	2	1	3
(*ii*)	3	1	2
(*iii*)	1	3	2
(*iv*)	2	3	1

अभिव्यक्ति और माध्यम

3. *निम्नलिखित प्रश्नों को ध्यानपूर्वक पढ़कर सर्वाधिक उपयुक्त उत्तर वाले विकल्प को चुनकर लिखिए।* (1×5 = 5)

(क) भारत में हिंदी पत्रकारिता दिवस कब मनाया जाता है? (1)

(*i*) 30 अप्रैल (*ii*) 30 मई
(*iii*) 15 जून (*iv*) 15 फरवरी

(ख) नाटक का सबसे प्रभावशाली तत्त्व कौन-सा है? (1)

(*i*) चरित्र (*ii*) प्रकाश योजना
(*iii*) कथ्य (*iv*) रंगमंचीयता

(ग) सूची I को सूची II से सुमेलित कीजिए (1)

सूची I	सूची II
A. पूर्णकालिक पत्रकार	1. तथ्यों व सूचनाओं की गहरी छानबीन
B. संपादकीय	2. लेखक को विषय के चुनाव की स्वतंत्रता
C. स्तंभ लेखन	3. समाचार-पत्र की आवाज
D. इन-डेप्थ रिपोर्ट	4. नियमित वेतनभोगी पत्रकार

कूट

	A	B	C	D
(*i*)	4	3	2	1
(*ii*)	1	2	3	4
(*iii*)	2	1	4	3
(*iv*)	3	4	1	2

(घ) 'आलेख' की भाषा की विशेषता है (1)

(*i*) सहज व सरल (*ii*) तकनीकी व कुशलतायुक्त
(*iii*) रोचक एवं वैचारिक (*iv*) ये सभी

(ङ) फ़ीचर का प्रमुख उद्देश्य क्या है? (1)

(*i*) मनोरंजन करना (*ii*) औपचारिकता
(*iii*) ज्ञानवर्द्धन करना (*iv*) सार्थकता

पाठ्य-पुस्तक आरोह भाग 2

4. *निम्नलिखित पद्यांश के प्रश्नों को ध्यानपूर्वक पढ़कर सर्वाधिक उपयुक्त उत्तर वाले विकल्प को चुनकर लिखिए।* (1×5 = 5)

हम दूरदर्शन पर बोलेंगे
हम समर्थ शक्तिवान
हम एक दुर्बल को लाएँगे
एक बंद कमरे में
उसससे पूछेंगे तो आप क्या अपाहिज हैं?
तो आप क्यों अपाहिज हैं?
आपका अपाहिजपन तो दु:ख देता
होगा, देता है?
(कैमरा दिखाओ इसे बड़ा-बड़ा)
हाँ तो बताइए आपका दु:ख क्या है?
जल्दी बताइए वह दु:ख बताइए।
बता नहीं पाएगा।

(क) पद्यांश में अपाहिज को दूरदर्शन पर ले जाने वाले लोग कैसे हैं? (1)

(*i*) संवेदनशील (*ii*) दयालु
(*iii*) संवेदनहीन (*iv*) कर्त्तव्यनिष्ठ

(ख) दूरदर्शन वाले अपाहिज व्यक्ति से कैसे प्रश्न पूछते हैं? (1)

(*i*) उसकी पीड़ा उभारने वाले (*ii*) उसको पीड़ा से मुक्त कराने वाले
(*iii*) उसको संतोष प्रदान करने वाले (*iv*) उसको धैर्य बँधाने वाले

(ग) अलंकार की दृष्टि से कौन-सा विकल्प सही है? (1)

(*i*) दु:ख देता – यमक अलंकार
(*ii*) आपका अपाहिजपन – अनुप्रास अलंकार
(*iii*) बड़ा-बड़ा – उत्प्रेक्षा अलंकार
(*iv*) वह दु:ख बताइए – उपमा अलंकार

(घ) निम्नलिखित कथन और कारण को ध्यानपूर्वक पढ़िए और सही विकल्प चुनकर लिखिए। (1)

कथन (A) दूरदर्शन पर शारीरिक विकलांग व्यक्ति का साक्षात्कार लिया जाता है।

कारण (R) दूरदर्शन वाले विकलांग व्यक्ति से उसके दुख बाँटना चाहते हैं।

कूट

(*i*) कथन (A) सही है, परंतु कारण (R) गलत है
(*ii*) कथन (A) गलत है, परंतु कारण (R) सही है
(*iii*) कथन (A) और कारण (R) दोनों सही हैं, लेकिन कारण (R) कथन (A) की सही व्याख्या नहीं करता है
(*iv*) कथन (A) और कारण (R) दोनों सही हैं तथा कारण (R) कथन (A) की सही व्याख्या करता है

(ङ) कार्यक्रम प्रस्तुतकर्ता किसे कैमरे पर बड़ा-बड़ा करके दिखाने को कहता है? (1)

(*i*) अपाहिज व्यक्ति की कुछ न कह पाने या रोने की स्थिति को
(*ii*) प्रस्तुतकर्ता के हाव-भाव को
(*iii*) अपाहिज व्यक्ति के अंग को
(*iv*) अपाहिज व्यक्ति के वास्तविक दु:ख को

5. *निम्नलिखित गद्यांश के प्रश्नों को ध्यानपूर्वक पढ़कर उपयुक्त उत्तर वाले विकल्प को चुनकर लिखिए।* $(1 \times 5 = 5)$

पैसा पावर है। पर उसके सबूत में आस-पास माल-टाल न जमा हो, तो क्या वह खाक पावर है। पैसे को देखने के लिए बैंक-हिसाब देखिए, पर माल असबाब मकान-कोठी तो अनदेखे भी दिखते हैं। पैसे की उस 'पर्चेजिंग पावर' के प्रयोग में ही पावर का रस है, लेकिन नहीं। लोग संयमी भी होते हैं। वे फ़िजूल सामान को फ़िजूल समझते हैं। वे पैसा बहाते नहीं हैं और बुद्धिमान होते हैं। बुद्धि और संयमपूर्वक वह पैसे को जोड़ते जाते हैं, जोड़ते जाते हैं। वह पैसे की पावर को इतना निश्चय समझते हैं कि उसके प्रयोग की उन्हें दरकार नहीं है। बस पैसे के जुड़ा होने पर खुद उनका मन गर्व से भरा-फूला रहता है।

(क) संयमी व्यक्ति पैसे के प्रयोग की आवश्यकता क्यों नहीं समझते हैं? (1)

(*i*) पैसे जोड़ने पर मन गर्व से भरा रहने के कारण
(*ii*) पैसे की आवश्यकता न समझ पाने के कारण
(*iii*) पैसे को फिजूल सामान समझने के कारण
(*iv*) पैसे की पावर का सही उपयोग करने के कारण

(ख) पैसे की पर्चेजिंग पावर के प्रयोग को पावर का रस नहीं मानते। ऐसे कौन लोग फिजूल सामान को फिजूल समझते हैं? (1)

(*i*) बुद्धिहीन (*ii*) संयमी (*iii*) क्रूर (*iv*) अमानवीय

(ग) निम्नलिखित कथन और कारण को ध्यानपूर्वक पढ़िए और सही विकल्प चुनकर लिखिए। (1)

कथन (A) पैसे की 'पर्चेजिंग पावर' के प्रयोग में ही पावर का रस है।

कारण (R) पैसे की पावर मकान-कोठी, माल-असबाब से दिखाई देती है।

कूट

(*i*) कथन (A) और कारण (R) दोनों सही हैं तथा कारण (R) कथन (A) की सही व्याख्या करता है
(*ii*) कथन (A) गलत है, परंतु कारण (R) सही है
(*iii*) कथन (A) तथा कारण (R) दोनों गलत हैं
(*iv*) कथन (A) और कारण (R) दोनों सही हैं, लेकिन कारण (R) कथन (A) की सही व्याख्या नहीं करता है

(घ) कॉलम 1 को कॉलम 2 से सुमेलित कीजिए (1)

	कॉलम- 1		कॉलम- 2
A.	पैसे को देखने के लिए	1.	पैसे की शक्ति से
B.	क्रय शक्ति का महत्त्व	2.	बुद्धिमान की प्रवृत्ति
C.	पैसे जोड़ना	3.	बैंक के हिसाब-किताब की जरूरत नहीं

कूट

	A	B	C
(*i*)	1	3	2
(*ii*)	3	2	1
(*iii*)	2	1	3
(*iv*)	3	1	2

(ङ) गद्यांश के आधार पर निम्नलिखित कथनों पर विचार कीजिए (1)

1. संयमी व बुद्धिमान व्यक्ति केवल पैसा जोड़ते हैं।
2. बुद्धिमान व्यक्ति पैसे को खर्च करते हैं।
3. पैसा जुड़ा होने पर बुद्धिमान व्यक्ति गर्व महसूस करता है।

उपरोक्त कथनों में से कौन-सा/से कथन सही है/हैं?

(*i*) केवल 1 (*ii*) केवल 3
(*iii*) 1 और 2 (*iv*) 1 और 3

पूरक पाठ्य-पुस्तक वितान भाग 2

6. *निम्नलिखित प्रश्नों को ध्यानपूर्वक पढ़कर सर्वाधिक उपयुक्त उत्तर वाले विकल्प को चुनकर लिखिए।* (1×10 = 10)

(क) यशोधर बाबू पहले गोल मार्केट से सेक्रेट्रिएट तक साइकिल से आते-जाते थे, परंतु अब पैदल आने-जाने लगे हैं, क्यों? कहानी 'सिल्वर वैडिंग' के आधार पर सही विकल्प छाँटिए। (1)

(*i*) उन्हें ऐसा करने की सलाह डॉक्टर ने दी थी (*ii*) उनके बच्चों को अपने पिता का साइकिल सवार होना पसंद नहीं था
(*iii*) उनके ऑफिस में सभी पैदल आया करते थे (*iv*) उनके पास साइकिल की मरम्मत के लिए पैसे नहीं थे

(ख) 'सिल्वर वैडिंग' कहानी के अनुसार, यशोधर बाबू को कोई भी बात गलत लगने पर वे क्या प्रतिक्रिया व्यक्त करते थे? (1)

(*i*) उसका डटकर विरोध करते थे (*ii*) उस बात पर अत्यंत क्रोध करते थे
(*iii*) प्रसन्नता के साथ अपना विचार रखते थे (*iv*) समहाउ इंप्रॉपर कहकर चुप लगा जाते थे

(ग) 'यशोधर बाबू पुराने विचारों वाले व्यक्ति हैं, जबकि उनका परिवार आधुनिक विचारों का समर्थक है', इसका उन पर क्या प्रभाव पड़ता था, कहानी 'सिल्वर वैडिंग' के आधार पर सही कथन छाँटिए। (1)

(*i*) उनका अपने परिवार के साथ मतभेद बना रहता था (*ii*) उनके अपने परिवार के साथ अच्छे संबंध थे
(*iii*) उनके बच्चे उन्हें समझते थे (*iv*) उनकी पत्नी सदैव उनका समर्थन करती थी

(घ) निम्नलिखित कथन और कारण को ध्यानपूर्वक पढ़िए और सही विकल्प चुनकर लिखिए। (1)

कथन (A) गाँव भर में लेखक का कोल्हू सबसे पहले शुरू होता था।
कारण (R) लेखक को खेती बाड़ी करना अच्छा लगता था।

कूट

(*i*) कथन (A) सही है, परंतु कारण (R) गलत है
(*ii*) कथन (A) गलत है, परंतु कारण (R) सही है
(*iii*) कथन (A) और कारण (R) दोनों सही हैं, लेकिन कारण (R) कथन (A) की सही व्याख्या नहीं करता है
(*iv*) कथन (A) और कारण (R) दोनों सही हैं तथा कारण (R) कथन (A) की सही व्याख्या करता है

(ङ) 'जूझ' कहानी में आनंदा ने अपनी पढ़ने की इच्छा माँ को ही क्यों बताई थी? (1)

(*i*) माँ से अत्यधिक लगाव के कारण (*ii*) माँ को पिता के समान समझने के कारण
(*iii*) पिता द्वारा पहले ही मना कर देने के कारण (*iv*) माँ के द्वारा पिता से न डरने के कारण

(च) सिंधु घाटी की सभ्यता की सबसे सुंदर व्यवस्था क्या थी? 'अतीत के दबे पाँव' पाठ के आधार पर सही विकल्प चुनिए। (1)

(*i*) वह समाज को विकसित करने के लिए कार्य करती थी (*ii*) वह काम को अधिक महत्त्व देती थी
(*iii*) वह केवल शहरों का निर्माण करती थी (*iv*) वह केवल संपन्न वर्ग के लिए कार्य करती थी

(छ) सिंधु घाटी की सभ्यता में किस कारण बीमारी का प्रकोप अधिक नहीं हो सकता था? (1)

(*i*) पानी की निकासी के अनुचित प्रबंधन के कारण
(*ii*) नालियाँ आदि उचित रूप से ढकी होने के कारण
(*iii*) छोटे-छोटे घरों के स्थान पर बड़े घर होने के कारण
(*iv*) सामाजिक दूरी का पालन करने के कारण

(ज) पुरातात्विक तथ्यों से सिंधु सभ्यता के बारे में क्या पता चलता है? 'अतीत के दबे पाँव' पाठ के आधार पर सही विकल्प चुनिए। (1)

(*i*) यह सभ्यता अत्यंत विशाल थी (*ii*) यह सभ्यता अविकसित थी
(*iii*) यह सभ्यता धर्मपोषित थी (*iv*) यह सभ्यता बिखरी हुई थी

(झ) सौंदलगेकर की चारित्रिक विशेषताओं के विषय में कौन-सा कथन सही नहीं है? (1)

(*i*) सौंदलगेकर मराठी भाषा को बड़े ही आनंद से पढ़ाते थे
(*ii*) वे कविता का गायन अत्यधिक मधुर स्वर में करते थे
(*iii*) उन्हें भाव, छंद तथा लय की जानकारी नहीं थी
(*iv*) उन्हें मराठी कविताओं के साथ-साथ अंग्रेजी कविताएँ भी कंठस्थ थीं

(ञ) निम्नलिखित कथनों पर विचार कीजिए (1)

1. सिंधु सभ्यता का सौंदर्यबोध राजपोषित था।
2. सिंधु सभ्यता में आडंबर को स्थान नहीं दिया गया था।
3. सिंधु सभ्यता के केंद्र में समाज को प्रथम स्थान दिया गया था।
4. सिंधु सभ्यता में प्रत्येक वस्तु का निर्माण अत्यधिक सुंदर रूप में किया गया था।

उपरोक्त कथनों में से कौन-सा/से कथन सही है/हैं?

(*i*) केवल 1
(*ii*) केवल 2
(*iii*) 1, 3 और 4
(*iv*) 2 और 3

■ खंड 'ब' (वर्णनात्मक प्रश्न)

खंड 'ब' में जनसंचार और सृजनात्मक लेखन, पाठ्य-पुस्तक आरोह भाग-2 व पूरक पाठ्य-पुस्तक वितान भाग-2 से संबंधित वर्णनात्मक प्रश्न पूछे गए हैं, जिनके निर्धारित अंक प्रश्न के सामने अंकित हैं।

जनसंचार और सृजनात्मक लेखन

7. *निम्नलिखित दिए गए 3 विषयों में से किसी 1 विषय पर लगभग 120 शब्दों में रचनात्मक लेख लिखिए।* (6 × 1 = 6)

(क) परोपकार मनुष्य का धर्म
(ख) छात्र को आत्मनिर्भर बनाने में आवासीय विद्यालय की भूमिका
(ग) पृथ्वी की रक्षा हेतु पर्यावरण की सुरक्षा

8. *निम्नलिखित प्रश्नों को ध्यानपूर्वक पढ़कर लगभग 40 शब्दों में निर्देशानुसार उत्तर दीजिए।* (2 × 2 = 4)

(क) 'कथावस्तु की जीवंतता' कहानी की महत्त्वपूर्ण और बुनियादी शर्त है। स्पष्ट कीजिए। (2)

अथवा

"नाटक लेखन में कथानक तथा चरित्र का विशेष योगदान होता है।" इस कथन के संदर्भ में इनके महत्त्व पर प्रकाश डालिए।

(ख) "कम समय में अपने विचारों को संकलित कर उन्हें सुंदर और आकर्षक ढंग से अभिव्यक्त करने की कला ही अप्रत्याशित लेखन है" स्पष्ट कीजिए। (2)

अथवा

पत्रकारीय लेखन का सबसे जाना-पहचाना रूप समाचार लेखन है। समाचार को कैसे लिखा जाता है?

9. *निम्नलिखित प्रश्नों को ध्यानपूर्वक पढ़कर दिए गए 3 प्रश्नों में से किन्हीं 2 प्रश्नों के लगभग 60 शब्दों में उत्तर दीजिए।* (3 × 2 = 6)

(क) समाचार लेखन का आशय स्पष्ट करते हुए बताइए कि समाचार लेखन में पाठक वर्ग का क्या महत्त्व है? (3)
(ख) 'गुम होती चहचहाहट' विषय पर एक फ़ीचर लिखिए। (3)
(ग) बीट रिपोर्टिंग के लिए पत्रकार को क्या तैयारी करनी पड़ती है? (3)

पाठ्य-पुस्तक आरोह भाग 2

10. *निम्नलिखित प्रश्नों को ध्यानपूर्वक पढ़कर दिए गए 3 प्रश्नों में से किन्हीं 2 प्रश्नों के लगभग 60 शब्दों में उत्तर दीजिए।* $(3 \times 2 = 6)$

(क) दिन के जल्दी-जल्दी ढलने से क्या प्रेरणा मिलती है? (3)

(ख) 'कैमरे में बंद अपाहिज' कविता के आधार पर सिद्ध कीजिए कि कविता संवेदनहीन सूचना प्रसारण तंत्र पर एक व्यंग्य है। (3)

(ग) "माँगि के खैबो, मसीत को सोइबो, लैबोको एकु न दैबको दोऊ" काव्य पंक्ति का आशय स्पष्ट कीजिए। (3)

11. *निम्नलिखित प्रश्नों को ध्यानपूर्वक पढ़कर दिए गए 3 प्रश्नों में से किन्हीं 2 प्रश्नों के लगभग 40 शब्दों में उत्तर दीजिए।* $(2 \times 2 = 4)$

(क) कविता और फूल दोनों खिलते हैं, किंतु कविता और फूल के खिलने में क्या अंतर हो सकता है? (2)

(ख) 'उषा' कविता के आधार पर उस जादू को स्पष्ट कीजिए, जो सूर्योदय के साथ टूट जाता है। (2)

(ग) 'रुबाइयाँ' कविता के आधार पर सावन की घटनाओं और रक्षाबंधन के पर्व पर टिप्पणी कीजिए। (2)

12. *निम्नलिखित प्रश्नों को ध्यानपूर्वक पढ़कर दिए गए 3 प्रश्नों में से किन्हीं 2 प्रश्नों के लगभग 60 शब्दों में उत्तर दीजिए।* $(3 \times 2 = 6)$

(क) लक्ष्मी के भक्तिन बनने की प्रक्रिया मर्मस्पर्शी क्यों है? अपने शब्दों में उत्तर दीजिए। (3)

(ख) "बाज़ार एक प्रकार से सामाजिक समता की भी रचना कर रहा है।" पाठ 'बाज़ार दर्शन' के आधार पर स्पष्ट कीजिए। (3)

(ग) 'पहलवान की ढोलक' कहानी में प्रयुक्त पंक्ति "कफन की क्या ज़रूरत है" से क्या अभिप्राय है? (3)

13. *निम्नलिखित प्रश्नों को ध्यानपूर्वक पढ़कर दिए गए 3 प्रश्नों में से किन्हीं 2 प्रश्नों के लगभग 40 शब्दों में उत्तर दीजिए।* $(2 \times 2 = 4)$

(क) लेखक ने गाँधीजी व शिरीष के फूलों की समानता किस आधार पर की है? (2)

(ख) "जातिवाद भावात्मक समता में बाधा उपस्थित करता है।" डॉ. आंबेडकर के विचारों के संदर्भ में कथन का निहितार्थ स्पष्ट कीजिए। (2)

(ग) "काले मेघा पानी दे" संस्मरण के लेखक ने लोक-प्रचलित विश्वासों को अंधविश्वास कहकर उनके निराकरण पर बल दिया है, इस कथन की विवेचना कीजिए। (2)

पूरक पाठ्य-पुस्तक वितान भाग 2

14. *निम्नलिखित प्रश्नों को ध्यानपूर्वक पढ़कर दिए गए 2 प्रश्नों में से किसी 1 प्रश्न का लगभग 60 शब्दों में उत्तर दीजिए।* $(1 \times 4 = 4)$

यशोधर बाबू किन जीवन-मूल्यों को थामे बैठे हैं? नई पीढ़ी उन्हें प्रासंगिक क्यों नहीं मानती? तर्कसम्मत उत्तर दीजिए। (4)

अथवा

'जूझ' के लेखक की छूटी हुई पढ़ाई फिर से शुरू करने में दत्ता जी राव देसाई के योगदान पर प्रकाश डालिए।

इस प्रश्न-पत्र के उत्तर प्राप्त करने के लिए इस QR Code को अपने मोबाइल फोन से Scan करें।

i Succeed

हिंदी केंद्रिक

CBSE कक्षा 12

EXAM Eve स्पेशल ज़ोन

इस खंड में हमने CBSE के **Latest Pattern** पर आधारित एक विशेष Sample Paper दिया है। इस Sample Paper को देने का उद्देश्य परीक्षा से एक दिन पहले छात्रों की परीक्षा की तैयारी को और सुदृढ़ करना है।

परीक्षा से पहले दिन के लिए

हिंदी केंद्रिक कक्षा 12

समय : 3 घंटे   पूर्णांक : 80

निर्देश

1. इस प्रश्न-पत्र में खंड 'अ' में वस्तुपरक तथा खंड 'ब' में वर्णनात्मक प्रश्न पूछे गए हैं।
2. खंड 'अ' में 40 वस्तुपरक प्रश्न पूछे गए हैं। सभी 40 प्रश्नों के उत्तर देने हैं।
3. खंड 'ब' में वर्णनात्मक प्रश्न पूछे गए हैं। प्रश्नों के उचित आंतरिक विकल्प दिए गए हैं।
4. दोनों खंडों के प्रश्नों के उत्तर देना अनिवार्य है।
5. यथासंभव दोनों खंडों के प्रश्नों के उत्तर क्रमशः लिखिए।

■ खंड 'अ' (वस्तुपरक प्रश्न)

खंड 'अ' में अपठित बोध, अभिव्यक्ति और माध्यम, पाठ्य-पुस्तक आरोह भाग-2 व पूरक पाठ्य पुस्तक वितान भाग-2 से संबंधित बहुविकल्पीय प्रश्न पूछे गए हैं, जिनमें प्रत्येक प्रश्न के लिए 1 अंक निर्धारित है।

अपठित बोध

1. *निम्नलिखित गद्यांश को ध्यानपूर्वक पढ़कर दिए गए प्रश्नों के सर्वाधिक उपयुक्त उत्तर वाले विकल्प को चुनकर लिखिए।* $(1 \times 10 = 10)$

शिक्षा के क्षेत्र में पुनर्विचार की आवश्यकता इतनी गहन है कि अब तक बजट, कक्षा, आकार, शिक्षक-वेतन और पाठ्यक्रम आदि के परंपरागत मतभेद आदि प्रश्नों से इतनी दूर निकल गई है कि इनको यहाँ पर विवेचित नहीं किया जा सकता। द्वितीय तरंग दूरदर्शन तंत्र की तरह (उदाहरण के लिए, धूम्र भंडार उद्योग) हमारी जनशिक्षा प्रणालियाँ बड़े पैमाने पर प्रायः लुप्त हैं। बिल्कुल मीडिया की तरह शिक्षा में भी कार्यक्रम विविधता के व्यापक विस्तार और नए मार्गों की बहुतायत आवश्यकता है। केवल आर्थिक रूप से उत्पादक भूमिकाओं के लिए ही निम्न विकल्प पद्धति की जगह उच्च विकल्प पद्धति को अपनाना होगा।

शिक्षा और नई संचार प्रणाली के छः सिद्धांतों—पारस्परिक क्रियाशीलता, गतिशीलता, परिवर्तनीयता, संयोजकता, सर्वव्यापकता और सार्वभौमिकता के बीच बहुत ही कम संबंध खोजे गए हैं। अब भी भविष्य की शिक्षा पद्धति और संचार प्रणाली के बीच संबंधों की उपेक्षा करना उन शिक्षार्थियों को धोखा देना है, जिनका निर्माण इन दोनों से होना है।

सार्थक रूप से शिक्षा की प्राथमिकता अब मात्र माता-पिता, शिक्षकों एवं मुट्ठी भर शिक्षा सुधारकों के लिए ही नहीं है, बल्कि व्यापार के उस आधुनिक क्षेत्र के लिए भी है, जहाँ से सार्वभौम प्रतियोगिता और शिक्षा के बीच संबंध को स्वीकारने वाले नेताओं की संख्या बढ़ रही है।

दूसरी प्राथमिकता कंप्यूटर वृद्धि, सूचना तकनीक और विकसित मीडिया के त्वरित सार्वभौमिकरण की है। कोई भी राष्ट्र 21वीं सदी की इलेक्ट्रॉनिक आधारित संरचना, एंब्रेसिंग कंप्यूटर्स, डाटा संचार और अन्य नवीन मीडिया के बिना 21वीं सदी की अर्थव्यवस्था का संचालन नहीं कर सकता। इसके लिए ऐसी जनसंख्या की आवश्यकता है, जो इस सूचनात्मक आधारित संरचना से परिचित हो, ठीक उसी प्रकार जैसे कि समय के परिवहन तंत्र—कारों, सड़कों, राजमार्गों, रेलों से सुपरिचित हैं।

वस्तुतः सभी के टेलीकॉम इंजीनियर अथवा कंप्यूटर विशेषज्ञ बनने की जरूरत नहीं है, जैसा कि सभी के कार मैकेनिक होने की आवश्यकता नहीं है, परंतु संचार प्रणाली का ज्ञान कंप्यूटर, फैक्स और विकसित दूर संचार को सम्मिलित करते हुए उसी प्रकार आसान और मुफ्त होना चाहिए जैसा कि आज परिवहन प्रणाली के साथ है। अतः विकसित अर्थव्यवस्था चाहने वाले लोगों का प्रमुख लक्ष्य होना चाहिए कि सर्वव्यापकता के नियम की क्रियाशीलता को बढ़ाया जाए, वह है—यह निश्चित करना कि गरीब अथवा अमीर सभी नागरिकों को मीडिया की व्यापक संभावित पहुँच से अवश्य परिचित कराया जाए।

अंततः यदि नई अर्थव्यवस्था का मूल ज्ञान है, तब सतही बातों की अपेक्षा अभिव्यक्ति की स्वतंत्रता का लोकतांत्रिक आदर्श सर्वोपरि राजनीतिक प्राथमिकता बन जाता है।

(क) गद्यांश के अनुसार संचार प्रणाली का ज्ञान कैसा होना चाहिए? (1)

(i) आसान और मुफ्त *(ii)* जटिल और कीमती
(iii) विशेषज्ञ केंद्रित *(iv)* अर्थव्यवस्था के अनुकूल

(ख) 'पुनर्विचार' शब्द से तात्पर्य है (1)

(i) चिंतन *(ii)* समीक्षा *(iii)* निर्णय *(iv)* निष्कर्ष

(ग) गद्यांश के आधार पर बताइए कि शिक्षा के लिए किसकी आवश्यकता महसूस की जा रही है? (1)

(i) कार्यक्रम विविधता के व्यापक विस्तार की *(ii)* परंपरागत मतभेद की
(iii) उत्पादक की भूमिका की *(iv)* शिष्ट जीवन की कल्पना की

(घ) आर्थिक रूप से उत्पादक भूमिकाओं हेतु क्या किया जाना चाहिए? (1)

(i) केवल नवीन सिद्धांतों को अपनाना *(ii)* उच्च विकल्प पद्धति को अपनाना
(iii) *(i)* और *(ii)* दोनों *(iv)* निम्न विकल्प पद्धति को अपनाना

(ङ) भविष्य की शिक्षा पद्धति और भविष्य की संचार प्रणाली के बीच संबंधों की उपेक्षा करना किनके लिए उपयुक्त नहीं है? (1)

(i) जिन शिक्षार्थियों ने पुरानी पद्धति से शिक्षण कार्य संपन्न किया है
(ii) जिन शिक्षार्थियों का निर्माण इन दोनों से होना है
(iii) जिन शिक्षार्थियों का निर्माण हो चुका है
(iv) जिन शिक्षार्थियों ने नई शिक्षा प्रणाली की अवहेलना की है

(च) निम्नलिखित कथनों पर विचार कीजिए (1)

1. शिक्षा के क्षेत्र में कार्यक्रम विविधता के व्यापक विस्तार तथा नए मार्गों के अनुसरण की महती आवश्यकता है।
2. सार्थक रूप से शिक्षा की आवश्यकता केवल माता-पिता के लिए ही है।
3. अभिव्यक्ति की स्वतंत्रता का लोकतांत्रिक आदर्श सर्वोपरि राजनीतिक प्राथमिकता है।

उपरोक्त कथनों में से कौन-सा/से कथन सही है/हैं?

(i) केवल 1 *(ii)* केवल 3 *(iii)* 1 और 3 *(iv)* 1 और 2

(छ) 21वीं सदी की इलेक्ट्रॉनिक आधारित संरचना, एंब्रेसिंग कंप्यूटर्स, डाटा संचार आदि का संचालन किसके माध्यम से संभव है? (1)

(i) सूचनात्मक आधारित संरचना के ज्ञान के माध्यम से *(ii)* व्यावहारिक संरचना के रूप के माध्यम से
(iii) पुस्तकीय ज्ञान के माध्यम से *(iv)* केवल जनसंख्या विस्फोट के माध्यम से

EXAM Eve स्पेशल ज़ोन

(ज) 'शिक्षा के क्षेत्र में पुनर्विचार की गहन आवश्यकता है' लेखक इससे सिद्ध करना चाहते हैं कि (1)

(i) शिक्षा प्रणाली के नवाचार की आवश्यकता है *(ii)* जनशिक्षा प्रणाली बड़े पैमाने पर लुप्त हो चुकी है

(iii) शिक्षा पद्धति व संचार पद्धति अन्योन्याश्रित हैं *(iv)* शिक्षा की प्राथमिकता केवल विद्यार्थियों के लिए ही है

(झ) निम्नलिखित कथन और कारण को ध्यानपूर्वक पढ़िए और सही विकल्प चुनकर लिखिए। (1)

कथन (A) विकसित अर्थव्यवस्था चाहने वालों का प्रमुख लक्ष्य सर्वव्यापकता के नियम की क्रियाशीलता को बढ़ाना होना चाहिए।

कारण (R) गरीब व अमीर सभी नागरिक मीडिया की व्यापक संभावित पहुँच से अवगत हों।

कूट

(i) कथन (A) और कारण (R) दोनों सही हैं तथा कारण (R) कथन (A) की सही व्याख्या करता है

(ii) कथन (A) गलत है, परंतु कारण (R) सही है

(iii) कथन (A) तथा कारण (R) दोनों गलत हैं

(iv) कथन (A) और कारण (R) दोनों सही हैं, लेकिन कारण (R) कथन (A) की सही व्याख्या नहीं करता है

(ञ) प्रस्तुत गद्यांश किस विषय-वस्तु पर आधारित है? (1)

(i) शिक्षा, संचार माध्यम और सामाजिक न्याय पर *(ii)* शिक्षा, सामाजिक न्याय और स्वतंत्रता पर

(iii) शिक्षा, सूचना तकनीक और अभिव्यक्ति की स्वतंत्रता पर *(iv)* शिक्षा, सूचना तकनीक और सामाजिक न्याय पर

2. *दिए गए पद्यांश पर आधारित प्रश्नों को ध्यानपूर्वक पढ़कर दिए गए प्रश्नों के सर्वाधिक उपयुक्त उत्तर वाले विकल्प को चुनकर लिखिए।* (1×5 = 5)

पूर्व चलने के बटोही, बाट की पहचान कर ले।
पुस्तकों में है नहीं छापी गई इसकी कहानी,
हाल इसका ज्ञात होता है न औरों की जबानी,
अनगिनत राही गए इस राह से, उनका पता क्या,
पर गए कुछ लोग इस पर छोड़ पैरों की निशानी,
यह निशानी मूक होकर भी बहुत कुछ बोलती है,
खोल इसका अर्थ, पंथी, पंच का अनुमान कर ले,
पूर्व चलने के बटोही, बाट की पहचान कर ले।

यह बुरा है या अच्छा, व्यर्थ दिन इस पर बिताना,
जब असंभव छोड़ यह पथ दूसरे पर पग बढ़ाना,
तू इसे अच्छा समझ, यात्रा सरल इससे बनेगी,
सोच मत केवल तुझे ही यह पड़ा मन में बिठाना,
हर सफल पंथी यही विश्वास ले इस पर बढ़ा है,
तू इसी पर आज अपने चित्त का अवधान कर ले,
पूर्व चलने के बटोही, बाट की पहचान कर ले।

(क) कवि के अनुसार पुस्तकों में किसकी कहानी नहीं छपी है? (1)

(i) नवीन जीवन की *(ii)* जीवन-पथ के सरल या कठिन होने की

(iii) अनगिनत राहियों की *(iv)* जीवन के नकारात्मक पक्ष की

(ख) मार्ग में अनगिनत राही कौन-सी निशानी छोड़ गए हैं? (1)

(i) अपने दु:खमय जीवन गाथा की *(ii)* भावी पीढ़ी को जीवन जीने में पथ-प्रदर्शक का कार्य कराने वाली

(iii) भावी पीढ़ी को जीवन के अभावों से परिचित कराने वाली *(iv)* जीवन को आनंददायक बनाने वाली

(ग) निम्नलिखित कथनों पर विचार कीजिए (1)

1. नवीन राह पर चलने से पहले हमें उस राह को भली-भाँति परख लेना चाहिए।
2. अनगिनत राहगीर जिस रास्ते पर चलते हैं वही मार्ग हमें अपनाना चाहिए।
3. रास्ते को अच्छा मानकर, विश्वस्त होकर आगे बढ़ना ही सफलता का मूल मंत्र है।

उपरोक्त कथनों में से कौन-सा/से कथन सही है/हैं?

(i) केवल 1 *(ii)* केवल 2 *(iii)* केवल 3 *(iv)* 1 और 3

(घ) प्रत्येक सफल राहगीर क्या लेकर आगे बढ़ा है? (1)

(i) निश्चित उद्देश्य *(ii)* संकटों का सामना करने का विश्वास

(iii) सफलता प्राप्ति का लक्ष्य *(iv)* ये सभी

(ङ) 'हर सफल पंथी यही विश्वास ले इस पर बढ़ा है' में 'पंथी' शब्द का अर्थ है (1)

(i) राहगीर *(ii)* पक्षी *(iii)* अनुयायी *(iv)* समर्थक

अभिव्यक्ति और माध्यम

3. *निम्नलिखित प्रश्नों को ध्यानपूर्वक पढ़कर सर्वाधिक उपयुक्त उत्तर वाले विकल्प को चुनकर लिखिए।* (1×5 = 5)

(क) पत्रकार के लिए किस गुण का होना आवश्यक है? (1)

(i) व्यंग्यात्मकता का *(ii)* तुलनात्मकता का *(iii)* आत्मनिर्भरता का *(iv)* निष्पक्षता का

(ख) मुद्रित माध्यमों की सबसे बड़ी विशेषता क्या है? (1)

(i) लचीलापन *(ii)* स्थायीपन *(iii)* अस्थायीपन *(iv)* परिवर्तनशीलता

(ग) नाटक के मंच निर्देश सदैव किस काल में लिखे जाते हैं? (1)

(i) भूतकाल में *(ii)* वर्तमानकाल में *(iii)* भविष्यकाल में *(iv)* ये सभी

(घ) सूची I को सूची II से सुमेलित कीजिए

सूची I	सूची II
A. कहानी का प्रारंभिक नक्शा	1. चरमोत्कर्ष
B. नाटक का प्रभावशाली तत्त्व	2. आवाज
C. रेडियो नाटक में पात्र व उनके चरित्र का माध्यम	3. रंगमंचीयता
D. कौतूहल की पराकाष्ठा	4. कथानक

कूट

	A	B	C	D
(i)	1	4	3	2
(ii)	2	1	4	3
(iii)	3	2	1	4
(iv)	4	3	2	1

(ङ) आलेख के प्रस्तुतीकरण में किस प्रकार की जानकारी का उल्लेख नहीं करना चाहिए? (1)

(i) भ्रामक *(ii)* संदिग्ध

(iii) *(i)* और *(ii)* दोनों *(iv)* तथ्यपरक

पाठ्य-पुस्तक आरोह भाग 2

4. *निम्नलिखित पद्यांश के प्रश्नों को ध्यानपूर्वक पढ़कर सर्वाधिक उपयुक्त उत्तर वाले विकल्प को चुनकर लिखिए।* (1×5 = 5)

हरिष राम भेंटेउ हनुमाना। अति कृतग्य प्रभु परम सुजाना।
तुरत बैद तब कीन्हि उपाई। उठि बैठे लछिमन हरषाई।।
हृदयँ लाई प्रभु भेंटेउ भ्राता। हरषे सकल भालु कपि ब्राता।।
कपि पुनि बैद तहाँ पहुँचावा। जेहि बिधि तबहिं ताहि लइ आवा।।
यह बृतांत दसानन सुनेऊ। अति बिषाद पुनि पुनि सिर धुनेऊ।।
ब्याकुल कुंभकरन पहिं आवा। बिबिध जतन करि ताहि जगावा।।

(क) हनुमान को देखकर राम के हृदय में क्या भाव आया? (1)

(i) राम का हृदय कृतकृत्य हो गया *(ii)* उनकी आँखों में हनुमान के प्रति अत्यंत कृतज्ञता आ गई

(iii) हनुमान को गले लगाने का *(iv)* ये सभी

(ख) पद्यांश के आधार पर बताइए कि लक्ष्मण की मूर्च्छा कैसे टूटी? (1)

(i) हनुमान के आगमन से *(ii)* वैद्य द्वारा उपचार करने से

(iii) राम की शक्ति से *(iv)* ईश्वर के आशीर्वाद से

(ग) लक्ष्मण के जागने पर राम और वानर दल में क्या प्रतिक्रिया हुई? (1)

(i) राम ने अपने भाई को हृदय से लगा लिया *(ii)* पूरा वानर दल खुशी से झूम उठा

(iii) *(i)* और *(ii)* दोनों *(iv)* राम तथा वानर दल सोच में डूब गए

(घ) अलंकार की दृष्टि से कौन-सा विकल्प सही है? (1)

(i) हरिष राम — उपमा अलंकार
(ii) परम सुजाना — यमक अलंकार
(iii) पुनि पुनि — पुनरुक्ति प्रकाश अलंकार
(iv) बिबिध जतन करि — अन्योक्ति अलंकार

(ङ) रावण को लक्ष्मण की मूर्च्छा समाप्त होने की सूचना मिलने पर उसकी मानसिक दशा कैसी हो गई? (1)

(i) जड़वत एवं गंभीर
(ii) व्याकुल एवं विचलित
(iii) सहज एवं संतोषजनक
(iv) निराशापूर्ण

5. *निम्नलिखित गद्यांश के प्रश्नों को ध्यानपूर्वक पढ़कर उपयुक्त उत्तर वाले विकल्प को चुनकर लिखिए।* (1×5 = 5)

यह विडंबना की ही बात है कि इस युग में भी 'जातिवाद' के पोषकों की कमी नहीं है। इसके पोषक कई आधारों पर इसका समर्थन करते हैं। समर्थन का एक आधार यह कहा जाता है कि आधुनिक सभ्य समाज 'कार्य-कुशलता' के लिए श्रम विभाजन को आवश्यक मानता है, चूँकि जाति-प्रथा भी श्रम विभाजन का ही दूसरा रूप है, इसलिए इसमें कोई बुराई नहीं है। इस तर्क के संबंध में पहली बात तो यही आपत्तिजनक है कि जाति-प्रथा श्रम विभाजन के साथ-साथ श्रमिक विभाजन का भी रूप लिए हुए है। श्रम विभाजन निश्चय ही सभ्य समाज की आवश्यकता है, परंतु किसी भी सभ्य समाज में श्रम विभाजन की व्यवस्था श्रमिकों का विभिन्न वर्गों में अस्वाभाविक विभाजन नहीं करती।

भारत की जाति-प्रथा की एक और विशेषता यह है कि यह श्रमिकों का अस्वाभाविक विभाजन ही नहीं करती, बल्कि विभाजित विभिन्न वर्गों को एक-दूसरे की अपेक्षा ऊँच-नीच भी करार देती है, जोकि विश्व के किसी भी समाज में नहीं पाया जाता है।

(क) जाति-प्रथा को किस रूप में बुराई नहीं माना गया है? (1)

(i) श्रम-विभाजन के रूप में
(ii) श्रमिक विभाजन के रूप में
(iii) ऊँच-नीच के रूप में
(iv) श्रमिकों के अस्वाभाविक विभाजन के रूप में

(ख) लेखक ने किस बात को विडंबना कहा है? (1)

(i) समाज की कार्य-कुशलता को
(ii) जातिवाद के पोषकों की कमी न होने को
(iii) श्रम का विभाजन होने को
(iv) कर्म को अधिक महत्त्व प्रदान करने को

(ग) आधुनिक सभ्य समाज कार्य-कुशलता के लिए .... को आवश्यक मानता है। (1)

(i) जाति-प्रथा
(ii) श्रम-विभाजन
(iii) उच्च वर्ग
(iv) निम्न वर्ग

(घ) निम्नलिखित कथन और कारण को ध्यानपूर्वक पढ़िए और सही विकल्प चुनकर लिखिए।

कथन (A) जाति-प्रथा एक बुराई है। (1)

कारण (R) जाति-प्रथा श्रम विभाजन के साथ-साथ श्रमिकों का विभाजन भी करती है।

कूट

(i) कथन (A) और कारण (R) दोनों सही हैं तथा कारण (R) कथन (A) की सही व्याख्या करता है
(ii) कथन (A) गलत है, परंतु कारण (R) सही है
(iii) कथन (A) तथा कारण (R) दोनों गलत हैं
(iv) कथन (A) और कारण (R) दोनों सही हैं, लेकिन कारण (R) कथन (A) की सही व्याख्या नहीं करता है

(ङ) निम्नलिखित कथनों पर विचार कीजिए (1)

1. जन्म के आधार पर व्यवसाय तय करने की व्यवस्था केवल भारत में ही है।
2. जाति-प्रथा श्रम विभाजन करती है, श्रमिक विभाजन नहीं।
3. विभिन्न वर्गों में ऊँच-नीच करार देने की व्यवस्था भारत के अतिरिक्त किसी भी देश में नहीं है।

उपरोक्त कथनों में से कौन-सा/से कथन सही है/हैं?

(i) केवल 1
(ii) केवल 3
(iii) 1 और 2
(iv) 1 और 3

पूरक पाठ्य-पुस्तक वितान भाग 2

6. *निम्नलिखित प्रश्नों को ध्यानपूर्वक पढ़कर सर्वाधिक उपयुक्त उत्तर वाले विकल्प को चुनकर लिखिए।* (1×10 = 10)

(क) 'सिल्वर वैडिंग' कहानी में यशोधर बाबू द्वारा पुराने विचारों का समर्थन करने का उनके पारिवारिक जीवन पर क्या प्रभाव पड़ता है? (1)

(i) उनका पारिवारिक जीवन सुखमय हो जाता है
(ii) उनकी अपनी पत्नी और बच्चों के प्रति विरोध की भावना बनी रहती है
(iii) उनके बच्चे अपने पिता के सिद्धांतों का पालन करते हैं
(iv) उनका परिवार परंपरावादी मूल्यों को महत्त्व देता है

(ख) नई पीढ़ी पुराने विचारों को अपनाने के पक्ष में क्यों नहीं दिखाई देती है? 'सिल्वर वैडिंग' कहानी के आधार पर सही विकल्प चुनिए (1)

(i) क्योंकि नई पीढ़ी के विचार अधिक सार्थक हैं
(ii) क्योंकि पुरानी पीढ़ी के विचारों से नई पीढ़ी परिचित नहीं है
(iii) क्योंकि नई पीढ़ी पुराने विचारों को निरर्थक और दकियानूसी मानती है
(iv) क्योंकि पुरानी पीढ़ी अपने विचारों की सार्थकता सिद्ध नहीं कर पाती है

(ग) 'जिन लोगों के बाल-बच्चे नहीं होते, घर परिवार नहीं होता, उनके रिटायर होने के बाद जो हुआ होगा से भी मौत हो जाती है' कथन के आधार पर बताइए कि 'जो हुआ होगा' का क्या तात्पर्य है? (1)

(i) उनकी मृत्यु के कारण का पता नहीं चलता है
(ii) उनकी मृत्यु आकस्मिक होती है
(iii) उनकी स्थिति अन्य की तुलना में अच्छी होती है
(iv) उनकी किसी भी बात पर समाज ऐतराज नहीं करता है

(घ) 'जूझ' कहानी के नायक आनंदा द्वारा पढ़ाई के साथ-साथ खेती का काम करने का क्या प्रभाव पड़ा? (1)

(i) उसकी पढ़ाई के प्रति रुचि कम होती चली गई
(ii) उसका मन निराशा और खीझ से भर गया
(iii) वह अपने लक्ष्य को प्राप्त करने में सफल रहा
(iv) प्रतिकूल परिस्थितियों ने उसके दृढ़ निश्चय को तोड़ दिया

(ङ) 'जूझ' कहानी में कविता पाठ करने के साथ अध्यापक ने आनंदा को क्या बताया? (1)

(i) कवि की भाषा कैसी होनी चाहिए
(ii) छंद की जाति की पहचान कैसे करें
(iii) कवि को शुद्ध लेखन करना क्यों जरूरी होता है
(iv) ये सभी

(च) 'जूझ' कहानी में मराठी अध्यापक सौंदलगेकर कविता पाठ करते हुए क्या करते थे? (1)

(i) कविता की लय भूल जाते थे
(ii) कविता के बीच-बीच में संस्मरण सुनाते थे
(iii) कविता के सिद्धांतों पर चर्चा करते थे
(iv) कविता के साथ उसका भाव भी समझाते थे

(छ) 'अतीत में दबे पाँव' पाठ में मुअनजो-दड़ो की किसी खुदाई में नहर होने के प्रमाण न मिलने पर क्या अनुमान लगाया गया है? (1)

(i) उस काल में काफी बारिश होती होगी
(ii) उस काल में पानी का प्रयोग कम होता होगा
(iii) उस काल में खेतीबाड़ी इतनी अधिक नहीं होती होगी
(iv) उस काल में लोगों को नहरों के विषय में कोई जानकारी नहीं होगी

(ज) सिंधु घाटी की सभ्यता में नगर योजना, वास्तुकला, पानी या साफ-सफाई जैसी सामाजिक व्यवस्थाओं में एकरूपता को कायम रखने का आधार क्या हो सकता है? (1)

(i) यहाँ का राजा कठोर अनुशासन रखता था
(ii) यहाँ जनता ही कर्ता-धर्ता थी
(iii) यहाँ कोई अनुशासन जरूर था
(iv) यहाँ सब कुछ प्रकृति प्रदत्त था

(झ) सिंधु घाटी की सभ्यता के विषय में कौन-सा कथन असत्य है? (1)

(i) ये अन्न उपजाते नहीं थे, उसका आयात करते थे
(ii) स्वास्थ्य के प्रति मुअनजो-दड़ो के निवासी सचेत थे
(iii) यहाँ का अजायबघर कस्बाई स्कूल की इमारत की तरह था
(iv) यहाँ कर के रूप में प्राप्त अनाज का भंडारण विशाल कोठार में किया जाता था, जो कुंड के दूसरी ओर था

(ञ) निम्नलिखित कथनों पर विचार कीजिए (1)

1. 'जूझ' कहानी के लेखक आनंदा का मन शहर घूमने के लिए तड़पता था।
2. आनंदा घर के कार्यों में अत्यधिक व्यस्तता के कारण पाठशाला नहीं जा पाता था।
3. आनंदा खेती के कार्य को तुच्छ समझता था।
4. आनंदा को दिवाली बीत जाने पर ईख पेरने का कोल्हू चलाना पड़ता था।

उपरोक्त कथनों में से कौन-सा/से कथन सही है/हैं?

(i) केवल 1
(ii) केवल 3
(iii) 1, 2 और 3
(iv) 2, 3 और 4

■ खंड 'ब' (वर्णनात्मक प्रश्न)

खंड 'ब' में जनसंचार और सृजनात्मक लेखन, पाठ्य-पुस्तक आरोह भाग-2 व पूरक पाठ्य-पुस्तक वितान भाग-2 से संबंधित वर्णनात्मक प्रश्न पूछे गए हैं, जिनके निर्धारित अंक प्रश्न के सामने अंकित हैं।

जनसंचार और सृजनात्मक लेखन

7. *निम्नलिखित दिए गए 3 विषयों में से किसी 1 विषय पर लगभग 120 शब्दों में रचनात्मक लेख लिखिए।* (6 × 1 = 6)

(क) कंप्यूटर तथा मोबाइल मनोरंजन के साथ-साथ हमारी जरूरत के साधन

(ख) भारतीय तथा पाश्चात्य संस्कृति का वर्णन

(ग) वर्तमान युग में खेलों में फैला भ्रष्टाचार

8. *निम्नलिखित प्रश्नों को ध्यानपूर्वक पढ़कर लगभग 40 शब्दों में निर्देशानुसार उत्तर दीजिए।* (2 × 2 = 4)

(क) नाटक रंगमंच प्रतिरोध का सशक्त माध्यम है। इस कथन के परिप्रेक्ष्य में नाटक में स्वीकार एवं अस्वीकार की धारणा पर विचार व्यक्त कीजिए। (2)

(ख) कथानक कहानी का केंद्रीय बिंदु माना जाता है। इसके अभाव में कहानी की रचना की कल्पना करना भी असंभव है, कैसे? (2)

(ग) 'फीचर एक विशेष पत्रकारीय लेखन होता है। इसके विषय किसी भी प्रकार की सीमाओं से मुक्त होते हैं।फीचर लेखन के कितने प्रकार हैं? स्पष्ट कीजिए। (2)

9. *निम्नलिखित प्रश्नों को ध्यानपूर्वक पढ़कर दिए गए 3 प्रश्नों में से किन्हीं 2 प्रश्नों के लगभग 60 शब्दों में उत्तर दीजिए।* (3 × 2 = 6)

(क) आपने अपने सहपाठियों के साथ कुछ गाँवों की प्राथमिक पाठशालाओं को देखा। शिक्षा का अधिकार कानून के रहते हुए भी उन विद्यालयों में उसका अनुपालन कितना हो पा रहा है और उसकी सीमाएँ क्या हैं? इस विषय पर एक आलेख लिखिए। (3)

(ख) 'समाचार' शब्द का अर्थ बताते हुए इसकी परिभाषा लिखिए। (3)

(ग) पत्र-पत्रिकाओं में खेल के महत्त्व की क्या भूमिका है? स्पष्ट कीजिए। (3)

पाठ्य-पुस्तक आरोह भाग 2

10. *निम्नलिखित प्रश्नों को ध्यानपूर्वक पढ़कर दिए गए 3 प्रश्नों में से किन्हीं 2 प्रश्नों के लगभग 60 शब्दों में उत्तर दीजिए।* (3 × 2 = 6)

(क) 'कविता के बहाने' में कवि ने कविता को बच्चों के समान क्यों कहा है? तर्कसम्मत उत्तर दीजिए। (3)

(ख) 'कैमरे में बंद अपाहिज' कविता में 'परदे पर वक्त की कीमत है' कहकर कवि ने पूरे साक्षात्कार के प्रति अपना नज़रिया किस रूप में रखा है? (3)

(ग) 'लक्ष्मण-मूर्च्छा और राम का विलाप' काव्यांश में लक्ष्मण के प्रति राम के प्रेम के कौन-कौन से पक्ष अभिव्यक्त हुए हैं? (3)

11. *निम्नलिखित प्रश्नों को ध्यानपूर्वक पढ़कर दिए गए 3 प्रश्नों में से किन्हीं 2 प्रश्नों के लगभग 40 शब्दों में उत्तर दीजिए।* (2×2 = 4)

(क) 'उषा' कविता के आधार पर बताइए कि सूर्योदय के साथ कौन-सा जादू टूट जाता है? (2)

(ख) सावन की घटाओं और रक्षाबंधन के पर्व का 'रुबाइयाँ' शीर्षक के आधार पर वर्णन कीजिए। (2)

(ग) चिड़िया की उड़ान में गति आने और कवि के कदम शिथिल होने का क्या कारण हो सकता है? 'दिन जल्दी-जल्दी ढलता है' कविता के आधार पर लिखिए। (2)

12. *निम्नलिखित प्रश्नों को ध्यानपूर्वक पढ़कर दिए गए 3 प्रश्नों में से किन्हीं 2 प्रश्नों के लगभग 60 शब्दों में उत्तर दीजिए।* (3×2 = 6)

(क) भक्तिन का अतीत परिवार और समाज की किन समस्याओं से जूझते हुए बीता है? पाठ के आधार पर बताइए। (3)

(ख) किशोर लड़कों द्वारा घर-घर जाकर पानी माँगना लोगों के किस विश्वास को बल देता है? 'काले मेघा पानी दे' पाठ के आधार पर स्पष्ट कीजिए। (3)

(ग) गाँववालों ने अपने राज-पहलवान की किस प्रकार सहायता की? क्या गाँव वाले अपने प्रयास में सफल हुए? 'पहलवान की ढोलक' पाठ के आधार पर बताइए। (3)

13. *निम्नलिखित प्रश्नों को ध्यानपूर्वक पढ़कर दिए गए 3 प्रश्नों में से किन्हीं 2 प्रश्नों के लगभग 40 शब्दों में उत्तर दीजिए।* (2×2 = 4)

(क) जाति-प्रथा बेरोज़गारी का एक प्रमुख कारण कैसे है? 'जाति-प्रथा और श्रम विभाजन' पाठ के आधार पर स्पष्ट कीजिए। (2)

(ख) 'शिरीष के फूल' पाठ के माध्यम से लेखक हमें जीवन में संघर्ष करते हुए भी प्रसन्न रहने की शिक्षा देता है, कैसे? (2)

(ग) यदि हमारा मन लक्ष्य से भरा होगा, तो बाज़ार पर क्या प्रभाव पड़ेगा? 'बाज़ार दर्शन' पाठ के आधार पर स्पष्ट कीजिए। (2)

पूरक पाठ्य-पुस्तक वितान भाग 2

14. *निम्नलिखित प्रश्नों को ध्यानपूर्वक पढ़कर दिए गए 2 प्रश्नों में से किसी 1 प्रश्न का लगभग 60 शब्दों में उत्तर दीजिए।* (4×1 = 4)

मुअनजो-दड़ो की नगर योजना आज की सेक्टर-मार्का कॉलोनियों के नीरस नियोजन की अपेक्षा ज़्यादा रचनात्मक है–टिप्पणी कीजिए। (4)

अथवा

यशोधर बाबू एक मिलनसार व्यक्ति हैं। पाठ के आधार पर स्पष्ट कीजिए।

व्याख्या सहित **उत्तर**

1. ***(क)*** *(i)* आसान और मुफ्त
(ख) *(i)* चिंतन
(ग) *(i)* कार्यक्रम विविधता के व्यापक विस्तार की
(घ) *(ii)* उच्च विकल्प पद्धति को अपनाना
(ङ) *(ii)* जिन शिक्षार्थियों का निर्माण इन दोनों से होना है
(च) *(iii)* 1 और 3
(छ) *(i)* सूचनात्मक आधारित संरचना के ज्ञान के माध्यम से
(ज) *(i)* शिक्षा प्रणाली में नवाचार की आवश्यकता है
(झ) *(i)* कथन (A) और कारण (R) दोनों सही हैं तथा कारण (R) कथन (A) की सही व्याख्या करता है।
(ञ) *(iii)* शिक्षा, सूचना तकनीक और अभिव्यक्ति की स्वतंत्रता पर

2. ***(क)*** *(ii)* जीवन-पथ के सरल या कठिन होने की
(ख) *(ii)* भावी पीढ़ी को जीवन जीने में पथ-प्रदर्शक का कार्य कराने वाली
(ग) *(iv)* 1 और 3
(घ) *(iv)* ये सभी
(ङ) *(i)* राहगीर

3. *(क)* *(iv)* निष्पक्षता का
(ख) *(ii)* स्थायीपन
(ग) *(ii)* वर्तमानकाल में
(घ) *(iv)* 4 3 2 1
(ङ) *(iii)* *(i)* और *(ii)* दोनों

4. *(क)* *(iv)* ये सभी
(ख) *(ii)* वैद्य द्वारा उपचार करने से
(ग) *(iii)* *(i)* और *(ii)* दोनों
(घ) *(iii)* पुनि पुनि–पुनरुक्ति प्रकाश अलंकार
(ङ) *(ii)* व्याकुल एवं विचलित

5. *(क)* *(i)* श्रम-विभाजन के रूप में
(ख) *(ii)* जातिवाद के पोषकों की कमी न होने को
(ग) *(ii)* श्रम-विभाजन
(घ) *(i)* कथन (A) और कारण (R) दोनों सही हैं तथा कारण (R) कथन (A) की सही व्याख्या करता है।
(ङ) *(ii)* केवल 3

6. *(क)* *(ii)* उनकी अपनी पत्नी और बच्चों के प्रति विरोध की भावना बनी रहती है
(ख) *(iii)* क्योंकि नई पीढ़ी पुराने विचारों को निरर्थक और दकियानूसी मानती है
(ग) *(i)* उनकी मृत्यु के कारण का पता नहीं चलता है।
(घ) *(iii)* वह अपने लक्ष्य को प्राप्त करने में सफल रहा
(ङ) *(iv)* ये सभी
(च) *(ii)* कविता के बीच-बीच में संस्मरण सुनाते थे
(छ) *(i)* उस काल में काफी बारिश होती होगी
(ज) *(iii)* यहाँ कोई अनुशासन जरूर था
(झ) *(i)* ये अन्न उपजाते नहीं थे, उसका आयात करते थे
(ञ) *(iv)* 2, 3 और 4

7. *(क)* **कंप्यूटर तथा मोबाइल मनोरंजन के साथ-साथ हमारी जरूरत के साधन**

विज्ञान ने मनुष्य को सुख-सुविधा के अनेक साधन प्रदान किए हैं, जिनमें कंप्यूटर तथा मोबाइल सबसे अधिक महत्त्वपूर्ण हैं। विज्ञान द्वारा विकसित यह यंत्र मनुष्य के मस्तिष्क की तरह काम करता है। इन यंत्रों ने हमारे जीवन को अनेक सुख-सुविधाओं से भर दिया है। इन्हीं के कारण सूचनाओं की प्राप्ति और इनके संवहन में क्रांतिकारी वृद्धि हुई है। पहले कंप्यूटर और इसके पश्चात् मोबाइल ने मानव जीवन के प्रत्येक क्षेत्र में क्रांति ला दी है। जीवन का कोई ऐसा क्षेत्र नहीं, जहाँ इसके महत्त्व को रेखांकित न किया जा सके।

कंप्यूटर एवं मोबाइल ज्ञान के भंडार के साथ-साथ मनोरंजन के भी साधन हैं। इन यंत्रों पर विभिन्न भाषाओं के सिनेमा देखे जा सकते हैं। इस पर वयस्क लोगों के लिए समाचार, तो बच्चों के लिए सैंकड़ों खेल उपलब्ध हैं। ये यंत्र विश्व को एक परिवार बनाने का कार्य करते हैं। विदेश में बैठे लोगों से वीडियो कॉलिंग, मैसेज आदि की सुविधा भी कंप्यूटर एवं मोबाइल पर उपलब्ध है। इस प्रकार, कहा जा सकता है कि कंप्यूटर एवं मोबाइल की उपलब्धियाँ अनगिनत हैं।

भारत में शुरुआती दौर में कंप्यूटरों का प्रयोग बहुत सीमित था, लेकिन वर्तमान में अस्पताल, बैंक, अनुसंधान केंद्र, प्रयोगशाला, विद्यालय, दफ़्तर आदि सहित कोई ऐसा क्षेत्र नहीं है, जहाँ कंप्यूटर का उपयोग न किया जाता हो। वर्तमान समय में मोबाइल ने स्वयं को 'मिनी कंप्यूटर' के रूप में स्थापित किया है। कंप्यूटर तथा मोबाइल के आगमन से शिक्षा का स्वरूप बदल गया है। आज कंप्यूटर एवं मोबाइल के माध्यम से विद्यार्थियों द्वारा अध्ययन संभव है। कंप्यूटर एवं मोबाइल को ज्ञान-भंडार का एक साधन कहा जा सकता है।

कंप्यूटर हो या मोबाइल दोनों ही घर बैठे हमारे अनेक कार्य शीघ्रता के साथ कर देते हैं। रेलवे, जहाज आदि के टिकट से लेकर सिनेमा आदि के टिकट का प्रबंध घर बैठे हो जाता है। कंप्यूटर व मोबाइल के द्वारा मनुष्य बड़ी-से-बड़ी गणना कुछ सेकंड में ही कर सकता है। इनके द्वारा वीडियो कॉल, सोशल नेटवर्किंग जैसी सुविधाओं से जुड़ा जा सकता है। बैंकिंग जैसी सुविधाओं के माध्यम से घर बैठे किसी को भी पैसे ट्रांसफर किए जा सकते हैं। शिक्षा व चिकित्सा के क्षेत्र में भी यह विशेष उपयोगी है। अब पुस्तकालय जाने के बजाय गूगल पर सभी जानकारी प्राप्त की जा सकती हैं। इन उपकरणों द्वारा समाचार, चुटकुले, संगीत आदि का आनंद लिया जा सकता है।

कंप्यूटर तथा मोबाइल मनोरंजन के साथ-साथ हमारी जरूरत का साधन अधिक बन गए हैं। साथ ही यदि इसका सही दिशा में प्रयोग न किया गया, तो यह मानव जीवन पर नकारात्मक प्रभाव भी डाल सकता है।

(ख) **भारतीय तथा पाश्चात्य संस्कृति का वर्णन**

भारतीय संस्कृति अध्यात्म एवं दर्शन से ओत-प्रोत है। हमारे देश की संस्कृति अद्वितीय है। पावन भारतभूमि से ही मानव-मंगल की कामना का स्वर संपूर्ण विश्व में गूँजा है। भारतीय संस्कृति का ध्येय मानव-मूल्यों को प्रतिष्ठित करना है। भारतीय संस्कृति, भारतीय वेद ऋचाएँ (श्लोक) तथा पुराण अत्यंत प्राचीन हैं। इनमें कुछ ऐसी विशेषताएँ हैं, जो आज भी इन्हें महत्त्वपूर्ण बनाए हुए हैं।

इस वैज्ञानिक युग में भी हम भारतीय आस्थावादी हैं और धर्म हमारे जीवन का आधार है। हमारी संस्कृति में भौतिक सुख को नहीं वरन् आत्मिक संतुष्टि को महत्त्व दिया गया है। भारतीय संस्कृति में आत्मा को परमात्मा का अंश मानकर आत्मिक ज्ञान पर बल दिया जाता है। वास्तविक सुख-शांति तो संतोष, परोपकार, दया, अहिंसा आदि गुणों को अपनाने पर प्राप्त होती है। आत्मा के सुख के सम्मुख सभी सुख नगण्य हैं। इन्हीं सिद्धांतों को जन्म देने के कारण ही भारत को विश्वगुरु कहा गया है।

पाश्चात्य सभ्यता उपभोगवाद को जन्म देती है। वहाँ की संस्कृति में स्वतंत्रता के नाम पर स्वच्छंदता देखी जाती है। वहाँ की संस्कृति हमारी संस्कृति से मेल नहीं खाती और दोनों संस्कृतियों में काफी विरोधाभास है, परंतु इन सबके बाद भी कुछ महत्त्वपूर्ण आविष्कार; जैसे–एक्स-रे, कंप्यूटर, इंटरनेट, मोबाइल फोन, टेलीविजन आदि पाश्चात्य संस्कृति की ही देन हैं। ये वस्तुएँ हमारे जीवन के लिए उपयोगी हैं।

पाश्चात्य देशों के लोग साफ-सफाई के प्रति अधिक जागरूक होते हैं। वे अपने आस-पास बहुत सफाई रखते हैं और सड़क, पार्क या सार्वजनिक स्थानों पर कागज का एक टुकड़ा तक नहीं फेंकते। अतः हमें साफ-सफाई, व्यावसायिकता, समयबद्धता आदि पाश्चात्य संस्कृति से अपनाने चाहिए।

वर्तमान में भारतीय संस्कृति पर पश्चिमी सभ्यता का प्रभाव बढ़ता जा रहा है और भारत वैज्ञानिक युग में भौतिक सिद्धांतों की प्राप्ति के लिए उसी दृष्टिकोण से सोचने लगा है। यह पाश्चात्य सभ्यता-संस्कृति का भारतीय सभ्यता-संस्कृति पर एक अच्छा प्रभाव समझा जा सकता है, परंतु भौतिकता के साथ आध्यात्मिकता का समन्वय करते हुए जीवन को भोगपरक नहीं, बल्कि त्यागपरक होना चाहिए।

(ग) **वर्तमान युग में खेलों में फैला भ्रष्टाचार**

स्वस्थ शरीर में ही स्वस्थ मस्तिष्क का वास होता है। शरीर को स्वस्थ रखने के लिए व्यायाम की आवश्यकता होती है और खेल व्यायाम का एक ऐसा रूप है, जिसमें व्यक्ति का शारीरिक ही नहीं, बल्कि मानसिक विकास भी होता है। खेलकूद व्यक्ति के बहुमुखी विकास के लिए आवश्यक है। जीवन में खेलों का अति महत्त्व है। खेलों से व्यक्ति के जीवन में संयम, दृढ़ता, गंभीरता, एकाग्रता, सहयोग एवं अनुशासन की भावना का विकास होता है। खेलकूद में होने वाली हार-जीत भी विद्यार्थियों को जीवन में सफलता-असफलता के समय संतुलन बनाए रखने की प्रेरणा देती है। खेल खेलने से शरीर हृष्ट-पुष्ट होता है, मांसपेशियाँ स्वस्थ होती हैं व आलस्य दूर भागता है। खेलों के द्वारा मनुष्य में अपनत्व तथा एकता की भावना भी जन्म लेती है। वर्तमान समय में खेल रोजगार की दृष्टि से भी एक महत्त्वपूर्ण क्षेत्र के रूप में सामने आया है और एक खिलाड़ी के अतिरिक्त कोच, सहायक, चिकित्सक आदि के रूप में व्यक्ति इसमें अपनी सेवाएँ दे सकता है।

खेलों के क्षेत्र में आए इस बदलाव के कारण ही अब लोगों की मानसिकता में भी परिवर्तन दिखाई दिया है, तभी जहाँ पहले कहा जाता था, 'खेलोगे-कूदोगे होगे खराब', अब कहा जाता है, 'खेलोगे-कूदोगे बनोगे नवाब'। अतः खेल व्यक्ति के जीवन में महत्त्वपूर्ण भूमिका निभाता है।

खेलों में भी यही भ्रष्टाचार व्याप्त है। सक्षम अधिकारी अपने अधिकारों का दुरुपयोग करके अयोग्य लोगों का चयन करते हैं। आज समाचार-पत्र हाथ में लेते ही खेल पृष्ठ पर कॉमनवेल्थ घोटाले या मैच फिक्सिंग के मामले प्रकाश में आते रहते हैं, जो अति निंदनीय कृत्य हैं। मैच फिक्सिंग में तो खिलाड़ियों तक के हाथ होने की सूचनाएँ मिलती हैं, जिससे खेल प्रेमियों को गहरा आघात लगता है, वहीं विश्वस्तरीय मंच पर खेल एवं देश की छवि भी धूमिल होती है।

8. *(क)* नाटक एक जीवंत माध्यम है। नाटक में कोई भी दो चरित्र जब आपस में मिलते हैं, तो विचारों के आदान-प्रदान में टकराहट होना स्वाभाविक है। यही कारण है कि रंगमंच प्रतिरोध का सबसे सशक्त माध्यम है। वह कभी भी यथास्थिति को स्वीकार नहीं करता। इस कारण उसमें अस्वीकार की स्थिति भी बराबर बनी रहती है। जिस नाटक में असंतुष्टि, छट-पटाहट, प्रतिरोध और अस्वीकार जैसे नकारात्मक तत्त्वों की जितनी ज्यादा उपस्थिति होगी, वह उतना ही सशक्त नाटक साबित होगा।

(ख) कथानक कहानी का केंद्रीय बिंदु होता है, जिसमें प्रारंभ से अंत तक कहानी की सभी घटनाओं और पात्रों का उल्लेख होता है। सरल शब्दों में कहानी के ढाँचे को कथानक कहा जाता है। प्रत्येक कहानी के लिए कथावस्तु का होना अनिवार्य है, क्योंकि इसके अभाव में किसी कहानी की रचना की कल्पना भी नहीं की जा सकती। कथानक को कहानी का प्रारंभिक नक्शा भी माना जा सकता है।

(ग) फीचर लेखन के विषय अनंत एवं किसी भी प्रकार की सीमाओं से मुक्त हैं। इसके बावजूद फीचर लेखन के विषयों को निम्नलिखित श्रेणियों में विभक्त किया जा सकता है

- **सामाजिक-सांस्कृतिक फीचर** इसमें व्यक्ति-विशेष, सामाजिक रीति-रिवाज, रहन-सहन, मेलों, त्योहारों, कला आदि से संबंधित विषय सम्मिलित किए जाते हैं।
- **घटनापरक फीचर** इसमें आंदोलन, युद्ध, अकाल, दुर्घटना, दंगा, धरना आदि से संबंधित विषय शामिल किए जाते हैं।
- **प्राकृतिक फीचर** इसमें विभिन्न प्राकृतिक अवयवों, अंतरिक्ष, खगोल, पृथ्वी आदि से संबंधित फीचरों के अतिरिक्त लोगों के बीच प्राकृतिक या नैसर्गिक रूप से विद्यमान रुचिपूर्ण विषयों से संबंधित विषयों को शामिल किया जाता है।
- **साहित्यिक फीचर** इसमें साहित्यिक गतिविधियाँ, साहित्यकारों या रचनाकारों, लोक साहित्य आदि से जुड़े विषय शामिल किए जाते हैं।

9. *(क)* **शिक्षा का अधिकार**

भारत के कुछ गाँवों में प्राथमिक पाठशालाओं की स्थिति अत्यंत शोचनीय है। वहाँ विद्यार्थियों के बैठने की उचित व्यवस्था नहीं है। किसी कमरे में दरी बिछी है तो किसी कमरे में वह भी नहीं है। कक्षा में श्यामपट्ट की व्यवस्था नहीं है, बिजली एवं पीने के पानी की भी कोई व्यवस्था नहीं है। विद्यालय में अध्यापकों की संख्या कम है। भारत में 'शिक्षा का अधिकार' कानून है, जिसका उद्देश्य 6 से 14 वर्ष तक की आयु के सभी बच्चों को मुफ्त एवं अनिवार्य, गुणवत्तायुक्त शिक्षा को सुनिश्चित करना है, परंतु विद्यालयों का अधिक दूरी पर होने के कारण तथा उनमें उचित सुविधाओं का अभाव होने के कारण अभिभावक अपने बच्चों को विद्यालय नहीं भेजना चाहते। अतः शिक्षा का अधिकार कानून के रहते हुए गाँवों की प्राथमिक पाठशालाओं में उसका अनुपालन न होने के कारण इसकी उपयोगिता पर प्रश्नचिह्न लग गया है। किसी भी देश का भविष्य शिक्षित नागरिकों पर निर्भर करता है। अतः शिक्षा के अधिकार कानून का उचित रूप से पालन किया जाना चाहिए।

EXAM Eve स्पेशल ज़ोन

(ख) हिंदी में प्रचलित 'समाचार' शब्द अंग्रेज़ी के NEWS का पर्याय है। NEWS (न्यूज) शब्द चारों दिशाओं (North, East, West, South) के नामों का संक्षिप्त रूप है। इस प्रकार, समाचार का संबंध चारों दिशाओं से हो जाता है। सामाजिक प्राणी होने के नाते मनुष्य अपने आस-पास के समाज एवं देश-दुनिया की घटनाओं के बारे में जानने को उत्सुक रहता है, यह जानकारी हमें 'समाचार' के अंतर्गत प्राप्त होती है। समाचार को परिभाषित करते हुए कहा जाता है कि वह सब कुछ, जिससे हम कल तक अनभिज्ञ थे, जिसके बारे में हमें नहीं पता था, हमारे लिए समाचार है। तात्कालिकता एवं नवीनता समाचार का महत्त्वपूर्ण गुण है। वास्तव में, महत्त्वपूर्ण घटनाओं एवं गतिविधियों का सही एवं पक्षपात रहित विवरण प्रस्तुत करना ही समाचार है।

(ग) पत्र-पत्रिकाओं में पाठकों की रुचि के अनुसार खेलों को बहुत महत्त्व दिया जाता है। खेल मनुष्य के उत्साह व नवीन ऊर्जा का संचार करता है। प्रत्येक मनुष्य की किसी-न-किसी खेल में रुचि अवश्य होती है। अतः समाचार-पत्रों में खेल से संबंधित एक या दो पृष्ठ अवश्य होते हैं। वर्तमान में समाचार माध्यमों में खेलों का महत्त्व लगातार बढ़ता जा रहा है। पत्र-पत्रिकाओं में खेलों पर विशेष लेखन, खेल विशेषांक, खेल परिशिष्ट, स्पोर्ट्स प्वॉइंट आदि प्रकाशित होते रहते हैं। टी.वी. व रेडियो पर भी खेलों से संबंधित विशेष कार्यक्रम दैनिक या साप्ताहिक रूप से प्रसारित होते रहते हैं।

10. *(क)* 'कविता के बहाने' में कवि कविता एवं बालक में समानता व्यक्त करते हुए कहता है कि कविता एक खेल है और बच्चों के खेल में किसी प्रकार की कोई सीमा नहीं होती। जिस प्रकार बच्चा अपने-पराए का भेद किए बिना सब जगह अपने स्वाभाविक रूप में रहते हुए समानता की भावना को प्रसारित करता है, ठीक उसी तरह कविता भी सबके लिए समानता की भावना को प्रचारित करती है। वह समान अर्थ एवं भाव रखते हुए सभी को एक ही सीख देती है। वह अपने-पराए का भेद नहीं करती है।

(ख) कवि कहना चाहता है कि मीडिया के लोग सहानुभूति अर्जित करना चाहते हैं। वे चाहते हैं कि अपंग व्यक्ति के साथ-साथ दर्शक भी रोने लगें, लेकिन वे इस रोने वाले दृश्य को ज्यादा देर तक नहीं दिखाना चाहते, क्योंकि ऐसा करने से उनका पैसा बर्बाद होगा तथा वे समय और पैसे की बर्बादी नहीं करना चाहते। परदे पर वक्त की कीमत है' कहकर कवि परोक्ष रूप से यह कहना चाह रहा है कि परदे पर किसी की भावना, संवेदना, दुःख-दर्द, मान-अपमान अन्य किसी भी बात की कोई कीमत नहीं है। कवि मीडिया द्वारा किए जाने वाले इस तरह के कार्यों की निंदा करता है। वह चाहता है कि अपंग और अपाहिजों के साथ समाज उचित और संवेदनशील व्यवहार करे।

(ग) 'लक्ष्मण-मूर्च्छा और राम का विलाप' कविता में लक्ष्मण के प्रति श्रीराम के प्रेम की हृदयस्पर्शी अभिव्यक्ति हुई है। यहाँ श्रीराम का मानवीय रूप दृष्टिगोचर होता है। वे साधारण मानव की तरह अधीर होते हैं तथा कहते हैं कि उन्हें यदि ज्ञात होता कि वन में भाई का विछोह होगा, तो वे पिता को दिए गए वचन का भी पालन नहीं करते। वे कहते हैं कि संसार में पुत्र, स्त्री आदि तो एकाधिक बार मिल जाते हैं, परंतु सहोदर भाई पुनः नहीं मिलता। वे कहते हैं कि लक्ष्मण के बिना वे कौन-सा मुँह लेकर अयोध्या जाएँगे? इन पंक्तियों में श्रीराम की आंतरिक व्यथा का मर्मस्पर्शी चित्रण हुआ है।

11. *(क)* कवि उषा के जादू को चित्रित करते हुए स्पष्ट करता है कि सुबह नीला आसमान अत्यंत सुंदर दिखाई पड़ता है। वह नीले जल के समान प्रतीत होता है, जिसमें सूर्य किसी गोरी सुंदरी की भाँति झिलमिलाता जान पड़ता है एवं सूर्योदय होने के पश्चात् यह जादू टूट जाता है।

(ख) सावन मास की पूर्णिमा और रक्षाबंधन के त्योहार में अटूट संबंध है। प्रत्येक वर्ष इसी पावन दिवस पर यह पावन त्योहार मनाया जाता है। इस समय आकाश में सब तरफ़ घटाएँ छाई रहती हैं। उधर भाई-बहन के हृदय में भी एक-दूसरे के प्रति प्रेम की घटाएँ उमड़ती हैं। दोनों ही अर्थात् भाई और बहन प्रेम रस से सरोबार रहते हैं।

(ग) चिड़ियों की उड़ान में गति आने का कारण यह है कि वे अपने बच्चों के लिए अत्यंत चिंतित रहती हैं। वे दिन ढलने से पहले जल्दी-से-जल्दी अपने बच्चों के पास पहुँचकर उन्हें भोजन, स्नेह और सुरक्षा देना चाहती हैं, जबकि कवि अपने अकेलेपन को प्रकट करता है। कवि से मिलने वाला कोई नहीं है, कोई भी उसकी प्रतीक्षा नहीं कर रहा है। अतः उसके पैरों में चंचलता के स्थान पर शिथिलता आ जाती है।

12. *(क)* भक्तिन का अतीत परिवार और समाज की अनेक समस्याओं से संघर्ष करते हुए बीता था। उसके पति की युवावस्था में ही मृत्यु हो चुकी थी। भक्तिन का जेठ चाहता था कि वह किसी से विवाह कर ले, जिससे उसकी जायदाद पर वह अधिकार कर सके, परंतु वह नहीं मानी। उसकी जेठानी अपने नजदीकी रिश्तेदार से भक्तिन की बेटी का विवाह करा देना चाहती थी, जिससे जायदाद पर उसका अधिकार बना रहे। गाँव का जमींदार भी लगान वसूल करने में बहुत कठोर था।

उसने एक बार भक्तिन को लगान अदा न करने पर दिन भर धूप में खड़ा रखा। इस अपमान से आहत होकर भक्तिन को शहर आना पड़ा। उसने शहर आकर महादेवी (लेखिका) के पास सेविका की नौकरी की।

(ख) गाँवों में जब सूखे की स्थिति हो जाती है, तो बालकों की टोली कीचड़ में लथपथ होकर बादलों से बरसने के लिए विनती करती है। लेखक इसे अंधविश्वास मानता है। लेखक को यह गलत इसलिए लगता है क्योंकि एक ओर सूखे के कारण पानी के अभाव में लोग मर रहे हैं, दूसरी ओर ऐसी स्थिति में घर में रखे हुए कीमती पानी को इंदर सेना पर फेंकना उस संकट को और बढ़ाता है, लेकिन लोगों का अंधविश्वास है कि इंदर सेना में उपस्थित लड़कों की पुकार सुनकर इंद्र देवता प्रसन्न होकर धरती की प्यास बुझाकर सभी प्राणियों को नया जीवन प्रदान करेंगे।

(ग) गाँववालों को जब पता चला कि लुट्टन सिंह को राज-पहलवान की पदवी से हटा दिया गया है, तब उन्होंने लुट्टन सिंह और उसके दोनों लड़कों के लिए एक झोंपड़ी बना दी तथा उनके खाने-पीने का प्रबंध करने का दायित्व उठा लिया। पहलवान भी गाँव के नौजवान बच्चों को अपने पुत्रों के साथ कुश्ती के दाँव पेंच सिखाने लगा, परंतु बेचारे गरीब किसान क्या खाकर कुश्ती सीखते। धीरे-धीरे उसका स्कूल खाली हो गया और अब केवल उसके दोनों पुत्र ही स्कूल में बच गए। अब जो दिनभर की मज़दूरी से वे कमाकर लाते, उसे ही तीनों मिलकर खाते। इस प्रकार, गाँववाले इस प्रयास में सफल नहीं हुए।

13. *(क)* जाति-प्रथा किसी भी व्यक्ति को उस व्यवसाय को चुनने की अनुमति नहीं देती, जो उसका पैतृक पेशा नहीं है, भले ही वह उसमें पारंगत हो। अतः जाति के आधार पर श्रम विभाजन की यह कुनीति व्यक्ति को अपनी क्षमता का सदुपयोग नहीं करने देती। पेशा परिवर्तन की अनुमति न देकर जाति-प्रथा भारत में बेरोज़गारी का एक प्रमुख व प्रत्यक्ष कारण बनी हुई है।

(ख) 'शिरीष के फूल' पाठ के माध्यम से लेखक हमें यह संदेश देना चाहता है कि जिस प्रकार शिरीष का फूल लू, गर्मी, आँधी और शुष्क मौसम में भी खिला हुआ रहता है तथा चारों ओर अपना सौंदर्य बिखेरता रहता है, ठीक उसी प्रकार हमें भी जीवन में आई विपत्तियों का सामना करते हुए सदैव प्रसन्न रहना चाहिए। हमारे अंदर जिजीविषा इतनी प्रबल होनी चाहिए कि जब हमें बाहरी वातावरण से पोषण न मिले, तो हमारे अंदर का आत्मबल हमारा पोषण कर सके, जिससे हम विकट परिस्थितियों में भी अपने जीवन को सौंदर्यपूर्ण बनाने में सक्षम रह सकें।

(ग) यदि हमारा मन लक्ष्य से भरा होगा, तो बाज़ार हमारे लिए सुखदायी सिद्ध होगा और बाज़ार आने का हमारा प्रयोजन भी सफल हो जाएगा। तब बाज़ार का भयानक रूप हमें घाव नहीं दे पाएगा। अतः हमें बाजार जाने से पहले ही मन में यह दृढ़-निश्चय कर लेना चाहिए कि हमें क्या खरीदना है। इस प्रकार हम अपनी आवश्यकता के अनुरूप ही वस्तु की खरीदारी करेंगे एवं बाजार के जादू में नहीं फँसेंगे।

14. मुअनजो-दड़ो की सड़कों और गलियों का विस्तार खंडहरों को देखकर किया जा सकता है। यहाँ हर सड़क सीधी है या फिर आड़ी है, जिसे वास्तुकार 'ग्रिड प्लान' कहते हैं। चबूतरे के पीछे 'गढ़' उच्च वर्ग की बस्ती, महाकुंड, स्नानागार, ढकी नालियाँ, अन्न का कोठार, सभा भवन, घरों की बनावट, भव्य राजप्रासाद, समाधियाँ आदि संरचनाएँ ऐसे सुव्यवस्थित हैं कि कहा जा सकता है कि शहर नियोजन से लेकर सामाजिक संबंधों तक में इसकी कोई तुलना नहीं है।

हम कह सकते हैं कि वर्तमान की सेक्टर-मार्का कॉलोनियों के नियोजन इनके सामने बिलकुल फीके हैं, जिसकी कॉलोनियों में आड़ा-सीधा 'नियोजन' अधिक देखने को मिलता है। पहले की अपेक्षा आज के शहरों के नियोजन के नाम पर भी हमें अराजकता अधिक दिखाई पड़ती है। इसी कारण सेक्टर-मार्का कॉलोनियों का रहन-सहन नीरस बना रहता है। अतः मुअनजो-दड़ो की साक्षर सभ्यता एक सुसंस्कृत समाज का प्रमाणित उदाहरण है।

अथवा

यशोधर बाबू का स्वभाव एक मिलनसार व्यक्ति का है। अपने इसी स्वभाव के कारण वे दिनभर काम में लगे रहने के उपरांत भी शाम को जाते समय हँसी-मजाक किया करते थे। गाँव से अकेले दिल्ली आने के पश्चात् किशनदा के घर पर कई लोगों के मिलकर रहने का गुण भी उनकी इसी विशेषता को रेखांकित करता है। अपने मिलनसार व्यक्तित्व के कारण ही वे खुशी या गम हर मौके पर रिश्तेदारों के यहाँ जाना ज़रूरी समझते हैं।

वे चाहते हैं कि बच्चे भी परिवार की महत्ता को समझें और इस परंपरा को बनाए रखें। वे अपनी बुआ को भी कुछ पैसे आर्थिक-सहायता के रूप में भेज देते हैं। इसके साथ ही, वे कई सामाजिक आयोजनों में भी दिलचस्पी लेते हैं; जैसे—घर में होली गवाना, सब कुमाउँनियों को जनेऊ बदलने के लिए अपने घर आमंत्रित करना, रामलीला की तालीम के लिए क्वार्टर का एक कमरा दे देना आदि। इन सब बातों से यह पता चलता है कि यशोधर बाबू न केवल पारिवारिक मूल्यों में विश्वास रखते हैं, बल्कि सामाजिक स्तर पर भी वे बेहद मिलनसार व्यक्ति हैं।